考公策论

曾维涛
康静萍
廖黄坤

编著

STRATEGIES FOR
CIVIL SERVICE EXAMINATION

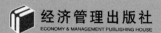

经济管理出版社
ECONOMY & MANAGEMENT PUBLISHING HOUSE

图书在版编目（CIP）数据

考公策论 / 曾维涛，康静萍，廖黄坤编著 . —北京：经济管理出版社，2020.11

ISBN 978-7-5096-7372-0

Ⅰ . ①考…　Ⅱ . ①曾…　②康…　③廖…　Ⅲ . ①公务员—招聘—考试—研究—中国

Ⅳ . ① D630.3

中国版本图书馆 CIP 数据核字（2020）第 235902 号

组稿编辑：王光艳
责任编辑：杜弈彤
责任印制：黄章平
责任校对：张晓燕

出版发行：经济管理出版社
　　　　　（北京市海淀区北蜂窝 8 号中雅大厦 A 座 11 层　　100038）
网　　　址：www.Emp.com.cn
电　　　话：（010）51915602
印　　　刷：北京晨旭印刷厂
经　　　销：新华书店
开　　　本：787mm×1092mm/16
印　　　张：19.25
字　　　数：493 千字
版　　　次：2022 年 1 月第 1 版　2022 年 1 月第 1 次印刷
书　　　号：ISBN 978-7-5096-7372-0
定　　　价：88.00 元

前　言

公务员考试是一项选拔性的考试，目前已成为我国的第一大考。本书根据《中华人民共和国公务员法》的相关内容以及中华人民共和国国家公务员考试和地方公务员考试的相关要求，为进一步帮助考生更有效地掌握公务员考试的基本知识，培养和提高其分析问题、解决问题的能力编著而成。编者旨在为有志于参加公务员考试的考生及应对各参公单位、事业单位招考的人员，提供一套考试的整体思路，帮助考生找到一条省时、省力的途径。

本书全面兼顾不同知识层次、不同专业背景的应考群体，适合所有参加公务员考试和各类相关考试的人员。编写时，本书强调基础性、前沿性、权威性和技巧性，注重理论与实际的紧密结合，对于一些纯粹的学理性问题作简单阐述，而对行政职业能力测验、申论和面试等实践问题作重点解析。具体而言，本书有以下特点：

第一，全面性。本书涵盖了公务员考试和与之相关的各类考试的内容，介绍了与公务员制度相关的理论知识，以及公务员考试中行政职业能力测试、申论和面试部分的测试内容、应试技巧。此书不仅适用于应对公务员考试，同样适用于应对党政领导干部选拔等考试，可以说是一本考试攻略全书。

第二，实用性。本书提供理论知识、真题和模拟题，讲述考试应注意的各个问题，可使考生的实战技能在较短的时间内得到提高。书中大量的具体案例可开拓学生的视野，拓宽思路，厚积薄发。

第三，针对性。本书在总结理论知识的基础上，突出了公务员招考的实践部分，包括考试的方法技巧、考试实战训练，典型试题的实践剖析和情景化的模拟训练，能有效提高考生的应考能力。

本书体系完整，结构严谨，行文简明、流畅。

参加本书编写的有江西财经大学的曾维涛、康静萍老师，浙江财经大学的曾潞潞、郑斌博老师及部分研究生。具体分工如下：整体构思和框架搭建：曾维涛、康静萍；第一章到第十一章：曾维涛、廖黄坤；第十二、第十三章：康静萍、曾潞潞、郑斌博；第十四、第十五章：曾维涛、李雯；第十六章：康静萍、曾潞潞、郑斌博；第十七、第十八章：曾维涛、曾子璇；第十九章：康静萍，郑斌博；第二十、第二十一章：曾维涛、吕梦；附录：廖黄坤。

本书在编写过程中，参考了许多著作、论文以及网络上一些历年考题讲解，恕不一一列明，在此向所有的专家学者致谢，同时也对为本书出版付出艰辛的王光艳老师及各位编审表示深深的谢意！

目　录

第一篇　公务员制度

第二篇 行政职业能力测验

第三篇 申 论

第四篇　面　试

第一篇

公务员制度

第一章

公务员制度概述

一、公务员与公务员制度的定义

目前，世界上大约有六十多个国家和地区在不同程度上实行国家公务员制度。作为政府行政管理的一种基本制度和国家政治制度的重要组成部分，国家公务员制度形成于19世纪中叶，至今已有一百多年的历史。"公务员"一词来源于英文，原文为"Civil Servant"，翻译成中文有各种不同的称呼，如"公务员""文职人员""公职人员""文官"等。所谓国家公务员，是指代表国家从事社会公共事务管理，行使行政职权，履行国家公务的人员。

按照约定俗成的原则，英、美等国家对公务员仍采用"文官"的称谓。公务员有广义和狭义之分。广义的公务员，是指政府中行使行政权力和承担政府公务的所有工作人员，包括通过选举产生的政府官员，也包括常任制的、非选举产生的政府公务人员。狭义的公务员特指非选举产生的政府公务人员，他们一般通过公开竞争考试被择优录用，在无过失的情况下，一经录用，即可长期任职，不与内阁共进退。本书采用狭义范围的公务员概念。

我国颁布的《中华人民共和国公务员法》（以下简称《公务员法》）第二条规定：公务员是指依法履行公职、纳入国家行政编制，由国家财政负担工资福利的工作人员。三个条件必须同时具备才是公务员：一是必须依法履行公职，二是使用行政编制，三是国家财政负担工资福利。

所谓公务员制度，就是对行使国家行政权力、执行国家公务的人员等依法进行科学管理的一系列法规体系和管理体制的总称，它是现代民主政治发展和行政管理科学化、法制化、高效化的基本要求和重要保障。作为国家政治与行政制度的重要组成部分，公务员制度包含了对公务员进行分类、考试录用、绩效评估、奖惩、升降、任免、培训、工资福利保障、退休、监督、管理等一系列具体制度。

二、公务员制度的历史演变

（一）西方公务员制度的形成过程

（二）中国古代公务员制度的发展过程

在古代中国、埃及和晚期罗马帝国都曾存在过官僚制，这些国家官僚制的存在是其强盛的标志。韦伯在研究活动中，专门对中国古代的官僚制和欧洲官僚制的形成和发展做了比较考察。事实也正如韦伯所认为的那样，中国很早就存在了官僚制的组织形式和行为方式。

我国古代的任官制度历史悠久，历经春秋以前的世袭制、战国秦汉时代的荐举制、魏晋南北朝时期的九品中正制和隋唐至清末的科举制。中国古代的官吏选任与考核制度为适应不同时代和统治的需要，不断进行调整变革，形成了由选任、培养、考核、赏罚、俸禄、品阶、回避、致仕等内容组成的一个互相配套的有机体。值得注意的是，古代的人事行政上存在着"任人唯亲"与"任人唯贤"两条人事道路的斗争。一方面是家天下的皇权承袭体制，它只能任人唯亲；另一方面是举贤而仕的官吏制度，通过荐举、考试录用等求得任人唯贤。这两条人事路线都用法律的形式规范下来，相互制约、相互作用，形成中国封建社会人事行政法制的特征。

官吏选拔制度就是选官制度，是关于选拔人才、授以官职的规章制度体系，是人事制度的重要组成部分。选拔制度有一个产生、发展和变化的过程。原始社会末期，我国实行的是禅让制度。孔子称之为选贤与能，认为"天下为公"故"人不独亲其亲，不独子其子"。在我国奴隶社会，官吏都是由奴隶主充当的，以宗法血缘关系为基础代代相袭，还未形成真正意义上的选拔制度。

选官制度是随着封建社会政治、经济的发展变化逐步形成的。中国最早的选官制度是秦初年采取的军功爵制，按战功大小封爵拜官。中国封建社会的选官制度呈现出各种复杂形式，其中以察举制度、征辟制度、九品中正制度、科举制度四种类型影响最大，在中国封建社会不同时期的职官制度中分别占有重要位置，前者对后者的形成有着巨大的影响，后者沿袭前者，并在此基础上发展和变化。总的来说，中国封建社会中的各种选官制度，以隋为分界线，隋以前的察举制度、征辟制度、九品中正制度为封建社会前期的选官制度，隋以后的科举制度则是封建社会后期的选官制度，前者以推选为主，后者以科举为主。

察举制度是封建社会一种自上而下的选官制度，即中央和地方高级官员根据考察，按照一定的名目（标准），从平民或下级官吏中选拔一定数量的人才推荐给朝廷，由朝廷授予一定的官职或提升其职位。采取征辟制时，各郡每年推举秀才一人，孝廉一人。由主管部门审查，推荐和连坐结合在一起。察举在秦时已有之，但真正有章可循、有法可依还是在进入两汉以后，且经两汉不断完善形成察举制度。九品中正制，又称九品官人法。自魏晋创立，到隋朝废除，沿用三四百年，是魏晋南北朝最为流行的选官制度。九品中正制的基本内容是：朝廷选择有威望的人担任中正官回乡考察有才能的志士，进行品评推荐，形成从上而下的选官制度。所选人分为上、中、下三级九品，根据品级高低向朝廷推荐。九品中正制度是魏晋时期为纠正汉末以来察举、征辟的腐败现象而推出的，在建立之初对杜绝朋党、权收中央起到了一定的积极作用。但九品中正制是门阀制度的产物，是封建地主阶级等级制度在选任官吏方面的具体体现，随着世家大族的日益衰败，中小地主阶级地位的日益提升，九品中正制必然要被新的官吏选任制——科举制度所代替。

科举，即分科举士。是用公开考试方式选拔人才的一种制度，创建于隋朝开皇七年（587年），经历唐的兴盛、宋的沿革和发展、明的强化，至清末光绪三十一年（1905年）废止，沿用了1300年。科举制度对中国封建社会中后期的政治、思想和文化产生了深远的影响。采用科举制度是社会经济发展和阶级关系变动的必然结果。一方面，魏晋南北朝以来社会长期混乱和动荡，从经济上和政治上都大大削弱了士族大地主的实力；另一方面，自北魏推行均田制以来，随着农业生产的发展，庶族地主经济也相应得到了发展，形成了一种社会力量，要求在政治上得到应有的地位。随着中小地主地位的上升，他们开始与士族大地主在政治上并驾齐驱，并逐渐占据了优势。这一优势表现在选官制度上就是以考试获取官职的科举制度取代以推荐为主的选拔制度。

科举制度始于隋朝，隋朝统一后，全国性的统一局面为科举制度的产生提供了可能的政治环境。隋朝在用人制度上进行重大改革，于开皇初废九品中正制，罢去州郡自辟僚属，令州郡分科举荐人才。隋炀帝时设秀才、明经、进士三科，秀才科标准高，极少有人应试，而明经、进士两科应试者较多。隋朝还创办在职官员应试的科目，作为选拔高级人才的手段，但科举制度在隋朝并没有得到很好的发展，因为隋朝不久就灭亡了。

科举制度的完善是在唐朝，唐朝把科举制度推向了兴盛。唐朝的科举分为文举和武举两种，而文举是最重要的选拔制度。文举又分为制举和贡举两类。制举根据皇帝诏令临时举行，科目繁多，无一定标准，是朝廷网罗优秀人才的一种方法。贡举是科举的主要内容，科目主要有秀才、明经、进士、明法、道举、童子科等。考生的来源一是"生徒"，即朝廷所开设的国子监、弘文馆、宗文馆及各地方州、县的学生，经选拔参加考试；二是"乡贡"，即生徒以外的地方士人，他们均可怀牒自投于州县，经府、州、县初试合格解送到中央参加考试。唐朝的考试一般分为地方州县的州试和中央组织的考试，考试方法主要有贴经、墨义、诗赋和策论。唐中叶后科举制逐渐成为选拔高级官吏的主要方法，但也存在一些不足，科目上还带有浓厚的魏晋遗风，考试内容也显得杂乱无章等。

宋朝的科举制继承了唐朝的基础，在发展中更趋完备。科举出现由多科目向单科目过渡的趋向，王安石变法改革了科举科目，除进士科外尽罢诸科。除此之外，考试还增加殿试，由皇帝亲自出题，这样防止考生与考官之间形成门生与恩师的私人关系，杜绝朋党扰政，还可以笼络官员，收权中央。宋代的科举考试规章日趋严密，为防止科考有弊，建立了各种规章制度，有《科场法》《亲试进士条例》等规定。凡通过省试、殿试的进士都可以直接授官，考试与任用结合，这大大简化了官吏录用程序，考试在科举中的地位也得到了进一步确立。总之，宋朝的科举制度形成了一个严密的体系，在选拔人才方面起了很大的作用，提高了政府的行政能力。

明清是科举制走向鼎盛而又日趋衰败的时期。此时的科举制度已经非常严密，发展到制度化、规范化。清朝科举分为四场，即童试、乡试、会试、殿试。童试分为县试（由县令主持，考四场，第一名为案首）、府试（由知府和直隶州知州主持，第一名为府案首）和院试（由提督学政主持）；乡试为省一级考试，以京堂官为主考，各省巡抚为监考官，三年举行一次，一般大省百余人，小省四五十人；会试为中央一级考试，由礼部主持，及格为贡士，第一名称会元；殿试由皇帝主持，录取分三甲，一甲取三人，赐进士及第，二甲取考生的三分之一，赐进士出身，三甲取考生的三分之二，赐同进士出身。

科举制度保障了封建制度的延续，是中国文官制度发展史上的重大创新。但是，明清科举制度的弊端也日渐显露，层层考试的烦琐程序，不仅不能有效选拔人才，而且成为窒息人才、摧残人才的工具。考试内容重经义、考试形式八股化，禁锢考生思想，因循守旧，这都是封建社会晚期统治阶级腐败性的反映。

1901年9月清政府实行"新政"后，各地封疆大吏纷纷上奏，重提改革科举，恢复经济特科。1904年，清政府颁布《奏定学堂章程》。此时，科举考试已改八股为策论，但尚未废除。因科举为利禄所在，人们趋之若鹜，新式学校难以发展，因此清政府诏准袁世凯、张之洞所奏，将育人、取才合于学校一途。至此，在中国历史上延续了1300多年的科举制度最终被废除，科举取士与学校教育实现了彻底分离。清末废除科举制是历史的必然。

（三）中华人民共和国干部人事制度的发展过程

中华人民共和国的干部人事制度，是在革命战争时期干部制度的基础上逐步建立和发展起来的。早在建立革命根据地时期，我们党就确定了"任人唯贤"的干部路线，制定了德才兼备的用人标准，把全心全意为人民服务作为干部工作的宗旨，把艰苦朴素、廉洁奉公作为对干部的基本要求，并根据各个历史时期的政治、经济形势逐步探索建立和完善人事管理制度。

改革开放之前，人事干部制度的发展大体分为两个阶段。第一阶段是 1949 年到 1965 年"文化大革命"前的创立和发展阶段，这一时期从上到下建立了管理机构，制定了一些管理制度，如干部的录用、任免、调配、奖惩、工资、福利、退休退职制度等。尽管各方面的制度还不是很完善，但初步适应了实际需要，取得了很大成绩，主要标志是 1957 年国务院颁布施行的《国务院关于国家行政机关工作人员的暂行规定》。第二阶段是 1966 年到 1976 年的挫折倒退阶段。在这期间，各级人事机构相继被撤销，人事干部被遣散，高效的管理制度被否定，人事工作遭到严重的破坏。

党的十一届三中全会以来，随着改革开放的深入，经济、科技、教育、文化和卫生体制的改革及各项事业的发展，我国发生了翻天覆地的变化，干部队伍本身的数量和构成也发生了巨大的改变，原有的干部人事制度已不适应新形势的需要，其弊端越来越明显地暴露出来，主要有：一是管理对象笼统庞杂，缺乏科学分类；二是管理权限过于集中，凡是国家干部，都由各级党委统一管理，造成干部管理上的党政不分、政企不分；三是管理方式陈旧单一，基本上用管理党政干部的方法管理各类人员，选拔任用由少数领导决策，带有很强的主观性和随意性，缺乏有效的激励竞争机制；四是干部管理缺乏基本的法律规章制度，管理制度不健全。中华人民共和国成立以来，党和政府在人事管理方面制定出了若干个政策、规定条例，但没有上升为法律，缺乏法律效力。

在这样的历史背景下，改革干部人事制度势在必行。党的十一届三中全会以后，国家在改革人事制度方面进行了积极的探索，并取得了一些重要成果。第一，确定实现干部队伍"革命化、年轻化、知识化、专业化"的方针。针对当时干部队伍的状况和形势任务的要求，我们党提出了干部队伍建设要按照"革命化、年轻化、知识化、专业化"的方针培养和任用干部。第二，进行了一系列单项制度改革的尝试。1979 年前后，邓小平同志根据全党工作重心的转移和现代化建设的需要，提出了我国干部人事制度改革的方向、内容和要求。这些探索多半是对局部环节的修补，还不系统、不全面和不完整，在很大程度上受到了经济体制改革进程的制约。但这些改革探索使国家积累了很多宝贵的经验，在许多方面都具有突破性，干部人事工作中公开、平等、竞争的意识和实现干部人事管理制度化、法制化的观念逐渐深入人心，为以后公务员制度的实施打下了基础，同时干部人事管理制度的封闭管理状态有了很大的改变，开始向科学化、法制化和民主化方向发展。

（四）国家公务员制度的形成过程

我国公务员制度的提出、形成和发展是一个渐进的过程。公务员制度从酝酿至今，已有 20 多年的时间。这个过程大体可分为五个阶段。

1. 准备阶段（1984~1986 年）

该阶段主要是调查研究和起草条例。党的十一届三中全会以后，在邓小平同志关于"要打破老框框，勇于改革不合时宜的组织制度、人事制度"的思想指导下，我国干部人事制度改革迅速开展，短短几年内就取得了不小的成绩。为了巩固改革的成果，促进干部人事制度改革进一步向科学化、法制化的方向发展，1984 年中央组织部和劳动人事部根据中央指示，组织相关单位的工作人员与一部分专家及实际工作者起草《国家机关工作人员法》，后因国家机关工作人员的范围太广，制定国家工作人员法的条件还不成熟，于 1985 年将其改为《国家行政机关工作人员条例》，这就是《国家公务员暂行条例》的前身。该条例起草后，广泛征求意见并修改，到 1986 年形成第十稿。

1986 年下半年，借鉴西方国家推行公务员制度的普遍规律和特点，结合我国具体的国情，我国对《国家行政机关工作人员条例》进行重大修改。考虑到"工作人员"这个概念过于笼统，而"国家公务员"这个概念更能体现行使国家权力、执行国家公务的特色，同时又含有人民"勤务员"与"公仆"的意思，经中央同意，就将条例的名称暂且修订为《国家公务员暂行条例》。

2. 决策阶段（1987~1988 年）

该阶段，党和国家最高权力机构决定推行公务员制度。1987 年，公务员制度作为政治体制改革的一项重要内容，在党的十二届七中全会上讨论通过。党的十三大则正式宣布，我国将建立和推行中国特色的公务员制度。1988 年 4 月召开的七届全国人大一次会议也强调"要在改革机构的同时，抓紧建立和逐步实施国家公务员制度，尽快制定国家公务员暂行条例，研究制定国家公务员法"，并决定组建人事部，负责这项工作。

3. 试点阶段（1989~1993 年 9 月）

该阶段主要是按照《国家公务员暂行条例》组织六部、两市作为推行公务员制度的试点，并根据在试点工作中取得的经验，进一步修订该条例。

1988 年人事部成立后，按照邓小平同志关于改革干部人事制度的理论和党中央关于改革干部人事工作的指示精神，在前一阶段工作的基础上，继续进行条例的修改，并开展了建立和推行公务员制度的其他准备工作。为了验证条例的可行性，探索推行公务员制度的经验，经国务院批准，1989 年开始，首先在国务院的六个部门，即审计署、海关总署、国家统计局、国家税务局、国家环保总局、国家建材局进行公务员制度的试点。这期间，除工资制度以及与之相匹配的人员分级制度未进行试验外，职位分类、录用、考核、职务晋升、回避、培训等多项制度都进行了试验并转入正常运转。1990 年后，公务员制度的试点从中央扩大到地方。经批准，哈尔滨和深圳两地也相继进行了地方政府推行公务员制度的试点工作。到 1993 年上半年，全国已有 20 多个省、市都不同程度地开展了公务员制度的试点工作。试点结果表明，公务员制度符合我国国情，对于实现国家行政机关工作人员的科学管理，保障其优化、廉洁高效地执行公务是很有成效的。1993 年 1 月 14 日，中央政治局全体会议听取了汇报，原则同意《国家公务员暂行条例（草案）》的内容及实施的设想。1993 年 4 月 24 日，国务院第二次常务委员会通过了《国家公务员暂行条例》，并于 1993 年 8 月 19 日正式公布，自 1993 年 10 月 1 日起施行。

4. 推行与发展阶段（1993 年 10 月~2005 年 12 月）

《国家公务员暂行条例》自发布到 2005 年 12 月有 10 多个年头。这期间，组织部、人事部以及地方各级人事组织部门为推行与发展公务员制度做了大量的工作，主要是完成国家行政机关干部向公务员过渡实现身份的转变、制定并实施《公务员法》和其他细则、转变政府职能、精简（减）行政机构和人员。

5. 依法管理阶段（2006年1月1日至今）

2005年4月27日，《中华人民共和国公务员法》颁布，这是我国公务员制度法制化建设取得的关键性成果，标志着我国公务员制度的产生。《公务员法》以《国家公务员暂行条例》为基础，保证了政策的稳定性和连续性。2006年1月1日，《公务员法》正式施行，由此，公务员管理进入依法管理阶段。推行《公务员法》的第一年，在组织部和人事部的领导下，各级人事部门以科学发展观为统领，加快推进人才强国和科教兴国战略，狠抓《公务员法》的实施和机关事业工资收入分配制度改革这两件大事。

第二章

公务员的义务与权利

一、公务员的义务与权利概述

所谓公务员的义务，就是国家法律对公务员必须做出一定行为或不得做出一定行为的约束和限制。目的是保证公务员能在国家法律规定的范围内准确行使职权，忠实执行国家公务，不得滥用权力。

所谓公务员的权利，就是国家法律对公务员在履行职责、执行国家公务的过程中，可以做出一定行为，要求他人做出一定行为或抑止一定行为的许可和保障。目的是使公务员更有效地行使职权，更好地执行国家公务。

公务员义务与权利主要有以下四方面的特点：

第一，坚持人人平等。所有公务员都平等地享有法定权利和履行法定义务，任何国家公务员不得因职务高低、资历深浅、家庭出身、社会关系、党派、民族、年龄、所服务的行政机关等因素，享受特权或遭到歧视。在义务的履行和权利的行使中，用法律的同一尺度、同一标准去处理，决不能因人而异。每个公务员都有权利对任何机关及其领导人的违法侵权行为进行检举、揭发、控告；国家对所有公务员的法定权利和利益都要予以保护，对所有公务员的违法或违纪行为，都要追究其法律或行政责任，并依法处理。

第二，保持义务、权利一致。公务员履行义务与行使权利，是相互依存、不可分割的。公务员的义务和权利是相互对应的关系，公务员具有履行职责应有的权力，同时又不得利用职权谋取私利；公务员具有执行公务的职权，但必须依法行使。享有权利必须履行相应的义务，任何公务员都不得只享有权利不履行义务。义务受纪律的约束，公务员的权利受法律的保障。

第三，权利的内容较为广泛。这是与其他国家相比较而言的。从我国政权性质出发，根据《宪法》有关规定，我国在政治权利等方面对公务员没有西方国家"不参与政治活动"等要求，我国公务员不仅可以表达个人意见和建议，对行政机关及其领导人的工作提出批评和建议，依法提出申诉和控告，而且还可以参加政党和其他社会团体组织的活动，通过各种形式参与国家的政治生活。

第四，权利受法律保护。公务员的权利是通过法律、法规的形式予以确认的。公务员权利的产生、变更或消灭都必须按法定事由和法定程序进行，任何组织或个人都不得以任何理由和形式非法侵害或剥夺公务员的法定权利。公务员的权利一旦受到侵害或剥夺，公务员可以依法进行申诉和控告。

二、中国公务员的义务与权利

（一）中国公务员的义务

根据《公务员法》规定，公务员的义务主要包括以下八个方面：

1. 忠于宪法，模范遵守、自觉维护宪法和法律，自觉接受中国共产党领导

宪法和法律是全国各族人民根本意志和最高利益的集中体现，是国家政治、经济、文化等社会生活有序运行的基石和保证。遵守宪法和法律，是各个国家机关、各种社会组织和每个公民的义务。作为行使国家行政权力的公务员，应当树立法律至上的思想，维护法律权威，自觉在宪法和法律的范围内活动，成为守法的模范和表率。

2. 忠于国家，维护国家的安全、荣誉和利益

公务员乃国家所任用，必须以维护国家的安全、荣誉和利益为己任。制定政策、办理事务，都要把国家的安危、荣辱、利害挂在心中，自觉维护和捍卫国家的尊严和利益，并敢于同一切违法犯罪分子做斗争。

3. 忠于人民，全心全意为人民服务，接受人民监督

这是政府机关及其公务员工作性质的要求，也是做好行政工作、杜绝官僚主义的重要方法和保证。公务员应当树立公仆观念，关心群众，深入实际，想群众之所想，干群众之所盼，要认真听取群众意见、建议和批评，自觉接受群众监督，更好地为人民服务。

4. 忠于职守，勤勉尽责，服从和执行上级依法作出的决定和命令，按照规定的权限和程序履行职责，努力提高工作效率

国家行政机关是一个有机整体，每个职位都是整体的组成部分。各职位上的公务员必须忠于职守，尽职尽责，服从领导，听从命令，勤奋工作，不能擅离职守，不得消极怠工，不得自行其是违抗政令。公务员的各项行为必须有法律依据，遵循法定程序，不得超出法律自行其是。对于因社会变化，有些社会事务，国家法律、法规尚未做出规范的，应以政策作为执行公务的依据。

5. 保守国家秘密和工作秘密

国家秘密事关国家的安全和利益，公务员必须保守国家秘密，未经领导或专门机关同意或批准，不得对外吐露国家尚未公布的政治、经济、军事、外交、科学技术等重大事项，不得随便和与本职工作无关的人员谈论尚未公开的工作内容，对涉及国家秘密和工作秘密的重要文件材料，要严格按规定保存和传递。

6. 带头践行社会主义核心价值观，坚守法治，遵守纪律，恪守职业道德，模范遵守社会公德、家庭美德

公务员遵守纪律，恪守职业道德就是要严格遵守公务员从事公务活动应当遵守的纪律要求与道德准则。《公务员法》第五十三条对公务员的纪律作了全面的规定，包括公务员不得弄虚作假，误导、欺骗领导和公众；不得贪污、行贿、受贿，利用职务之便为自己或者他人谋取私利；不得滥用职权，侵害公民、法人或者其他组织的合法权益；不得参与或者支持色情、吸毒、赌博、迷信等活动；不得违反职业道德、社会公德等。社会公德是要求一般人共同遵守的公共道德准则，包括遵守纪律、讲究礼貌、讲究卫生等。公务员应当率先垂范，带头遵守。

7. 清正廉洁，公道正派

公务员代表国家机关行使行政权力、执行公务，必须秉公办事，不能感情用事，更不

能利用手中的权力，谋取私利。要严格要求自己，树立正确的人生观和价值观，以廉为荣，一心为公。

8. 法律规定的其他义务

除上述内容外，《中华人民共和国宪法》（以下简称《宪法》）和法律对国家机关及其工作人员还有一些义务要求。此外，公务员作为自然人，也是公民的一部分，《宪法》和法律明确的公民的义务，公务员也必须履行。

（二）中国公务员的权利

根据《公务员法》规定，我国公务员的权利主要有以下八个方面：

1. 获得履行职责应当具有的工作条件

这是保证公务员正常执行公务最基本的权利。这种权利是在履行职责时才享有的，由法律规定或认可。不同职位上的公务员，其权力大小不同，公务员在行使权力时，必须在法定的权限内，不得越权。

2. 非因法定事由、非经法定程序，不被免职、降职、辞退或者处分

公务员依法公正执行公务，其身份应受法律保障，以防受到打击报复。国家机关对公务员的处理，必须基于法定事由和法定程序。所谓法定事由，是指国家公务员的行为确实触犯了国家的法律和国家公务员的纪律，构成了被依法免职、降职、辞退或者行政处分的法律事实；所谓法定程序，就是国家法律、法规规定的国家公务员被免职、降职、辞退或者行政处分所必须经过的全部法律过程。非因法定事由和非经法定程序的处理，公务员有权拒绝接受。

3. 获得工资报酬，享受福利、保险待遇

这是对公务员工作和生活的经济物质保障。公务员作为劳动者，必须获得相应的劳动报酬。报酬的多少应与国家的经济发展水平、公务员地位和作用等相适应。公务员生老病死或遇到其他困难情况时，应得到国家和社会的帮助。此外，国家要根据经济发展情况，积极创造条件，努力改善公务员的工作条件和环境，提高福利待遇，促进公务员努力工作。

4. 参加培训

把培训作为公务员一项重要权利，不仅是国家机关对公务员的要求，也是公务员自身发展的需要。随着科学技术的飞速发展，社会不断进步，政府机关的工作内容、工作方法、工作手段也在不断变化，要求公务员必须不断补充新的知识，以保证公务得到有效执行。公务员在新形势下，只有加强政治理论和业务知识的学习，不断提高理论水平，更新知识结构，提高业务能力，才能适应工作需要。

5. 对机关工作和领导人员提出批评和建议

这是公务员一项重要的民主权利，对于激发国家公务员的创造性，调动国家公务员的积极性，改进国家行政机关及其领导人员的工作，克服官僚主义，提高工作效率和工作质量，具有十分重要的意义。公务员批评建议的对象，可以是本人所在的机关及其领导人员，也可以是其他的机关及其领导人员。批评建议的内容，可以是与本职工作或本人利益直接相关的，也可以是与本职工作或本人利益无关的。国家行政机关及其领导人员都不能压制国家公务员的批评和建议，更不能打击报复。

6. 提出申诉和控告

政府机关在日常人事管理中，经常会涉及对公务员个人的处理，有时会出现因事实不清或定性不准而处理违法或不当的情形，申诉控告就是针对这种情形的一种救济办法，目的是更好地保障公务员的合法权益。申诉和控告的方法和程序，《国家公务员暂行法》中有专门的规定。

7. 申请辞职

公务员依法辞职是其选择职业权利的具体形式和实现途径。当国家公务员由于主观或客观原因不愿再继续担任国家公务员职务时，国家应当允许其辞职，而且法律应给予尊重和保障。公务员辞职，必须按法定程序和要求进行，不得擅自离职。

8. 宪法和法律规定的其他权利

除上述权利外，公务员还可以享有《宪法》和法律规定的其他权利，包括与履行公务员义务不冲突的公民权利。

三、西方国家公务员的义务与权利

第三章

公务员的职务与级别

一、职位层级体系

我国是单一制国家，国家行政机构从中央到地方一般分为五级，即中央人民政府——国务院、省（自治区、直辖市）、市（自治州、盟）、县（自治旗）和乡（镇）政府。全国有 22 个省、5 个自治区、4 个直辖市（未包括中国台湾、中国香港和中国澳门）、334 个市（自治州、盟）、1735 个县（市、自治旗）、48000 多个乡（镇）。地方各级人民政府是地方各级国家权力机关的执行机关，是地方各级国家行政机关，既要对本级人民代表大会及其常委会报告工作，又要服从上级人民政府的领导，并向上一级人民政府报告工作，服从国务院的统一领导。

国务院的职位构成为：总理、副总理、国务委员、各部部长、各委员会主任、审计长、秘书长。国务院设副秘书长若干人，协助秘书长工作。各部设部长 1 人，副部长 2~4 人；各委员会设主任 1 人，副主任 2~4 人，委员 5~10 人；国务院直属机构和办事机构负责人 2~5 人。

省、自治区、直辖市、自治州、设区的市人民政府分别由省长、副省长，自治区主席、副主席，市长、副市长和秘书长、厅长、局长、委员会主任等组成。县、自治县、不设区的市、市辖区的人民政府分别由县长、副县长，市长、副市长，区长、副区长和局长、科长等组成。乡、民族乡的人民政府设乡长、副乡长，镇人民政府设镇长、副镇长。

国务院各部、委员会以及直属机构、办事机构，一般内设司（局）、处两级。省、自治区、直辖市各厅（局）内设处、科。省辖市、自治州政府设局，局内设科。县政府各工作部门是科（局），较大的科（局）内设股（或队）。乡政府原则上不设工作部门，根据职位性质和需要设若干科员或办事员职位。近年来，由于乡镇经济不断发展，基层政府的事务大量增加，不少地方乡政府，内设若干办公室，如农牧林办公室、多种经营办公室、文化教育办公室、社会治安综合治理办公室等。政府的公务员职位从高到低共分为 12 个层次（见表 3-1）。

表 3-1 中国各级政府的职务及对应关系

上述职位分为领导职务和非领导职务两个序列。领导职务是指各层次具有领导责任的职务，共 10 个层次，具体是：①国务院总理；②副总理、国务委员；③省长、自治区主席、直辖市市长、部长、委员会主任、署长等；④副省长、自治区副主席、直辖市副市长、副部长、副署长等；⑤厅长、司长、州（盟）长、专员等；⑥副厅长、副司长、副州（盟）长、副专员等；⑦处长、县（旗）长等；⑧副处长、副县（旗）长等；⑨科长、乡（镇）长等；⑩副科长、副乡（镇）长等。

非领导职务是指不承担领导责任的职务。设置非领导职务，是为了使机关人员有合理的设置结构，有利于某些负有较大业务责任、专业技术或业务水平要求高的职位吸收优秀人才。非领导职务共分八个层次，具体是：巡视员、副巡视员、调研员、副调研员、主任科员、副主任科员、科员、办事员。

一个机关设什么样的非领导职务，要根据工作性质和机构的规格来定。国务院各部门和省级政府机关可设巡视员到办事员八个层次的非领导职务；州、省辖市、行署级行政机关可设置调研员到办事员六个层次的非领导职务；县级国家行政机关可设主任科员到办事员四个层次的非领导职务；乡镇一般只设科员、办事员两个层次的非领导职务。

二、职位设置方法

具体到一个单位，应该如何设置职位呢？我国所采取的原则是职位分类。所谓职位分类，是与品位分类相对应的、以"事"为中心的分类方法，即根据工作需要设置职位，按照职位要求选配人员，而不是根据人员素质情况设置职位。具体做法：在机构改革时，先确定政府设哪些工作部门，每个部门的职能是什么，再根据每个部门的职能，确定内设哪些机构和每个内设机构的职能与工作任务，然后将每个内设机构的职能和工作任务层层分解，确定设置多少个职位。通常把这个过程称为"三定"（定职能、定机构、定编制）。在实际操作中，为了防止职位设置过多，通常会规定领导职位和非领导职位的最高限额。

对领导职位的数额限制是：司（局）一般设司（局）长1人，副司（局）长2人，个别工作任务重或性质特殊的，经批准可增设副司（局）长1人。处的人数多少不一，3人以下的处设处长1人；4~7人的处设处长1人，副处长1人（即一正一副）；8人以上的处设处长1人，副处长2人（即一正两副）；人数特别多、下设科（股）室的处，下设股、队的科，副职可适当增加，但最多不超过4个。

对非领导职位的数额限制是：国务院各部门巡视员和助理巡视员的职数，不得超过该部门司局级领导职数的1/3，其中巡视员不得超过40%；调研员和助理调研员的职数，不得超过处级领导职数的75%。省级政府机关高层次的非领导职务职数低于国务院各部门，其巡视员、助理巡视员的职数，不得超过厅（局）级领导职数的1/3，其中巡视员不得超过30%；调研员和助理调研员的职数，不得超过处级领导职数的50%。省辖市（自治州）人民政府机关调研员和助理调研员的职数，不得超过处级领导职数的1/3，其中调研员不得超过30%；主任科员和副主任科员的职数，不得超过科级领导职数的50%。县级人民政府各部门主任科员和副主任科员的职数，不得超过科级领导职数的50%。

职位说明书是综合说明某一职位的工作性质、难易程度、责任大小及任职资格条件等的规范性文件。其内容包括：①职位名称，是指职位的规范化称谓，应力求简明并反映该职位的工作性质及职务；②职位代码，是指每一个职位的代表号码；③工作项目，是指对该职位工作情况的简要描述，主要包括工作的内容、程序、职责及权限；④所需知识能力，是指胜任本职位工作所需要的学识、才能、技术和经验；⑤转任和升任，是指本职位工作人员在其业务范围内，可升任或转任的方向，以及应由什么职位上的工作人员升任或转任本职位；⑥工作标准，是指处理本职位所承担的每项工作任务，应达到的质量和数量。职位说明书为公务员的录用、考核、培训、晋升等提供了比较准确、科学的依据。

职位设定以后，应尽量保持相对稳定，不能随意变化，但在机关职能增加或减少、办公手段改善、工作效率提高或内设机构职能调整的情况下，可以增设、减少或者变更职位。增设、减少或者变更职位时应说明理由报上级有关部门批准。增设或者变更职位的，还应按设置职位的程序，明确新职位的职责任务和任职资格条件，制定职位说明书。

三、公务员的级别

公务员除了其所任职务外，还有级别。公务员级别高低，既体现公务员所任职务的责任轻重和难易程度，又反映公务员资历、学历等素质条件以及工作情况，这是我国公务员制度的一个特色。

各国公务员都有级别，但确定级别的依据和级别所反映的内容不尽相同。在美国、加拿大等实行职位分类的国家，公务员级别反映的是公务员所在职位的责任轻重和难易程度，与公务员本身的资历条件无关，级别不随人变化。责任轻重和难易程度相同的职位划入同一职级，职位的工作任务和责任不变，职级也不变。其好处是，因事设职，标准客观，能实现同工同酬。但在英国等实行品位分类的国家，公务员的级别主要反映公务员本身的学历、资历等条件，级别随人走，同一职位可由级别不同的人来担任。我国公务员的级别，是在总结吸取职位分类和品位分类优点的基础上建立的，各层次职务分别对应若干个级别，同层次职务所对应的级别范围相同。公务员的级别，在其职务所对应的级别范围内，按本人资历和学历等因素来确定。

（一）公务员级别设置

公务员的级别共分 27 级，分别与公务员 12 个职务等次相对应。各职务等次对应的级别之间相互交叉。每一职务对应 1~8 个级别，职务越高对应的级别越少，职务越低对应的级别越多。例如，总理对应 1 级；副总理至副部长各对应 2~4 个级别；正局、厅长至副局、厅长各对应 5~7 个级别；正处长至正科长各对应 6 个级别；副科长对应 7 个级别；科员至办事员各对应 8 个级别（见表 3-2、表 3-3）。

表 3-2　级别与职务对应关系　　　表 3-3　综合类公务员非领导职务与职级的对应关系

（二）公务员级别设置需要考虑的因素

确定公务员级别，需要考虑以下因素：

1. 公务员所担任的职务（领导职务或非领导职务）

职务决定公务员所在的级别范围，每一职务都对应一定范围的级别，如厅长对应 8~13 级。那么，如果某一公务员的职务为厅长，则他的级别最高不超过 8 级，最低不低于 13 级；科员的最高级别不超过 18 级，最低级别不低于 26 级。

2. 公务员的资历和学历

同一职务层次的公务员，工作经历长、学历高的，级别也高。刚从学校毕业的人员，其学历不同，所定级别也不同。高中和中等专业学校毕业的，定为 27 级；大学专科毕业的定为 26 级；大学本科毕业生、获得双学士学位的大学本科毕业生（含学制为六年以上的大学本科毕业生）、研究生班毕业和未获得硕士学位的研究生，定为 25 级；获得硕士学位的研究生，定为 24 级；获得博士学位的研究生，定为 22 级。

3. 级别的晋升与工作好坏相联系

同职务同级别的公务员，德才表现和工作实绩好的，级别晋升就快些。

此外，公务员所在职位的责任大小和难易程度，对级别也有一定影响。对于某些在特殊岗位上任职的公务员可以比同等条件下在一般职位上任职的公务员高定一级。

（三）我国公务员管理中设置级别的目的

1. 适应职位分类的需要

从职位分类的角度看，对每一职位应按照其责任大小、工作难易程度分为不同的等级。就某一职位来说，它对应的不是一个级别，而是一个级别段。按照职位分类的要求，责任大小和工作难易程度，基本相同的职位相对应的级别段应当一样；反之责任大小和工作难易程度不同的职位对应的级别段应当不一样。级别可以作为对不同职位对应的级别公务员进行平衡比较的统一标尺。以职务层次为横轴，以级别为纵轴构成的"坐标系"，可以衡量、标识公务员在基层组织中的地位。

2. 级别也是公务员发展的重要台阶

除了职务晋升以外，级别晋升也是公务员职业发展的一条重要渠道，可以增强公务员的荣誉感。因此，《公务员法》规定，公务员在同一职务上，可以按照国家规定晋升级别。根据这一规定，由于机构规格、职数的限制，公务员的职务可能无法晋升，但在同一职务上，公务员可以按照国家规定晋升级别。

3. 确定公务员报酬的需要

《公务员法》规定公务员实行国家统一的职务与级别相结合的工资制度。设置级别，可以使公务员在不晋升职务层次的人员，工作年限、奖励和能力各不相同，级别工资可以体现同一职务人员的上述差别，更好地贯彻按劳分配的原则。

（四）公务员职位设置与级别确定的特点

依据上述分析，我们可总结出，我国公务员的职位设置与级别确定有以下特点：

第一，既强调以事为中心，又兼顾人的因素。职位设置以工作需要为依据，坚持"因事设职"；职位说明书的编写，依据职位的工作难易程度、责任轻重和所需要的资格条件，而不考虑人的因素。但在确定级别时，既考虑职位因素，又考虑公务员的资历条件。以公务员所任职务确定级别范围，以其资历、学历等确定具体级别。

第二，程序简化，操作方便。在定职能、定机构、定编制的基础上进行职位设置，将机构的职能层层分解到具体职位上，写出职位说明书；在工作性质的分类上，目前只分领导职务与非领导职务两个序列；在职级的确定上，依据各职务所对应的级别范围，按统一标准，让公务员根据个人的资历、学历，对号入座，从而避免了职位调查、职位评价、列级归类等方面大量繁杂的劳动。

第四章

公务员录用制度

一、公务员录用的定义和原则

（一）公务员录用的定义

公务员录用，是指国家机关按照规定的条件和程序，面向社会采用公开考试、严格考察的办法选拔公务员的活动。《公务员法》规定，公务员录用主要是指录用担任主任科员以下及其他相当职务层次的非领导职务的公务员。公务员录用制度，就是关于公务员录用的各种行为规范和准则的总称，主要包括：录用的原则、标准、资格条件、方法、程序和录用的组织权限等。

（二）公务员录用的主要原则

第一，公开原则。公务员的录用必须面向社会，公开进行。录用政策和原则公开；需要录用公务员的部门、岗位及录用人员数量公开；报考的资格条件公开；招考的方法和程序及时间公开；考试的成绩、录用的标准和结果公开，以接受社会监督。

第二，平等原则。凡中华人民共和国公民，只要符合规定资格条件，均有平等的权利和机会报名参加公务员录用考试。任何人都不得因家庭出身、个人成分、性别等非个人德才等素质问题，受到歧视或享有特权。公民是否参与公务员录用的竞争或出任公职，是一种权利，不是义务，可以享受，也可以放弃。

第三，竞争原则。报考者能否被录用，取决于本人的政治、业务等素质。国家机关通过法定方法和程序，对报考者的政治思想、道德品质、文化业务知识和工作能力等，进行考试考核，并根据报考者的考试成绩和考核结果，择优录用。符合条件的国家公民可以凭自己的素质参加竞争，优胜者方可进入公务员队伍。

第四，法制原则。公务员录用的标准、录用的方法和程序等都通过法律、法规的形式加以规定，各级国家行政机关都必须遵守。符合规定条件的公民经过考试考核合格后，与国家建立公务员权利和义务等法律关系。这种关系一旦建立，就受到国家法律的保障，非法定理由和法定程序不得变更或消灭。

第五，德才兼备原则。决定报考者是否被录用，要从德和才两个方面来全面衡量。"德"是指政治思想表现和道德品质，主要包括拥护并贯彻执行党的以经济建设为中心，坚持四项基本原则，坚持改革开放的基本路线和各项方针政策，有较强的事业心和责任感，廉洁奉公，遵纪守法，作风正派，全心全意为人民服务等；"才"是指本领，主要包括文化水平、业务知识和工作能力。德才兼备的用人标准，是我们党和国家长期坚持并被历史证明行之有效的用人标准。国家公务员录用坚持这一标准，既是对党和国家干部人事工作优良传统的继承和发扬，也是区别于西方文官制度的一个重要特征。

二、报考公务员的基本资格条件

公务员的录用要面向社会，公开进行，但并不意味着所有的人都可以来当公务员，特别是现代社会发展对政府工作人员素质的要求越来越高，对执行国家公务的人员必须有一定的条件要求。规定报考资格条件，通过对基本资格的审查，把不具备担任公务员基本条件的加以排除，可以保证报考者的基本素质，同时还可以减少录用考试的工作量，节省国家行政开支。

报考国家公务员的资格条件，一般包括基本条件和特别条件。基本条件又可分为权利条件、品质条件和能力条件。权利条件是指在法律上享有公民权利的资格，如国籍、公民的政治权利等；品质条件是指道德品质，如是否忠诚、廉洁，作风是否正派，有无不良的行为和习惯等；能力条件是指依法行使国家行政权力、执行国家公务的基本能力，如身体健康状况、文化水平、年龄等。特别条件是报考某种职位所要具备的条件，如专业知识、专业技能、实践经验等。从条件的内容来看，资格条件又可分为积极条件和消极条件。积极条件是从正面对公务员所需要的条件加以规定；消极条件是从反面对公务员不应有的条件加以限制或排除。

根据我国的实际情况，报考国家公务员的基本条件包括：①具有中华人民共和国国籍，享有公民的政治权利；②拥护中国共产党领导，热爱社会主义；③遵纪守法，品行端正，具有为人民服务的精神；④一般具有大专以上文化程度，经考试主管机关批准，也可适当放宽；⑤报考省以上政府工作部门须有两年以上基层工作经历，国家有特殊规定的专业人员除外；⑥身体健康，年龄一般为35岁以下，经考试主管机关批准也可以适当放宽年龄限制；⑦具有考试主管机关批准的其他条件。

上述条件，是指担任国家公务员及满足所任职位需要不可缺少的条件。不具备这些条件，就不能参加录用考试；具备了这些条件，就具备参加公务员录用考试的资格，能否被录用，还取决于考试考核的结果。

《公务员法》规定下列人员不得被录用为公务员：①曾因犯罪受过刑事处罚的；②被开除中国共产党党籍的；③曾被开除公职的；④被依法列为失信联合惩戒对象的；⑤有法律规定不得录用为公务员的其他情形的。

我国是一个多民族国家，《宪法》规定："国家根据各少数民族的特点和需要，帮助各少数民族地区加速民族经济和文化的发展。国家帮助民族自治地方从当地民族中大量培养各级干部、各种专业人才和技术工人。"根据这一规定精神、民族自治地区的特点和民族工作的需要，在坚持"公开、平等、竞争"的前提下，国家对民族自治地方人民政府和各级人民政府民族事务部门公务员的录用做出了专门规定。《公务员法》规定："民族自治地方依照前款规定录用公务员时，依照法律和有关规定对少数民族报考者予以适当照顾。"照顾方式根据各地情况确定，一般可采取以下方式：一是在制定录用计划时，规定少数民族公务员不少于一定的比例，计划录用的少数民族公务员，只在少数民族中招考；二是在同等条件下优先录用少数民族公民报考者或适当降低对少数民族公务员的录取分数线。

三、国家公务员的录用办法和程序

（一）国家公务员录用办法

国家公务员录用采取公开考试、严格考核的办法。公开考试，是指面向社会，以考试为测评人员的手段，了解报考者当前所具有的知识水平、业务能力等素质情况；严格考核，是指对考试合格者的以往情况进行考察，并做出评价，内容主要包括政治思想、道德品质、工作表现、工作实绩以及是否需要回避等。公开考试和严格考核是测评人员的两种方式，这两种方式都得运用，不能只用其一。

（二）国家公务员录用的主要程序

国家公务员录用有严格的程序，具体包括：编制录用计划、发布招考公告、报名、审查资格、考试、考核、体检、确定人选、建立法定关系等。《公务员法》对主要程序做出了如下规定：

1. 发布招考公告

发布招考公告是为让广大公民了解情况，并让报考者有所准备。因而，招考公告应在考试前一段时间通过报纸、刊物或其他新闻媒介向社会发布。其内容一般应包括：拟录用人员数量、报考的资格条件；报名的日期、地点和报名手续；考试的科目、程序、日期、地点及区域划分等。录用人员的数量或资格条件，要在编制限额内按照所需职位的要求来确定。国家行政机关都有法定的职位员额编制，录用人员必须有职位空缺，不得超过规定的编制录用人员。各个职位都根据职位分类的原则确定任职资格条件，录用公务员必须符合拟任职位所要求的资格条件，以做到因事求人，合理使用人才。

2. 资格审查

主要是了解报考者是否具备公务员的基本条件和要报考职位所特别要求的条件。基本条件由国家法律或法规做出统一规定；职位所特别要求的条件，不同的职位有不同的要求，一般由用人单位提出，考试主管机关批准。符合规定资格条件者方可发给准考证，参加考试。资格审查工作由政府人事部门和用人部门共同负责。

3. 考试

考试在资格审查后进行。参加考试的人员必须是资格审查合格者。考试目的是测评报考者的基础知识和专业知识水平以及适应职位要求的业务素质。随着考试制度的发展，考试的方法日益多样化，目前主要采取笔试和面试两种。笔试是让报考者用笔墨文字解答有关问题，以测量其文化和专业知识水平、写作能力及思维能力等。内容分公共科目和专业科目。公共科目的考试由国务院人事部门确定，由政府人事部门按照管理权限组织实施；专业科目的考试由国务院人事部门和省级人事部门分别确定，可由政府人事部门组织实施，也可委托用人部门组织实施。笔试合格者方可参加面试。面试是面对面地直接观察和测评报考者的素质，包括口头表达能力、反应能力、仪表等笔试不能反映的因素。主要方式有口试、模拟操作、智能测验等。具体的测评要素和测评方式，由考试主管机关确定，组织实施工作可由政府人事部门进行，也可委托用人部门进行。

4. 考核

在考试的基础上进行，其对象是考试（包括笔试和面试）合格者。考核的内容主要包括：政治素质、道德品质、工作能力、工作表现和实绩以及是否需要回避等。考核工作按录用主管机关的统一要求，由用人部门组织实施。考核时要听取报考者所在单位的组织和群众意见，做到全面、客观、公正。

5. 录取

考核工作完毕后，由用人部门根据拟任职位的要求，综合评定报考者的考试考核结果，确定录取人员名单，报设区的市以上政府人事部门审批。审批后，用人单位即可与报考者办理手续，建立公务员的权利义务等法律关系。

（三）特殊职位公务员的录用

上述是录用国家公务员的一般程序，录用特殊职位的国家公务员，可以简化程序或采取其他测评办法。特殊职位主要包括：①因职位特殊不宜公开招考的，如安全、公安部门的某些职位；②因职位特殊，需要专门测量报考者水平的；③因职位所需要的专业知识特殊，难以形成竞争的；④录用考试主管机关规定的其他情况。

以上特殊职位的具体范围、录用的简化程序及所需要采取的测量办法，由录用考试的主管机关规定，并在组织考试之前，报国务院人事部门或者省级人民政府人事部门批准。

（四）新录入公务员的试用期

按照上述程序新录用的人员，还要进行一段时间的试用，才能正式录用。《公务员法》规定，新录用的国家公务员，试用期为一年。试用期满合格的，正式任职；不合格的，取消录用资格。新录用的国家公务员在试用期内，须接受培训。

在试用期内，新录用人员要履行公务员义务，参加初任培训，在拟任工作岗位上工作；用人单位要注意指导和帮助新录用人员的工作，使其尽快熟悉和掌握工作知识和技能。在试用期满时，要对其试用期间的表现和业务能力等进行综合评价，决定是否正式录用。合格的正式任职，不合格的取消录用资格。

此外，省级以上人民政府各工作部门，包括各省、自治区、直辖市政府的厅、局、委、办等机关和国务院各部、委、局等机关及其派出机构，根据工作需要，按国家规定录用的在会计、计算机、翻译、考古等专业技术工作岗位上工作的没有基层工作经历的国家公务员，应到县以下行政机关或企、事业单位工作1~2年。

（五）公务员录入的考试工作

公务员录用考试工作是一项十分严肃的工作，既要保持一定的统一，以保证考试工作的权威性，又要考虑各地各部门的情况，防止治事与用人脱节。根据《宪法》关于"中央和地方的国家机构职责划分，遵循在中央统一领导下，充分发挥地方的主动性、积极性的原则"，公务员录用考试工作，分为中央和地方两个大的层次。中央机关及其直属机构公务员的录用，由中央公务员主管部门负责组织。地方各级机关公务员的录用，由省级公务员主管部门负责组织，必要时省级公务员主管部门可以授权设区的市级公务员主管部门组织。中央国家行政机关即国务院的各厅、委、部、局、办等机关的录用人员考试工作，包括制定录用计划、审定试题、规定时间、发布公告、报名及资格审查、考试、试卷评判等，都由国务院人事部门负责组织，部分工作可委托用人部门办理。地方各级国家行政机关，包括省、自治区、直辖市人民政府各工作部门，设区的市、盟、自治州人民政府机关，县、市、旗人民政府机关，乡、镇人民政府机关的公务员录用考试工作由省、自治区、直辖市人民政府的人事部门负责组织，某些考试工作可以委托用人部门或下级政府人事部门办理。委托的具体工作内容及职责权限，由省级人事部门根据情况研究确定。

四、公务员录用考试违纪违规行为的认定和处理

为规范公务员录用考试违纪违规行为的认定与处理，严肃考试纪律，确保录用工作公平、公正，根据《公务员法》《公务员录用规定（试行）》和有关规定，人力资源和社会保障部2016年审议通过了《公务员录用考试违纪违规行为处理办法》，为认定和处理报考者和录用工作人员在公务员录用考试及相关环节中有违规违纪行为提供了依据。公务员主管部门、招录机关和公务员录用考试机构及其他相关机构依据《公务员录用考试违规违纪行为处理办法》，按照职责权限，对报考者和录用工作人员的违纪违规行为进行认定与处理。对违纪违规行为的认定与处理，应当事实清楚、证据确凿、程序规范、适用规定准确。

对报考者的违纪违规行为，主要的处理方式有：取消本次报考资格、考试科目成绩无效、取消本次考试资格、五年内不得报考公务员、终身不得报考公务员、不予录用和取消录用。具体违纪违规行为的认定和处理参照表4-1。

表4-1　公务员考试违规违纪行为及其处理办法

除了《公务员考试录用违纪违规行为处理办法》规定的情形，报考者在录用过程中的其他违纪违规行为，依照有关法律、法规处理，构成犯罪的，依法追究刑事责任。

报考者的违纪违规行为被当场发现的，工作人员应当予以制止或者终止其继续参加考试，并收集、保存相应证据材料，如实记录违纪违规事实和现场处理情况，由两名以上工作人员签字，报送负责组织考试录用的部门。对报考者违纪违规行为作出处理决定前，应当告知报考者拟作出的处理决定及相关事实、理由和依据，并告知报考者依法享有陈述和申辩的权利。作出处理决定的公务员主管部门、招录机关或者考试机构对报考者提出的事实、理由和证据，应当进行复核。对报考者违纪违规行为作出处理决定的，应当制作公务员考试录用违纪违规行为处理决定书（见阅读专栏4-1），依法送达报考者。

录用工作人员违反有关法律法规，或者有《公务员录用规定（试行）》第三十三条、第三十四条规定情形的，按照有关规定给予处分。其中，公务员组织、策划有组织作弊或者在有组织作弊中起主要作用的，给予开除处分。构成犯罪的，依法追究刑事责任。录用工作人员因违纪违规行为受到处分不服的，可以依法申请复核或者提出申诉。报考者对违纪违规行为处理决定不服的，可以依法申请行政复议或者提起行政诉讼。

※ 阅读专栏 4-1

公务员考试录用违纪违规行为处理决定书

_____（样式）编号：

____考生（身份证号____）：

你在参加____公务员考试录用中，在___环节有___违纪违规情形。根据《公务员考试录用违纪违规行为处理办法》第___条第___款第___项的规定，给予___处理。

如对处理决定不服，可自收到本处理决定书之日起 60 日内依法申请行政复议，或者自收到本处理决定书之日起六个月内依法提起行政诉讼。

（作出处理决定单位盖章）

年 月 日

第五章

公务员的考核制度

一、公务员考核的定义和内容

（一）公务员考核的定义

公务员考核制度是指国家行政机关按照管理权限，根据公务员法规和国家其他有关规定所确定的考核原则与内容、标准、方法以及程序等，对所属公务员进行考察、评价的制度。这种定型化、常规化的全面考核应与公务员的晋升考核、新录用公务员试用期满的考核区别开来。

公务员工作做得怎样，需要经过考核做出客观、公正的评价。公务员考核制度就是国家行政机关对公务员的思想品德、工作成绩、工作能力和工作态度等进行考察，并做出评价的有关规定的总称。对公务员的考核是实现公务员科学管理的基础性工作，建立科学的考核制度，有利于对公务员的德才表现和工作情况做出公平合理的评价，为公务员的奖惩、培训、辞退等各项管理工作提供准确可靠的依据。考核公务员对于发现人才，克服"干多干少、干好干坏一个样"的现象，调动公务员的积极性，增强他们的工作责任感，提高行政效率，实现人事管理科学化，都具有重要意义。

考核制度在我国源远流长。据《尚书》记载，在舜的时候就有"三载考绩，三考黜陟"的制度，即每三年考核一次各部首领的功绩，考核三次决定升降。以后各朝代，差不多都建有考核制度，并不断发展完善。到唐朝，就形成了较为完备的官员考核制度。唐朝规定，由尚书省的吏部负责对官员考核，并设有考功郎中和考功员外郎专门掌管考核工作。考核标准分为"四善""二十七最"，考核结果分为九等，并根据等次决定对官员的升降赏罚。宋、元、清各代，尽管做法不尽相同，但考核制度都较为系统。

我国现在的公务员考核制度，是在借鉴我国古代和国外经验的基础上，根据现代政府机关工作的特点建立起来的，主要包括公务员的考核内容、考核原则、考核标准、考核方法及程序等。其在建立过程中，力求体系科学、完备，操作简便、易行。

（二）公务员考核的内容

公务员考核的内容包括德、能、勤、绩、廉五个方面。这五个方面的基本含义分别为：

1. 德

德是指公务员的思想政治素质及个人品德、职业道德、社会公德等方面的表现。思想政治素质包括公务员能否坚决拥护和认真贯彻中国共产党以经济建设为中心，坚持四项基本原则，坚持改革开放的基本路线和其他各项方针政策；能否模范地遵守《宪法》、法律、法规以及国家的各项政策；能否做到全心全意为人民服务，密切联系群众，自觉接受群众监督；能否努力学习马列主义、毛泽东思想和邓小平理论，不断提高自身的政治理论水平；能否维护国家和群众利益，同一切违法乱纪行为做斗争等内容。职业道德主要看公务员是否忠于职守，服从命令，严守国家和工作秘密，廉洁奉公，不徇私情。个人品德重点考察公务员是否襟怀坦荡，正直无私，办事公道，谦虚谨慎，严于律己以及遵守社会公德等方面。

2. 能

能是指公务员履行职责的业务素质和能力。基本能力是指公务员的政策理论水平、文化程度、专业知识与技能以及健康状况。应用能力指的是公务员的表达能力、理解与判断能力、分析和解决问题的能力、规划预测能力、组织协调能力、领导管理能力、调研综合能力、团结协作能力、开拓创新能力、适应工作的能力等。

3. 勤

勤是指公务员的责任心、工作态度、工作作风等方面的表现。所谓责任心就是看公务员是否热爱本职工作，是否勤勤恳恳、恪尽职守、甘于奉献。工作态度重点考察公务员工作中是否积极主动，认真负责，能否严格遵守劳动纪律。工作作风侧重于考察公务员能否做到从实际出发，理论联系实际，实事求是，坚持真理，修正错误。

4. 绩

绩是指公务员的工作实绩，包括完成工作的数量、质量、效率和所产生的效益。对绩的考核主要看公务员是否在规定时间内按质、按量完成或超额完成工作任务，办事效率如何，工作是否取得了明显的效益或者影响，有无突出的事迹或贡献等。

5. 廉

廉是指廉洁自律等方面的表现。

二、公务员考核的原则和基本方法

公务员考核的原则包括客观公正原则、民主公开原则和注重实绩原则。客观公正原则是指对公务员的考核，必须从被考核者德、能、勤、绩、廉等方面的实际表现出发，严格按照考核标准，实事求是、公平合理地确定考核结果。民主公开原则是确保考核客观公正的重要手段。所谓"民主"，是指在考核方法、程序等方面必须走群众路线，听取群众意见，让群众参与考核。所谓"公开"，一是指要将考核对象、时间、内容、标准、程序等事项在一定范围内公布于众，以便有关人员了解、参与和监督；二是指要将考核结果以书面形式向公务员本人公布，使其了解组织对自己的评价，正确认识自我，以利于公务员今后发扬成绩，克服缺点，做好工作。另外，如果公务员对考核结果有不同意见，他可以按规定申请复核。注重实绩原则是指在全面考核公务员德、能、勤、绩、廉的基础上，着重考核其工作实绩。工作实绩在一定程度上是德、能、勤三个方面的综合反映，比较具体、明确，易于掌握，可以作为确定考核结果的主要依据。坚持注重实绩原则一方面有利于把握考核的重点，准确确定考核结果，另一方面也有助于克服机关中存在的说大话、空话，不干实事的不良风气。

公务员考核的基本方法：一是领导与群众相结合；二是平时与定期相结合；三是定性与定量相结合，按照规定的权限、条件、标准和程序进行。领导与群众相结合的考核方法要求将领导人员考核与群众参与考核结合起来。首先，公务员考核要在有关行政领导人员主持下进行，他们对考核结果拥有最后决定权。领导人员主持考核工作是行政首长负责制原则的具体体现，是最基本、最主要的考核形式。其次，公务员考核还必须走群众路线，让群众参与考核。具体来讲，就是有关行政领导人员在考核公务员时，要通过不同形式向群众了解公务员的有关表现，听取群众的意见和要求。平时考核与定期考核相结合的考核方法，要求对公务员既要进行平时考核，又要实行定期考核。

三、公务员考核的类型

公务员考核分为平时考核、定期考核和专项考核等方式。平时考核是指对公务员日常工作中的表现以及是非功过进行考察与记录的活动。其形式可以有以下两种：一是主管领导人员对所属公务员的情况进行记录；二是公务员自己建立工作日志，由主管领导人员定期检查核实。定期考核采取年度考核的方式，在每年年末或者翌年年初进行。年度考核是指有关行政领导人员以及专门的考核机构在一个工作年度结束后，按照规定的内容、标准、程序和时限，在平时考核的基础上对所属公务员一年来各方面的实际表现进行集中统一的考察和评价。专项考核是指专门在"三重"工作，即重点项目建设、重点中心任务、重大突发事件中考核公务员德才的方法。

平时考核与定期考核之间的关系表现为：平时考核为定期考核提供充分可靠的根据，它是定期考核的基础，但平时考核并不产生具体而有效力的考核结果；定期考核则将平时考核所积累的材料加以综合、提炼，最后形成具体、明确的考核结果，是对平时考核的一种阶段性概括和总结。

四、公务员考核的工作机构

国家行政机关在年度考核时，必须设立非常设性的考核委员会或考核小组作为考核的工作机构。该机构由行政机关所属各工作部门的负责人直接领导，专门负责本部门公务员的年度考核工作。作为非常设性机构，它一般在年度考核工作开始前成立，随工作的结束而解散。

考核委员会或考核小组的主要职责大致包括以下内容：①根据上级机关的统一要求和本部门工作的实际情况，制定考核工作计划；②拟定考核的具体方法和标准；③向本部门公务员公布考核计划，组织必要的学习，使每个公务员都明确考核的目的和各项要求，自觉参与并积极配合考核工作；④审核主管领导人员对公务员所写的评语和提出的考核等次意见，并将审核后的意见报部门负责人审定；⑤组织、指导、协调本部门各单位的考核工作；⑥监督考核程序，对不按程序进行考核的，责令纠正；⑦受理公务员不服考核结果所提出的复核申请。

五、公务员考核的程序

公务员考核程序是指年度考核程序，平时考核没有程序的要求。公务员年度考核的基本程序是：①被考核公务员按照职位职责和有关要求进行个人总结，并在一定范围内述职；②主管领导人员在听取群众意见和公务员本人意见的基础上，根据平时考核情况和个人总结，写出评语，提出考核等次建议和改进提高的要求；③对拟定为优秀等次的公务员在本机关范围内公示；④由本机关负责人或者授权的考核委员会确定考核等次；⑤将考核结果以书面形式通知被考核公务员，并由公务员本人签署意见。

个人总结是年度考核的第一项程序，它要求被考核的公务员将自己本工作年度德、能、勤、绩、廉等方面的基本表现写成书面材料。总结时，要重点说明工作成绩，同时也要实事求是地剖析自身存在的缺点和不足，提出今后改进的办法和努力的方向。

主管领导人员是指公务员的上一级行政首长。他们在进行年度考核工作时，必须首先尽可能广泛地听取群众意见，让群众直接参加考核。主管领导人员应围绕考核的内容与标准，主动征询或听取群众（包括有关组织）对每个公务员的反映和意见。然后，主管领导人员要本着慎重、客观、全面、负责的精神，对群众意见、平时考核记录和个人总结三者进行综合比较、分析、归纳，对公务员一年来各方面的情况做出全面、准确的书面评语，并据此提出拟给公务员评定的考核等次。

考核委员会或考核小组要根据考核规定对主管领导人员所做的评语和所提出的考核等次意见进行全面、客观、细致的审查、核对。重点看这些材料是否依照考核程序获得，评语是否全面、恰当，考核等次的意见是否正确等。如果未发现问题，则由部门负责人正式确定公务员的考核等次。如果发现上述任何一方面存在问题，应在查证属实后，按规定采取相应措施予以纠正，然后再由部门负责人正式确定公务员的考核等次。

对于担任国务院工作部门司局级以上领导职务和县级以上地方各级人民政府工作部门领导职务的公务员，除按上述基本程序考核外，还可以根据需要与可能，进行民意测验或民主评议。这些公务员，要么居于较高的行政管理层次，要么负责某一政府部门的行政管理工作，依法行使着较为重要的行政决策与管理权力，活动范围广，工作质量要求高，责任重大。他们德、能、勤、绩、廉的表现，尤其是领导素质、领导艺术和工作成效的高低、大小，对于国家或地方经济的发展、社会的稳定与繁荣以及国家行政机关内部各项管理工作的开展都具有相当重要的影响。因此，需要尽可能更大范围地对他们进行考核，以确保考核结论的全面、客观和准确。民意测验和民主评议是两种经实践证明有效的，能够在更大范围内对公务员进行考核的好办法，完全符合对上述公务员的考核要求。民意测验或民主评议所得出的评价结论，可与个人总结、平时考核记录等一同作为给上述特定职位的公务员写评语和评定其考核等次的依据。

六、公务员考核结果的划分和使用

公务员年度考核结果分为优秀、称职、基本称职和不称职四个等次。

（一）优秀

概括起来讲，确定为优秀等次须具备下列条件：①思想政治素质高；②精通业务，工作能力强；③工作责任心强，勤勉尽责，工作作风好；④工作业绩突出；⑤清正廉洁。

（二）称职

公务员确定为称职等次须具备下列条件：①思想政治素质较高；②熟悉业务，工作能力较强；③工作责任心强，工作积极，工作作风较好；④能够完成本职工作；⑤廉洁自律。

（三）基本职称

公务员具有下列情形之一的，应确定为基本称职等次：①思想政治素质一般；②履行职责的工作能力较弱；③工作责任心一般，或工作作风方面存在明显不足；④能基本完成本职工作，但完成工作的数量不足、质量和效率不高，或在工作中有较大失误；⑤能基本做到廉洁自律，但某些方面存在不足。

（四）不称职

公务员具有下列情形之一的，应确定为不称职等次：①思想政治素质较差；②业务素质和工作能力不能适应工作要求；③工作责任心或工作作风差；④不能完成工作任务，或在工作中因严重失误、失职造成重大损失或者恶劣社会影响；⑤存在不廉洁问题，且情形较为严重。

公务员年度考核优秀等次人数，一般在本机关参加年度考核的公务员总人数的15%以内，最多不超过20%。公务员年度考核的结果作为调整公务员职务、级别、工资以及公务员奖励、培训、辞退的依据。这赋予了考核结果以法律效力，使考核作用的发挥有了可靠的保证。所谓直接依据，是说只凭考核等次就可以决定对公务员实施某一管理行为。比如，公务员凡在年度考核中被评为优秀的，就可以按规定发给一定数额的奖金；公务员年度考核连续两年被评为不称职的，要予以辞退。所谓间接依据，是指尽管未明确考核等次作为对公务员实施某一管理行为的基本依据，但要把它作为一项重要内容，连同其他考核材料一起加以综合分析、研究，从而做出相应的管理决定。例如，公务员年度考核被评为不称职，主要理由是专业不对口，在这种情况下就可以考虑将该公务员调整到与其专业对口的工作岗位上任职，也可以考虑对他进行相应的专业培训，使其掌握现任职务所需的基本技能，以达到所任职务的要求。

第六章

公务员奖励与惩戒制度

一、公务员奖励与惩戒的定义

公务员的奖励，是指国家行政机关依据公务员管理法规，对在工作中表现突出，有显著成绩和贡献，以及有其他突出事迹的公务员所给予的精神上和物质上的奖励，以进一步调动公务员工作的积极性。

公务员的惩戒是公务员管理的重要环节，国家行政机关对在工作中违反纪律，尚未构成犯罪，或者虽然构成犯罪但是依法不追究刑事责任的公务员，给予行政处分，予以惩戒。

二、公务员奖励概述

（一）奖励的原则

1. 精神鼓励和物质鼓励相结合的原则

精神鼓励，是指对受奖的公务员给予荣誉方面的表彰，包括嘉奖、记功、授予荣誉称号等。目的是满足人员的精神需要，从而调动人员的积极性，增强其工作的光荣感和责任感。物质鼓励，则是指对受奖的公务员给予物质形式的奖励，包括发给奖金、奖品、工资晋级等。目的是满足公务员一定的物质需要。对公务员实施奖励，必须兼顾物质和精神两个方面，把两者结合起来。同时，还必须坚持以精神鼓励为主的原则。

2. 公平合理、奖励得当的原则

公平合理，是要求在一个单位，或在一个可以比较的范围内，奖励的标准要一致，不能因人而异。奖励得当，是指公务员是否受奖以及受何种奖，要根据其表现的突出程度及贡献大小，做到大功大奖、无功不奖。

3. 奖励与惩戒相结合的原则

奖励与惩戒是人事管理的两个重要手段，一奖一惩，相辅相成，以更好地扶善揭过。如果只奖不惩，会使一些违法失职行为得不到纠正，不良风气会滋生蔓延，奖励也很难起到应有的效果。因此，在发挥奖励作用的同时，还必须注意对违纪违法行为进行惩戒，使奖励与惩戒相结合。

4. 奖励及时、注重实效的原则

奖励是否及时，与奖励效果直接有关。奖励及时，才能收到好的效果，才能有利于公务员继续保持积极性，有利于齐心协力开拓工作新局面，有利于在机关树立起积极向上的良好风气。注重实效，就是要求重视奖励的社会效果。公务员的奖励，是要达到表彰先进，调动公务员的积极性、创造性，引导广大公务员积极向上的目的。因此，必须坚持奖励及时、注重实效的原则。

（二）公务员奖励的条件

公务员奖励的条件是指国家公务员具备什么样的行为、达到什么样的程度应该受到奖励，是国家对公务员实施奖励的具体依据。奖励条件体现着国家在公务员中提倡的行为，在不同国家或同一国家的不同历史时期，由于政治经济条件及历史文化传统等不同，对公职人员奖励条件的规定是不一样的。规定适当的公务员奖励条件，对于鼓励公务员积极上进，充分发挥公务员的积极性、创造性，提高政府机关的管理水平，具有十分重要的作用。按照《国家公务员奖励暂行规定》，以下公务员将获得奖励：①忠于职守，积极工作，勇于担当，工作成绩显著的；②遵守纪律，廉洁奉公，作风正派，办事公道，模范作用突出的；③在工作中有发明创造或者提出合理化建议，取得显著经济效益或者社会效益的；④为增进民族团结、维护社会稳定做出突出贡献的；⑤爱护公共财产，节约国家资财有突出成绩的；⑥防止或者消除事故有功，使国家和人民群众利益免受或者减少损失的；⑦在抢险、救灾等特定环境中做出突出贡献的；⑧同违法违纪行为做斗争有功绩的；⑨在对外交往中为国家争得荣誉和利益的；⑩有其他突出功绩的。

上述规定同以往的规定相比，具有以下几个特点：①针对改革、开放的新形势，为适应建立和发展社会主义市场经济的新要求，增加并突出了"廉洁奉公、作风正派、办事公道"给予奖励的新内容；②增加了"在抢险、救灾等特定环境中做出突出贡献的"给予奖励的新内容；③根据我国对外交往日益增多的新情况，增加了国家公务员"在对外交往中，为国家争得荣誉和利益的"给予奖励的新内容。

（三）公务员奖励的种类

公务员奖励种类是按照公务员奖励条件实施的公务员奖励方式，是根据公务员的贡献大小和表现给予具体奖励。

目前，大多数国家实行的公务员奖励主要有三种：①精神奖励，包括口头表扬、书面嘉奖、记功、授予荣誉称号和奖章等多种形式。日本公务员按其工作成绩的大小可分别获得总理表彰、大臣表彰、长官赏词、业务成绩奖、授予功劳章等，成绩特别卓著的公务员，还可获得国家级勋章。②物质奖励，主要采取发给奖金或奖品的形式。有些国家还让表现优秀的公务员享受特别休假或免费旅游等，美国文官每年有一半人可以领到不超过薪金20%的奖金。③晋升奖励，即对成绩优异者给予晋级。

我国的干部奖励种类在有关法规中有明确规定。1957年国务院颁布的《关于国家行政机关工作人员的奖惩暂行规定》将奖励种类分为六种：记功、记大功、授予奖品或奖金、升级、升职、通令嘉奖。我国公务员的奖励种类在1957年《关于国家行政机关工作人员的奖惩暂行规定》的基础上加以补充和完善，分为：嘉奖、记三等功、二等功、一等功、授予称号。对表现突出的，给予嘉奖；对做出较大贡献的，记三等功；对做出重大贡献的，记二等功；对做出杰出贡献的，记一等功；对功绩卓著的，授予"人民满意的公务员""人民满意的公务员集体"，或者"模范公务员""模范公务员集体"等荣誉称号。

长期实践的结果证明，授予奖品、奖金、升级可以结合其他奖励使用，不宜单独作为一个奖励种类，如记功的同时还可以发给奖品或奖金，这样更能体现精神鼓励和物质鼓励相结合的原则。晋职也不应该作为单一的奖励种类使用，因为晋升职务不仅要看上级职务有无空缺，还要看职务所要求的条件，一个人做出了值得表彰和奖励的事，但不一定具备空缺职务所要求的资格条件和组织领导能力。因此，公务员奖励根据精神鼓励与物质鼓励相结合的原则，可按规定给予被奖励者一定的奖品、奖金和晋升职务工资档次等。应当说，公务员奖励种类的规定比1957年的有关规定更科学、更符合实际了。

（四）公务员奖励的程序

公务员奖励程序是指行政机关对公务员实施具体奖励时所应遵循的工作程序和工作步骤。实施公务员奖励必须遵循法定的工作程序。当公务员具备奖励条件时，所在单位要根据群众意见或者组织意见，及时提出对公务员的奖励意见，整理出书面材料，提出授奖种类，按照规定的批准权限，上报审批。审批机关接到公务员奖励报告后，由人事部门对拟奖励者的材料是否真实、是否符合奖励条件、拟授奖种类是否恰当等情况进行审核。上报的公务员奖励材料经审核符合规定者，由审批机关批准，做出奖励决定并予以公布。审批机关或者委托有关部门和单位，采取开会、上光荣榜、广播或登报等方式在一定范围内广泛宣传，进行表彰，授予奖励证书或奖章，同时给予一定的物质奖励，即对获得嘉奖和记三等功、二等功、一等功的公务员，发给奖品或奖金，对授予荣誉称号的公务员，给予晋升职务工资档次或一次性奖金。最后以书面形式通知本人，并把奖励决定和审批材料存入本人档案。奖励程序具体包括以下几条：第一，公务员、公务员集体做出显著成绩和贡献需要奖励的，由所在机关（部门）在征求群众意见的基础上，提出奖励建议；第二，按照规定的奖励审批权限上报；第三，审核机关（部门）审核后，在一定范围内公示7个工作日，如涉及国家秘密不宜公示的，经审批机关同意可不予公示；第四，审批机关批准，并予以公布；第五，《公务员奖励审批表》存入公务员本人档案，《公务员集体奖励审批表》存入获奖集体所在机关文书档案。

（五）公务员奖励的批准权限

公务员奖励的批准权限是指哪些机构、哪些行政领导有权对公务员实施奖励以及实施何种奖励，是公务员管理机构和领导人员在实施公务员奖励工作方面的明确分工，一般应由法律或行政法规规定，以便遵循，以利公务员奖励制度顺利贯彻实施。

我国对奖励机构的批准权限一直都有明确规定，要求根据公务员管理权限及不同奖励种类的批准权限，分别由公务员所在机关或上级机关给予公务员奖励。也就是说，公务员的奖励批准权限要受两个方面的制约：一是公务员的管理权限，即行政机关必须对自己管辖范围内的公务员奖励予以审批；二是奖励种类的批准权限，不同奖励种类要求不同层次的审批机关，奖励种类的层次越高，要求审批机关的层次就越高。

根据上述制约关系和当前的实际情况，我国对国家公务员奖励的批准权限做了明确规定，具体是：①嘉奖，记三等功，由县级以上人民政府或者市（地）级以上人民政府工作部门批准。②记二等功，由市（地）级以上人民政府或者省级以上人民政府工作部门批准。③记一等功，由省、自治区、直辖市以上人民政府或者国务院工作部门批准。④荣誉称号，由国务院授予的，经国务院人事部门审核后，由国务院批准；由省、自治区、直辖市人民政府授予的，经本级政府人事部门审核后，由省、自治区、直辖市人民政府批准；由国务院工作部门授予的，经国务院人事部门审核同意后，由国务院工作部门批准。⑤地方各级人民政府给予本级人民代表大会选举或者人民代表大会常务委员会决定任命的人民政府领导人员奖励，应当报上一级人民政府批准；对政府工作部门领导人员的奖励，由本级人民政府批准。⑥审批机关在给予国家公务员奖励时，应当按国家公务员管理权限，征得主管机关的同意。

三、公务员惩戒概述

（一）惩戒的条件

公务员违反纪律，就应给予行政处分，予以惩戒。给予公务员行政处分，必须具备一定的条件。根据我国公务员制度的规定，公务员有违纪行为，尚未构成犯罪，或虽构成犯罪，但依法不追究刑事责任的，应给予行政处分。如果情节轻微经过批评教育后，也可以免予处分。从这里可以看到，公务员承担违纪责任的条件是：

1. 有违纪行为

这种行为，既可以是积极的作为，如对抗上级决议和命令的行为；也可以是消极的不作为，如玩忽职守，贻误工作。不论是作为还是不作为，都必须是外在的表现，违纪的思想或意识活动不能构成违纪行为。

2. 违纪行为尚未构成犯罪，或虽构成犯罪，但依法不追究刑事责任

违反纪律的行为达到一定程度，就构成犯罪，构成犯罪，就必须按照《刑法》和《刑事诉讼法》的规定承担刑事责任。

3. 主观上有过错，即违纪行为是出于故意或过失

故意就是明知自己的行为会引起违纪的后果，并且希望或放任这种结果发生。过失就是因为疏忽大意或行为不慎而造成违纪。

一般来说，只要具备上述三个条件，公务员就必须承担违纪责任。但在有些情况下，必须具有违纪行为，且造成一定后果，才承担违法乱纪的责任，如违反社会公德，则只在造成不良影响的情况下，才承担违纪责任。对于情节显著轻微的违纪行为，经过批评教育后，也可以免予处分。

（二）惩戒的基本原则

1. 事实清楚原则

惩戒公务员必须以事实为根据，公务员确有违纪行为才能给予处分，而不能凭主观臆断，想当然地惩戒公务员。处理违纪公务员案件，一定要认真组织力量，开展调查取证工作，做到事实清楚，证据确凿，这是惩戒公务员的前提。

2. 定性准确原则

将公务员违纪事实查清后，还要根据法律、法规和政策的具体规定，正确认定公务员违纪行为的性质。例如，究竟是贪污公款还是挪用公款；属于失职还是渎职；属有意泄密还是过失泄密等。只有对违纪性质认定准确，才能给予公务员适当的惩戒，防止畸轻畸重。

3. 区别对待原则

做到了违纪行为的事实清楚、定性准确后，还应当根据公务员违纪的情节、危害和后果，并参照本人的一贯表现和对错误的认识态度，区别对待。因违纪给国家和人民利益造成一定损失的，可分别给予警告、记过处分；因违纪给国家和人民利益造成严重损失的，

可分别给予记大过、降级处分；因严重违纪不适合继续担任现职务的，可给予撤职处分；因严重违纪不适合在国家行政机关工作的，可给予开除处分。

4. 手续完备原则

为做到对违纪公务员处分得当，一定要按照法定的程序和审批权限，做到手续完备。例如，县级以下行政机关给予公务员开除处分，必须报县级人民政府批准。如果未经县级人民政府批准，就是手续不完备。又如，受处分公务员未在处分决定草案上阅签意见，也视为手续不完备。

5. 及时原则

国家行政机关在发现所属公务员有违纪行为时，应及时立案，及时调查，一般应从发现错误之日起半年内给予处分。如果情节复杂，或者有其他特殊原因，也不能将处分的时限拖延过长。

6. 教育与惩戒结合原则

各级国家行政机关应当认识到，惩戒不是目的，而仅仅是一种教育公务员的手段。当公务员违纪情节轻微，经批评教育后对错误有较为深刻的认识，就应该免予处分。当公务员违纪行为较重，只有给予惩戒才能达到既教育受处分本人又使广大公务员受到教育时，就给予必要的处分。此外，要帮助犯错误公务员找出犯错误的原因，总结教训，提出今后的改正措施。处分期满的，要及时解除处分。总之，要把惩戒和教育结合起来，要着眼于"治病救人"，而不是为惩戒而惩戒。

（三）惩戒的种类

我国1952年颁布的《国家机关工作人员奖惩暂行条例》将惩戒分为六类：警告、记过、降级、降职、撤职、开除。总的来看是不错的，但其中记过和降级之间以及撤职和开除之间还可以规定得再细一些，以便更具操作性。

1957年的《国务院关于国家行政机关工作人员的奖惩暂行规定》，增加了记大过和开除留用察看两类惩戒种类，使行政惩戒由六种变成了八种：警告、记过、记大过、降级、降职、撤职、开除留用察看、开除。

1993年颁布的《国家公务员暂行条例》去掉了降职和开除留用察看等次，将惩戒种类分为警告、记过、记大过、降级、撤职和开除六种，同时规定公务员受撤职处分的，降低级别和职务。删除"降职"和"开除留用察看"两个惩戒层次，主要是基于对公务员从严要求和与公务员其他规定相协调的考虑。《国家公务员暂行条例》在"职务升降"一章中规定：经考核确认不胜任现职又不宜转任同级职务的，应予降职。为了建立公务员"能上能下"的管理机制，"降职"不宜再作为一种处分使用，这与"升职"不再作为奖励种类使用对应起来了。取消"开除留用察看"是因为公务员制度规定了辞退制度，行政机关可以按照规定辞退不宜继续在机关工作的人员。

（四）惩戒的条件和处分期

《国家公务员暂行条例》明确规定了惩戒的条件：公务员有违反纪律的行为，尚未构成犯罪的，或者虽然构成犯罪，但是依法不追究刑事责任的，应当给予行政处分；情节轻微，经过批评教育后改正的，可免予行政处分。这说明惩戒公务员有三个前提条件：①公务员有违反纪律的行为；②公务员违反纪律的行为尚未达到犯罪的程度；③公务员违反纪律的行为虽达到了犯罪的程度，但是依照法律规定不追究刑事责任。只有符合上述条件时，才能惩戒公务员。

公务员惩戒期限的规定，也是公务员惩戒制度的重要内容。《国家公务员暂行条例》规定：警告的处分期为六个月；记过的处分期为十二个月；记大过的处分期为十八个月；降级、撤职的处分期为二十四个月。公务员在受处分期间不得晋升职务、职级和级别，其中受记过、记大过、降级、撤职处分的，不得晋升工资档次。

（五）惩戒的批准权限

惩戒的批准权限是公务员惩戒制度至关重要的内容，一般由任免机关批准，与机关的任免权限相一致。开除是最严厉的行政惩戒，须报上级主管部门批准或备案。县（市）以上国家行政机关开除公务员，如果其任免机关的级别低于县一级的政府，要报县（市）政府批准，县（市）以下的行政机关无权开除公务员。各级行政监察机关也有一定的惩戒权，可以直接给予监察范围内的公务员以"撤职"以下处分。

行政处分自批准之日起生效。惩戒决定要同本人见面，由本人签署意见，并由被处分人保存一份，有关材料要立案保存。

（六）惩戒的程序

惩戒公务员是政策性很强、非常严肃的工作，必须严格按照法定程序进行，以保证惩戒的客观公正。惩戒公务员的程序一般包括以下几个主要环节：立案、调查、公布调查结果、提出处分意见、做出处分决定。

1. 立案

行政机关（含行政监察机关）发现公务员有违法违纪行为需要查处时，应按照公务员管理权限和案件的管辖范围，履行立案手续。我国法律规定，行政机关发现公务员有违法违纪行为时，可以立案；《中华人民共和国行政监察条例》规定，监察机关按照其管辖范围，对于需要查处的事项，应当进行初步审查，认为有违法违纪行为需要给予行政处分的，应予立案。

2. 调查

履行公务员惩戒的立案手续之后，主管部门就应对公务员违纪的事实进行调查、取证、核实和判断，这是惩戒公务员的关键环节。调查要坚持实事求是、严肃慎重的科学态度，运用合法的手段和方法，努力查清违纪的事实、性质、情节、危害、后果和违纪的原因等。在调查中，行政机关认定违纪事实不存在或者不需要给予行政处分的，应当撤销立案。

3. 公布调查结果

调查工作结束后，有关人员应在一定会议上公布调查结果。公布调查结果时，应通知被调查人到会，允许被调查人申辩，也允许别人为其辩护。

4. 提出处分意见

在发布调查结果、听取被调查人申辩的基础上，办案人员应对调查材料进行鉴别，认定证据，弄清事实，准确定性。行政机关调查的，由其提出对违纪公务员的处分意见；监察机关调查的，由其提出监察建议，报请审批机关审批。

5. 做出处分决定

具有审批权的任免机关或者监察机关须对处分意见进行审核，做出处分决定。监察机关一般应就公务员惩戒事项向任免机关提出监察建议，监察机关也可直接给予违纪公务员降级以下的行政处分。行政处分的决定，应当以书面形式通知本人。

（七）解除处分

解除处分是指公务员在受开除以外的处分后，在处分期间有悔改表现，经过法定时间的考验，原处分机关解除其所受处分的一种行政行为。解除处分问题，要注意以下几点：

第一，受警告、记过、记大过、降级、撤职行政处分的，才可能解除处分。受开除行政处分的，不存在解除处分问题。

第二，解除降级、撤职处分时不恢复原级别、原职务，而是根据公务员自身的素质、实际表现和职位空缺情况，按照任用程序重新任命新职务和确定新级别。

第三，解除处分有两个前提条件：一是公务员在处分期间有悔改表现；二是法定的考验期限届满。所谓有悔改表现，是指公务员在受处分期间对所犯错误有深刻认识，从中吸取了教训，没有重犯过去的错误，只有这样才可以解除处分，否则，不能解除处分。所谓法定的考验期限，是指法律规定可以解除处分的时间界限，它因处分种类的不同而不同。一般来说，受警告处分的，半年后可以解除处分；受记过、记大过、降级处分的，一年后可以解除处分；受撤职处分的，两年后可以解除处分。

第四，公务员在处分期间有特殊贡献的，可以提前解除处分。所谓特殊贡献，是指公务员做出了有利于国家和人民的杰出行为，比如有重大发明创造，挽救或防止重大事故有功，同严重违法犯罪行为做斗争等。提前解除处分，有利于调动受处分公务员悔过自新的积极性，既坚持了原则性，又体现了灵活性。

第五，公务员解除行政处分后，其晋升职务、级别和工资档次等，不再受原行政处分的影响。

第六，解除处分要做到程序合法、手续完备。先由公务员本人写出解除处分的书面申请，再经所在机关通过，报原处分机关批准，解除处分的决定以书面形式通知本人，存入本人档案。

在《国家公务员暂行条例》颁布之前，我国公务员惩戒法规中没有解除处分的规定。1954年1月14日政务院颁布的《关于撤销国家机关工作人员行政处分暂行办法》第二条规定：受撤职以下行政处分的工作人员有下列条件之一者，应予撤销处分：受行政处分后，在工作中有显著成绩者；受警告、记过或记大过行政处分后，经过半年至一年工作或学习的考验，证明确已改正错误者；受降职或撤职行政处分后，经过一年至两年工作或学习的考验，证明确已改正错误者。这个规定的基本精神是好的，但"撤销处分"的提法不准确，如果处分是正确的，就不存在撤销的问题；如果处分是错误的，就应该纠正。正因为"撤销处分"容易引起误解，所以1957年国家取消了"撤销处分"的条文。《国家公务员暂行条例》总结过去的经验，同时根据实际工作的需要，做出了解除处分的规定，这对于完善惩戒制度，维护被惩戒公务员的权益，意义重大。

第七章

公务员职务的任免与升降制度

一、公务员的任免

（一）公务员任免的定义和特点

1. 公务员任免的定义

职务任免是任职与免职的统称，是指具有一定任免权限的机关，依照国家有关法律法规，在其任免范围内，通过法定程序，任命或免去公务员担任某一职务。

2. 公务员任免的特点

我国公务员的职务任免制度，是对原来行政任免制度的进一步发展和完善，与原有的行政任免制度相比较具有以下三个特点：

（1）在任免的对象上做了严格的区分。原有的行政任免制度包括政府组成人员和非政府组成人员的任免，而公务员职务任免制度，只包括公务员中非政府组成人员的任免。政府组成人员的任免根据《宪法》和有关法律进行，这说明公务员职务任免制度一般适用于公务员中非政府组成人员的职务任免。

（2）任免对象和条件的规定更完整更全面。原有的行政任免制度侧重于对领导职务的任免，强调担任领导职务须办理任免手续，对担任非领导职务者，则缺乏办理任免手续方面的规定；在升职或降职时强调办理任免手续，而在录用、调动时则不办理任免手续。公务员职务任免制度既要求办理领导职务的任免手续，也要求办理非领导职务的任免手续；既要求在晋职或降职时办理任免手续，也要求在录用、调任、转换职位、退休时办理任免手续。

（3）任免内容的规定全面。原有的行政任免没有任免方式、兼职、最高任职年龄限制等方面的规定，而公务员职务任免制度却对这些问题做了规定，这些规定丰富了任免制度的内容，是对行政任免制度的发展。

（二）公务员任用的方式

1. 任用种类的方式

任用即选拔和使用，就是对工作人员的任职增加职务责任。任用方式，就是选拔使用工作人员的方式，主要有如下几种类型：

（1）委任制，即由任用机关在其任用权限范围内，委派工作人员担任一定职务的任用方式。一般做法是，由主管领导或领导机关根据规定的任职条件提出任职人选，经干部人事部门考察，任用机关决定后正式任命。

（2）考任制，即通过考试来选拔任用对象的任用方式。考试一般采取笔试、面试或其他方法，根据考试成绩择优确定任用人选。考任制在我国具有悠久的历史。自明清实行科举制以后，考任制度就成了我国古代官吏任用的主要方式。实践证明，实施考任制有利于实行平等竞争，有利于不拘一格选人才。

（3）选任制，即通过选举的方式确定任用对象的任用方式。选任制比较适用于体现民意的工作人员的任用。我国公务员中的各级政府组成人员，均实行选任制，即由各级人民代表大会及其常委会选举产生或决定任命。

（4）聘任制，即由用人单位通过合同形式任用工作人员的任用方式。用人单位需与应聘人员签订合同，明确双方的权利义务关系，被聘任人员按合同履行职责，并享受合同规定的各项待遇。聘期满后，聘任关系自行解除。如果需要，双方还可协商续聘。聘任制的优点是有利于用人单位和个人的双向选择，有利于实现职务能上能下，人员能进能出。

2. 公务员的任用方式

国外公务员大多采取考任制和委任制两种方式。有的国家无论是高级还是低级职务都采取考任制，还有的国家则规定低级职务采取考任制，高级职务采取委任制。在晋升职务时，也有两种情况。有的国家规定在本层级内晋升职务采取委任制，跨层级晋升必须采取考任制，即先通过考试取得上一层级职务的任职资格，再通过委任取得具体职务。

我国公务员制度规定，公务员非政府组成人员的任用实行委任制，部分职务实行聘任制。也就是说，我国公务员的任用方式以委任制为主，大部分公务员职务实行委任制。委任制具有任用权力高度集中统一的特点，有利于在行政机关中贯彻首长负责制。在实行委任制的情况下，公务员非因法定事由不被免职和辞退，这对保证公务员队伍的稳定具有一定的积极作用。另外，委任制在办理任用手续上简单明了，便于操作。因为委任制具有以上优点，所以其适用于对行政机关工作人员的任用。但委任制与选任制、考任制相比，容易滋长任用机关或主管领导的主观随意性，容易造成职务能上不能下，人员能进不能出。因此，在实行委任制时，应当注意发扬民主，提高透明度，加强民主监督，强化激励竞争和新陈代谢机制。我国在总结以往干部人事制度改革经验的基础上，提出对公务员部分职务实行聘任制，有利于打破单一的任用方式，破除论资排辈的观念，有利于促使被任用者发奋努力，创造优异成绩，有利于打破"铁饭碗""铁交椅"，做到能上能下，能进能出，应当逐步推广。

（三）任用机关和任用权限

1. 任用机关

任用机关是指主管公务员任用事项并具有法定任用权的机关，是公务员任用中实施任用行为的主体。任用权限是指某一机关或行政首长对一定范围内公务员所具有的任职和免职权限规定，此权限规定具有法律效力。

对公务员的任用，涉及对公务员的授权，因此，任用机关必须是具有法定权力的机关，任用机关必须由法律法规来规定和认可。在国外，公务员一般由其所在行政机关或其所在机关的上一级机关任用。在实行人事管理部外制的国家，文官委员会或人事院、功绩制保护委员会等公务员管理机构，虽可以向各行政机关提供考试合格人选名单和任用建议，但任用仍由各行政机关行使，以体现治事与用人的统一，保证各行政机关和行政首长的用人权。

任用机关只有在其任用权限范围内实施任用，才是有效的任用。任用权是人事管理权的核心，它的划分一般是与人事管理权限的划分相一致的。我国《宪法》第八十九条规定：

国务院"审定行政机构的编制，依照法律规定任用、培训、考核和奖惩行政人员"，第一百零七条规定："县级以上地方各级人民政府依照法律规定的权限……任用、培训、考核和奖惩行政工作人员。"这就明确规定了国务院和县级以上地方各级人民政府及其工作部门，是我国公务员中非政府组成人员的任用机关。

2. 任用权限

我国对公务员职务任用权限的划分，主要依据我国政治制度的组织原则和公务员的管理权限，具体体现在《宪法》和有关法律法规中。各级政府机关中的公务员，除由人民代表大会及其常委会任免的政府组成人员之外，应由本级政府任用。政府各组成部门及直属机关、办事机构的领导职务，除政府组成人员之外，应由本级政府任用。其他公务员职务，应由政府各工作部门自行任用。据此，县级以上各级人民政府及其工作部门的任用权限具体是：

（1）国务院任用各部、委员会的副部长、副主任，各直属机构、办事机构的局长、副局长、主任、副主任，中华人民共和国常驻联合国副代表，驻联合国有关常设机构及部分国际组织的代表、副代表，驻外总领事及相当职务。

（2）省、自治区、直辖市人民政府任用各厅、局、委员会的副厅长、副局长、副主任，各直属机构、办事机构的局长、副局长、主任、副主任，各行政公署的专员、副专员、巡视员、助理巡视员及相当职务。

（3）自治州、设区的市人民政府任用各局、委员会的副局长、副主任，各直属机构、办事机构的局长、副局长、主任、副主任、调研员、助理调研员及相当职务。

（4）县、不设区的市、市辖区人民政府任用各委、办、局（科）的副主任、副局（科）长、主任科员、副主任科员及相当职务和乡、镇人民政府所属机构的国家公务员职务。

（5）县级以上各级人民政府需要任用的其他公务员职务。

（6）县级以上各级人民政府的工作部门任用本级人民政府任用以外的国家公务员职务。

需要说明的是，在我国，各级政府及其工作部门的人事机构分别为各级任用机关的办事机构，承办公务员职务任用的具体事宜。另外，国务院各工作部门任用的司级非领导职务，省、自治区、直辖市各工作部门任用的处级非领导职务，自治州、设区的市各工作部门任用的科级非领导职务，应分别报本级人民政府的人事部门备案。

（四）公务员免职

1. 公务员免职手续的办理

公务员的免职也必须通过办理免职手续加以确认，以免造成公务员职务管理上的混乱。

我国公务员制度规定，在下列七种情形下必须办理免职手续：转换职位的；晋升或者降低职务的；离职学习期限超过一年的；因健康原因不能坚持正常工作一年以上的；调出国家行政机关的；退休的；因其他原因需要免职的。以上七种情形也可以归纳为两种类型。第一种类型为程序性免职，指在任免公务员担任新职务之前必须办理免职手续，免去公务员原有的职务，如转换职位的、晋升或者降低职务的，就属程序性免职，目的是确认新的职务关系。第二种类型为单纯性免职，指以免除公务员职务为目的的免职，如公务员离职学习期限超过一年、因健康原因不能坚持正常工作一年以上、公务员已调出国家行政机关、公务员将办理退休手续等，这些情形下公务员本人实际上不能履行职务，或者不再履行职务，对公务员的免职，就属于单纯性免职。

免职程序是指免去公务员职务必须经过和完成的步骤。我国公务员制度对于免职程序做了明确规定，具体是：①所在单位或上级提出拟免职的建议；②对免职事由进行审核；③按照管理权限，由有关机关领导集体讨论决定；④发布免职通知。

2. 公务员职务自行免除的规定

我国公务员制度对自行免除公务员职务的情形做了明确规定，主要是：①受到刑事处罚或劳动教养的；②受到行政撤职或开除处分的；③被辞退的；④因机构变动失去职位的；⑤死亡的。

当公务员出现上述情形之一时，其职务自行免除，不再办理免职手续，其所在单位应按照公务员管理权限及时报任免机关备案。

二、公务员的职务升降制度

职务升降即职务的晋升和下降，这里所说的职务，是工作难易程度、责任大小大致相同职位的称谓。一定的职务，意味着一定组织赋予其成员的职权、任务、责任和与之相适应的地位和待遇。公务员通过任职与行政机关构成一定的职务关系。

升职，就是由较低的职务升任较高的职务，意味着公务员所处地位的上升、职权的加重和责任范围的扩大，同时也伴随着工资、福利待遇的提高。

降职，就是由较高的职务降任较低的职务，意味着公务员所处地位的降低、职权和责任范围的缩小，也意味着工资、福利待遇的降低。

公务员职务升降制度，是公务员升职和降职的原则、标准、条件、方式、程序等方面规定和规范的总称。它是根据党在新时期的干部路线和方针，总结改革开放以来干部选拔任免的经验，并结合国家行政机关的具体情况建立的。其主要特点有：①坚持了党管干部和德才兼备、任人唯贤的干部路线。强调公务员的职务升降要按照管理权限集体研究决定，公务员职务晋升既有政治立场、思想品质方面的规定，也有工作能力、文化知识、业务水平方面的规定。为防止用人上的主观随意性，《国家公务员暂行条例》还规定了比较具体的资格条件。②体现了公开、平等、竞争、择优的原则。我国的公务员制度是开放型的用人制度，拓展了选人视野和用人渠道，有利于优秀人才脱颖而出。③突出了工作实绩，体现了群众意愿，强调要以工作成绩作为职务升降的主要依据，得到群众公认。④强调依法办事，加大了依法办事的监督检查力度。既对职务升降工作规定了严格的程序，又明确了职务升降工作的纪律要求。

（一）公务员职务晋升制度概述

公务员职务晋升制度主要包括公务员职务晋升的原则和条件、晋升的方式和程序等内容。我国公务员的职务晋升制度继承和发扬了我国干部选拔任免工作的优良传统，吸取了近年来干部人事制度改革的经验，同时借鉴了外国公务员职务晋升的有益做法，具有中国特色。

1. 职务晋升原则

职务晋升的原则，是指职务晋升必须遵循的指导思想和大政方针。我国公务员的职务晋升必须坚持德才兼备、任人唯贤的原则，就是在选择和确定晋升人选时，应根据公务员的德才表现，对德才表现优秀者加以提拔重用，绝不能搞任人唯亲。德才兼备、任人唯贤，是我国干部人事工作的优良传统，也是长期革命实践经验的结晶。早在抗日战争时期，毛泽东同志就提出了选拔任免干部的德才兼备标准。中华人民共和国成立以后，党和国家在干部工作中多次强调德才兼备、任人唯贤的原则。特别是党的十一届三中全会以来，邓小平等老一辈无产阶级革命家明确提出了干部队伍"革命化、年轻化、知识化、专业化"的"四化"方针，这是在新的历史条件下对德才兼备原则的发展和运用。

任人唯贤的"贤"，就是指德才兼备。"德"，是指政治思想和道德品质。不同时期，对"德"的要求有不同的具体内容。社会主义现代化建设的新时期，对公务员"德"的要求主要是拥护和执行党的"一个中心，两个基本点"的基本路线，具有为人民服务的精神，清正廉洁，谦虚谨慎。"才"主要是指能力和才干，包括工作能力、文化水平、专业知识和专业技能等。德才兼备要求做到有德有才，有才无德者不能重用，有德无才者难以履行工作职责，也不宜重用。

坚持德才兼备、任人唯贤的原则，就要注重工作表现和工作实绩。公务员的政治觉悟、道德品质、工作能力和业务水平，都将通过其行为过程和行为结果表现出来。因此，将工作表现和工作实绩作为公务员晋升的主要依据，就会防止职务晋升的条件失之空泛，缺少客观标准，有利于激励公务员多干实事，争创一流工作成绩。

2. 职务晋升条件

职务晋升的条件包括标准条件和资格条件。标准条件即对公务员在政治立场、思想品质、工作能力及业务水平等方面的要求。资格条件主要是学历、资历等方面的要求。

我国公务员制度对公务员职务晋升的标准条件做了明确规定：必须能坚定地贯彻执行党的基本路线和国家的各项方针、政策；有较强的事业心和责任感，努力为人民服务，工作实绩突出；能廉洁奉公，遵纪守法，作风正派，团结共事，具有拟任职务所需要的文化专业知识和工作能力。晋升领导职务，特别是晋升较高层次领导职务的公务员，还必须具有胜任领导工作的理论政策水平和组织领导能力，并符合领导集体在年龄结构等方面的要求，这是由领导工作的特点决定的。领导职务担负着更大的责任，既要进行决策，又要组织指导下属人员开展工作，故对担任领导职务的公务员，要有比一般公务员更高的要求。

为了防止用人上的随意性，客观判断评价公务员，选拔合格人才，对公务员职务晋升首先要有资历要求：晋升科、处、司（厅）、部级副职和科员、副主任科员、主任科员职务，应分别任下一级职务三年以上；晋升助理调研员、调研员职务，应分别任下一级职务四年以上；晋升助理巡视员、巡视员职务，应分别任下一级职务五年以上。其中，晋升处级副职以上领导职务，一般应具有五年以上工龄和两年以上的基层工作经历；晋升县级以上人民政府工作部门副职和国务院各工作部门司级副职，应具有在下一级两个以上职位任职的经历。其次要有学历方面的要求：晋升科级正副职和科员、副主任科员、主任科员职务，应具有高中、中专以上文化程度；晋升处、司（厅）级正副职和助理调研员、调研员、助理巡视员、巡视员职务，应具有大专以上文化程度；晋升部级副职，一般应具有大学本科以上文化程度。除此之外，还有一些其他方面的要求，如要求身体能坚持正常工作，符合任职回避规定等。对少数因工作特别需要，德才表现和工作实绩特别突出的，可以适当放宽在学历、资历方面的要求，但需按规定报有关部门审核同意。

3. 职务晋升的程序

晋升程序是指公务员晋升职务时必须经过和完成的规程，即由若干个环节所构成的晋升实施过程。晋升程序是晋升方式的具体化。

公务员晋升领导职务，按照下列程序办理：①动议；②民主推荐；③确定考察对象，组织考察；④按照管理权限讨论决定；⑤按照规定履行任职手续。公务员晋升非领导职务，参照前款规定的程序办理。公务员晋升领导职务的，应当按照有关规定实行任职前公示制度和任职试用期制度。

机关内设机构出现厅局级正职以下领导职务空缺时，可以在本机关或者本系统内通过竞争上岗的方式，产生任职人选。厅局级正职以下领导职务或者副调研员以上及其他相当职务层次的非领导职务出现空缺，可以面向社会公开选拔，产生任职人选。确定初任法官、初任检察官的任职人选，可以面向社会，从通过国家统一司法考试取得任职资格的人员中公开选拔。

我国要求新晋升领导职务的公务员参加任职培训，任职培训一般由行政学院或公务员培训机构负责开展。因培训条件暂时不具备或因工作需要等特殊情况暂时不能参加任职培训的，经有关机关批准，可以到职后安排培训。晋升了职务的国家公务员，其级别低于新任职务对应的最低级别的，应同时升至新任职务对应的最低级别。如某公务员由处长晋升为副司长，其原级别为九级，晋升职务后级别可升至八级，即对应副司长的最低级别，如果原级别为十级，也可以越级升至八级。但如果原级别是在新任职务对应的级别之内的，则不再晋升级别。

公务员晋升职务，必须严格按照程序进行，对不按规定程序晋升公务员职务的，应责令其按照规定程序重新办理或补办有关手续。否则，其职务晋升应视为无效，并应追究有关人员的责任。

4. 职数限额和逐级晋升

我国公务员职务晋升制度除规定了晋升的原则和标准、晋升条件、晋升程序等内容外，还规定了晋升的两个重要规则，即职数限额规则和逐级晋升规则。

所谓职数限额规则，就是要求公务员晋升职务必须在国家核定的职数限额内进行，不准突破职数限额。行政机关必须在"定职能，定机构，定编制"的基础上设置职位，确定其领导职数和非领导职数。因此，公务员职务晋升的一个前提条件就是必须有职位空缺。职务晋升必须在国家核定的职数额内进行，不能突破。如果随意突破职数限额、滥设职务、因人设职，就会破坏职务晋升的严肃性，造成机构臃肿、人浮于事、"官"多兵少的局面，滋长办事拖拉、推诿扯皮等官僚主义作风。为此，突破职数限额的晋升应视为无效，同时应追究有关人员的责任。

所谓逐级晋升，就是一般不得超级晋升，要严格按照公务员职务名称序列中的等级逐级晋升。我国公务员职位晋升制度也规定，对个别德才表现和工作实绩特别突出的公务员，允许其超一级晋升。对越级晋升的，除须经一般的晋升程序之外，还必须按规定由有关部门审核同意，严格把关。

（二）公务员降职制度

降职是与升职相对应的职务变更形式。降职制度是我国公务员职务升降制度的有机组成部分，是我国干部人事制度改革的产物，是打破"铁交椅"，实行职务能上能下的一个重要措施。

1. 公务员降职的含义

在一些国家的公务员制度中，降职是作为一种惩戒手段来规定的。例如，法国对公务员的纪律处分共有 11 种，其中第五种是降职；波兰的纪律处分共有五种，其中第四种是降职。

我国 1952 年颁布的《国家机关工作人员奖惩暂行条例》和 1957 年颁布的《国务院关于国家行政机关工作人员的奖惩暂行规定》都把降职规定为一种行政处分种类，而我国公务员制度所规定的降职，则与行政处分有所区别。首先，两者的目的不同。行政处分是通过降职来惩处违法违纪的公务员，来削减公务员的职权和规范公务员的行为，以督促公务员改正错误，认真履行义务。公务员制度规定的降职则主要是为了鞭策公务员发奋向上，使公务员适才适位，充分发挥每个公务员的作用。其次，两者的动因不同。惩处公务员的降职是基于公务员有违法违纪行为，但依据公务员制度对公务员实施降职的原则是公务员不能胜任现职工作，在年度考核中定为不称职。

综上所述，正确理解我国公务员制度所规定的公务员降职的含义，必须把握两点：①降职是由于公务员不胜任现职而采取的一种组织措施；②降职是一种任免形式和任免行为，而不是一种惩戒种类和手段，不属于纪律惩戒范畴。

2. 降职条件

所谓降职条件，就是做出降职决定所依据的法律事实。规定降职条件，实际上就是规定在什么情况下必须对公务员实施降职。根据我国实际情况，我国公务员制度规定：担任科员以上职务的国家公务员，在年度考核中被确定为不称职的，或者不胜任现职又不宜转任同级其他职务的，应予降职。日本《国家公务员法》规定，根据人事院规则，可以强行对符合下列条例之一的当事人实施降职或免职：①工作成绩不佳；②身心不健康，对履行职务不利或有困难；③缺少其他任职的必备条件；④由于官制和定员的变更或预算减少，出现官职或人员过剩。

为什么在公务员不称职或不胜任现职时，必须对其实施降职呢？因为行政机关是一部由各个职位组织起来的行政机器，它通过各个职位上公务员的工作而正常运转，实现其行政职能。公务员担任某一职务，也就意味着担负着一定的职责，并要履行这一职责。公务员不称职或不胜任现职，就意味着公务员没有或者是不能履行其担负的职责，意味着公务员不适宜继续担任这一职务。这时候，就必须要调整这一职位上的人员，以保证行政机关的正常运转和行政职能的实现。因此，在公务员不称职或者不胜任现职时，必须对其实施降职。

在实际工作中，公务员不称职或不胜任现职大致有两种情况：一是本人不求进取，思想作风差，不认真履行自身职责，这种情况下必须对其实施降职；二是本人缺乏履行现职的条件和能力。对第二种情况，要认真分析原因，并尽可能让公务员转任同级其他职务。在同级其他职位没有空缺时，也应实施降职。

对公务员不称职或不胜任现职的认定，一般可以通过两种途径：一是实施年度考核；二是在平时考核的基础上专门实施任职考核。实施任职考核应由任免机关负责。任免机关应本着认真负责的态度，对拟降职公务员的德、能、勤、绩、廉做出客观的、实事求是的分析评价。

3. 降职程序

降职程序就是对公务员实施降职时必须经过和完成的工作规程。由于降职关系到公务员地位和待遇的变化，因此必须十分慎重，严格按照法定程序来进行。我国公务员降职的主要程序如下：

（1）所在单位提出降职安排意见。首先通过年度考核或者在平时考核的基础上实施专门组织的任职考核，来认定当事人是否符合降职条件。降职条件认定后，所在单位应提出降职安排意见。

（2）对降职事由进行审核。所在单位向主管机关人事任免部门提出降职安排意见，提请主管机关人事任免部门审核。人事任免部门应本着认真负责的态度，对当事人的降职事由进行审核。审核通过后，由人事任免部门和所在单位的主管领导向拟降职公务员说明情况，征求本人意见。征求本人意见体现尊重和保障公务员的权利，是必不可少的环节，但并非本人不同意就不能实施降职，降职决定是任免机关的人事行政行为。

（3）按照管理权限由主管机关领导集体研究决定，依法办理。任免机关应根据拟降职公务员所在单位提出的降职安排意见、拟降职公务员本人的意见等材料，集体研究讨论，做出是否降职的决定。降职决定做出后，则应依照有关规定，办理降职手续。

根据公务员申诉控告制度的规定，公务员本人如果对降职决定不服时，可在接到降职决定之日起三十日内向原处理机关申请复核，或接到复核决定之日起十五日内向同级人民政府人事部门提出申诉。受理公务员申诉的机关必须按照有关规定做出处理。复核和申诉期间，不停止对公务员降职决定的执行。

按照我国的公务员制度，降低国家公务员职务，须按照公务员制度规定的职务名称序列，一般每次只降低一级职务。国家公务员被降职者，其级别超过新任职务对应的最高级别的，应同时降至新任职务对应的最高级别。如某公务员由处长降职为副处长，其原级别为七级，降职后，其级别就应降至八级，即降至副处长对应的最高级别。但如果原级别是在降职后所任职务的级别范围之内的，则不再降低级别。

4. 实施公务员降职制度应注意的问题

实施公务员降职制度，首先，要打破旧观念。必须打破老框框，在公务员降职这个问题上敢动真格的。其次，要依法实施降职，严格按照降职制度的规定办，执行不能走样。最后，行政机关要创造能上能下的宽松环境，正确对待被降职的公务员，公正地评价他们的工作，要帮助他们提高工作能力和工作水平。

第八章

公务员交流与回避制度

一、公务员交流制度

（一）公务员交流制度的基本含义和原则

1. 交流制度的基本含义

公务员交流的形式是法定的，每一种交流形式都有其特定的目的、范围、对象及相应的条件和程序要求。

交流是国家行政机关对公务员的一种管理体制活动和手段，无论哪种形式的交流，都必须经过有关国家行政机关的决定安排或者批准，公务员个人不得私自交换工作职位或者擅自离职。

公务员交流的原因，概括起来主要有两个方面：一是工作需要；二是照顾公务员个人愿望。其中，工作需要是主要的、第一位的，照顾个人愿望是次要的、第二位的。在实践中，照顾个人愿望应以不与工作需要相冲突为原则。

公务员交流的总体范围，既包括公务员在国家行政机关内部跨地区、跨部门、跨职位的交流，也包括公务员调出行政机关任职和行政机关以外的工作人员调入行政机关担任公务员职务。也就是说，既有内部的交流，也有与外部的交流。交流的范围不同，产生的后果就不同。内部的交流，只是工作职位和行政隶属关系发生变化，但不涉及公务员身份问题。其中，公务员调出行政机关任职，就不再保留公务员身份，他与行政机关之间原有的人事行政关系便随之消除；而行政机关以外的工作人员调入行政机关担任公务员职务，便与行政机关之间发生了人事行政关系，并由此获得公务员身份。

公务员的交流，基本上都是同级或相当职务的平调，一般不涉及职务的升与降。如果涉及职务的升降就必须符合公务员职务升降制度的有关要求。

2. 交流制度的实施原则

交流制度是我国公务员制度的一个重要组成部分。我国公务员制度明确规定，公务员实行交流制度。实行公务员交流，目的是要更好地适应工作需要，实现人与事的优化和合理的配置。为使公务员交流达到预定目标，提高行政效率，调动公务员的积极性、主动性，实施公务员交流制度应该遵循以下原则：

第一，法制原则。法制原则就是要求公务员交流按照法定的程序和条件进行。例如，我国的公务员制度明确规定，国家行政机关每年应当有一定比例的国家公务员进行交流，各级国家行政机关接受调任、转任和轮换的国家公务员，应当有相应的职位空缺等。

第二，分类管理原则。按照我国公务员制度规定，交流分调任、转任、轮换和挂职锻炼四类，分别适用于不同的对象。

第三，严格管理权限原则。我国公务员制度规定，国家公务员的职位轮换，按照国家公务员管理权限，由任免机关负责组织。

第四，适才适用原则。公务员不能为交流而交流，必须在充分考虑工作需要实施公务员交流的前提下，尽可能地把公务员交流到适合其发挥作用的岗位上，做到适才适用，人尽其才，达到人与事的最佳结合。

（二）公务员交流的形式

1. 调任制度

公务员调任制度是我国公务员交流制度的重要组成部分，也是与我国的实际情况相符，具有我国特色的一种公务员交流形式。

（1）调任制度的定义和特征。 　（2）调任的原则。 　（3）调任的条件与程序。

2. 转任制度概述

（1）转任的含义和特点。公务员交流制度中的转任，是指国家公务员因工作需要或者其他正当理由在国家行政机关系统内跨地区、跨部门的调动，或者在同一部门内的不同职位之间进行转换任职。转任是公务员管理的一个重要环节，是调整政府部门的人员配备，达到人与事的最佳配置，提高行政效率的重要手段之一。

公务员的转任不同于调任，转任是公务员在行政机关系统内转换职位任职，在对象上没有特殊要求，对所有的公务员都适用。转任范围是行政机关内的各个不同的职位，可以是同一部门、地区，也可以是不同部门、地区。公务员的转任只意味着公务员职务关系的变更，不涉及职务关系的产生和消灭的问题，也就是说不涉及进出公务员队伍，不改变转任者的公务员身份。此外，转任与以往的调动有着较为明显的区别。以往的调动是与当时的干部管理制度相匹配的，是指所有具有干部身份的人员在干部队伍内变换岗位，而公务员的转任虽然从某种意义上讲也是一种调动，但同以往的调动又有着一定区别，是在一定的范围、系统内进行，对跨系统的调动是有严格限制的，其方法、程序与调动也是不一样的。

（2）转任的条件和要求。 　（3）转任的原因。

3. 轮换制度

（1）轮换的含义和特点。公务员轮换又称轮岗，是指国家行政机构对担任领导职务和某些工作性质特殊的非领导职务公务员，有计划、有组织地调换职位任职。轮换的重点是担任领导职务的公务员。轮换与转任相比，有共同之处，即两者都是在公务员系统内进行的，都只是在公务员系统内转换职位任职，一般只改变行政隶属关系，不改变公务员的身份；两者都是行政机关根据工作需要做出的，具有命令性。但轮换也有其特殊之处：一是对象的特定性。转任的适用对象是所有的公务员，而轮换则只适用担任领导职务和某些工作性质特殊的非领导职务的公务员。二是轮换比转任的计划性、时间性更强。转任是国家行政机关根据工作需要或依据公务本人申请经过法定的程序审批随时进行的，轮换是按照特定的目的，有组织、有计划进行的。

（2）轮换的目的和意义。实行公务员轮换的目的和意义主要是：

其一，完善公务员管理制度。实施公务员制度的目的是要建设一支以为人民服务为宗旨的精干、高效、廉洁的公务员队伍。要达到这一目的，必须建立公开、平等、竞争、择优的用人机制，形成一套法制完备、纪律严明的监督体系。交流轮换作为公务员制度的主要内容，作为培训锻炼公务员的主要措施，对于新型管理机制、监督体系的形成，能起到不可替代的积极作用。

其二，增强机关活力，提高工作效率。公务员长期待在一个岗位，容易视野局限，产生惰性，也易养成本位主义，缺乏主动协作精神。轮换到新的岗位，可以产生新的工作压力，形成动力，激发创造力，增强全局观念，加强协作，提高办事效率。

其三，培训锻炼干部，开发人的潜能。公务员到新的岗位、新的环境会遇到新的问题、新的矛盾，这是对适应能力的检验和锻炼。公务员通过自身的努力，解决问题，化解矛盾，克服困难，就能使自己的业务素质、组织协调能力得到提高，潜能得到发挥。

其四，有利于促进机关的廉政建设。轮换制度可为公务员奉公守法、清正廉洁创造良好的外部环境，起到事前防范、预先设防的作用。轮换也能使公务员从复杂的人际关系、各种关系网中解脱出来，公正执法，保证各项公务活动的正常开展。轮换作为公务员内部交流的一项管理制度，对促进和保障政府机关的廉政建设具有重要意义。

此外，轮换也有助于公务员经验的积累，为公务员的晋升创造条件。根据公务员晋升的有关规定，职务的晋升，应具有在几个岗位任职的经历。因此，轮换是公务员取得多个岗位工作经历，进而晋升的重要措施。

（3）轮换的条件。

4. 挂职锻炼制度

（1）挂职锻炼的含义和特点。挂职锻炼是指国家行政机关有计划地选派在职公务员在一定时间内到基层党政机关或者企业事业单位担任一定的职务，经受锻炼，丰富经验，增长才干。

挂职锻炼与调任、转任、轮换相比，具有下述特点：

其一，不改变公务员身份，不改变公务员的行政隶属关系。挂职锻炼人员不办理任何调动手续，在人事行政上仍属原单位管理，在业务工作上应归接收单位领导。锻炼期间不占用接收单位的编制员额和职位。

其二，有时间性。挂职锻炼是一种临时性交流，不是长期的调动，挂职锻炼人员在锻炼结束后仍回原单位，由原单位安排工作和职务。

其三，内外混合型交流形式。公务员调任是一种外部交流形式，转任、轮换是单纯的内部交流形式，而挂职锻炼既可以在公务员内部及基层的行政机关内进行，也可以在行政机关外部的企业事业单位进行，是一种内外混合型交流形式。此外，公务员挂职锻炼以较高层次的机关选派公务员到基层行政机关或企事业单位工作为主，同时也根据国家政治、经济发展需要，选派少量的地方公务员到中央国家机关挂职锻炼。

（2）挂职锻炼的组织。挂职锻炼是培养锻炼公务员的一种重要形式，各级行政机关应给予高度的重视，认真组织安排好此项工作。近年来，挂职锻炼已在中央国家机关及大部分省、市、自治区政府部门开展起来，有的组织公务员到所属的企事业单位挂职锻炼，有的安排到县、乡镇进行锻炼，有的选择到街道办事处进行锻炼。有的采取集中管理的方式，把所有挂职锻炼的人员集中安排到一个部门，有的则采取分散安排的方式进行。这些做法各有侧重，需要认真总结经验，进一步改进和完善。

（3）实施挂职锻炼应注意的几个问题。

其一，加强对锻炼人员的管理和考核。挂职锻炼的公务员，将在一定时间内离开原单位在新的岗位工作，这就要求原单位加强与接收单位的联系与合作，加强对挂职锻炼人员的管理，健全有关的管理、考核制度，避免出现"两不管"而产生放任自流的现象。

其二，掌握好挂职锻炼的时间。挂职锻炼的时间一般为1~2年。时间太长会影响原机关的工作，过多牵扯接收单位的精力，太短则不利于全面了解基层情况，达不到锻炼的目的。

其三，要使锻炼工作落到实处。最大限度地安排好挂职锻炼人员的工作和生活，使挂职锻炼人员真正接触到基层的具体工作，避免作为一种任务安排下去或作为一种任务勉强接收，虚挂一年，这给单位或个人都会造成许多不良的影响，削弱挂职锻炼作用的发挥。

此外，对跨地区、到边远地区挂职锻炼的公务员的工作、生活可能出现的困难，有关组织和领导人员应主动关心，积极帮助，协调解决，以使其能安心工作，完成挂职锻炼任务。

二、公务员回避制度

（一）任职回避制度概述

任职回避是公务员回避制度的重要内容，其目的是通过限制互为亲属关系的人员在一个单位或部门任职，防止和克服亲属聚集及其所产生的各种弊端，为公务员廉洁奉公创造条件。我国的任职回避是指公务员之间存在法定限制的亲属关系者，不得在同一机关担任双方直接隶属同一行政首长的职务或者有直接上下领导关系的职务，也不得在其中一方担任领导职务的机关从事监察、审计、人事、财务等工作。

1.任职回避的范围

按我国有关法律规定，我国公务员回避制度确定了几种应回避的亲属：①夫妻关系；②直系血亲关系，包括父母、祖父母、外祖父母、子女、孙子女、外孙子女等具有直接血缘关系的亲属；③三代以内旁系血缘关系，包括堂兄弟姐妹、表兄弟姐妹、侄子女、甥子女以及伯叔姑舅姨等；④近姻亲关系，包括配偶的父母、配偶的兄弟姐妹及其配偶，子女的配偶及子女配偶的父母等。一般来讲，凡在公务员职权影响力范围内就不能让其亲属在那里任职。为此，《国家公务员任职回避和公务回避暂行办法》明确规定：凡有夫妻关系、直系血亲、三代以内旁系血亲及近姻亲关系的，不得在同一机关担任双方直接隶属于同一行政首长的职务或者有直接上下级领导关系的职务。具体来说，就是有规定中所列亲属关系的两个公务员不得在同一处（室）工作，不得在同一司（局）或同一部委担任处级领导或司级领导，双方也不得担任具有领导与被领导关系的职务。此外，《国家公务员任职回避和公务回避暂行办法》还明确规定，具有上述亲属关系也不得在其中一方担任领导职务的机关从事监察、审计、人事、财务等工作，人事、财务、审计等部门的回避规定较其他部门更为严格。除上述规定外，各地区、各部门还可根据实际需要，制定更为严格的回避规定，以充分发挥回避制度的作用。

2. 任职回避的实施原则

第一，低职回避原则。《国家公务员任职回避和公务回避暂行办法》对此做了明确规定。任职回避的实施应以保证工作不受影响为前提，尽可能调整那些在本部门担任职务较低和承担责任相对较小的人，尽可能减少给工作造成的不利影响。一般来说，职务高的较职务低的所承担的责任大，所处的地位重要，但若因工作特殊需要，也可调整职务较高的一方。

第二，自主权原则。我国公务员回避制度规定，对职务相同的实施任职回避，应该由本部门根据实际情况自行确定，把任职回避人员的调整职权最大限度地给了各个单位。目的是保证任职回避既能顺利实施，又不影响各项工作的正常开展。

第三，综合治理原则。我国公务员制度规定，对考试进入国家机关的人员要进行严格的资格审查，及时调整，避免出现应予回避的亲属关系。在公务员交流工作中，各级人事部门要全面掌握公务员的情况，对因婚姻、职务变化等新形成的法定回避关系，应予以及时调整。任职回避制约了互为亲属关系的公务员在一起任职，但公务员在具体执行公务活动中，还可能会遇到涉及本人或者与本人有某种亲属关系人员的利害关系，这是任职回避无法限制的，但在现实中这些因素又确实会影响公务的正常开展，造成不良后果。因此，在任职回避的基础上建立公务回避，是对回避制度的进一步补充和完善。公务回避是通过限制与某项公务有利害关系的人，防止其直接或间接参与或影响该公务的正常活动，为公务的顺利开展创造条件，既能克服公务开展中的徇私舞弊或个人偏见，又能够避免嫌疑，增加公众的信任度。

（二）公务回避制度概述

1. 公务回避的主要特点

第一，公务回避具有时限性。公务回避只针对某项具体公务所涉及的对象，要求公务员进行暂时回避。公务回避时公务员的任职关系不发生任何改变。

第二，公务回避的范围更为宽泛。公务回避的范围既包括任职回避所确定的各种亲属关系，又包括可能对公正执行公务产生影响的其他关系。当涉及与本人有某种利害关系的公务时，就应实行公务回避。为此，我国公务员回避制度明确规定：公务员执行公务，涉及本人或者与本人有《公务员法》第六十八条第一款所列亲属关系人员的利害关系的，必须回避。

第三，公务回避涉及的人员更为普遍。公务员执行的公务活动，既涉及国家行政机关内部，也涉及行政机关外的各个部门、系统，涉及整个社会的方方面面。因其涉及面较广，且属于一种经常性的行为，所以每一个公务员在执行公务活动中都难免会遇到这样或那样与自己或自己的亲属有某种关系的人或事，需要在一定范围、时间内进行公务回避。因此，公务回避与任职回避相比较，涉及的公务员回避对象更多、更广泛，在日常管理中的运用将更为普遍、经常。

2. 公务回避的主要内容

第一，要对须回避的公务做出界定。从公务的重要程度来看，确实有轻重之分，人事考核、奖惩、录用、调配、出国审批等与个人的切身利益相关，审计监察、税费稽征、项目资金审批等与国家的利益紧密相连，公务处理的好坏，对个人或国家都会产生一定的影响。因此，必须采取措施消除干扰，保证依法公正地开展公务活动。《国家公务员任职回避和公务回避暂行办法》明确规定：国家公务员从事监察、审计、仲裁、案件审理、税费稽征查、项目资金审批、出国审批、人事考核、任免、奖惩、录用、调配等公务活动，涉及本人或者与本人有本办法所列亲属关系人员的利害关系时，必须回避。所列的这些公务只是相对较为重要的，影响较大的，但并不是说其他的公务活动就不执行公务回避。如果只把公务回避的范围限制在几种特定公务内，不利于整个国家行政工作的正常运转。国家的每一项公务活动都应力求避免非正常因素的干扰影响，要依法公正地开展。在规定中列出一些公务回避是必要的，但若认为仅仅这些公务才需回避就不对了。准确地讲，任何公务活动只要需实行回避就必须进行回避。

第二，要明确在何种情况下应该回避。公务回避是对公务执行者的一种限制。公务回避的特点决定了其回避的范围要略宽于任职回避：一是包括任职回避所涉及的各种亲属关系，即夫妻关系、直系血亲关系、三代以内旁系血亲关系以及近姻亲关系等；二是不允许公务的当事人自己处理自己的事，必须要实行回避；三是与公务有直接利害关系的，是指不在上述范围内，但确实会影响公务的正常执行，像负责项目资金审批的公务员，如果涉及自己的家乡、原籍等，应予适当回避；四是执行公务者若与该公务的当事人有老乡、同学、朋友等关系，可能会影响公务正常开展的，也应在回避之列，以保证国家各项公务活动的正常开展，维护工作的严肃性。应制定相应措施，限制公务员可能通过工作关系或其他关系，采取间接的方式对公务进行干涉、影响。《国家公务员任职回避和公务回避暂行办法》明确规定："涉及本人或者与本人有第二条所列亲属关系人员的利害关系时，必须回避，不得参加有关调查、讨论、审核、决定，也不得以任何方式施加影响。"

第三，要明确公务回避的实施程序。《国家公务员任职回避和公务回避暂行办法》确定，国家公务员公务回避按以下程序进行：①当事人提出回避申请，或主管领导提出回避要求；②本部门进行审核并做出是否回避的决定；③需要回避的由本部门调整公务安排。按照这一程序要求，公务回避应首先由该公务的当事人或主管机关提出。作为公务的当事人，在发现自己与所办理的公务具有某种利害关系时，有义务向主管部门提出回避的要求。主管领导为了保证各项公务活动的正常开展，也有责任对需要进行公务回避的公务员做出回避的决定。在公务员提出公务回避申请后，是否回避必须由主管部门认真审核后决定，这既是为了消除各种不利因素对公务活动的干扰，保证公务活动依法公正地开展，又是为了避免公务执行中的随意性，更好地维护公务回避制度的严肃性。在做出公务回避决定的同时，主管机关要及时采取措施，调换人员，保持公务活动的连续性，不能因实行公务回避而影响公务活动的正常开展。另外，对一些特殊的公务应特殊处理，如有些公务要求按时完成或需要紧急处理，没有充裕的时间安排别人处理，这种情况下就应允许公务执行者继续执行公务，但同时要加强监督，以维护公务活动的严肃性、公正性。

（三）地区回避制度概述

地区回避是对公务员任职地区进行一定的限制，即要求公务员不得在自己的本籍或原籍担任公职。地区回避与任职回避、公务回避相互补充，使回避制度更为完备，从而有效地制约和避免各种亲属关系的影响和干扰，为公务员依法执行公务创造条件。我国自唐代开始就有地区回避制度，即所谓的"避乡""避籍"。

1.地区回避的目的

地区回避的目的主要是通过限制公务员在本籍或原籍任职，尽量避免亲属关系对工作的干扰，为公务员提供一个好的社会环境。

亲属关系的产生源于一定的血缘关系和姻亲关系。在不同的地域，亲属关系的状况也有所不同。在公务员的本籍或原籍，其亲属关系和其他社会关系较为复杂，如果不实行地区回避，公务员在任职、执行公务时就会处于各种亲情关系的包围之下，处于为难境地。因此，实行地区回避，可以为公务员减少各种关系的干扰，使之能全身心地投入到工作中，依法公正地开展各项业务工作。

实施地区回避有助于促进任职回避和公务回避的实施，使回避制度更为完备。任职回避是对公务员任职的一种限制，它要求相互具有某种亲属关系的公务员不能在一起任职。公务回避是对执行公务的一种限制，是对任职回避的进一步补充。无数事例证明，仅有任职回避和公务回避的规定还难以摆脱诸如老乡、朋友、同学等关系的影响，而实行地区回避，就能在较大程度上限制社会关系对公务员的困扰，为任职回避和公务回避的实施提供条件。任职回避、公务回避、地区回避从不同角度对可能影响工作正常开展的各种社会关系加以限制，使回避制度更为完备，能更有效地发挥作用。

2. 地区回避的主要内容

第一，确定回避的地区。从我国古代的地区回避来看，划分地区主要有两种方式：一种是以行政区域为界限，如宋代、明代都规定地方官要回避本籍，不能在本籍做官；另一种是清代的地区回避制度，规定五百里为限，即官员不得在原籍、寄籍五百里以内任官，打破了行政区域的界限。两种方式各有特点：前者简单明了，易于划分掌握；后者虽较前者复杂，但范围较广，更能发挥作用。目前，我国各级的行政区域划分较为具体明确，应把本籍与行政区域联系起来，并适当考虑公务员职权的影响力，既要对公务员在本籍任职加以一定的限制，又要充分考虑我国的实际情况，使地区回避便于贯彻实行。我国公务员制度规定，公务员不得在本人籍贯所在县乡担任县级、乡级人民政府的正职领导职务，这就明确了我国的地区回避是以县乡为基础的。

第二，明确回避级别层次。根据我国公务员制度的规定，实行地区回避的是县乡两级政府中担任一定职务的公务员。一般地讲，中央政府公务员主要是从事宏观管理协调工作，具体事务相对较少，在工作中很少与自己的本籍发生关系，没有必要实行地区回避；如果把地区回避的范围确定为省、地级市，要求凡是该省或该地市出生的人都不能在该省或该地市任职，涉及的范围较广，跨省或跨地区调整需要牵涉大量的财力物力，组织工作相当困难，很难贯彻执行；再从省、地市一级政府的公务员工作性质看，实行地区回避的意义也不大。因此，从实际出发，我国确定了公务员不得在本人籍贯所在的县、乡担任县级、乡级人民政府正职领导职务。地区回避的范围定为县乡，主要基于两方面的考虑：一是县乡所承担的工作较为具体，容易与亲友的利益产生直接的影响；二是这一范围较窄，较易实行。当然，也不是要求这两级政府的所有公务员都实行地区回避，只是要求在县乡人民政府担任正职领导职务的公务员必须实行地区回避，如县公安局局长、税务局局长、工商管理局局长，一般不得由籍贯是本县的人员担任。

3. 实行地区回避应注意的问题

第一，要处理好与民族区域自治的关系。民族区域自治是我国《宪法》所规定的，实行区域自治对维护少数民族的权益，促进民族团结具有十分重要的意义。我们必须服从《宪法》的这一规定，在实施地区回避时，要充分考虑少数民族地区的特点，在民族区域自治法允许的范围内，适当调整地区回避的内容，以更好地保证这些地区各项行政管理工作的正常开展。

　　第二，要善于搞好人员的调整工作。推行地区回避，首要的问题就是要对现有的公务员按要求进行调整，调整工作需要跨县，会牵扯到许多方面，还可能由于现有的一些制度不配套而产生矛盾，影响地区回避的实施。所以，要有计划、分步骤、在试点的基础上推行地区回避，要及时总结经验，协调解决所遇到的各种问题，积极稳妥地推动地区回避的实施。

第九章

公务员工资、福利和保险制度

一、公务员工资制度概述

（一）我国公务员工资制度的内容

1. 职级工资制的构成

公务员基本工资构成由现行职务工资、级别工资、基础工资和工龄工资四项调整为职务工资和级别工资两项，取消基础工资和工龄工资。

职务工资。主要体现公务员的工作职责大小。一个职务对应一个工资标准，领导职务和相当职务层次的非领导职务对应不同的工资标准。公务员按所任职务执行相应的职务工资标准。

级别工资。主要体现公务员的工作实绩和资历。公务员的级别由现行 15 个调整为 27 个，取消现行级别。每一职务层次对应若干个级别，每一级别设若干个工资档次。公务员根据所任职务、德才表现、工作实绩和资历确定级别和级别工资档次，执行相应的级别工资标准。

2. 职级工资制的增资机制

（1）晋升职务增加工资。公务员晋升职务后，从晋升职务的次月起执行新任职务的职务工资和相应的级别工资。原级别低于新任职务对应最低级别的，晋升到新任职务的最低级别；原级别在新任职务对应级别以内的，晋升一个级别。级别工资逐级就近就高套入晋升后级别对应的工资标准。

（2）按年度考核结果晋升级别增加工资。从 2006 年 7 月 1 日起，公务员年度考核累计五年称职及以上的，从次年 1 月 1 日起在所任职务对应级别内晋升一个级别，级别工资就近就高套入晋升后级别对应的工资标准。下一次按年度考核结果晋升级别的考核年限，从级别变动的当年起重新计算。公务员晋升职务相应晋升级别时，如晋升一个级别，按年度考核结果晋升级别的考核年限从上一次按考核结果晋升级别的当年起计算；如晋升两个级别及以上，按年度考核结果晋升级别的考核年限从晋升职务变动级别的当年起重新计算。公务员的级别工资达到所任职务最高级别后，年度考核累计 5 年称职及以上，不再晋升级别，在所任级别对应工资标准内晋升一个工资档次。

（3）按年度考核结果晋升级别工资档次。从 2006 年 7 月 1 日起，公务员年度考核累计 2 年称职及以上的，从次年 1 月 1 日起在所任级别对应工资标准内晋升一个工资档次。下一次按年度考核结果晋升级别工资档次的考核年限，从工资档次晋升的当年起重新计算。

（4）其他。公务员晋升级别相应增加级别工资时，如增资额超过下一级别一个工资档差，晋升级别工资档次的考核年限从级别晋升的当年起重新计算；如增资额不超过下一级别一个工资档差，晋升级别工资档次的考核年限从上一次晋升级别工资档次的当年起计算。

晋升两个以上级别时，逐级计算增资额是否超过下一级别一个工资档差。公务员晋升级别和按年度考核结果晋升级别工资档次在同一时间的，先晋升级别，再晋升级别工资档次。

3.职级工资制改革

根据2013年2月国务院转发的《深化收入分配制度改革若干意见》，人力资源和社会保障部研究制定了公务员薪酬体系改革方案。此次改革的重点是提高基层公务员待遇，有两个主要任务：一是规范公务员地区附加津贴制度；二是完善职务和职级并行的薪酬制度。新的公务员薪酬改革延续了兼顾效率与公平的导向，更加注重公平正义，从制度设计上找出路。

（1）完善津贴补贴制度。在清理规范津贴补贴的基础上，实施地区附加津贴制度，完善艰苦边远地区津贴制度和岗位津贴制度。第一，实施地区附加津贴制度。地区附加津贴主要反映地区经济发展水平、物价消费水平等方面的差异。第二，完善艰苦边远地区津贴制度。艰苦边远地区津贴主要是根据自然地理环境、社会发展等方面的差异，对在艰苦边远地区工作生活的工作人员给予适当补偿。考虑自然地理环境和人文社会发展等因素，建立科学的评估指标体系，合理界定艰苦边远地区津贴实施范围和类别，适当增设津贴类别，合理体现地区之间艰苦边远程度的差异。依据评估指标体系对各地区艰苦边远程度的评估结果，综合考虑政策性因素，确定实施范围和类别。建立艰苦边远地区津贴水平正常增长机制和实施范围、类别的动态调整机制；根据经济发展和财力增长及调控地区工资差距的需要，适时调整艰苦边远地区津贴标准；根据评估指标体系，定期评估并适时调整实施范围和类别。执行艰苦边远地区津贴所需资金，属于财政支付的，由中央财政负担。第三，完善岗位津贴制度。对在特殊岗位工作的人员，实行岗位津贴制度。国家对岗位津贴实行统一管理。

（2）健全工资水平正常增长机制。建立工资调查制度，定期进行公务员和企业相当人员工资收入水平的调查比较。国家根据工资调查比较的结果，结合国民经济发展、财政状况、物价水平等情况，适时调整机关工作人员基本工资标准。工资调查制度建立前，国家根据国民经济发展、财政状况和物价水平等因素，确定调整基本工资标准的幅度。

（3）实行年终一次性奖金。对年度考核称职（合格）及以上的工作人员，发放年终一次性奖金，奖金标准为本人当年12月的基本工资。

（二）我国公务员工资制度的特点

第一，与国家公务员制度相配套，体现了机关自身的特点，与事业单位的工资制度脱钩。在工资构成上，公务员工资分为职务工资和级别工资两个部分，既不同于教师、医生、演员等其他人员的工资构成，也不同于机关原有的工资构成。与公务员的职位分类相适应，增设了级别工资，这是根据我国公务员队伍的实际情况考虑的。我国公务员大部分分布在县以下基层机关，受机构规格的限制，相当一部分人员晋升不了职务。设置级别工资，就增加了晋升工资的渠道，公务员在职务不晋升的情况下，可以通过晋升级别增加工资，这样就能鼓励他们安心从事本职工作。比如在县里，科员一级的公务员难以晋升为县长，但只要认真做好本职工作，随着资历和能力的积累，他们的级别和级别工资也可以达到县长的级别和级别工资范围。另外，设置级别工资可以体现同一职务层次的公务员在资历和能力上的差别，比如，职务层次同样是处长的公务员，由于资历、能力的不同，他们的级别工资也可以不一样，有的是十级，有的可能是九级，有的可能是八级，也有的可能是七级。

第二，建立了正常增长机制。我国机关原有的工资制度没有正常增资机制，不但使工作人员的工资得不到正常增加，而且在工资关系上造成了不少矛盾。1993年建立的公务员职级工资制，规定了正常增资的具体办法，为公务员工资的正常增长提供了制度保证，这是区别于原有工资制度的一个重要特点。

第三，实行平衡比较原则，公务员的工资水平按照与企业相当人员工资水平大体持平的原则确定和调整。这是社会主义市场经济体制对公务员工资分配的必然要求，也是现有公务员工资制度区别于原有工资制度的一个重要特点。

第四，工资与考核结果挂钩，增强了工资的激励机制，更好地体现了按劳分配原则。无论是职务工资档次的晋升，还是级别工资的晋升，都要在年度考核称职的基础上进行，凡考核不称职的，均不能晋升工资。这样，就把工资分配与公务员的工作情况联系了起来，增强了工资的激励作用，有利于激发公务员的工作积极性，促使他们认认真真地工作，不断提高工作效率和质量。

（三）我国公务员工资制度贯彻的原则

1. 按劳分配原则

按劳分配原则是社会主义个人消费品分配的主要原则，这一原则在公务员的工资分配中同样发挥重要作用。以往，机关的工资分配存在着较严重的平均主义，工作表现、工作业绩和实际贡献不同的人员在工资上没有拉开应有的差距，按劳分配原则得不到较好体现。为充分发挥工资的激励作用，克服平均主义，《公务员法》明确规定"国家公务员的工资制度贯彻按劳分配的原则"。

2. 正常增资原则

从国外的情况看，凡实行公务员制度的国家一般都建立了公务员工资正常增长的机制。只有建立起正常增资机制，才能使公务员的工资随着国民经济的发展有计划地增长，同时提高工资的透明度，克服以往不定期调资中出现的大家争赶"末班车"的现象，使公务员工资的增长走上正常化、规范化、制度化、法制化的轨道。《公务员法》明确规定："国家建立公务员工资的正常增长机制。"

3. 平衡比较原则

国家公务员虽然实行体现机关特点、不同于企业事业单位的工资制度，但在工资水平上应与企业相当人员进行平衡比较，做到大体持平。实行平衡比较原则，是社会主义市场经济体制对公务员工资分配的客观要求。一方面，在社会主义市场经济条件下，作为初次分配，企业的工资分配直接与经济效益挂钩，随着经济效益的增长而增长。公务员的工资分配属于再分配，虽然不直接与经济指标挂钩，但最终仍决定于经济发展水平。为此，应当定期将公务员的工资与企业进行平衡比较，并根据比较结果调整公务员的工资，使公务员的工资分配与国民经济的发展联系起来，间接地反映经济发展水平。另一方面，在社会主义市场经济条件下，市场对资源配置包括人才资源的配置起着决定性的作用。各类人才按照市场经济规律，在机关、事业单位、企业之间相互流动，机关在人才市场上实际上已经与企业、事业单位处于平等竞争的地位。因此，不能再简单地依赖行政调配手段，而必须自觉地按市场经济规律办事，通过贯彻公务员工资的比较平衡原则，合理确定公务员的工资水平，使之与企业相当人员的工资水平大体持平，如此才能把优秀人才吸引到机关来。对于这一点，《公务员法》和1993年《机关工作人员工资制度改革方案》均做了明确规定。

4.物价补偿原则

为充分发挥工资的保障作用，物价上涨后，公务员的工资也应相应地提高，以保障公务员的实际生活水平不因物价上涨而降低。从各国的情况看，虽然具体做法不完全相同，有的国家将公务员的工资与物价直接挂钩，有的国家则不直接挂钩，但在公务员的工资要对物价的上涨进行补偿这一点上是共同的。《公务员法》明确规定："公务员的工资水平应当与国民经济发展相协调、与社会进步相适应。国家实行工资调查制度，定期进行公务员和企业相当人员工资水平的调查比较，并将工资调查比较结果作为调整公务员工资水平的依据。"

5.法律保障原则

公务员的责任、义务和权利是对称的，在一定职位上就要承担一定的责任和义务，同时也应享有相应的权利。工资报酬权是公务员的基本权利，并受到法律的保障。《公务员法》规定："任何机关不得违反国家规定自行更改公务员工资、福利、保险政策，擅自提高或者降低公务员的工资、福利、保险待遇。任何机关不得扣减或者拖欠公务员的工资。"今后，要继续加强立法工作，加强执法检查和监督，使公务员的工资管理切实纳入法制化的轨道。

二、公务员福利制度

公务员福利制度是国家和单位为解决公务员生活方面的共同需要和特殊需要，在工资之外给予经济上帮助和生活上照顾的制度，是公务员社会保障制度的重要组成部分。建立公务员福利制度，有利于改善公务员的工作生活条件，减轻他们的经济负担和促进他们的身心健康，从而有利于稳定公务员队伍，调动他们的工作积极性，提高工作效率。目前，实行公务员制度的国家普遍建立了公务员福利制度，并以法律形式将其固定下来。如美国、日本、德国等在有关法律或法令中，均对公务员的福利待遇做出了详细规定。我国实行公务员制度后，为进一步增强公务员队伍的吸引力，在合理确定和逐步提高公务员工资待遇的同时，还应当认真做好公务员的福利工作，逐步提高他们的福利待遇。

（一）公务员福利制度的主要内容

一般来说，社会福利制度可分为两个层次。一个层次是由国家或社会提供的福利，如教育、卫生、环境保护等，费用由国家财政拨款或由社会福利机构、慈善机构筹集；另一个层次是由单位提供的福利，即通常所说的职工集体福利，主要以本单位的职工及离退休人员为对象。无论哪种形式的福利，都有两个基本的特点：一是同类社会成员在享受同类福利待遇方面具有平等的权利；二是国家、社会或单位提供的福利是免费的或是减收费用的。

中华人民共和国成立以来，逐渐形成了一套国家机关工作人员的福利制度体系，主要包括工时制度、福利费制度、探亲制度、年休假制度、冬季宿舍取暖补贴制度和交通费补贴制度等。

（二）我国公务员福利制度的改革

三、公务员保险制度

（一）公务员保险制度的主要内容

世界上实行公务员制度的国家普遍建立了公务员保险制度，并将其作为公务员制度的一项重要内容用法律形式加以详细规定。如日本《国家公务员法》规定，公务员因公负伤或残废，对其不能工作期间发生的经济困难要进行救济，公务员因公伤或残废收入受到影响要进行补偿，公务员因公死亡或病死，对其遗属或靠其生前收入维持生活者所受损失要进行补偿等。有关各种救济和补偿的标准，日本在《国家公务员灾害补偿法》中做了具体规定。

我国国家机关现行的保险制度是中华人民共和国成立后以单项法规的形式逐步建立起来的，主要有生育保险制度、养老保险制度、疾病保险制度、伤残保险制度和死亡保险制度。

（二）我国公务员保险制度的改革

1. 公务员养老保险制度改革

我国干部退休养老制度建立于20世纪50年代，是在传统计划经济体制下逐步形成和发展起来的。当时由于退休人员较少，特别是受到传统经济体制的制约，干部退休养老制度的主要特征是离退休费用由国家统包，离退休待遇随在职人员一起调整，离退休人员以本单位为主管理服务。长期以来，这一制度对保障离退休人员的基本生活、维护社会安定发挥了应有的作用。但是，随着改革的不断深入和社会主义市场经济体制的建立，一些问题也日益突出地表现出来：一是由于没有建立基金积累制度，退休费用由国家统包，每年列入财政预算，实行现收现付，没有形成积累，因此，随着人口老龄化的加速和退休人员的不断增加，财政负担越来越重；二是由于没有建立个人交费制度，完全依靠国家养老的习惯思想严重，缺乏自我保障意识；三是没有形成科学的给付机制，退休费按本人退休时基本工资的一定比例计发，随在职人员工资的调整一起调整，没有形成适合自身特点的正常调节机制，无法使退休人员待遇与物价上涨、经济发展水平相适应；四是退休费的支付、发放以及退休人员的活动、管理等，全由原单位承担，管理服务的社会化、现代化程度低，不利于机关工作效率的提高。应建立专项养老保险基金，实行社会统筹与个人账户相结合的办法，改革退休金计发办法，建立补充养老保险和基本养老保险待遇调节机制。

2. 公务员失业保险制度改革

长期以来，由于传统干部人事制度具有"铁饭碗"的特征，国家机关工作人员事实上不存在失业问题，所以我国一直没有建立国家机关工作人员的失业保险制度。实行公务员制度后，随着经济体制改革的不断深入特别是社会主义市场经济的发展，建立公务员失业保险制度显得越来越重要。如果不尽快建立公务员失业保险制度，就会造成人员流动的困难，公务员的辞职辞退等措施也难以推进，从而影响整个公务员制度的有效运转。根据我国的实际情况，公务员失业保险制度改革的方向是，建立起有专项基金保证、给付标准适合社会经济发展水平、失业救济与再就业服务紧密结合的失业保险制度。公务员失业保险制度的内容，主要包括失业保险金筹集、失业保险金发放和失业保险金管理三个方面。失业保险金的来源与工资来源应一致，筹储资金与使用资金大致持平；失业保险金的发放数额与工资挂钩，不可能等于原基本工资，但要能满足失业人员的基本生活需要；失业保险金应专款专用，并配备专职人员进行管理。

3. 公务员伤残保险制度改革

过去，对于工伤我国只是参照革命战争年代的抚恤办法执行，没能建立适合自身特点的工伤认定和处理制度。要建立符合机关特点的公务员伤残保险制度，需要深入研究，循序渐进。从我国的实际情况出发，当前的主要任务是抓紧研究制定符合机关工作性质、特点的工伤认定和处理办法，及时公正地解决工伤的定性问题，维护机关的正常工作秩序，保障工伤人员的合法权益。

4. 公务员医疗保险制度改革

这项改革要结合整个医疗制度的改革进行。我国现行的医疗制度存在的主要问题是：医疗费用增长过快，浪费严重；医疗费基本由国家包下来，国家负担日益加重；对医疗服务缺乏有效的管理和监督，漏洞较多等。我国医疗保险制度改革的目标是，适应社会主义市场经济体制和提高职工健康水平的要求，建立覆盖城镇全体劳动者的社会统筹医疗基金和个人医疗账户相结合的社会医疗保险制度。这一目标，同样适应于作为整个社会医疗保险制度改革重要组成部分的公务员医疗保险制度改革。具体来说，建立公务员医疗保险制度，要改变医疗费用由国家包下来的做法，由国家和个人共同负担，逐步实现社会统筹与个人账户相结合。在医疗费用的开支上，一般以大病保险为主，这样有利于强化个人费用意识，保障重病的基本医疗。

第十章

公务员辞职、辞退与退休制度

一、公务员辞职制度

（一）公务员辞职的含义和特征

公务员的辞职，是指公务员根据本人意愿，依照法律规定，在一定条件下辞去公务员的职务，解除与国家行政机关关系的行为。辞职是法律赋予公务员的一项基本权利。公务员辞职具有以下几个特点：

第一，辞职是公务员的一项基本权利。辞职属于公务员个人的择业行为和愿望，必须由公务员本人提出，这是辞职得以实施的前提条件。我国《宪法》明确规定公民有劳动的基本权利，劳动权自然包括了择业权，辞职正是公务员根据本人愿望自主选择职业的具体体现，它不受任何机关团体个人左右，完全是个人意志的选择，而且受到法律的保护。

第二，辞职必须经过一定的法律程序。从法律上讲，公民行使权利必须遵守《宪法》和法律的规定，越出法律的规定就是权利的滥用，要承担相应的法律责任。公务员行使辞职权利也同此理，要遵守法律规定的程序，按照规定由本人提出申请，报经任免机关审核同意后方可生效。公务员不得擅自离职。公务员辞职后依法享有一定待遇。

第二，辞职的主体受一定的法律限制，必须以维护国家安全、保守国家机密为前提条件。我国的《公务员法》明确规定，有下列情形之一的，不得辞去公职：未满国家规定的最低服务年限的；在涉及国家秘密等特殊职位任职或者离开上述职位不满国家规定的脱密期限的；重要公务尚未处理完毕，且须由本人继续处理的；正在接受审计、纪律审查，或者涉嫌犯罪，司法程序尚未终结的；法律、行政法规规定的其他不得辞去公职的情形。

第四，辞职作为公务员的一项权利，是有保障的。辞职的公务员享有法定的辞职待遇，如公务员辞职后虽然其公务员身份随之消失，但其工龄可以在其重新任职后连续计算等。

辞去公职与免职、辞退的区别与联系

（二）公务员辞职的条件和程序

1. 公务员辞职的条件

根据立法技术的不同，法律行为有效的实质性条件可分为肯定性条件和限制性条件。采取正面列举的方法规定的有效条件称为肯定性条件，采取反面排除方法规定的条件称为限制性条件。结合我国实际情况，公务员条例只规定了辞职的限制性条件，即除此之外公务员都有权辞职。

《公务员法》规定了公务员辞职的限制性条件，主要有以下三条：

（1）在涉及国家安全、重要机密等特殊职位上任职以及调离上述职位不满解密期的国家公务员。这里所说的涉及国家安全、重要机密等特殊岗位上任职的公务员，是指所从事的工作直接接触涉及国家安全和利益的秘密事项，如国防、军事活动中的秘密事项，国家经济和技术中的秘密事项，外交、安全事务中的秘密事项及国家政治事务重大决策中的秘密事项等。如果允许掌握上述秘密事项的公务员辞职，可能会因泄密而使国家的利益遭受重大损失，甚至会影响国家的安全和稳定，因此不允许他们提出辞职，体现了法律上权利和义务的一致性原则。在上述岗位任职的公务员经调整脱离这些特殊岗位后，如果仍在法律规定的保密期内，公务员也不能辞职。只有在脱离原岗位，且过了解密期方可辞职。

（2）正在接受审查的公务员不得辞职。根据法律、法规的规定，正在接受有关组织审查的公务员不得辞职。一个公务员若正在接受经济等方面的审查，其结果会导致其承担何种责任，受到何种行政、法律的处罚等都还不清楚，因此不能辞职。

（3）未满规定的服务年限的。主要有两方面的内容：首先是新录用或调入的公务员自任职起五年内不得提出辞职，这主要是从保持行政机关工作的连续性和稳定性，维护国家利益出发，根据行政机关的实际情况制定的；其次是经专门的培训或其他法定的原因，双方签订协议确定一定的服务年限的，在规定的期限内未经批准，不得辞职。

2. 公务员辞职的程序

辞职是一种法律行为，作为法律行为要产生预期效果，必须履行一定的法律程序。辞职须遵循以下程序：

首先，提出书面申请。辞职意味着公务员身份的消失，涉及公务员的切身利益，这对公务员本人和行政机关都是一件重要的事情，必须慎重行事。有关公务员辞职的规定要求，必须以书面的形式提出申请，才符合法律行为的形式要件，有利于减少纠纷，而且有据可查。国外也明确要求公务员辞职以书面的形式提出，如德国《官员法》规定官员可以随时提出辞职，但必须以书面形式提出，并说明理由。

其次，任免机关审查批准。对于公务员的辞职申请，任免机关必须认真审查。对于符合法定条件的，应当自接到申请之日起三十日内予以批准；不符合辞职条件的，也要在自接到申请之日起三十日内做出不予批准的决定。对领导成员辞去公职的申请，应当自接到申请之日起九十日内决定批准还是不批准。《公务员法》规定的领导成员辞去公职的审批期限是三个月，非领导成员辞去公职的审批期限缩短为三十天。这样规定，既体现了审查领导成员辞去公职申请的慎重，又提高了审批一般公务员辞去公职申请的效率，有利于公务员辞职权的实现。在审批期间，公务员不得擅自离职。任免机关超过期间没有答复的，视为同意该公务员辞职。

最后，办理公务交接手续。公务员的辞职申请被批准后，应及时办理公务交接手续，以保持公务活动的连续性。如果任职期间涉及财务工作，还要进行必要的财务审计，其后任免机关才可为其办理辞职手续。

公务员履行完上述程序后，辞职的法律行为完成，公务员脱离行政机关，公务员身份自行消失，不再履行公务员的权利和义务，但辞职后仍要遵守一定的任职限制，即两年内不得到与本人原工作业务直接相关的企业、营利性事业单位以及外商驻华代表机构任职。其他国家在这方面也做了一些限制性规定，如日本《人事院规则》规定，公务员辞职后两年内不得到与原机关有密切联系的企业工作；法国《公务员总法》规定，公务员辞职后未经原机关同意，不得到与原机关业务相近的私营企业工作。

二、公务员辞退制度

（一）公务员辞退的含义和特征

公务员的辞退，是指国家行政机关按照法律规定的条件，通过一定的法律程序，在法定的管理权限内，做出解除公务员全部职务关系的行政行为。辞退不具有惩戒性，不是一种行政处分。一般来讲，辞退无须事先征得公务员同意，只要符合法定条件，管理部门就可按照法定程序做出辞退的决定。

公务员的辞退具有以下几个特征：

第一，辞退是国家行政机关法定的基本用人权利。国家法律赋予行政机关有依法解除不适宜继续在行政机关工作的公务员职务关系的权利。这种权利只有国家行政机关才能行使，是国家行政机关的单方面行为，公务员只是这种权利关系的被动客体。

第二，辞退公务员必须按照法定的事由。只有当符合法律规定的条件或事由出现后，才能终止行政机关与公务员的职务关系。超出规定的条件，非因法定事由，公务员不得被辞退。

第三，辞退公务员必须遵循必要的法律程序。如不符合法定程序，做出的辞退决定是无效的。法定程序既是公务员权利的有效保障，又是对行政机关自由裁量权的必要限制。

第四，被辞退的公务员享有法定的待遇。按照规定，被辞退的公务员可以享受失业保险或领取一定的辞退费。

（二）公务员辞退的条件和程序

辞退的条件，指国家行政机关在哪些情形下可以行使辞退公务员的权利；辞退的程序，指对国家行政机关如何履行这一权利所做出的程序性规定。

1.公务员辞退的条件

确定辞退条件是建立公务员辞退制度的关键环节之一。如何确定辞退条件，不仅关系到公务员个人的切身利益，而且直接影响公务员辞退制度的实施。如果条件定得过窄，许多该辞退的人无法辞退，辞退制度就很难起到应有的作用，而定得过宽，涉及范围过大，也不利于辞退制度的推行。因此，我国公务员辞退条件的制定，必须立足我国国情，认真总结以往我国推行辞退制度所取得的经验，充分借鉴国外成功的做法，尽可能做出科学合理的界定，做到宽严适度。

根据《公务员法》及有关规定，有以下情形之一的可予以辞退：

（1）在年度考核中连续两年被确定为不称职的。公务员的年度考核即定期考核。《公务员法》规定，定期考核的结果分为优秀、称职、基本称职和不称职四个等次。定期考核的结果是调整公务员职务、职级、工资以及公务员奖励、培训、辞退的依据。如果公务员在年度考核中，连续两年被评为不称职，说明该公务员不能很好地履行公务员的义务和完成公务员的工作，不适于继续担任公务员职务，就可以将其辞退。

（2）不胜任现职工作，又不接受其他适当安排的。对这一情形，应该严格把握，要通过考核、考察加以确定。这里的考核主要是结合任职条件进行的，要从公务员的业务能力、思想品质、身份条件等多方面衡量其是否胜任本职工作，当然也要参考其平时考核和年度考核的结果。对不胜任工作的，组织上要考虑调整安排该公务员到其他适合的岗位上任职。如果该公务员拒绝安排，可以按照法律程序予以辞退。需要强调的是，认定一个公务员不胜任现任工作，必须经过一定的程序，不能片面听取少数人的意见，而要在全面充分地了解该公务员的表现，进行认真客观的考核后，做出处理。许多国家都把不能胜任本职工作作为辞退公务员的一个条件，如法国《公务员总章程》规定，如果公务员不能胜任本职工作且无法安排新工作的可以辞退，但同时也规定做出辞退决定前，必须向公务员本人说明理由，并征得公务员委员会的同意。

（3）因单位调整、撤销、合并或缩减编制员额，需要调整工作，本人拒绝合理安排的。机构改革是政治体制改革的一个重要方面，必然涉及单位的调整、合并、撤销或缩减人员编制员额等。职能的调整、机构的撤并，自然要对原有的人员进行相应裁减、分流等，这无论是我国还是外国都属正常的事情。除此之外，随着社会经济的发展，国家必然会对个别机构进行调整，这就需要对部分公务员进行重新安排，甚至将其分流到行政机关之外。一方面，国家要做出妥善合理的安排，切实维护好公务员的权益；另一方面，公务员也要从大局出发，服从安排。对拒绝合理安排，经批评教育无效的可以辞退。当然，这种调整应尽量在公务员系统内进行，以促进公务员队伍协调稳定的发展。在这方面，虽然许多国家都做了类似规定，行政机关可以辞退拒绝合理安排的公务员，但同时也对"合理的安排"做了限定，如西班牙《公务员法》规定，因单位调整、撤销、合并，公务员需要重新安排的，必须在公务员系统内进行，对确需调整到公务员系统外的，应事先征得公务员本人同意，并在经济上予以补偿。

（4）不履行公务员义务，不遵守法律和公务员纪律，经教育仍无转变，不适合继续在机关工作，又不宜给予开除处分的。公务员的权利和义务是统一的。公务员是行使国家行政权力、执行国家公务的人员，为保证其有效地执行公务，必须赋予其一定的权利，但其在享有这些权利的同时，也必须履行一定的义务。如果不履行公务员的义务，不遵守公务员的纪律，经过多次批评教育仍无效，但又达不到开除处分的，可以通过辞退让其离开公务员队伍，以维护公务员的形象，保持公务员队伍的高效、廉洁。

（5）旷工或者因公外出、请假期满无正当理由逾期不归连续超过十五天，或者一年内累计超过三十天的。忠于职守，勤勉尽责是公务员的基本义务。如果公务员不忠于职守，擅自离开工作岗位，超过一定期限，机关就可以予以辞退。所谓旷工，是指公务员无正当理由，不经请假离开工作岗位，不从事本职工作；所谓无正当理由，是指没有疾病、自然灾害、社会事故等不可抗力事由；所谓逾期，是指超过事假、年休假、探亲假、出差假等国家法定的休假期限。公务员辞退制度规定的期限是连续超过十五天，或者一年内累计超过三十天。

此外，从保护公务员合法权益出发，特别是从保护女性公务员的合法权益，保护伤病、致残公务员的合法权益出发，对辞退也要作一些限制性规定，这也是国际惯例。美国、意大利、法国、新加坡等国的有关法律都明确规定：在女性公务员怀孕期间、公务员住院治疗期间，以及公务员因公致残时，不得援引辞退条款。我国的《国家公务员辞职、辞退暂行规定》明确规定，因公致残并被确认丧失工作能力的，患严重疾病或负伤正在进行治疗的，女性公务员在孕期、产期及哺乳期内的不得辞退，以切实维护妇女、伤残病公务员的合法权益，更好地体现公务员辞退制度的公正性。

2.公务员辞退的程序

为了保证国家行政机关正确行使辞退公务员的权利，充分发挥辞退制度的作用，公务员辞退应遵循两个原则：要保证辞退权利得以顺利实施；要防止辞退权利滥用，损害公务员的合法权益。基于这两个原则，辞退公务员必须经过以下程序：

第一，由任免机关按照管理权限决定。《国家公务员辞职辞退暂行规定》第十一条规定，辞退国家公务员按下列程序办理：①所在单位在核准事实的基础上，经领导集体研究提出建议，填写《辞退国家公务员审批表》，按管理权限报任免机关审批；②任免机关人事部门审核；③任免机关审批。做出辞退决定的，以书面形式通知呈报单位和被辞退的国家公务员，同时抄送同级政府人事部门备案。县级以下国家行政机关辞退国家公务员，须报经县级人民政府批准。

第二，辞退通知以书面形式送达本人。在辞退过程中，将辞退通知以书面形式传达给被辞退的公务员本人是非常重要的一个环节。公务员被辞退后就失去了公务员的身份，不能享受公务员的待遇，需要让公务员知道被辞退的事实和理由，这样他在不服时可以通过行使申诉权和控告权来保护自己的合法权益。因此，书面通知本人既是公务员进行申诉控告的依据，也是辞退决定生效的条件。

此外，被辞退的公务员离职前必须办理公务交接手续，必要时还须接受财务审计，确保有关工作能顺利地移交、衔接，保持国家行政工作的连续性和稳定性。

（三）辞职与自动离职、免职、开除的比较

三、公务员退休制度

（一）公务员退休制度的概念

公务员退休，是指公务员因达到一定的年龄和工龄或者由于丧失工作能力而按照国家的有关规定，办理离开工作岗位的手续并享受相关待遇。

公务员退休制度，是指国家制定并颁布实施的有关公务员退休的方式、条件、待遇、审批程序以及安置管理等方面的法律法规的总称。公务员退休制度既是人事行政管理制度的重要内容，也是国家社会保障制度的重要组成部分。

所谓离休，是指中华人民共和国成立以前参加革命工作的老干部，在达到一定年龄或因身体状况不能坚持正常工作时离开工作岗位，由国家给予从优安置的特殊退休方式。离休制度是我国干部退休制度的重要组成部分，是包括干部离休条件、离休待遇、离休后的安置与管理等内容的规定的总称。1958年6月，中共中央曾发出《关于安排一部分老同志担任各种荣誉性职务的通知》，规定凡第二次国内革命战争期间或以前参加革命、具有县委部长以上职务、思想作风好，但年老体衰、担任实际工作确有困难的老干部，可以调离现任工作，工资照发。1978~1982年，国务院相继颁发了《关于安置老弱病残干部的暂行办法》《关于老干部离职休养的暂行规定》和《关于老干部离职休养的几项规定》。1982年9月党的十二大通过的党章明确规定，年龄和身体状况不适宜于继续担任工作的干部，应当按照

国家的规定，或者离休，或者退休。这样，离休制度就作为一项特殊的退休养老制度逐步建立起来，为老干部的合理安置发挥了积极作用。由于享受离休待遇的仅限于中华人民共和国成立前参加革命的老同志，所以离休制度将随着时间的推移逐步消失。因此，《公务员法》没有关于公务员离休的规定。

（二）公务员退休种类

公务员退休种类，是指国家根据行政管理的需要和公务员退休的权利义务关系而制定的具有不同约束力的享受养老待遇的规定。根据国家确定退休条件时考虑公务员个人意愿的程度，可将退休种类分为自愿退休和强制退休两种。前者是公务员符合法定的最低退休条件后，可以自愿申请退休；后者是公务员达到法定退休条件后，由任免机关命令其退休。自愿退休是国家赋予公务员的退休选择权利，是对公务员必须退休的尊重；强制退休是对公务员的关心和爱护。

从世界范围看，公务员的退休种类虽多种多样，但主要还是自愿退休和强制退休两种。如英国规定，公务员服务年限符合法定条件，年满 60 岁的可以退休；年满 65 岁的强迫退休；不满 60 岁，工作无效能的，命令退休。"可以退休"就是自愿退休；"强迫退休"和"命令退休"就是强制退休。美国在文官退休法中规定，自愿退休的，可以在规定的退休年龄和工龄条件中自愿选择并经本人申请；强制退休的，达到法定的年龄、工龄等项条件后，必须退休。此外，美国还有对于文官残废退休和延迟退休的规定。德国在《联邦官员法》中则将官员的退休分为暂时退休、终身退休、达到退休年限的退休和丧失工作能力的退休等种类。按规定，总统可以随时让具有终身官员身份的官员暂时退休，而暂时退休的官员满 65 岁，原则视为终身退休。

《公务员法》规定了公务员"应当退休"和"可以提前退休"两种情况，前者就是强制退休，后者就是自愿退休。实践证明，在公务员退休制度中采用自愿退休与强制退休两种方式，既能够较好地体现公务员退休权利与义务相一致的原则，又有利于建立和推行我国公务员退休制度。

（三）公务员退休条件

《公务员法》规定的退休条件为：①男年满 60 周岁，女年满 55 周岁；②丧失工作能力的。这些基本沿用了过去干部退休的条件，所不同的是取消了工作年限的限制。

国家规定公务员符合下列条件之一的，本人提出要求，经任免机关批准，可以提前退休：①工作年限满三十年的；②距国家规定的退休年龄不足五年，且工作年限满二十年的；③符合国家规定的可以提前退休的其他情形。确立自愿退休的方式，可以使部分服务年限较长而又未到法定退休年龄的国家公务员根据自己的意愿，提前退休。

国家公务员管理部门要依法按照规定的程序，及时为符合退休条件的国家公务员办理退休手续，一般应在国家公务员具备退休条件的当月通知本人，办完手续。自愿退休的，应由本人提出申请，经任免机关批准，再办理退休手续。

中华人民共和国成立以后，我国一直实行干部退职制度。但随着国家公务员制度的建立和推行，国家公务员开始实行养老保险金制度，按照国家公务员的工作年限等情况确定不同的养老保险金，因此不需要再分为退休、退职两种制度。同时，从现在的实际情况看，一般也不会出现工作几年就达到退休年龄的情况，突然丧失工作能力的情况也只是极少数。

因此，退职作为单独制度失去了实际意义。为统一政策、规范制度，我国取消了"退职"形式，统称为退休。

（四）公务员退休审批

退休审批，是指公务员任免机关根据国家规定核准公务员退休、推迟退休或暂缓退休的程序。公务员退休审批是公务员管理的一个环节，包括的内容较多。公务员退休审批，一般都由其任免机关进行，但各国对审批工作内容的规定有所不同。多数国家只对推迟退休的审批做出决定，对按时退休则根据法律规定予以办理。

根据我国公务员退休的现行规定，我国公务员退休、推迟退休或暂缓退休，由本人填表，单位审核，上报任免机关批准。其中，杰出高级专家暂缓退休，由中央国家机关各部委、各省自治区直辖市人民政府审定后报国家人事部汇总，再上报国务院批准，由国家人事部通知执行。任免机关在批准时要审查退休条件或推迟、暂缓退休的理由，确定被批准退休者的待遇，颁发退休证书和落实安置地点。

第十一章

公务员申诉与控告制度

一、公务员申诉制度

（一）公务员申诉的含义及特点

公务员申诉，是指国家公务员对涉及本人的人事行政处理决定不服时，依照有关法律法规的规定，向原处理机关、原处理机关的上一级机关或行政监察机关提出重新处理要求的行为，这是公务员的基本权利之一。

公务员申诉的特点是：

第一，申诉人必须是国家公务员制度中规定的国家公务员。

第二，必须有国家行政机关的处理行为，即有关国家行政机关的处理决定直接涉及公务员的切身利益，作为行为当事人的国家公务员不服该处理，并且认为处理决定明显违反政策和法律，或者是处理明显的不公正不合理时，有权依法提起申诉。

第三，国家公务员的申诉是为国家公务员创立的一种权利补救制度，其目的在于保障和维护国家公务员个人的合法权益。申诉给受处理者提供一次或几次表达个人意见、要求及修改不当处理的机会。

第四，受理申诉的机关是同级人民政府的人事部门或原处理机关的上级机关及有管辖权的行政监察机关。

（二）申诉的分类

按照申诉人的不同可以将申诉分为不同的类别：

1. 公民和法人的申诉

公民和法人的申诉一般是指诉讼意义上的申诉，即诉讼当事人或其他有关公民对已发生法律效力的判决或裁定不服，依法向审判机关、检察机关提出重新处理的要求。按照法律依据的不同，这类申诉可以分为三种：刑事诉讼上的申诉、民事诉讼上的申诉、行政诉讼上的申诉。

2. 政党和社团组织成员的申诉

这类申诉的特点是：申诉人是政党或社团组织的成员；受理机关是政党或社团组织的领导机关或工作部门；申诉的原因是政党或社团组织的成员对其组织做出的已发生约束力的决定不服。政党和社团组织成员的申诉一般在组织章程中规定，一般性群众团体和学术组织的章程中不规定组织成员的申诉权。

3. 国家机关工作人员的申诉

这类申诉是指国家机关工作人员对涉及个人的处理决定不服时，向原处理机关及其上级机关或专门机关提出重新处理要求的行为。其特点是：申诉人是国家机关工作人员；受理机关是原处理机关或其上级机关及监察机关；申诉的原因是申诉人对涉及个人的处理决定不服。

4. 企业职工的申诉

这类申诉是指企业职工对企业给予自己的处分决定不服时，向企业的上级机关或劳动仲裁机构提出重新处理要求的行为。

5. 选民的申诉

这类申诉主要涉及选民对于公布的选民名单有不同意见，选举委员会对申诉意见应在三日内做出处理决定，申诉人如果对处理决定不服，可以向人民法院提起诉讼，人民法院的判决为最后决定。

（三）公务员申诉的条件

1. 须有涉及公务员个人的已经生效的处理决定

处理决定是由公务员管理机关或监察部门以书面形式做出的，决定的内容一般涉及对公务员的惩戒、降职、免职、辞退以及工资福利、退休待遇等问题。处理决定必须已经生效，如果尚未正式决定，则说明对公务员权益损害的事实尚未发生，这时不能提起申诉。

2. 公务员对处理决定不服

"不服"是指公务员自己主观上认为涉及本人的处理决定不公正、不客观、不合法，因而有意见。如果没有公务员个人的不服，就不会发生申诉案件。当然，如果处理机关或其上级机关发现对某个公务员的处理决定失当，虽然公务员没有申诉，也要主动给予纠正，但这种纠正与由申诉引起的纠正不同。

3. 公务员对原处理机关做出的复核决定不服

根据《国家公务员申诉控告暂行规定》，国家公务员对国家行政机关做出的涉及本人权益的处理决定不服，可以向原处理机关申请复核。如果公务员对原处理机关做出的复核决定不服，可以向有管辖权的机关提出申诉。

（四）受理公务员申诉的机关

公务员申诉的目的是要改变原处理决定，保障自己的合法权益。因此，在确定受理公务员申诉的机关时应考虑两个方面：一是该机关有权改变或撤销原处理机关做出的处理决定，或有权向原处理机关提出改变或撤销原处理决定的意见；二是为使申诉案件得到及时处理，受理机关的行政层次应尽量与原处理机关靠近。在这两个方面中，第一方面是主要的，第二方面是次要的。从这两个方面考虑，受理公务员申诉的机关为：

1. 原处理机关

最初做出公务员不服的人事处理决定的机关。原处理机关受理申诉，实际上是对本机关已做出的处理进行重新审查，因此，称之为受核。

2. 同级公务员管理机关

这指原处理机关的同级公务员主管部门。同级公务员主管部门主要是指同级党委组织部门和政府人事部门。其作为公务员综合管理部门，对同级各机关和下级机关的公务员管理工作具有指导和监督的职能。

3. 上一级机关

上一级机关是指与做出处理决定的机关有隶属关系，能改变或者撤销原处理机关之决定的机关。我国《宪法》规定，国务院能改变或者撤销各部委和各省政府的决定和命令，所以国务院就是各级部委和各省政府的上级机关。同样，省政府是各厅局和各市政府的上级机关。另外，实行双重管理的机关的上一级机关，既包括"条条"的上级业务主管机关，也包括"块块"的上级机关。

4. 监察机关

行政机关的公务员对处分决定不服的，还可以向行政监察机关提出申诉。各国受理公务员申诉的机关各有不同。美国受理公务员申诉的机关是申诉委员会，对于申诉委员会的决定不服的，还可以向"功绩制保护委员会"和"平等就业委员会"提出申诉，再不成功，还可以向法院提出诉讼；德国公务员对纪律处分不服的，可以先向联邦纪律法院提出申诉，然后向联邦行政法院提出申诉；日本公务员则可以向人事院提出申诉。

（五）公务员申诉的程序

1. 一般程序

公务员对机关人事处理决定不服—申请复核（原处理机关）—公务员对复核决定不服—申诉（同级公务员主管部门或者上一级机关）。

复核是指公务员对机关做出的涉及本人权益的人事处理决定不服，向原处理机关提出重新审查的意见和要求。规定复核程序主要考虑的是：原处理机关是公务员的直接管理机关，对公务员的具体情况最了解，容易查清事实，原处理机关认为其决定确有错误的可以及时予以自纠，有利于及时解决争议，提高工作效率，及时保证公务员的合法权益。同时，通过复核程序也可以减少申诉工作成本，避免公务员长时间申诉，减轻机关和公务员双方的负担。

2. 径直申诉程序

公务员对涉及本人的人事处理决定不服—申诉（同级公务员主管部门或者上一级机关）。这一程序主要考虑：为公务员申诉权的行使提供一个便捷途径，也就是给公务员一个选择空间。如果公务员认为向原处理机关复核不能解决问题，或者出于某种原因不愿向原处理机关复核时，可以不提出复核，直接提出申诉。

3. 二级申诉程序

对于省级以下机关做出的申诉决定，公务员如果还不服，可以向做出申诉处理决定机关的上一级机关进行再申诉。

二级申诉制度给予了公务员更多的申诉机会，因为上级受理申诉的机关往往看问题更全面，处理问题更超脱。同时，由于是受理再申诉，申诉机关处理问题会更慎重，因而会大大减少处理的偏差。

4. 行政机关公务员处分申诉的特别程序

本程序仅适用于国家行政机关公务员对所受处分不服，向监察机关提出申诉的情况。我国《中华人民共和国行政监察法》第三十八条规定，行政机关公务员和行政机关任命的其他人员对主管行政机关做出的行政处分决定不服的，可以自收到行政处分决定之日起三十日内向监察机关提出申诉，监察机关应当自收到申诉之日起三十日内做出复查决定；对复查决定仍不服的，可以自收到复查决定之日起三十日内向上一级监察机关申请复核，上一级监察机关应当自收到复核申请之日起六十日内做出复核决定，复查、复核期间不停止原决定执行。

二、公务员控告制度

（一）公务员控告的含义

控告是指机关、团体、企事业单位和个人以口头或书面形式，向司法机关或者法定的其他机关揭发违法违纪者，并要求依法惩处其行为。公务员的控告，是指国家公务员的合法权益受到国家行政机关及其领导人员侵犯时，向上级行政机关或者行政监察机关提出指控的行为。

（二）控告的条件

1. 当公务员的自身权益受到侵害时才能提起控告

也就是说，公务员提起控告的直接目的是保护自身的权益，而不是保护他人的权益。

2. 控告的内容必须与公务员的身份有关

国家公务员既具有公民身份，也具有公务员身份。当其公民权利受到侵害时，行使公民控告权；当其公务员权利受到侵害时，才能行使公务员的控告权。

3. 被告人必须是确定的机关或人员

如果不明确被告人是谁，则无法追究被告人的责任，因此，不能提起控告。

（三）公务员控告的程序

1. 提出控告

国家公务员对于行政机关及其领导人员侵犯其合法权益的行为，可以向上级行政机关或者行政监察机关提出控告。控告应当由受侵害的公务员本人提出，如本人丧失行为能力或者死亡，可以由其近亲属代为提出。公务员提出控告，应当递交控告书。

2. 立案

上级行政机关或者行政监察机关接到公务员的控告书后，要按照国家有关规定对控告人提供的情况进行初步审查，需要立案的，应当及时立案。

3. 调查

上级行政机关或者监察机关决定立案以后，应立即进行认真调查，听取被调查人的陈述和辩解，全面收集证据，按照国家有关调查处理政纪案件的规定和程序进行调查处理。

4. 做出处理决定

受理控告的机关审理公务员提出的控告后，应当区分不同情况做出处理决定，并将处理决定以书面形式送达控告人、被控告机关、被控告人和被控告人所在的机关。

5. 执行处理决定

有关机关和人员在接到处理决定后，应当在规定的期限内执行，并将执行情况通报给做出处理决定的机关。

（四）受理公务员控告的机关

国家公务员行使控告权的目的，一方面是要保障自己的合法权益不受侵害，另一方面是使侵犯其权益的机关和人员受到应有的惩罚。因此，受理控告的机关必须有权查处公务员的控告案件，并追究侵犯公务员权益的人员的法律责任。根据这一要求，受理公务员控告的机关，应为实施了侵权行为机关的上级行政机关或行政监察机关。上级行政机关既有责任也有权力纠正下级行政机关及其领导人员的错误行为，有责任也有权力惩处犯错误的下级行政机关和人员；监察机关既有受理公务员控告的职责，也有直接惩处和建议有关部门惩处违纪违法人员的权力。

（五）公务员申诉与控告的异同

公务员的申诉和控告虽然都是保护公务员合法权益的手段，但两者之间既有相同点又有区别。

1. 相同点

其一，申诉、控告的主体都是公务员，公务员是具有特殊身份的公民，享有一般公民没有的法定公务员权利，并履行公务员的义务。

其二，申诉、控告的对象是《公务员法》规定的机关及其工作人员。

其三，申诉、控告的客体是公务员所在机关及其工作人员侵犯公务员特有权利和利益的违法或者不当行为，即只限直接侵犯公务员个人与公务员身份有关的那部分权利，属于机关内部的管理行为。

2. 区别

其一，起因不同。从导致申诉、控告行为的原因上看，申诉是公务员对已发生效力的处理决定不服，要求重新审查处理结果，而公务员控告是因为所在机关及其领导人员实施了违法乱纪的行为。这里所说的违法既包括一般的违法行为，也包括犯罪行为；乱纪包括违反党纪和政纪的行为。

其二，前提条件不同。公务员的申诉必须以机关人事处理决定的存在为前提条件；而公务员的控告则不以机关人事处理决定的存在为前提条件。公务员只要认为所在机关及其领导人的行为违法乱纪，且涉及自己的合法权益，即可向有关机关告发，要求处理所在机关及其领导人员的违法乱纪行为。

其三，目的不同。申诉的目的是使处理机关改变或撤销对自己的处理决定，以便恢复自己的合法权益，并使已经受到的损失得到补偿；而控告不仅是要使自己的合法权益得到恢复和补偿，而且还要求有关机关追究实施不法侵害的机关或人员的法律责任，含有对实施违法乱纪行为的机关及其领导人进行监督的目的。

其四，受理机关不同。受理公务员申诉的机关是原处理机关、同级公务员主管部门或者做出该人事处理决定的机关的上一级机关；受理公务员控告的机关是上一级机关或者有关的专门机关。

其五，功能不同。申诉的重点是保护公务员个人的合法权益，及时纠正机关的不当处理；而控告的重点则是公务员对机关及其领导人的监督，以保证其执行政策和法律的准确性、严肃性。

第二篇

行政职业能力测验

第十二章

行政职业能力测验理论概述

一、行政职业能力测验的概念

行政职业能力测试是涉及数学、逻辑、语文、历史、哲学、管理、法律诸多学科，以全面测查应试者综合素质的一种测试方法。它要求应试者在 120 分钟内作答 130~140 道题。随着竞争的日益激烈，试题的难度和灵活性不断加强。应试者要想达到进入面试的分数，不仅要掌握复杂的知识要点，还需要掌握快速解题的方法，形成符合行测考试规律的思维。这门考试侧重于考查应试者的知觉速度与准确性，以及数量关系理解、判断推理、资料分析、综合分析推断的能力等。《行政职业能力测验》是公务员考试笔试阶段的必考科目之一，专门用于测查考生与行政职业有关的一系列心理潜能，也用于测查和验证从事行政工作的国家机关工作人员是否具备行政工作能力。下面从两个方面来看行政职业能力测验的考察方向：知识、技能与能力；能力倾向。

（一）知识、技能与能力

知识是指对事物、理论、系统、惯例、规则以及其他一些与工作有关的信息的了解、理解与掌握。由于不同的人在了解和掌握知识的数量与质量上存在差异，因此我们常常通过纸笔测验或口头提问的方式对一个人的知识掌握情况进行检测，如普通的教育考试、学历考试，这些考试所测查的内容局限于理论，或者说是书本上的知识。在公务员录用考试中，公共科目（除行政职业能力测验之外）和专业科目的考试，都是用来检测应试者知识掌握程度的。

技能是指一个人通过一定练习而形成的能够完成一定任务的动作和智能的操作系统。它包括心智技能和动作技能两种，常常通过工作的速度与精度、动作的协调性和熟练性表现出来。公务员考试一般通过面试检测候选人的技能。对于某些特殊职位上的工作人员技能的测查，也可采用笔试的方式。

能力可以概括为能够从事某种工作或完成某项任务的主观条件，它常常被划分为一般能力和特殊能力。主观条件受两个方面的影响：其一是先天遗传因素，其二是后天的学习与实践因素。一般能力即通常我们所说的智力，它是从事各种心智活动所需要的一种共同的能力，是最基本的认知能力，影响一个人从事一切活动的效率，我们可以通过智力测验考查一个人智力水平的高低。特殊能力指的是人们从事特殊专业活动所需要的能力，如音乐、美术等方面的才能，可通过特殊能力测验进行考查。

总而言之，知识是人们所掌握的改造自然、改造社会的历史经验；技能是个体身上固定下来的复杂的操作系统；能力则是个体顺利完成活动任务的直接有效的心理条件。知识、技能和能力三者是不同的，但三者之间又是可以相互联系、相互转化的，并且它们都指的是个体目前已经具备的、不需要进一步训练的主观条件。

（二）能力倾向

能力倾向是在一定的情境下可被激发出来的一种潜在的能力素质，指经过适当训练或被置于适当的环境下完成某项任务的可能性，而不是当前就已经具备的智能水平。换句话说，能力倾向是指一个人能学会做什么，对新事物的接受度多高，获得新的知识、技能和能力的潜力如何。

知识、技能、能力和能力倾向都是人的认知能力的组成部分，心理学上一般认为它们相互联系而处于人的认知能力结构的不同层次上。但是，能力倾向既不同于能力（主要指智力），也不同于人在某方面由于教育和训练获得的专业知识和技能。它有如下三个特点：

其一，能力倾向具有相对广泛性。能力倾向可影响一个人在某一职业领域中多种活动的效率。

其二，能力倾向是相对稳定的，它不像人的智力水平那样几乎很难改变。一个人知识技能的积累很难影响他的智力水平，但却会影响他的能力倾向。但能力倾向又不像具体的专业知识技能那样通过强化训练而在短期内提高或由于遗忘而丧失。

其三，能力倾向是一种潜能，即表现为一种成功的可能性，而不是已有的水平和现实。

二、行政职业能力测验的内容与答题要求

行政职业能力测验考核的内容是与行政管理工作密切相关的潜在的基本能力。根据国外公务员录用考试一百多年的经验和国家人事部有关专家进行的多年研究，我国明确，行政机关公务员要具备有数字推理与数学运算、判断推理、言语理解与表达等最基本的素质能力。

（一）测试内容

1. 言语理解与表达

主要测查报考者运用语言文字进行思考和交流、迅速准确地理解和把握文字材料内涵的能力，包括根据材料查找主要信息及重要细节；正确理解阅读材料中指定词语、语句的含义；概括归纳阅读材料的中心、主旨；判断新组成的语句与阅读材料原意是否一致；根据上下文内容合理推断阅读材料中的隐含信息；判断作者的态度、意图、倾向、目的；准确、得体地遣词用字等。常见的题型有：阅读理解、逻辑填空、语句表达等。

2. 数量关系

主要测查报考者理解、把握事物间量化关系和解决数量关系问题的能力，主要涉及数据关系的分析、推理、判断、运算等。常见的题型有：数字推理、数学运算等。

3. 判断推理

主要测查报考者对各种事物关系的分析推理能力，涉及对图形、语词概念、事物关系和文字材料的理解、比较、组合、演绎和归纳等。常见的题型有：图形推理、定义判断、类比推理、逻辑判断等。

4. 资料分析

主要测查报考者对各种形式的文字、图表等资料的综合理解与分析加工能力，这部分内容通常由统计性的图表、数字及文字材料构成。

5. 常识判断

主要测查报考者应知应会的基本知识以及运用这些知识分析判断的基本能力，重点测查对国情社情的了解程度、综合管理素质等，涉及政治、经济、法律、历史、文化、地理、环境、自然、科技等方面。

在较高层次的行政职业能力中，除了一部分判断能力和资料分析能力，其余通常很难通过客观性的纸笔测验来考查，所以应通过面谈来考查。这些基本能力只有达到一定程度并得到一定知识经验的支持后，才能形成综合判断、组织与人际协调以及资料分析等较高层次的职业能力。基于这些认识，人事部考察录用司选择上述能力要素中最基本、最主要的便于实际测查的方面作为行政职业能力测验的内容，即言语理解与表达、数量关系、判断推理、资料分析、常识判断五大部分。这五种能力只体现了国家对公务员最低限度的要求，并不代表行政机关职业能力的所有方面，因此，通过测验只能说明应试者具备了做好行政工作的必要条件，而不是充分条件。

（二）行政职业能力测验的答题要求

考生务必在考试前准备好两支 2B 铅笔和一块橡皮。首先，监考人员发放答题卷，考生认真阅读试题本上面的试题，其次，用 2B 铅笔将答卷纸上对应题号下所选答案的标号涂黑，不得在试题本上做记号。测验完毕后，答题卡通过光电阅读机和计算机统一阅卷评分。由于行政职业能力测验是通过光电阅读机和计算机来阅卷和评分的，所以考生应该非常仔细地按规定在答卷纸上填好个人信息（姓名、考号及报考部门）及所选答案。基本要求如下：

1. 按要求填写个人信息

要用黑色字迹的钢笔或签字笔在姓名、报考部门栏填写好姓名和报考部门，并在准考证号一栏的八个空白方框中，准确填写准考证号。

2. 看准选项，切勿涂错

对应准考证号的每位数，用 2B 铅笔将"准考证号"栏中相应括号内的数字涂黑；答题时，则用 2B 铅笔将各题的所选项（其他项不得做任何记号）涂黑。黑度以盖住框内字母为准，不要涂到框外。

3. 规范用笔

不要用钢笔、签字笔等涂选项。

4. 严格规范答题卷面

每道题只能涂黑一个选项。修改时要用橡皮彻底擦干净，必须保持答卷纸的整洁，不得做任何其他记号。

5. 不得折叠答卷纸

答题卷卷面应当整洁，不得随意涂抹与折叠。

三、行政职业能力测验的备战要诀

行政职业能力测验考查的是一个人的行政管理能力，是对候选人基本的潜在能力的考查。所以针对这种考试，考生应该快准狠地抓住试卷的核心知识点，先做自己最擅长的部分，然后做自己不太确定的部分，把不会的试题留到最后。只有这样，才能在考试中做到有的放矢。

（一）有针对性地进行复习

行政职业能力测验的题目一般比较简单，只要有充足的时间，得到正确答案是不成问题的。然而，试题虽易，做对却并不容易，取得满分则几乎不可能。因为这种标准化考试的一大特点是题量大、覆盖面广、时间紧。行政职业能力测验的时间一般为100~120分钟，一般有130~140道题目，需要考生不到一分钟做出一道题。显然，答不完所有的试题是正常的。要提高做题效率，取得好成绩，需遵循以下几个原则：

其一，了解测验的施测方法和程序，如答卷纸的使用方法、分段计时的要求、时间的分配方法等，做到心中有数。

其二，搞清题型特点及答题思路。测验的题目是逐年翻新的，不可能今年出与去年完全相同的题目。但是，把以前出过的题目稍加变化，作为新考题重新使用，却也是屡见不鲜的。因此，仔细研究前几年出现过的题型及其特点，无疑会对以后的考试很有帮助。另外，适当选择一些模拟试题来做也是十分有用的。作答模拟题不仅有助于考生熟悉题型，还可以帮助考生在每个部分、每道题上分配时间。

其三，要具备较强的阅读能力。行政职业能力测验的难度在于平均每道题的作答时间不超过50秒，总的有效阅读字数在15000字以上。一段话，在经过20秒左右时间的阅读之后，能不能读懂题干内容，能不能快速找到解题的方法，能不能避开命题者的陷阱，就决定了这道题能不能在规定的时间内做完、做对。所以，加强对阅读能力的训练，是行政职业能力测验获得高分的基本保障。

其四，要经过高质量的实战训练。考生中普遍存在一种现象，平时做题还行，考试时就不行了。要从根本上解决这个问题，必须进行高质量的实战训练。在这个过程中，找到自身的不足，才能真正掌握解题的思路和方法，提高实战应变能力，这是行政职业能力测验获得高分最关键的环节。

其五，考试时严格按主试人员的要求进行，在规定的时间内作答规定的题目。不要越栏作答，要做到有条不紊。

（二）掌握正确的应考技能

有些人平时表现十分出色，但在考试时总是发挥不出应有的水平，这与缺乏正确的应考技能不无关系。在考试时注意以下几个方面会有助于自己真实水平的发挥：

1. 调节自己的情绪

大多数人在考试前都会出现比较强烈的焦虑情绪，这是很自然的事。那么，在这种时候应该怎么办呢？首先，应该树立一个信念，就是要把焦虑变为动力，从思想上让自己放松。其次，要检查一下自己的学习习惯，保证有足够的复习时间，使自己不会在考前最后一刻懊悔和紧张，增加自己的焦虑情绪。最后，不要把考试看得太重，把考试当作显露自己才能的一次机会，就会减轻许多心理负担。同时，考试前准备好必需物品，提前到达考试地点熟悉考试环境等，都有助于稳定情绪。

2. 把握好考试时间

考卷打开后，不要忙于作答，应先浏览一遍试卷了解总题量，粗略分配一下每道题所用的时间，做到心中有数，以便在答题过程中灵活掌握。

3. 先做会做的题

千万不要在难题上花太多的时间，先保证把会做的题目做完，否则得不偿失。遇到难题时，可在上面画一个记号，而后跳过它们，若答完所有题时还有时间可以再思考这些题目。

4. 克服考试中的"舌尖效应"

生活中总有这样的情形，一些很熟悉的事情，就是一时想不起来，有一种话到口边却说不出来的感觉，心理学称之为"舌尖效应"，在情绪紧张时尤为明显。考试中遇到这种情况，不要紧张，可以暂时把这个题目放在一边，先做其他的题，过一会再回过头来思考这个问题，也许就会想出答案。

5. 避免犹豫不决，重视直觉思维

考试中往往还会遇到这种情况，即针对一个问题，想到了好几种答案，且觉得几种答案都对但又只能选一种时，应试者往往会犹豫不决，最后瞎猜一个答案。在这种情形下，考生应采纳最先想到的方案，也就是说，要重视直觉思维的结果。直觉思维是以过去的体验和知识水平为基础产生的，故有一定的正确性，它比随意瞎猜更有效。

（三）保持良好的心理状态

人们参加考试，一般都有很强烈的取胜动机，希望自己获得成功，这种心情是可以理解的。但是过高的求胜动机，过高的期望水平，又会产生紧张和焦虑情绪，从而影响正常水平的发挥。考试，不仅对应试者的知识水平、能力进行检验，同时也对其心理素质进行检验。良好的心理状态、恰当的动机水平、充分的思想准备，往往比考前其他方面的准备更为重要。心理学的研究表明，动机强度与效果之间并不是线性关系，而是呈倒"U"形曲线关系。也就是说，过低和过高的动机水平均不利于活动的效果，而只有当动机保持在中等水平时，才会刺激个体发挥出自己的最佳水平，取得满意的考试效果。因此，在考试过程中，不要过多地思考胜败得失问题，而应只把考试作为一种对自己真实水平的检验，以减轻心理压力，轻松上阵，坦然应对，正常甚至超常发挥自己的水平。

第十三章

试题分类与规范讲解

一、言语理解与表达

言语理解与表达的总题量在行政职业能力测验中的占比超过了25%，要求应试者正确理解字词、语句、段落、全文的含义，并准确地表达出来。言语理解与表达能力测验共有三种题型，分别是：逻辑填空、语句表达、阅读理解，以逻辑填空和片段阅读为主要题型。应试者应根据自己的实际情况，有针对性地进行训练，以提高自己的应试水平。

言语理解与表达能力是一项综合性的实践能力，其考查题型多种多样，应试者只有在真正掌握了解题方法和技巧后，才能自如地应对变化多样的题型。基于以上考虑，我们就对逻辑填空和片段阅读进行适当的分析，以尽可能地为应试者提供丰富的解题方法和技巧。

（一）逻辑填空

逻辑填空这类题目，重点考查的是语言实际运用能力和词语辨析能力。所以常考实词，重点考查近义词、同义词和词语的搭配。因此，做好这类题目，可采用以下几种方法：

1. 对应分析法

抓关键词找对应。逻辑填空中空缺处与前后文的关系可分为三类：语义相近、语义递进和语义相对。语义相近常见于含有并列关系的句子中，语义递进常见于递进关系中，语义相对情况较为复杂。这三种情况都有比较典型的标识词，阅读文段时抓住关系词判断空缺处与前后文的对应关系，根据各类关系的特点解题即可。

第一，表并列关系的词语有和、与。解题时可选择与空缺处前后内容意思相近或共同描述某一事物、阐述同一道理的词语。

【例13-1】毫无疑问，真正的批评家应该拥有的是（　　）的内心和不带任何偏见的眼睛。除了来自自身灵魂深处和纯粹学术性的（　　）之外，不该成为任何权势或利益集团的代言人和施惠者的吹鼓手。填入最恰当的一项是（　　）。

A.纯净　判断　　B.平静　结论　　C.强大　分析　　D.成熟　观察

【解析】"和"提示第一空与"不带任何偏见"意思相近，第二空"判断"在这里是分析裁定的意思，对应后文"代言人""吹鼓手"和批评家本身的特点。

第二，表递进关系的词语：甚至、更、还、以至、何况、并且、不仅、不但、不光。若空缺前后出现表递进关系的词语，可首先判定空缺处所填词语应与其前或后某个词、句存在递进关系，所填词语应与其前后相应词语存在范围或程度上的阶梯差异。若设空在前，则所填词语在范围或程度上应小于空缺处后面的词语；反之，则应大于空缺处前面的词语。

【例13-2】对于吸引人才，地方政府最应该做的，是营造一个适合人才流动、有利于人才成长的环境和空间，而不是直接参与甚至（　　）企业的人才录用过程。其实，自由、公平的竞争本身就是对人才最好的回报，足够的成长空间才是（　　）吸引人才、留住人才的沃土。

A.影响　有效　　B.干预　直接　　C.破坏　长期　　D.主导　长久

【解析】由"甚至"可知第一空所填词语与"直接参与"构成递进关系，四个选项中，"影响""干预"与"参与"语义程度相当，"破坏"程度过重且与日常逻辑不符，只有"主导"能与"参与"构成递进关系。

第三，表相对关系的词语。转折词：转折前后意相反；否定词：肯前否后意相对。

第四，选择词：两者选一意相斥；变化词：今昔对比意相别。含转折意义的词语包括：虽然，但是；却、反而、然而、而、其实。

【例13-3】在早已对漂亮假花、假树司空见惯的现代人眼里，干枯苍白的植物标本或许难有多少魅力可言。但在标本馆中，每一份看似不起眼的植物标本都代表着它在地球上的（　　）。它们虽然远离了阳光雨露，告别了生长的土地，却在科学的殿堂中（　　）了自己的生命。

A.物种　证明　　B.经历　重现　　C.存在　超越　　D.同类　延续

【解析】"却"提示第二空与前文构成转折关系，故应选择与前文相反意思的选项，前文提到的关键词"告别"，故后面表达的意思为持续，延续。

第五，找关键句找对应。如果说关键词是通过揭示分句间的关系来间接提示空缺处词语，那么关键句则是对所填词语的直接提示。对关键句进行归纳总结，找到对应的概括词即可正确解题。

【例13-4】一些学者认为，在信息时代强化互联网服务提供者的责任，实际上就是要求他们对互联网使用者发布的信息进行（　　），这不利于我国宪法和法律所规定公民言论自由和出版自由的实现。毫无疑问，这是典型的（　　）。如果散布谣言也属于自由，那么任何人都可以借助互联网散布谣言，损害国家利益、公共利益和公民的合法利益。

A.过滤　偷梁换柱　　　　　　B.整合　断章取义

C.评价　混淆是非　　　　　　D.审核　以偏概全

【解析】第一空，根据前后文语义可知，空格处所填动词的意思为，对信息的处理动作不利于自由的实现，"整合"与"评价"不会影响自由的实现，故可排除B、C两项，而"审核"与"过滤"均可能对自由造成影响，但相较之下，"过滤"一词更能体现出互联网服务提供者对于互联网使用者发布的信息进行的筛选与清除，而"审核"并不必然带来筛选与清除，故此处用"过滤"最为恰当。第二空验证，"偷梁换柱"比喻玩弄手法，暗中改变事物的性质或内容。与后文"散布谣言也属于自由"对应恰当。故正确答案为A。

2.选项判定法

原则一：关注相同语素选项。相同语素选项是指与材料中某一词语具有相同语素的选项。

原则二：优先形象色彩选项。形象色彩选项是指包含具有形象色彩词语的选项。有些词语除了具有一般意义，还能给人以一种特别的形象感，它往往以生动、具体的形象让人们产生视觉、听觉、嗅觉、味觉上的感受，引起人们对现实生活中某种形象的联想。

原则三：互为反义选项先验证。

原则四：2-1-1 型选项只需 2 选 1。

【例 13-5】20 世纪 50 年代，英国首相丘吉尔（　　）于苏美技术的飞跃发展，乃开始对技术正视，1956 年的白皮书是技术教育的绿灯，继而技术学院纷纷成立。今天，科技已经普遍成为大学知识结构的一个组成部分。就大学教学与研究来说，不但会忽视"实用性"知识的现象，实用性知识与纯理论知识完全（　　）了。

A. 惊叹　并驾齐驱　　　　　　B. 震惊　等量齐观

C. 钦羡　齐头并进　　　　　　D. 嫉恨　不分伯仲

【解析】A 项"惊叹"、B 项"震惊"意思相近，故 A、B 项归为"2"，依据原则四，可优先考虑从 A、B 中选。

3. 近义辨析法

（1）注重词语的适用对象。有些词语词义相近，却有不同的适用对象。

（2）注重语义的侧重点。有的词语含义大致相同，但在词义侧重上存在差异。

（3）注重语义的轻重。有些词语意思相近，但在语义的轻重上存在差异。词语的感情色彩包括褒义、贬义、中性三种。

（4）注重词语的搭配。

【例 13-6】南沙区地理位置独特，享有粤港澳合作先行先试的政策，可以大力促进高新技术产业的发展，这种发展优势令其他新建的经济区（　　）。由于这些条件的吸引，国内外投资者（　　）。

A. 望尘莫及　纷沓而至　　　　B. 望其项背　跃跃欲试

C. 望洋兴叹　趋之若鹜　　　　D. 无可企及　门庭若市

【解析】第二空，"纷沓而至""跃跃欲试、趋之若鹜"都可以适用于人，而"门庭若市"的感情色彩与句子语境不符合。第一空，"望其项背"表示赶得上，多用于否定句，与第一空句子的肯定句式不符合。

（二）阅读理解

公务员考试中的阅读理解题主要包括四种题型：主旨观点题、细节理解题、推断下文题、标题提炼题。

1. 解题原则及思路

（1）原则。

原则一：忠于原文。正确答案必须符合所给文段的文意，不得脱离文意，偷换文意。

原则二：选择最优。选项中忠于原文的可能不止一项，但正确答案一定是能最全面、准确地表达原文中心观点的。

（2）解题思路：一看问题，二览文段，三排选项。

2. 四种题型

（1）主旨观点题。做段落主旨题，要重视段落的首末句，其多为主旨句。有时主旨句也出现在中间，但比较少见，起承上启下的作用，因此若发现段落中某句的前后意思出现转折，应该加以重视，这往往是主旨所在。若无明确的主题句或关联词，应先判断前后文是否为并列，再看行文脉络。

做题时，要从选项中选择一个与原文有共同指向、主体意思最接近的，若找不到共同指向的论点，应该使用排除法。

干扰选项一般具有以下特点：①以偏概全，截取文章的细枝末节，不能覆盖全文；②偷换概念，出现辅助成分的名词信息；③过于笼统，范围太大，远远超过文章范围；④过于绝对，绝对肯定或否定；⑤脱离主题，选项概括的是材料举的例子；⑥无中生有，选项的观点有道理但与材料无关。

【例13-7】在地震面前，科学还是大有作为的。通过对地震波的研究，人们发现地震波包括纵波和横波，前者传播速度更快，但破坏力较小，而后者则相反，因此，人们通过地震监测台网，监测到传播速度更快的地震波纵波，向监测中心发出信号，监测中心即可通过客户端用无线电波向公众和重点设施发出警报。也就是说，地震警报是无线电波和地震横波的一场"赛跑"，在地震横波尚未到达时，给人们以警示，这段文字意在说明（　　）。

    A.地震波横波的监测难度高于纵波

    B.地震警报系统的精度和速度亟待提高

    C.无线电波技术的发展是实现震前预测的前提条件

    D.科学利用两种地震波的时间差可以发出有效的地震警报

【解析】结论词"因此"引导的第三句和第四句为重点句。第四句的引导词为"也就是说"，所以三四句为并列关系。两句话都是在强调解释：人们先利用监测台探听到地震的纵波，然后争取在地震横波到达之前，通过无线电波向公众预警。因此本题答案为D。

（2）细节理解题。细节指文段中那些容易让人忽略、混淆的细小信息。

【例13-8】美国交通运输业正逐渐从以石油为基础过渡为采用多种替代能源，如乙醇、生物柴油、电力或氢能等。为了更加壮大这支队伍，能源部阿贡国家实验室的研究人员已经开始调查将压缩天然气（CNG）作为轻型轿车和卡车能源选择的可能性。CNG汽车是指主要由甲烷构成的天然气在25兆帕左右的压力下储存在车内类似于油箱的气瓶内、用作汽车燃料。使用CNG替代汽油作为汽车燃料，可大量减少温室气体排放和噪声污染，而且其不含铅、苯等致癌的有毒物质。

    下列说法与原文不符的是（　　）。

    A.CNG作为卡车能源可能性很大

    B.CNG可能会成为一种替代能源

    C.美国交通运输业现在仍以石油为基础

    D.CNG替代汽油作为汽车燃料好处很多

【解析】A项偷换数量关系，文段中指出CNG有作为轻型轿车和卡车能源的可能性，A项将可能性偷换成可能性很大，因此本题选择A项。

【解题技巧】常见的错误选项有六项，包括无中生有：文中没有选项；偷换概念：歪曲原文以假乱真；以偏概全：妄将部分带全局；混淆时态：混淆将来时与完成时；逻辑混乱：因果先后错互换；颠倒黑白：黑白是非不分明。

（3）推断下文题。

【例13-9】焚香的习俗在中国有着悠久的历史，通常人们为了礼仪将衣服熏香，古代文人雅士也喜欢在书房内焚上一炉香，营造"红袖添香夜读书"的意境，因此，早在汉前就出现了以陶、瓷、钢、铁、瓦为材料制成的香炉。汉代时，佛教的传入对香炉的发展起了相当大的作用。元末明初，原先其他材料制成的香炉逐渐被铜香炉取代，明代宣德年间则是铜香炉制作的巅峰时期。

这段文字是一篇文章的引言，文章接下来最可能说的是（　　　　）。

A. 宗教对于香炉制作技术的影响

B. 焚香习俗逐渐淡出礼仪的原因

C. 香炉制作材料的发展演变过程

D. 宣德香炉的制作及其艺术成就

【解析】文段从"汉代以前""汉代""元末明初"一直介绍到"明代宣德年间"，是按照时间顺序展开叙述的。最后一句话提到"宣德年间的铜香炉制作"这一话题，但是尚未展开叙述，因此接下来最可能就此展开，D项正确。

【解题技巧】这部分的浏览重点为文段尾，因为尾句既能总结前文的内容，又能提示下文走势。尾句分为三类：提出一个概念、指出一种现象、得出一个结论。

（4）标题提炼题。

【例13-10】我磕磕绊绊地走在村庄里，似乎仅仅听到了自己的脚步声和喘息。两堵泥墙的夹缝偶尔闪出一条窄窄的小巷，光滑的石板路笔直地伸入纵深之后一折绕走了。巷子尽头的泥墙有一扇小小的石窗，窗内乌黑一片。沿途遇见了若干倒塌的院落，阳光之下芳草萋萋，几堵孤立的残墙缄默不语，两扇开始朽烂的门板黯然歪倒在地。随行的朋友从路上捡起一根竹条，说下一个路口的几条狗十分凶悍。话音未落，一群大大小小的黄狗雄赳赳地冲出来，拥挤在路口伸长脖子狂吠，仿佛它们才是这些房子的真正主人。这段文字最合适的标题是（　　　　）。

A. 孤独的村庄　　B. 原始的村庄　　C. 宁静的村庄　　D. 落寞的村庄

【解析】对于四个选项形式相似，内容大致相同的试题，可以排除选项差异法（比较选项不同的点）和关键词法（从文段找到与选项符合的关键词）。此题中，四个选项类似，只是"村庄"的修饰词不同，那么我们就需要看看文段到底强调的是村庄的哪个特点。阅读文段可知，文段是由静入动的，开始是"似乎仅仅听到了自己的脚步声和喘息"，最后是"话音未落，一群大大小小的黄狗雄赳赳地冲出来"，因此"原始"和"宁静"不正确，排除BC项；由"沿途遇见了若干倒塌的院落，阳光之下芳草萋萋，几堵孤立的残墙缄默不语，两扇开始朽烂的门板黯然歪倒在地"可知，文段强调的不是村庄的孤独，更多的是强调村庄的落寞，D项比A项更合适。故选D。

【解题技巧】除了总领全文，标题还有吸引读者眼球的作用。经常使用比喻、拟人、双关、借代、反语等修辞手法。

二、数量关系

数量关系主要是考查应试者对数量关系的理解、计算、判断推理的能力。题目不易，并且题量大，需要考生快而准地答题。行政职业能力测验主要从数字推理和数学运算两个方面来测查应试者理解数量关系的能力和反应速度，主要涉及以下几种问题。

（一）数的拆分

数的拆分问题是公务员考试常考的问题之一，考查考生对数的基本特性的掌握程度。一般来说，此类问题整体难度不大，但灵活性极高，故掌握方法就变得特别重要。

分解因式型法就是把一个合数分解成若干个质数相乘的形式。运用此方法解题首先要明白如何分解质因数，然后灵活组合这些质因数来解题。

【例13-11】四个连续的自然数的积为3024，它们的和为（　　　）。

A. 26　　　　　B. 52　　　　　C. 30　　　　　D. 28

【解析】分解质因数：$3024=2 \times 2 \times 2 \times 2 \times 3 \times 3 \times 3 \times 7=6 \times 7 \times 8 \times 9$，所以四个连续的自然数的和为$6+7+8+9=30$。

（二）平均数问题

这里的平均数是指算术平均数，就是n个数的和被个数n除所得的商，这里的n大于或等于2。人们通常把与两个或两个以上数的算术平均数有关的应用题，叫作平均数问题。

平均数应用题的基本数量关系是：总数量和÷总份数＝平均数；平均数×总份数＝总数量和；总数量和÷平均数＝总份数。

解答平均数应用题的关键在于确定"总数量"以及和总数量对应的总份数。

【例13-12】在前面三场击球游戏中，某人的得分分别为130、143、144。为使四场游戏得分的平均数为145，第四场他应得多少分？（　　　）

【解析】四场游戏得分的平均数为145，则总分为$145 \times 4=580$，故第四场应得$580-130-143-144=163$分。

【例13-13】李明家在山上，爷爷家在山下，李明从家出发以每分钟90米的速度走10分钟到了爷爷家。回来时走了15分钟到家，则李明往返平均速度是多少？（　　　）

A. 72米／分　　　B. 80米／分　　　C. 84米／分　　　D. 90米／分

【解析】李明往返的总路程是$90 \times 10 \times 2=1800$（米），总时间为$10+15=25$分钟，则他的平均速度为$1800 \div 25=72$米／分。

（三）最大公约数与最小公倍数问题

几个自然数公有的约数，叫作这几个自然数的公约数。公约数中最大的一个称为这几个自然数的最大公约数。几个自然数公有的倍数，叫作这几个自然数的公倍数。公倍数中最小的一个大于零的公倍数，叫作这几个自然数的公倍数。最大公约数与最小公倍数问题在日常生活中的应用非常广泛，故而成为公务员考试中比较常见的问题。这类问题真正理解后，计算起来就相对简单了。下面通过例题来加深大家对最大公约数与最小公倍数概念的理解。

【例 13-14】有两个两位数，这两个两位数的最大公约数与最小公倍数的和是 91，最小公倍数是最大公约数的 12 倍，求这两个两位数中较大的数是多少？（　　）

A. 42　　　　　B. 38　　　　　C. 36　　　　　D. 28

【解析】这两个数的最大公约数是 91÷（12+1）=7，最小公倍数是 7×12=84，故两数应为 21 和 28。故其较大的数是 28。

【例 13-15】三根铁丝，长度分别是 120 厘米、180 厘米、300 厘米，现在要把它们截成相等的小段，每段都不能有剩余，那么最少可截成多少段？（　　）

A. 8　　　　　B. 9　　　　　C. 10　　　　　D. 11

【解析】该题隐含了最大公约数的关系。"截成相等的小段"，即为求这三个数的公约数，"最少可截成多少段"，即为求最大公约数。每小段的长度是 120、180、300 的约数，也就是 120、180 和 300 的公约数。120、180 和 300 的最大公约数是 60，所以每小段的长度最大是 60 厘米，一共可截成 120÷60+180÷60+300÷60=10 段。

（四）空瓶问题

公务员考试中经常出现"空瓶换水的问题"，有的考生由于抓不住此类问题的关键，解题往往不够准确和迅速。这类题目中往往有这样的字眼：几个空瓶换一瓶饮料，这就是题目的关键所在，它告诉了我们多少空瓶可以换一个瓶子中的饮料。还有些题目将这个换为未知的，解题的思路依然不变。

【例 13-16】如果 4 个矿泉水空瓶可以换一瓶矿泉水，现有 15 个矿泉水空瓶，不交钱最多可以喝几瓶矿泉水？（　　）

A. 3 瓶　　　　　B. 4 瓶　　　　　C. 5 瓶　　　　　D. 6 瓶

【解析】3 个空瓶相当于一个瓶子中的矿泉水，显然选 C。

【例 13-17】6 个空瓶可以换一瓶汽水，某班同学喝了 157 瓶汽水，其中有一些是用喝剩下来的空瓶换的，那么他们至少要买多少瓶汽水？（　　）

A. 131　　　　　B. 130　　　　　C. 128　　　　　D. 127

【解析】5 个空瓶相当于一个瓶子中的水，代入算得 A 符合题意。

【例 13-18】冷饮店规定一定数量的汽水空瓶可换原装汽水 1 瓶，旅游团 110 个旅客集中到冷饮店每人购买了 1 瓶汽水，他们每喝完一定数量的汽水就用空瓶去换 1 瓶原装汽水，这样他们一共喝了 125 瓶汽水，则冷饮店规定几个空瓶换 1 瓶原装汽水？（　　）

A. 8　　　　　B. 9　　　　　C. 10　　　　　D. 11

【解析】用代入法检验各个选项能较快地得出答案。8 个空瓶换一瓶水就相当于 7 个空瓶子换一个瓶子中的水。

（五）方队人数问题

学生排队，士兵列队，横着排叫作行，竖着排叫作列。如果行数与列数相等，则刚好排成一个正方形，这种队形就叫方队，也叫作方阵。求方阵的人数关键是要准确把握方阵问题的核心公式：

（1）方阵总人数＝最外层每边人数的平方。

（2）方阵最外层每边人数＝方阵最外层总人数的四分之一再加1。

（3）方阵外一层总人数比内一层人数多8。

（4）去掉一行、一列的总人数＝去掉的每边人数的2倍减去1。

【例13-19】某校的学生刚好排成一个方阵，最外层的人数是96人，则这个学校共有学生（　　　）。

A. 600人　　　　　B. 615人　　　　　C. 625人　　　　　D. 640人

【解析】根据公式：方阵人数＝（最外层人数÷4+1）×2＝（96÷4+1）×2＝625（人）。

（六）不定方程

大家做题时，总会碰到"至多""至少"等词，由这些词语组成的问题我们就叫不定问题，解不定问题的一个重要思维就是列出不定方程，通过列不定方程把不确定的问题数学化、数量化。

【例13-20】今有桃95个，分给甲、乙两个工作组的工人吃，甲组分到的桃有2/9是坏的，其他是好的，乙组分到的桃有3/16是坏的，其他是好的。甲、乙两组分到的好桃共有（　　　）个。

A. 63　　　　　B. 75　　　　　C. 79　　　　　D. 86

【解析】甲组分到的桃是9的倍数，乙组分到的桃是16的倍数，并且一定小于95，95以内9的倍数有：18、27、36、45、54、63、72、81；16的倍数有：32、48、64、80。在这些数的倍数中，只有63+32＝95，即甲班分得了63个桃子，乙班分得了32个桃子。则甲班分得的好桃子有：63×（1-2/9）＝49个；乙班分得的好桃子有32×（1-3/16）＝26个，所以他们得到的好桃共有75个。

【例13-21】甲、乙、丙三人去买书，他们买书的本数都是两位数字，且甲买的书最多，丙买的书最少，又知这些书的总和是偶数，他们的积是3960，那么乙最多买多少本书？（　　　）

A. 18　　　　　B. 17　　　　　C. 16　　　　　D. 15

【解析】和是偶数，那么三人中最多只能有一个是奇数。3960＝2×2×2×3×3×5×11，本题中给的最大选项为18，那就看乙能不能买到18本。丙最少，可以为2×5＝10，还剩下2×2×3×3×11，2×3×3＝18，2×11＝22，所以甲买了22本，乙买了18本，乙最多可以买18本。

（七）栽树问题

一般来说，栽树问题有两类：一类是不封闭的路线，如在马路两边植树；另一类是封闭的路线，如在正方形操场边上植树。

解决栽树问题要明确三要素：①总路线长；②间距（棵距）长；③棵数。只要知道其中任意两个量，就可以求出第三个。

1. 直线路线

比如，题目要求在马路一旁栽 1 排树，并且线路两端都要植树，则棵数要比段数多 1。全长、棵数、株距三者之间的关系是：

全长 = 株距 ×（棵数 –1）；

棵数 = 段数 +1= 全长 ÷ 株距 +1；

株距 = 全长 ÷（棵数 –1）。

【例 13-22】 为把 2008 年北京奥运会办成绿色奥运，全国各地都在加强环保，植树造林，某单位计划在通往两个比赛场馆的两条路（不相交）两旁栽上树，现运回一批树苗，已知一条路的长度是另一条路长度的两倍还多 6000 米。若每隔 4 米栽一棵则少 2754 棵；若每隔 5 米栽一棵，则多 396 棵，则共有树苗（　　　）。

A. 8500 棵　　　　B. 12500 棵　　　　C. 12596 棵　　　　D. 13000 棵

【解析】 设两条路共有树苗 x 棵，根据栽树原理总全长是不变的，所以结合上面给出的公式可以根据路程相等列方程：（x+2754–4）× 4 =（x–396–4）× 5。注意：因为是两条马路两边都要栽树，因此共有 4 排，所以要减 4。解得 x=13000。

2. 封闭路线

封闭路线只需掌握公式：棵数 = 段数 = 周长 ÷ 株距。

【例 13-23】 正方形操场四周栽了一圈树，每两棵树相隔 5 米。甲、乙从一个角上同时出发，向不同的方向走去（见右图），甲的速度是乙的 2 倍，乙在拐了一个弯之后的第 5 棵树与甲相遇。操场四周栽了多少棵树？（　　　）

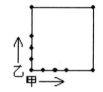

A. 45　　　　B. 60　　　　C. 90　　　　D. 80

【解析】 方法一：设每条边有树 x 棵，则根据题意得 2×［5(x–1)+5×5］=3×5(x–1)–25，解得 x=16。故总共有 16×2+14×2=60 棵树。方法二：由于速度比等于路程比，由题知甲的速度是乙的两倍，故乙在拐了一个弯之后的第 5 棵树与甲相遇时，乙走了 5×5=25 米，甲走了 50 米，因此正方形的边长为 25+50=75 米，利用封闭路线的公式，由于正方形是闭合曲线，所以有树 75×4÷5=60 棵。

（八）年龄问题

年龄计算问题是日常生活中十分常见的问题，也是公务员考试数学运算部分常见的问题。该类问题的主要特点是：时间发生变化，年龄在增长，但是年龄差始终不变。年龄问题往往涉及"和差""差倍"等问题，解题时我们一定要抓住年龄差不变这个解题关键。解答年龄问题常用的公式有：

几年后的年龄 = 大小年龄差 ÷ 倍数差 – 小年龄

几年前的年龄 = 小年龄 – 大小年龄差 ÷ 倍数差

熟练掌握年龄关系之后，便可设所求为未知数，利用上述关系列方程求解。

【例 13-24】 爸爸、哥哥、妹妹现在的年龄和是 64 岁。当爸爸的年龄是哥哥的 3 倍时，妹妹是 9 岁；当哥哥的年龄是妹妹的 2 倍时，爸爸 34 岁。现在爸爸的年龄是多少岁？（　　　）

A. 34　　　　　B. 39　　　　　C. 40　　　　　D. 42

【解析】方法一：逐项代入验证。方法二：根据"年龄差"是不变的，列方程求解。设爸爸、哥哥和妹妹的现在年龄分别为：x、y 和 z，可得三元一次方程：x+y+z=64；x-（z-9）=3［y-（z-9）］；y-（x-34）=2［z-（x-34）］，可求得 x=40。

【例 13-25】1998 年，甲的年龄是乙的年龄的 4 倍。2002 年，甲的年龄是乙的年龄的 3 倍。问甲、乙二人 2000 年的年龄分别是多少岁？（　　　）

A. 34 岁，12 岁　　B. 32 岁，8 岁

C. 36 岁，12 岁　　D. 34 岁，10 岁

【解析】抓住年龄问题的关键即年龄差，1998 年甲的年龄是乙的年龄的 4 倍，则甲乙的年龄差为 3 倍乙的年龄，2002 年甲的年龄是乙的年龄的 3 倍，此时甲乙的年龄差为 2 倍乙的年龄，根据年龄差不变可得：3×1998 年乙的年龄 =2×2002 年乙的年龄，3×1998 年乙的年龄 =2×（1998 年乙的年龄 +4），可得 1998 年乙的年龄 =8 岁，则 2000 年乙的年龄为 10 岁。

年龄问题中不管涉及的是多少年前还是多少年后的年龄，唯一不变的是年龄差。所以将年龄差作为运算的基准量便可以大大简化计算过程。如果能深刻理解年龄差，在面对年龄问题时，甚至可以瞬间找到切入点。

【例 13-26】10 年前吴昊的年龄是他儿子年龄的 7 倍，15 年后，吴昊的年龄是他儿子年龄的 2 倍。则现在吴昊的年龄是多少岁？（　　　）

A. 45　　　　　B. 50　　　　　C. 55　　　　　D. 60

【解析】设儿子现在的年龄为 x 岁；吴昊现在的年龄为 y 岁。则：y-10=7（x-10）y+15=2（x+15），整理得：7x-y=60，y-2x=15，则 5x=75；x=15（岁），y=45（岁）。现在吴昊的年龄是 45 岁，他的儿子现在是 15 岁。

（九）奇数和偶数

奇数：不能被 2 整除的整数；偶数：能被 2 整除的整数，这里要注意零也是整数。奇数和偶数的运算性质包括：

奇数 + 奇数 = 偶数；

偶数 + 偶数 = 偶数；

奇数 + 偶数 = 奇数；

奇数 × 偶数 = 偶数；

奇数 × 奇数 = 奇数。

【例 13-27】10 个连续自然数，其中的奇数之和为 85，在这 10 个连续自然数中，是 3 的倍数的数字之和为多少？（　　　）

A. 40　　　　　B. 55　　　　　C. 66　　　　　D. 80

【解析】奇数之和为 85，总共有 5 项，那么中间那个数就为 17，可以知道这 5 个奇数为 13、15、17、19、21，由此可知这 10 个数可能为 12~21 和 13~22，由于要 3 的倍数的数

字之和最大，那么只可以是 12+15+18+21=66。

（十）公约数和公倍数

最小公倍数与最大公约数的题一般不是很难，只要我们仔细阅读题，都可以做出来。这种题往往和日期（星期几）问题联系在一起，所以我们要学会求余。它们是公务员考试的热点问题，出现的概率很大。

最大公约数：如果一个自然数 a 能被自然数 b 整除，则称 b 为 a 的约数，几个自然数公有的约数，叫作这几个自然数的公约数。公约数中最大的一个公约数，称为这几个自然数的最大公约数。

最小公倍数：如果一个自然数 a 能被自然数 b 整除，则称 a 为 b 的倍数，几个自然数公有的倍数，叫作这几个自然数的公倍数。公倍数中最小的一个大于 0 的公倍数，叫作这几个数的最小公倍数。

【例 13-28】三位采购员定期去某商店，小王每隔 9 天去一次，大刘每隔 11 天去一次，老杨每隔 7 天去一次，三人星期二第一次在商店相会，下次相会是星期几？（　　）

A. 星期一　　　　B. 星期二　　　　C. 星期三　　　　D. 星期四

【解析】这道题不难，但要注意审题，看上去好像是 9、11、7 的最小公倍数问题，但这里有个关键词"每隔"，每隔 9 天，其实已过了 10 天，所以要求的是 10、12、8 的最小公倍数，它们的公倍数为 120，120÷7=17 余 1，所以下一次相会是在星期三。

（十一）比例问题

该类问题是公务员考试必考的问题。关键点是和谁比、增加或下降多少。

【例 13-29】有两只桶，装有同样多的油。第一桶用去 1/4，第二桶用去 40% 以后，再从第一桶取出 8 千克油倒入第二桶，这时第二桶油与第一桶油的比是 13：14。则两桶原来各装有多少千克油？（　　）

A. 200　　　　　B. 180　　　　　C. 160　　　　　D. 240

【解析】设每只桶装油为 x 千克，可列方程（0.75x−8）/（0.6x+8）=14/13，14（0.6x+8）=13（0.75x−8），8.4x+216=9.75x，解得 x=160。

（十二）行程问题

1. 相遇问题

甲从 A 地到 B 地，乙从 B 地到 A 地，然后甲、乙在途中相遇，实质上是两人共同走了 A、B 之间这段路程，如果两人同时出发，那么 A、B 两地之间的路程 =（甲的速度 + 乙的速度）× 相遇时间 = 速度和 × 相遇时间。相遇问题的核心是"速度和"问题。

【例 13-30】甲、乙两车从 A、B 两地同时出发，相向而行，如果甲车提前一段时间出发，那么两车将提前 30 分钟相遇。已知甲车速度是 60 千米／小时，乙车速度是 40 千米／小时，那么，甲车提前了多少分钟出发？（　　）

A. 30　　　　　B. 40　　　　　C. 50　　　　　D. 60

【解析】方法一：设两车一起走完A、B两地之间的距离所用的时间为x，甲提前了y时，则有（60+40）x=60［y+（x-30）］+40（x-30），y=50。方法二：甲提前走的路程＝甲、乙共同走30分钟的路程，那么提前走的时间为30（60+40）/60=50分钟。

【例13-31】甲、乙二人同时从相距60千米的两地相向而行，6小时后相遇。如果二人每小时各多行1千米，那么他们相遇的地点距前次相遇点1千米。又知甲的速度比乙的速度快，乙原来的速度为（　　　）。

A.3千米/时　　　B.4千米/时　　　C.5千米/时　　　D.6千米/时

【解析】方法一：原来两人速度和为60÷6=10千米/时，现在两人相遇时间为60÷（10+2）=5小时，采用方程法设原来乙的速度为x千米/时，因乙的速度较慢，则5（x+1）=6x+1，解得x=4。注意：在解决这种问题的时候一定要先判断谁的速度快。方法二：提速后5小时比原来的5小时多走了5千米，比原来的6小时多走了1千米，可知原来1小时刚好走了5-1=4千米。

2. 二次相遇问题

甲从A地出发，乙从B地出发相向而行，两人在C地相遇，相遇后甲继续走到B地后返回，乙继续走到A地后返回，第二次在D地相遇，则有第二次相遇时走的路程是第一次相遇时走的路程的两倍。

【例13-32】甲、乙两车同时从A、B两地相向而行，在距B地54千米处相遇，它们各自到达对方车站后立即返回，在距A地42千米处相遇。请问A、B两地相距多少千米？

A.120　　　B.100　　　C.90　　　D.80

【解析】方法一：设两地相距x千米，由题可知，第一次相遇两车共走了x，第二次相遇两车共走了2x，由于速度不变，所以第一次相遇到第二次相遇走的路程分别为第一次相遇的两倍，即54×2=x-54+42，得出x=120。方法二：乙第二次相遇所走路程是第一次的两倍，则有54×2-42+54=120。

3. 追及问题

甲、乙同时行走，一个走得快，一个走得慢，走得慢的走在前，走得快的过一段时间就能追上，这就产生了"追及问题"。这类问题要算走得快的人在某一段时间内比走得慢的人多走的路程，也就是要计算两人的速度差。假设甲走得快，乙走得慢，在相同时间（追及时间）内：追及路程＝甲走的路程－乙走的路程＝甲的速度×追及时间－乙的速度×追及时间＝速度差×追及时间。这类问题的核心就是"速度差"的问题。

【例13-33】一列快车长170米，每秒行23米，一列慢车长130米，每秒行18米。快车从后面追上慢车到超过慢车，共需（　　　）秒钟？

A.60　　　B.75　　　C.50　　　D.55

【解析】设需要x秒快车超过慢车，则（23-18）x=170+130，得出x=60。这里速度差比较明显。

4. 流水问题

我们知道，船顺水航行时，船一方面按自己本身的速度即船速在水面上行进，同时整个水面又按水流动的速度在前进，因此船顺水航行的实际速度（简称顺水速度）就等于船速和水速的和，即顺水速度 = 船速 + 水速。同理，逆水速度 = 船速 - 水速。可推知：船速 = （顺水速度 + 逆水速度）/2；水速 = （顺水速度 - 逆水速度）/2。

【例 13-34】一艘轮船从河的上游甲港顺流到达下游的丙港，然后掉头逆流向上到达中游的乙港，共用了 12 小时。已知这条轮船的顺流速度是逆流速度的 2 倍，水流速度是每小时 2 千米，从甲港到乙港相距 18 千米。则甲、丙两港间的距离为（　　　）。

　　A. 44 千米　　　　B. 48 千米　　　　C. 30 千米　　　　D. 36 千米

【解析】顺流速度 - 逆流速度 =2× 水流速度，由顺流速度 =2× 逆流速度，可知顺流速度 =4× 水流速度 =8 千米 / 时，逆流速度 =2× 水流速度 =4 千米 / 时。方法一：设甲、丙两港间距离为 x 千米，可列方程 x÷8+（x-18）÷4=12，解得 x=44。方法二：设船在静水中的速度为 x 千米 / 小时，由题意得：x+2=2（x-2），解得：x=6 千米 / 小时；则可得顺流时的速度为 8 千米 / 小时，逆流时的速度为 4 千米 / 小时，设甲丙两地相距 y 千米，则（18+y）/8+y/4=12，解得：y=26，y+18=44，即甲、丙两港间的距离为 44 千米。

（十三）工程问题

解决该问题的核心公式是工作效率 × 工作时间 = 工作量（常设为 "1"）。

【例 13-35】一篇文章，甲乙两人合译需 10 小时完成，乙丙两人合译需 12 小时完成，现先由甲丙合译 4 小时，剩下再由乙独译，需 12 小时完成，求乙单独翻译需多少小时？

　　A. 15　　　　　　B. 18　　　　　　C. 20　　　　　　D. 25

【解析】设单独完成甲需 a 小时、乙需 b 小时、丙需 c 小时，列出 4(1/a+1/c)+12/b= 1，1/a+1/b=1/10，1/b+1/c=1/12，可求得 b=15。

（十四）浓度问题

解决该问题的核心公式是溶液浓度 = 溶质 / 溶液 = 溶质 /（溶质 + 溶剂）。

【例 13-36】甲容器中有浓度为 4% 的盐水 150 克，乙容器中有某种浓度的盐水若干，从乙中取出 450 克盐水放入甲中混合成浓度为 8.2% 的盐水，那么乙容器中的浓度是多少？（　　　）

　　A. 9.78%　　　　B. 10.14%　　　　C. 9.33%　　　　D. 11.27%

【解析】假设乙容器中盐水浓度为 a，混合溶液中溶质为 250×4%+750a，溶液总重量为 250+750 = 1000（克），即有方程 250×4%+750a = 1000×8%，解得 a≈9.33%。

（十五）利润利率

解决该问题的核心公式包括：利润 = 销售价 - 成本；利润率 = 利润 / 成本 =（销售价 - 成本）/ 成本 = 销售价 / 成本 -1；销售价 = 成本 ×（1+ 利润率）；成本 = 销售价 /（1+ 利润率）。

【例 13-37】 商店新进一批洗衣机，按 30% 的利润定价，售出 60% 以后，打八折出售，这批洗衣机实际利润的百分数是多少？

A. 18.4%　　　　B. 19.2%　　　　C. 19.6%　　　　D. 20%

【解析】 先卖掉 60% 收回的钱为 $1 \times (1+30\%) \times 60\% = 78\%$，后卖掉 40% 收回的钱为 $1 \times (1+30\%) \times 80\% \times (1-60\%) = 41.6\%$，故实际利润为 $78\% + 41.6\% - 100\% = 19.6\%$。

【例 13-38】 某商品按定价出售，每个可以获得 45 元的利润，现在按定价的八五折出售 8 个，与按定价每个减价 35 元出售 12 个，所能获得的利润一样。这种商品每个定价多少元？（　　）

A. 100　　　　B. 120　　　　C. 180　　　　D. 200

【解析】 每个减价 35 元出售可获得利润 $(45-35) \times 12 = 120$ 元，则按八五折出售的话，每件商品可获得利润 $120 \div 8 = 15$ 元，少获得 $45-15 = 30$ 元，故每个定价为 $30 \div (1-85\%) = 200$ 元。

（十六）容斥问题

【例 13-39】 对某单位的 100 名员工进行调查，结果发现他们喜欢看球赛、电影和戏剧。其中，58 人喜欢看球赛，38 人喜欢看戏剧，52 人喜欢看电影，既喜欢看球赛又喜欢看戏剧的有 18 人，既喜欢看电影又喜欢看戏剧的有 16 人，三种都喜欢看的有 12 人，则只喜欢看电影的有多少人？（　　）

A. 22　　　　B. 28　　　　C. 30　　　　D. 36

【解析】 设 A= 喜欢看球赛的人（58），B= 喜欢看戏剧的人（38），C= 喜欢看电影的人（52），则有：

A ∩ D= 既喜欢看球赛又喜欢看戏剧的人（18）；

B ∩ C= 既喜欢看电影又喜欢看戏剧的人（16）；

A ∩ B ∩ C= 三种都喜欢看的人（12）；

A ∪ B ∪ C= 看球赛和电影、戏剧至少喜欢一种（100）。

根据公式：A+B+C=A ∪ B ∪ C+A ∩ B+B ∩ C+C ∩ A-A ∩ B ∩ C；C ∩ A=A+B+C-（A ∪ B ∪ C+A ∩ B+B ∩ C-A ∩ B ∩ C）=148-（100+18+16-12）=26。所以，只喜欢看电影的人 =C-B ∩ C-C ∩ A+A ∩ B ∩ C=52=16-26+12 = 22。

（十七）抽屉原理

如果将 13 只鸽子放进 6 只鸽笼里，那么至少有 1 只笼子要放 3 只或更多的鸽子。道理很简单，如果每只鸽笼里只放 2 只鸽子，6 只鸽笼共放 12 只鸽子，剩下的 1 只鸽子无论放入哪只鸽笼里，总有 1 只鸽笼放了 3 只鸽子。这个例子所体现的数学思想，就是抽屉原理 2。

抽屉原理 1：将多于 n 件物品任意放到 n 个抽屉中，那么至少有一个抽屉中的物品件数不少于 2 个。

抽屉原理 2：将多于 m×n 件的物品任意放到 n 个抽屉中，那么至少有一个抽屉中的物品的件数不少于 m+1。

【例13-40】一个布袋中有40块相同的木块，其中编上号码1、2、3、4的各有10块。问：一次至少要取出多少木块，才能保证其中至少有3块号码相同的木块？（　　）

A. 10　　　　B. 9　　　　C. 8　　　　D. 7

【解析】将1、2、3、4四种号码看成4个抽屉。要保证有一个抽屉中至少有3件物品，根据抽屉原理2，至少要有4×2＋1=9（件）物品。所以一次至少要取出9块木块，才能保证其中有3块号码相同的木块。

【例13-41】在一个口袋中有10个黑球、6个白球、4个红球，至少从中取出多少个球才能保证其中有白球？（　　）

A. 14　　　　B. 15　　　　C. 17　　　　D. 18

【解析】最坏的情况是10个黑球和4个白球都拿出来后，第15次拿到的肯定是白球。

三、判断推理

判断推理是根据已有的事实、判断，经过分析、综合等加工处理，得出新的结论的过程。

判断推理能力是指人们根据一定的先知条件，通过自己拥有的知识、思维进行判定、推断，对事物得出自己的结论的能力。

判断推理题主要测查应试者对各种事物关系的分析推理能力，涉及对图形、语词概念、事物关系和文字材料的理解、比较、组合、演绎和归纳等，主要包括以下题型：

（一）图形推理

图形推理是每道题给出一套或两套图形，要求应试者认真观察，找出图形排列的规律，选出符合规律的一项。

1. 旋转类图形

（1）特点：图形的整体或图形的某一元素旋转。

（2）解题技巧：①注意旋转的基点；②注意旋转的角度或方向；③注意图形数目的变化；④注重关键元素的位置。

【例13-42】从右边图形所给的四个选项中，选择一个最合适的填入左边图形问号处，使之呈现一定的规律性。

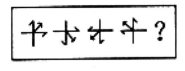 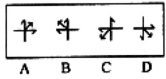

【解析】左边的四个图形中，第一个图形顺时针旋转90°得第二个图形，依此类推，第四个图形是第三个图形顺时针旋转90°所得，？处的图形应是第四个图形顺时针旋转90°所得，A符合条件。

2. 位移类图形

（1）特点：图形中某一元素的位置移动。

（2）解题技巧：①注意该元素位移的基点；②注意位移方向；③注意位移后元素的数目变化。

【例13-43】 从右边图形所给的四个选项中，选择一个最合适的填入左边图形问号处，使之呈现一定的规律性。

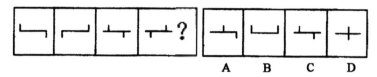

【解析】 第一套图形中，第一个和第二个图形、第三个和第四个图形的上下线条对称；第一个、第三个、第五个图形相比，左边的线条依次右移该线段的1/4，右边的线条依次左移该线段的1/4，D符合条件。

3. 数量变化类图形

（1）特点：数量变化类图形主要包括三种题型：一是笔画的数量变化，即字母、图形或汉字等的笔画数量；二是几何图形的边数变化；三是图形中的某一元素的数量增减。

（2）解题技巧：①笔画类图形，注意书写的规范性；②边数类，将图形的边数变化与数列相结合；③数量增减类图形，注重增减的元素所处的位置。

【例13-44】 从右边图形所给的四个选项中，选择一个最合适的填入左边图形问号处，使之呈现一定的规律性。

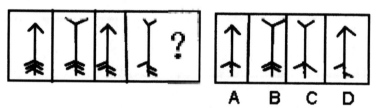

【解析】 第一套图形中，奇数项的箭头开口朝下，且奇数项图形左右边线的条数依次为3、2。同时，图形左边线条从下面起删除，右边则从上面起删除，依次交互进行（左下、右上），D符合条件。

4. 求同类图形

（1）特点：求同类图形中，每组图形含有某一共同元素。求同类图形包括三种题型：一是直接求同类，即直接找出含有相同元素的图形；二是求同去异类，即每套图形的前两图都含有相同元素和不同元素，第三个图则只含前两者的共同元素；三是同图位移类，即每套图形相邻的两图都含有相同元素和不同元素，但相同元素的位置发生变动。

（2）解题技巧：直接观察每套图形的相同元素；注意相同元素的位置移动。

【例13-45】 从右边图形所给的四个选项中，选择一个最合适的填入左边图形问号处，使之呈现一定的规律性。

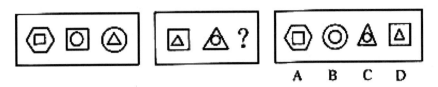

【解析】本题属于同图位移类。每套图形相邻的两图中，前者的内部元素是后者的外部元素（如第一个图形内含正方形、第二个图形则外含正方形），B符合条件。

5. 求异去同类图形

（1）特点：每套图形中，前两图都含有相同元素和不同元素，第三个图则含前两者的不同元素，该元素可能发生位置变化。

（2）解题技巧：去同、求异，求异后位移；直接观察每组图形中的不同元素；注意该元素的位置移动。

【例13-46】从右边图形所给的四个选项中，选择一个最合适的填入左边问号处，使之呈现一定的规律性。

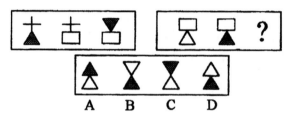

【解析】第一套图形中，第三个图由前两图中的相异元素组合而成，其中第三个图与第二个图的底部一致，顶部则为倒立的第一个图的底部元素，遵照这一规律，可知B符合条件。

6. 组合、分解类图形

（1）特点：包括组合类图形、分解类图形。组合类图形中，某一图形由其他图形组合而成。分解类图形，则将某一图形拆分为其他图形。

（2）解题技巧：组合、分解过程中，注意特定元素的形状、位置、方向。

【例13-47】从右边图形所给的四个选项中，选择一个最合适的填入左边问号处，使之呈现一定的规律性。

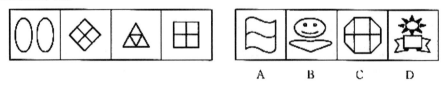

【解析】第一套图形中，各图都是由类似的元素组合而成。

【例13-48】从右边图形所给的四个选项中，选择一个最合适的填入左边问号处，使之呈现一定的规律性。

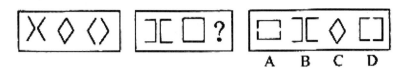

【解析】D。

7. 叠加类图形

（1）特点：每套图形中，某图由其他图形叠加而成，或每一图形都由具有相似特性的元素叠加而成。叠加类图形分为：一是直接叠加类图形；二是覆盖性叠加类图形；三是关联性叠加类图形；四是数量增减式叠加图形；五是叠加去同类图形。

（2）解题技巧：注意叠加元素的形状；叠加的位置；叠加后图形的形状是否改变。

【例 13-49】从右边图形所给的四个选项中，选择一个最合适的填入左边问号处，使之呈现一定的规律性。

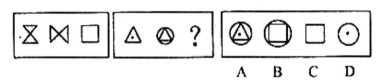

【解析】第一套图形中，前两个图形重叠后把相同的部分去掉，不同的部分保留，即得到第三个图形；第二套图形? 处的图形也应是第二套图形中前两个图形重叠，去同存异后所得的形状，D 符合条件。

8. 阴影变化类图形

（1）特点：每一图形中，含有空白部分和阴影部分。阴影变化类图形包括三种：一是阴影比例变化类，即每一图形中，阴影占该图的比例呈现特定规律；二是黑白对应类，即每套图形中，各图的组成元素和形状一致，第三个图形对应元素的颜色（阴影或白色），由相邻的前两个图形中的对应元素的颜色规定，阴影、空白一一对应，如黑黑白、黑白黑等；三是阴影位移类，即阴影的位置发生变动。

（2）解题技巧：注意阴影的比例、位置。

【例 13-50】从右边图形所给的四个选项中，选择一个最合适的填入左边问号处，使之呈现一定的规律性。

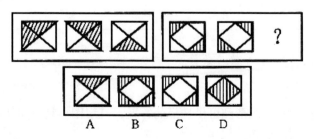

【解析】第一套图形中，第一个和第二个图形，若对应部分的颜色不同，则第三个图形

中的对应部分为空白（黑白白、白黑白），若对应部分的颜色相同，则第三个图形中对应部分的颜色与其颜色相反（黑黑白、白白黑），第二套图形类似，D符合条件。

9. 对称类图形

（1）特点：每套图形，呈现对称性。对称类图形包括：一是连接式对称；二是数列式对称；三是对折式对称。

（2）解题技巧：注意区分对称的方式、位置；注意每一图形中的关键元素的特性。

【例13-51】 从右边图形所给的四个选项中，选择一个最合适的填入左边问号处，使之呈现一定的规律性。

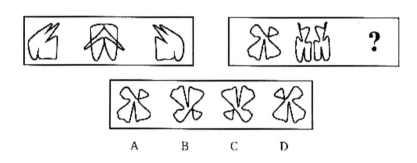

【解析】 第一套图形中，所有图形基于第二个图的中线对称，第二套图类似，D符合条件。

10. 折叠类图形

（1）特点：将平面图形折叠后，组成另一图形。

（2）解题技巧：注意平面图形的关键元素；具备空间思维能力。

【例13-52】 左图中给定的是某物体外表展开图，右图中A、B、C、D哪个可由该展开图折叠而成。

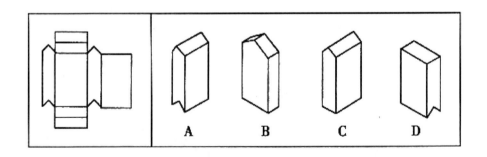

【解析】 注意凸面、凹面，A符合条件。

11. 坐标推理类图形

（1）特点：每题包含三组图形和可供选择的答案，三组图形具有相似性。

（2）解题技巧：利用前述相关规律，推导答案。

【例13-53】从右边图形所给的四个选项中，选择一个最合适的填入左边问号处，使之呈现一定的规律性。

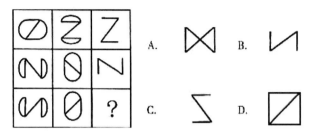

【解析】下行中的类似图形与上行相比，依次逆时针旋转90°、180°，B符合条件。

12. 变体图形

特点：两套图形中，对应元素的形状发生变化。

【例13-54】从右边图形所给的四个选项中，选择一个最合适的填入左边问号处，使之呈现一定的规律性。

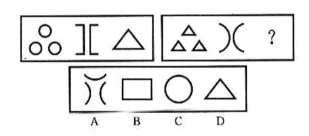

【解析】第一套中，第一个图形三条直线到了第二套中变成了三条曲线，第二个图形三个口字到了第二套中则变成了三个圆；第一套中的第三个图形五边形到了第二套则变成了一个不规则的五边形。

（二）逻辑判断

逻辑判断（演绎推理）题型考查考生的逻辑判断能力。每道题给出一段陈述，这段陈述被假设是正确的，不容置疑的。要求考生根据这段陈述，选择一个备选答案。正确的答案应与所给的陈述相符合，应不需要任何附加说明即可以从陈述中直接推出。常用的解题方法包括：排除法、代入法。

1. 结论型

"结论型"逻辑判断，要求考生根据题干中的前提条件，推断出结论，或排除不准确的结论。提问方式包括：①下列哪项最能概括上文的主要观点？②从上文可以推出下列哪一结论？③如果上述断定是真，以下哪项也是真的？④如果上述断定是真，那么除了以下哪项，其余的断定也必定是真的？⑤以下哪项作为结论从上述题干中推出最恰当？⑥由此可知、由此可以推出、这表明、这意味着什么？⑦据此，我们可以认为什么？⑧这段话的正确推论是什么?

【例13-55】彭平是一个计算机编程专家,姚欣是一位数学家。其实,所有的计算机编程专家都是数学家。我们知道,今天国内大多数综合性大学都在培养计算机编程专家。据此,我们可以认为( )。

A. 彭平是由综合性大学所培养的

B. 大多数计算机编程专家都是由综合性大学所培养的

C. 姚欣并不是毕业于综合性大学

D. 有些数学家是计算机编程专家

【解析】由"所有的计算机编程专家都是数学家"直接推出D。

【例13-56】香港"廉政公署"自1974年成立以来,强力肃贪,共调查2200多件贪污、行贿案件,监控涉案不法政府官员1355人。以香港弹丸之地,调查案件如此之多,涉及人员如此之众,但并未阻碍香港的经济发展与繁荣。可见( )。

A. 反腐败斗争会影响经济建设

B. 反腐败斗争本身是不会影响经济建设的

C. 香港的贪污腐败现象十分严重

D. 香港经济的发展与繁荣很大程度上要归功于其有一支廉政高效的公务员队伍

【解析】本题的陈述主要讨论香港肃贪工作是否对香港经济发展产生不利影响,得出的结论是否定的。A句不符合原文陈述之意,应排除。C句只涉及香港腐败问题,是不全面的,应排除。陈述中未明确提出"香港有一支廉政高效的公务员队伍",因此,D选项尽管表述上是对的,但也要排除。故本题的正确答案为B。

2. 前提型

题干中已给出部分前提和结论,要求从备选答案中选出另一最恰当的前提,以确保推理的完整性。前提型逻辑判断的提问方式包括:①上述陈述中隐含哪一前提?②上述论断建立在以下哪一假设的基础上?③上述论断基于哪一假设?④以下各项都可能是上述论断所假设的,除了哪项?⑤若上述结论成立,下列哪项必须为真?⑥以下哪项属于论点的前提?

【例13-57】婚姻使人变胖。作为此结果证据的是一项调查结果:在13年的婚姻生活中,女性平均胖了23斤,男性平均胖了18斤。为了做进一步的研究,支持这一观点,下列四个问题中应先做哪一个?( )

A. 为什么调查的时间是13年,而不是12或年者14年?

B. 调查中的女性和调查中的男性态度一样积极吗?

C. 与调查中年龄相当的单身汉在13年中的体重增加或减少了多少?

D. 调查中获得的体重将维持一生吗?

【解析】本题型归纳为"观点评价考题"。本题由"结婚的男女体重都有所增加",得到结论"婚姻使人变胖",这到底对不对,关键要看没结婚会怎样,所以"与调查中的有可比较年龄的单身汉在10年中的体重增加或减少了多少"就显得很重要了。

3. 加强型

加强型逻辑判断,通常给出一段完整的论证,或提出某种观点,要求从备选方案中选出与其一致的观点，以强化该观点。加强型逻辑判断的提问方式包括：①如果正确，最能支持上面论述的一项是？②以上论述如果正确，能更好地支持上述观点的一项是？③最有力支持（加强）以上论断的是？

【例13-58】某国10年前放松对销售拆锁设备的法律限制后，盗窃案的发生率急剧上升。因为，合法购置的拆锁设备被用于大多数的盗窃案。所以，重新引入对销售拆锁设备的严格限制将有助于减少该国的盗窃案的发生。

最有力支持以上论断的是（　　）。

A. 该国的总体犯罪率在过去10年内急剧增加

B. 5年前引入的对盗窃犯进行严厉惩罚的措施对该国的盗窃率毫无影响

C. 重新引入的对拆锁设备的严格限制不会阻碍执法部门对这种设备的使用

D. 该国使用的大多数拆锁设备易坏难修

【解析】"5年前引入的对盗窃犯进行严厉惩罚的措施对该国的盗窃率毫无影响"，原因必定在于"放松对销售拆锁设备的法律限制"。

4. 削弱型

削弱型逻辑判断包括最能削弱型、最不能削弱型两种。

最能削弱型：题干中给出一个完整的论断和某种观点，要求从备选项中找出最能削弱或反驳题干的选项。提问方式包括：①以下哪项如果为真，最能削弱上述论证？②以下哪项为真，最可能削弱上述论断？③以下哪项如果为真，能够最有力地削弱上述论证的结论？

最不能削弱型：要求从备选项中找出最不能削弱或反驳题干的选项。提问方式包括：①以下哪项如果为真，最不可能削弱上述论证／论断？②以下哪项如果为真，最不可能质疑上述论断？③以下各项都是对上述论断的质疑，除了哪项？

【例13-59】虽然菠菜中含有丰富的钙，但同时含有大量的浆草酸，浆草酸会阻止人体对钙的吸收。因此，一个人要想摄入足够的钙，必须用其他含钙丰富的食物来取代菠菜。以下哪项为真，最能削弱题干中的论证？（　　）

A. 大米中不含钙，但含有可以中和浆草酸，并改变其性能的碱性物质

B. 奶制品中钙的含量高于菠菜，许多经常食用菠菜的人也经常食用奶制品

C. 在人的日常饮食中，除了菠菜以外，事实上大量的蔬菜中都含有钙

D. 菠菜中除了钙以外，还含有其他丰富的营养元素；另外，浆草酸只阻止人体对钙的吸收，而不阻止人体对其他营养元素的吸收

【解析】大米中含碱性物质，可中和浆草酸，故混合食用菠菜和米饭，可保证钙的吸收，无须替代品。

5. 解释型

解释型逻辑判断，给出一段关于某些事实或现象的客观描述，要求做出合理的解释，包括最能解释型、最不能解释型。

最能解释型：题干中给出似乎矛盾却并不矛盾的现象，要求从备选项中找出能够解释该现象的一项，常采用"以下哪项如果为真，能最好地解释上面的矛盾？"的提问方式。

最不能解释型：题干中给出似乎矛盾却并不矛盾的现象，要求从备选项中找出最不能解释

该现象的一项，常采用"以下各项都有助于解释上述断定，除了哪项以外？"的提问方式。

【例13-60】在H国2000年的人口普查中，婚姻状况分为四种：未婚、已婚、离婚、丧偶。其中，已婚分为正常婚姻和分居。分居分为合法分居和非法分居。普查显示，分居者中，女性比男性多100万人。

以下哪项为真，有助于解释上述普查结果？（　　　）

Ⅰ.分居者中男性非法同居者多于女性非法同居者；Ⅱ.未在上述普查者中登记的分居男性多于分居女性；Ⅲ.离开H国移民他国的分居男性多于分居女性。

A.Ⅰ　　　　　B.Ⅱ　　　　　C.Ⅲ　　　　　D.Ⅱ和Ⅲ

【解析】题干的前提是"非法同居的分居者中，女性比男性多100万人"，同时，又因为"分居者中男性与女性人数一样"，也就是说"非法同居的分居者中，有100万女性是与未婚、离婚或丧偶者同居的"，那么，"和这些非法同居的分居者同居的未婚、离婚或丧偶者，男性比女性多"，即Ⅰ；那么，"与分居者非法同居的人，男性（非法分居男性，未婚、离婚或丧偶的与人同居的男性）多于女性"，即Ⅱ；Ⅲ与题干矛盾。

6.非此即彼型

非此即彼型逻辑判断，题干中的某些项目相互冲突，矛盾统一，主要包括人物选择、案犯推定等。

【例13-61】小王、小李、小张三人，一位是工人，一位是农民，一位是教师。现在只知道，小张比教师年纪大，小王和农民不同岁，农民比小李年龄小。因此我们可知：
（　　　）。

A.小李是工人，小张是农民，小王是教师

B.小李是农民，小张是工人，小王是教师

C.小李是教师，小张是工人，小王是农民

D.小李是工人，小张是教师，小王是农民

【解析】方法一：由题可知，小张不是教师；小李不是农民；小王不是农民。故排除D、B、C。方法二：由题可知，小李不是农民，小王不是农民，则小张是农民；农民小张比教师年龄大，比小李年龄小，则小李是工人；小王是教师。

【例13-62】某珠宝店失窃，甲、乙、丙、丁四人涉嫌被拘留。四人的口供如下——甲：案犯是丙；乙：丁是案犯；丙：如果我作案，那么丁是主犯；丁：作案的不是我。四人的口供只有一个是假的。如果上述断定是真，则以下哪项是真的？（　　　）

A.说假话的是甲，案犯是乙

B.说假话的是丁，案犯是丙和丁

C.说假话的是丁，案犯是丙

D.说假话的是丙，案犯是丙

【解析】采用排除法，可知丁说假话，丙、丁共犯。

（三）定义判断

定义判断是在每一个问题中，先给考生一个概念的定义，然后再给一组事物或行为的例子，要求考生从中选出最为符合或最不符合该定义的典型事物或行为。这里假设这个概念的定义是正确的，不容置疑的。

定义判断题的解题技巧包括：

其一，紧扣定义，抓住关键。做定义判断题，一定要理解定义的含义，抓住定义的关键，然后把选项与定义相对照，选择符合定义规定和要求的选项。

其二，对比排除。仔细依据题干定义，对备选项进行分析，对不符合题干定义要求的逐个对比排除。

其三，拓宽知识面，结合法律常识。

【例 13-63】谋杀：是当一个人不但企图造成另一个人的死亡，而且也造成了这个人的死亡，或是由于一个人明明知道其正做着一件可能造成另外的人被杀死的危险的事情，其仍然不顾别人生命而造成他人的死亡。根据以上的定义，下面哪种行为是典型的谋杀？（ ）

A. 于力清与妻子发生争吵，打了她一巴掌，目的是不让她再哭，不巧将她打倒，她在倒下时，头碰在地板上，后来由于头部受伤而死亡

B. 一位老人得了绝症，不能忍受痛苦，请求护士给他服用致死剂量的安眠药，这个护士非常同情老人，就给了他，结果老人死亡

C. 曾宪以每小时 25 公里的速度在拥挤的公路上驾车行驶，没留神，他失去了对汽车的控制，撞上另一辆汽车并引起爆炸，结果同车赵某死亡

D. 汤啸，动物园管理员，正在动物园打扫老虎的笼子，打扫完后，他忘了锁门就离去，结果老虎从笼子里跑出来，咬死了一个游客

【解析】护士对患者实施"安乐死"，"明明知道其正做着一件可能造成另外的人被杀死的危险的事情，其仍然不顾别人生命而造成他人的死亡"。

【例 13-64】教育：有广义和狭义两种含义。广义泛指社会上一切影响人的思想品德、增进人的思想和技能的正确活动；狭义指学校教育，即按照一定的要求，有目的、有计划、有组织地向人传授知识和技能，培养思想品德、发展智力和体力的活动。根据以上定义，下面哪种行为属于教育？（ ）

A. 近朱者赤，近墨者黑
B. 传授偷官不偷民的思想
C. 人类潜在的语言能力
D. 跟当地人学方言

【解析】学习方言，也是一种受教育的过程，教学相长。

（四）类比推理

类比推理题考查的是考生的推理能力，先给考生一对相关的词，然后要求考生在备选答案中找出一对与之在逻辑关系上最为贴近或相似的词。类比是根据两类或两个事物之间某些属性上的相同或相似所作出的一种推断。解答这类题目一是可以利用自己掌握的常识对所给选项进行分析类比，二是可以采取排除法。

类比推理题的解题思路一般为：①先弄清题干所给的两个词之间的关系。②注意各种

关系之间的细微差别。词与词之间的关系是各种各样的，其中有些关系是非常相近的，容易混淆，应注意区别。③认真审题，看完全题再答题。不少考生认为类比推理题比较简单，往往题目还没看完，就匆忙选择答案，这是不可取的。

总而言之，虽然类比推理是一类新题型，但只要考生用对方法，按照正确的解题思路做题，也还是比较容易的。

类比推理题常考的关系类型包括：原因与结果；工具与作用；物体与其运动空间；特定环境与专门人员；整体与其构成部分；同一类属下的两个相互并列的概念；同一事物的两个不同称谓；事物的出处与事物；工具与作用对象；作者与作品；物品与制作材料；专业人员与其面对的对象；作品中的人物与作品；特殊与一般。

【例 13-65】 努力：成功（　　　）
A. 生根：发芽　　　B. 耕耘：收获　　　C. 城市：乡村　　　D. 原告：被告
【解析】 该题题干中的两个词具有某种条件（或因果）关系，即只有努力才能成功或者说努力是成功必不可少的原因之一，四个选项中显然只有 B 项符合这一关系。

【例 13-66】 水果：苹果（　　　）
A. 香梨：黄梨　　　B. 树木：树枝　　　C. 家具：桌子　　　D. 天山：高山
【解析】 "水果""苹果"两个词之间是一般和特殊的关系。选项 B 的两个词之间是整体与部分的关系，选项 D 的两个词之间是特殊与一般的关系，选项 C 符合条件。

【例 13-67】 阳光：紫外线（　　　）
A. 电脑：辐射　　　B. 海水：氯化钠　　　C. 混合物：单质　　　D. 微波炉：微波
【解析】 阳光与紫外线、海水与氯化钠的关系都是整体与组成部分的关系。

【例 13-68】（　　　）对于梨相当于服装对于（　　　）
A. 苹果—毛衣　　　B. 水果—衬衣　　　C. 书包—鞋帽　　　D. 果汁—衣橱
【解析】 梨是一种水果，衬衣是一种服装，由宽泛的意思对狭窄的意思。因此，正确答案是 B。

（五）事件排序

事件排序题通常会给出五个事件，每个事件都以简短的词语或一句话表达，给出的备选项是四种假定五个事件发生顺序的数字序列，要求考生选择其中最为合乎逻辑的一个事件顺序。

事件排序题的解题技巧包括：①采用排除法，确定首尾两项；②依照循序渐进的原则；③结合日常惯例，以及事务发展的客观规律排序。

【例 13-69】 1 出征雅典　2 入选国家队　3 夺得世界冠军　4 从小刻苦训练　5 为国争光（　　　）
A. 5—4—2—3—1　　　　　　B. 4—5—3—1—2
C. 4—2—1—3—5　　　　　　D. 3—2—1—5—4
【解析】 按照时间排序题的解题技巧来看，顺序为 4—2—1—3—5。

【例13-70】1 支付违约金　2 提起诉讼　3 法庭判决　4 签订合同　5 单方违约（　　　）

　　A. 5—4—2—3—1　　　　　　　　B. 4—5—3—2—1

　　C. 4—5—2—3—1　　　　　　　　D. 4—5—1—2—3

【解析】按照时间排序题的解题技巧来看，顺序为4—5—2—3—1。

【例13-71】1 给居民生活造成损害　2 工厂开工　3 环保局出面干涉　4 严重污染水源 5 工厂被勒令停工（　　　）

　　A. 2—1—4—3—5　　　　　　　　B. 2—4—1—3—5

　　C. 1—4—2—3—5　　　　　　　　D. 1—3—2—4—5

【解析】按照时间排序题的解题技巧来看，顺序为2—4—1—3—5。

四、常识判断

（一）法律常识

1. 法律概述

（1）法的概念。法是由国家制定或认可，体现统治阶级的意志，并由国家强制力保证实施的社会规范。它通过规定人们在相互关系中的权利和义务，确认、保护和发展有利于统治阶级的社会关系和社会秩序。

（2）法的本质。①法是统治阶级意志的体现；②法的内容是由统治阶级的物质生活条件决定的。

（3）法的特征。①法是调整人的行为的社会规范；②法是由国家制定、认可并具有普遍约束力的社会规范；③法是规定权利和义务的社会规范；④法是由国家强制力保证实施的社会规范。

（4）法的作用。法的作用又称法的功能，指法对个人行为及社会关系产生的影响。法作用的对象有个人行为和社会关系两部分，以此为标准可以将法的作用分为规范作用与社会作用两部分。

根据法规范的对象不同，即不同主体的行为，可以将规范作用分成指引、评价、预测、教育和强制作用。指引作用，指法律对个人行为起导向、指引作用。评价作用，指法律作为人们有评价他人行为的标准所起的作用。预测作用，指人们根据法律可以预先估计相互之间将有怎样的行为以及行为的后果等，从而对自己的行为做出合理的安排。教育作用，指通过法律的实施对一般人今后的行为所发生的积极影响。强制作用，指的是对违法犯罪行为加以惩罚、制裁。

按照国家的对内职能，可将法的社会作用分为阶级统治作用和执行社会公共事务的作用两部分。阶级统治作用，指法在经济统治、政治统治和思想统治等方面的作用；执行社会公共事务的作用，指法在维护人类基本生活条件、确认技术规范等方面所起的社会公共事务管理作用。

2.《中华人民共和国公务员法》

3. 宪法的基本理论

4. 民法

5. 商法

（1）公司的法律特征。

第一，公司具有法人资格。公司取得法人资格需具备四个条件：①公司必须依法设立；②公司必须具备必要的财产；③公司必须有自己的名称；④公司必须能够以自己的名义从事民商事活动并独立承担民事责任。

第二，公司是社团组织，具有社团性。

第三，公司以营利为目的，具有营利性。

（2）公司的分类。 　（3）公司设立方式。 　（4）公司资本的具体形态。

（5）公司发行债券的条件。 　（6）公司的合并、分立。 　（7）有限责任公司。

（8）股份有限公司。

（9）合伙的概念。合伙是指两个以上的民事主体共同出资、共同经营、共负盈亏的企业组织形态。

（10）合伙财产。合伙财产包括两部分：一是全体合伙人的出资；二是合伙企业成立后解散前，以合伙企业名义取得的全部收益和形成的资产。合伙企业的财产依法由全体合伙人共同管理和使用。

（11）入伙与退伙。

（12）票据的概念。票据是指由出票人签发的、约定由自己或委托他人于见票时或确定的日期，由持票人或收款人无条件支付一定金额的有价证券。我国票据法上的票据仅指汇票、本票和支票。

汇票 　本票 　支票

6. 刑法

7. 行政法

（1）行政行为的
效力和合法
性要件。

（2）行政许可的
概念和特征。

（3）行政征收的
概念和特征。

（4）行政处罚的
概念和基本
原则。

（5）行政赔偿的
概念、特征、
归责原则和
范围。

（6）行政复议的
概念、特征
和基本原则。

（7）行政诉讼的
概念和基本
原则。

8. 经济法

（1）经济法的
概念和原则。

（2）消费者权益
保护法律
制度。

9. 诉讼法

（1）我国的民事
诉讼法律
制度。

（2）我国的行政
诉讼法律
制度。

（3）我国的刑事诉讼法律制度。

刑事诉讼法概述

刑事诉讼程序

（二）政治常识

1. 政治
经济学

2. 马克思主义
哲学

3. 中国特色
社会主义
政治体系

（三）经济常识

1. 西方经济学
理论简介

2. 马克思主义
政治经济学的
形成与发展

3. 经济学中的
   一般概念

4. 我国的银行
   体系

（四）管理学常识

公务员考试涉及的管理常识主要是一些通用的管理知识及基本的公共管理、行政管理知识，下文对此做简单的概述。

（五）人文常识

1. 中国部分

（1）中国历史概要。

夏朝	秦朝	唐朝	明朝

商朝	汉朝	宋朝	清朝

周朝	隋朝	元朝	中华民国

（2）中国文学常识。

1）诗歌总集。 　　2）先秦散文。 　　3）《史记》与
　　　　　　　　　　　　　　　　　　　　　　　　《汉书》。

4）唐宋八 　　5）元曲四 　　6）明清小说。
　大家。　　　　　　　大家。

7）现代文学。

（3）中国文化常识。

1）古代科举 　　2）古代年龄 　　3）古代纪
　考试。　　　　　　　称谓。　　　　　　　年法。

4）中国文化史上的"第一"。 　　5）古代史书。 　　6）古代文学家之别号。

7）其他。

2. 世界部分

（1）世界历史概要。

1）原始社会。 　　2）奴隶社会。 　　3）封建社会。

4）资本主义社会。 　　5）资本主义社会与社会主义社会。

（2）外国文学常识。

奥地利：

阿拉伯国家：

丹麦：

日本：

意大利：

爱尔兰：

波兰：

印度：

英国：

德国：

匈牙利：

法国：

俄国：

挪威：

古希腊：

西班牙：

美国：

五、资料分析

　　资料分析测验主要考查应试者对各种资料（主要是统计资料，包括图表和文字资料）进行理解与分析综合的能力。资料分析测验的基本方式是：提供一组资料，或是一段文字，在资料之后有几个问题，要求考生根据资料的信息，进行分析、比较、计算、处理，从问题的四个备选答案中找出正确答案。

　　资料分析主要是对文字、统计表、统计图（条形统计图、圆形统计图、曲线图、网状图）等资料进行量化比较和分析，这种类型的题目主要考查应试者对各种资料进行分析比较和量化处理的能力。需要提醒应试者注意的是，做这类题目的直接依据是试题提供的资料，切记不要脱离资料本身所提供的信息，不要凭自己个人的经验或非试题提供的同类信息做出判断，否则会严重影响考试成绩。

（一）文字资料分析

1. 文字资料分析测验的解题技巧

　　（1）文字资料分析测验的考试内容。文字资料分析题是用陈述的方式将一系列相关信息罗列出来，要求考生对所提的问题进行解答，主要考查应试者对一段文字中数据性、统计性的资料进行综合分析与加工的能力。

　　文字资料分析题是资料分析测验中较难、较复杂的部分，因为它不像统计图像那样具有直观形象、一目了然等特点，其数据大都隐藏包含在一段陈述中，具有一定的"隐蔽性"，需要应试者从中将需要的数据逐一找出，并将相关的数据串起来。这就要求应试者具备较强的阅读理解能力，能在较短的时间内迅速而准确地把握字里行间包含的各种数量关系及逻辑关系，并进行分析、综合、判断以得出准确的答案。做题时要注意文字中的细节、伏笔，有些文字陷阱会误导应试者做出错误的选择。

　　（2）文字资料分析测验的解题方法与技巧。在所有的资料分析题中，文字资料题是最不易处理的一种。做这类题时，切忌一上来就找数据。因为这种题是一种叙述，叙述就有语意，有语意就可能让人误解。如果一上来就直奔数据，而对材料陈述的内容不屑一顾的话，很可能背离材料的本意和要求，造成失误。

　　做文字资料分析题，在拿到题目之后首先要将题目通读一遍，用大脑分析哪些是重要的，哪些是次要的，然后仔细看一下后面的问题，用自己原先想的印证一下，接下来再有针对性地认真读一遍材料，之后再开始答题。这样做，一方面，可以准确地把握材料；另一方面，对材料中的各项数据及其各自的作用有了一个明确的认识。

　　有些人可能不喜欢做那些统计表的问题，面对大堆的数据觉得无从下手，而认为文字资料非常容易，这种想法常会使其在文字资料题上丢分。前面已经说过，在资料分析中，最难的一类就是综合性的判断，统计表分析题只涉及对数字的比较和处理，虽说复杂点，却相对比较容易得分；而文字资料题却加上了对语意的把握和理解，也就是说，它比统计表又多了一个环节，这对那些急躁而又轻视文字资料的考生来说，确实是一个严峻的考验。

2. 文字资料分析测验典型例题分析

　　【例 13-72】请根据下面的文字资料回答下列问题：

从垂直高度来看，世界人口分布的不平衡性十分明显。海拔 200 米以下的陆地面积占 27.8%，而居住在这一高度内的人口比重却占到 56.2%，200~500 米高度的陆地面积占全部陆地的 29.5%，而居住在这一高度内的人口为 24%，500~1000 米高度的陆地占总面积的 19%，人口占 11.6%。也就是说，世界人口 90% 以上是居住在海拔 1000 米以下的比较低平的地区。尽管目前世界上最高的永久性居民已达海拔 5000 米的高度（南美洲的安第斯山区和中国西藏），最高城市也达到海拔 3976 米（玻利维亚的波托西）。

1. 居住在海拔 200~500 米这一高度内的人口在总人口中所占的比例是（　　）。
A. 56.2%　　　　 B. 27.8%　　　　 C. 24%　　　　 D. 29.5%
2. 人口密度最大的是在哪一个高度的陆地上？（　　）
A. 0~200 米　　　 B. 200~500 米
C. 500~1000 米　 D. 1000 米以上
3. 居住在 1000 米以上高度的人口比重是多少？（　　）
A. 10%　　　　　 B. 8.2%　　　　　 C. 11.6%　　　　 D. 9.3%
4. 世界上海拔最高的城市是哪一个？（　　）
A. 中国的拉萨　　　　　　　　 B. 南美洲的安第斯
C. 玻利维亚的波托西　　　　　 D. 日本的广岛
5. 海拔 200 米以上的陆地面积占总面积的比重为多大？（　　）
A. 56.2%　　　　 B. 27.8%　　　　 C. 72.2%　　　　 D. 29.5%

【例 13-72】的正确答案：1.C　2.A　3.B　4.C　5.C。

第 1 题，这个问题纯粹是从材料中找原始的数据，比较容易。需要注意的是，本题问的是人口，而不是地域面积，在供选择的项中，就有面积的数据，千万注意，不要选错。

第 2 题，该题的难度比第 1 题稍进了一点，但也只不过是先找出四个高度段的有关人口密度的数据，再加以比较而已，注意绝不能将这些数据混淆了，以免出错。

第 3 题，简单计算一下即可得到正确答案是 B。

第 4 题，材料中并没有明确地罗列出来，而是用一种补充说明的方式点出。同时，材料给出了两个最高，在一定程度上起到了迷惑作用，所以，必须审慎地领会题意，以免陷入出题者所设的陷阱而失分。

第 5 题，只要找出 200 米以下的陆地面积在总面积中所占的比重，再用"1"去减就可以得到正确答案是 C。

【例 13-73】请根据下面的文字资料回答下列问题：

2014 年，我国乡镇企业职工达到 9545.46 万人，分别占农村劳动力总数的 23.8% 和全国劳动力总数的 17.6%；乡镇企业总产值达到 6495.66 亿元，分别占农村社会总产值的 53.8% 和全国社会总产值的 24%。其中，乡镇工业产值达到 4592.38 亿元，占全国工业总产值的 7.6%；乡镇企业直接和间接出口创汇 80.2 亿美元，占全国出口创汇总额的 16.9%。该年乡镇企业税金为 310.29 亿元，仅占国家财政总收入的 12%。但是在国家财政新增长的部分中所占比重却明显地增大。从 10 年前至该年，10 年间乡镇企业税金增加 288.29 亿元，占国家财政收入增加额的 19.7%。同期乡镇企业税金平均每月增长 30.3%，相当于国家财政总收入平均每年增长 8.7% 的 3.48 倍。

1. 该年我国乡镇企业职工占全国劳动力总数的比重比占农村劳动力总数的比重低多少？（　　）

A. 23.8%　　　　　B. 17.6%　　　　　C. 6.2%　　　　　D. 6.3%

2. 该年我国乡镇企业总产值占农村社会总产值的多少？（　　　）

A. 1/2 弱　　　　　B. 1/2 强　　　　　C. 1/4 弱　　　　　D. 1/4 强

3. 10 年前我国乡镇企业税金为（　　　）。

A. 310.29 亿元　　B. 288.29 亿元　　C. 32 亿元　　　D. 22 亿元

4. 从 10 年前至该年，我国财政总收入平均每年增长（　　　）。

A. 12%　　　　　B. 19.7%　　　　　C. 30.3%　　　　　D. 8.7%

5. 该年，我国乡镇工业产值为（　　　）。

A. 9545.46 亿元　　　　　　　　　B. 6495.66 亿元

C. 4592.38 亿元　　　　　　　　　D. 310.29 亿元

【例 13-73】的正确答案：1.C　2.B　3.D　4.D　5.C。

第 1 题，首先在题中找出我国乡镇企业职工占农村劳动力总数的比重为 23.8%，占全国劳动力的比重为 17.6%，根据题中要求，两个数字相减就可以了，这是比较容易的一种问题，考查的是考生获取有效数据的能力。

第 2 题，我们在题中很容易就可以找出，乡镇企业总产值占农村社会总产值的比重为 53.8%。然后我们对照问题，很容易地就会得出答案为 B。

第 3 题，它要求的不是材料中的原始数据，而是对材料中几个相关数据的处理。首先，我们可以在材料中找出该年乡镇企业税金为 310.29 亿元，然后，继续往下读我们就可以发现，下面有这样一段话"10 年间乡镇企业税金增加 288.29 亿元"，综合这两个数据，我们就可以得出，10 年前我国乡镇企业税金为 22 亿元，即选 D。

第 4 题，它的答案就在材料中，材料最后一句明确地给出"国家财政总收入平均每年增长 8.7%"。答案很明显，应该选 D。

第 5 题，需要一个提取数据的过程，只是有关乡镇企业产值的数据有两个，一个是乡镇企业总产值达到 6495.66 亿元，另一个是乡镇工业产值达到 4592.38 亿元，需要在看清题目的前提下做出正确选择。

【例 13-74】请根据下面的文字资料回答下列问题：

来自国家统计局的资料显示，无论是现有投资还是未来投资，高收入家庭都把目标瞄准了股票，有 26.2% 的高收入家庭已投资于股票；投资于商业和服务业的比重占 16.1%；国库券占 8.4%。2000 年上半年职业股民的人均月收入为 8491 元，在城市高收入群体中列第二。列第一的是私营企业经营者，人均月收入为 13445 元。

1. 在三个投资方向中，比重最小的是（　　　）。

A. 股票　　　B. 商业和服务业

C. 国库券　　　D. 不能确定

2. 私营企业主比职业股民月均收入高多少？（　　　）

A. 2451 元　　　　B. 4954 元　　　　C. 4594 元　　　　D. 3728 元

3. 投资股票的家庭比投资商业和服务业的家庭的比重高多少？（　　）

A. 16.1%　　　　B. 8.4%　　　　C. 10.1%　　　　D. 11.1%

4. 有多大比重的高收入家庭进行投资活动？（　　）

A. 50.7%　　　　B. 26.2%　　　　C. 34.6%　　　　D. 42.3%

5. 如果要缴纳 10% 的税款，那么职业股民的人均月收入为多少？（　　）

A. 8491 元　　　　B. 13445 元　　　　C. 849.1 元　　　　D. 7641.9 元

【例 13-74】的正确答案：1.C　2.B　3.C　4.A　5.D。

第 1 题，投资股票比重为 26.2%，投资商业和服务业的比重为 16.1%，国库券占 8.4%，比较一下，可得比重最小的为国库券。

第 2 题，13445−8491=4954（元）。

第 3 题，26.2% −16.1% =10.1%。

第 4 题，26.2% +16.1% +8.4% =50.7%。

第 5 题，8491×（1−10%）=8491×90% =7641.9（元）。

上下排

3. 文字资料分析测验强化训练

【资料 13-1】

2013 年，经济特区实现国内生产总值 3478 亿元，平均比上年增长 11.84% ；共批准外商投资 43200 个，实际利用外商直接投资 460 亿美元，占全国 13.2% ；进出口总额达 886 亿美元，已占全国的 18.7%。

1. 2013 年经济特区实现国内生产总值比上午增长多少亿元？（　　）

A. 11.84　　　　B. 3109　　　　C. 368　　　　D. 386

2. 2013 年全国实际利用外商投资为多少亿元？（　　）

A. 460　　　　B. 3485　　　　C. 2167　　　　D. 3269

3. 假如经济特区在 2013 年的国内生产总值占全国的 17%，那么全国在 2013 年的国内生产总值为多少亿元？（　　）

A. 13478　　　　B. 20459　　　　C. 17683　　　　D. 15496

4. 2013 年，全国的进出口总额为多少亿元？（　　）

A. 1886　　　　B. 3246　　　　C. 1903　　　　D. 4738

5. 如果经济特区共吸引外商直接投资 1087 亿美元，那么外资的实际利用率为多少？（　　）

A. 81.5%　　　　B. 51.9%　　　　C. 42.3%　　　　D. 49.7%

【资料 13-2】

2014 年，亚洲总计钢产量达 3.28 亿吨，比上年同期增长 10%，其中，日本钢产量达 10644 万吨，比上年同期增长 13%，新日铁的钢产量占日本钢总产量的 26% ；2014 年韩钢产量 4310 万吨，比上年同期增长 5%，浦项钢产量为 2600 万吨。

6. 2013 年，亚洲总计钢产量为多少亿吨？（　　）

A. 2.98　　　　B. 2.85　　　　C. 2.76　　　　D. 3.12

7. 新日铁的钢总产量为多少万吨？（　　　）

A. 10644　　　B. 2767.44　　　C. 3214.54　　　D. 4310

8. 2014 年日本钢产量占亚洲总计钢产量的比重为多大？（　　　）

A. 13.5%　　　B. 21.3%　　　C. 19.8%　　　D. 32.4%

9. 2013 年，日本钢产量比韩国多多少万吨？（　　　）

A. 9419　　　B. 5109　　　C. 4105　　　D. 5314

10. 2014 年，浦项钢产量占韩国总产量的比重为多大？（　　　）上下排

A. 13.2%　　　B. 27.8%　　　C. 60.3%　　　D. 61.4%

【资料 13-1、13-2】的参考答案：1.C　2.B　3.B　4.D　5.C　6.A　7.B　8.D　9.D　10.C

（二）统计图分析

1. 统计图分析测验的解题技巧

（1）统计图的种类与组成。统计图是运用几何图形或具体事物形象来表示现象之间数量关系的图形。它具有直观形象、通俗易懂、便于比较等显著特点，在资料的统计分析中发挥着重要作用。

统计图的种类有条形图、圆形图、曲线图等，它们各自具有自身的特点和功用。条形图是资料分析能力测验中最常用的图形，按照排列方式的不同，可分为纵式条形图和横式条形图；按照分析作用的不同，又可分为条形比较图和条形结构图。圆形图是以圆形面积或以圆形面积大小来表示统计指标数值大小的图形，常用的圆形图有圆形面积图和圆形结构图。曲线图是利用曲线的升降起伏来反映现象的数量变动情况及其结构变化趋势的图形，又称线图，常用的曲线图有动态曲线图、相关曲线图、计划执行曲线图和次数分配曲线图。

统计图通常由图题、图轴、标目、图形、图注等所组成：①图题是统计图的名称，又称标题，位于图下正中处；②图轴是指在直角坐标上作图的纵横两轴，分别称为纵坐标和横坐标；③标目是指纵横两轴上表示间距刻度的各种单位名称；④图形是指用来说明图中代表不同事物的图形线条或颜色的含义；⑤图注是指图形或其局部，或其中某一点需要借助文字数字加以补充说明的内容。

（2）统计图分析测验的解题方法与技巧。统计图与统计表及文字资料不同，它的数据蕴含在形象的图形之中，考生对图形进行一定的分析之后，才能得到所需的数字资料。有些统计图比较简单，一目了然，但近年考题趋难，出现了一题多图现象，这要求考生认真细致一些。解答统计图分析题时，要注意以下几点：

其一，应读懂图。统计图分析试题是以图中反映的信息为依据的，看不懂资料，也就失去答题的前提条件。因此，应当把对图中内容的阅读和理解作为正确答题的首要条件。

其二，读图时，最好带着题中的问题去读，注意摘取与试题有关的重要信息。这样一方面有利于对资料的理解，另一方面也可减少答题时重复看图的时间。

其三，适当采用"排除法"解决问题。统计图分析题的备选答案，通常有一两项是迷惑性不强或极易排除的，通过图中反映出的定性结论就可以排除；进行计算时，往往通过比较数值大小、位数等可排除迷惑选项。

其四，注意统计图中的统计单位。

2. 统计图分析测验典型例题分析

（1）圆形统计图分析。

【**例** 13-75】根据下图回答问题：

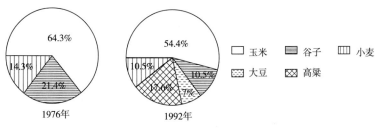

某地粮食作物构成变化图

1. 该地粮食作物中始终占主导地位的是（　　）。

A. 玉米　　　　　B. 谷子　　　　　C. 小麦　　　　　D. 大豆

2. 该地 1992 年与 1976 年相比，新增加的粮食作物是（　　）。

A. 玉米，大豆　　B. 谷子，小麦　　C. 高粱，谷子　　D. 大豆，高粱

3. 与 1976 年相比，该地 1992 年小麦构成比重下降多少？（　　）

A. 4.8　　　　　B. 4.8%　　　　　C. 3.8　　　　　D. 3.8%

4. 1992 年，该地构成比重相同的粮食作物是（　　）。

A. 大豆，玉米　　B. 谷子，小麦　　C. 大豆，高粱　　D. 小麦，玉米

5. 1976 年，该地谷子所占比重为（　　）。

A. 21.4%　　　　B. 14.3%　　　　C. 10.5%　　　　D. 64.3%

【**例** 13-75】的正确答案：1. A　2. D　3. D　4. B　5. A。

第 1 题，在各种格式的扇形中，空白应是最惹人注目的，因此我们可以一眼就看到空白扇形的面积最大，稍一看数据即可得到本题答案为 A。

第 2 题，需要仔细比较这两个图形，经过观察，对照图标，我们可以知道，新增的是大豆和高粱，即答案选 D。

第 3 题，需要对同一项目在不同时期的数据进行量化处理，首先要找出小麦的图标，然后在两个平面图的相应部分找出数据，进行相差处理即可，需要注意的是，3.8 和 3.8% 是完全不同的，绝不能相互替代，在做题的时候需要注意。

第 4 题，只需在第二个图形中进行比较即可，只要不将各种粮食作物的图标搞混弄错，应该很容易就能得出本题答案为谷子和小麦，答案选 B。

第 5 题，该题有两个要求。第一，找出需要的是哪一个平面图；第二，根据谷子的图标在相应的平面图中找出答案。这类题主要考查的是细心，只要稍微仔细一点，是很容易做好的。

（2）曲线图分析。

【**例** 13-76】根据下面的曲线图回答问题：

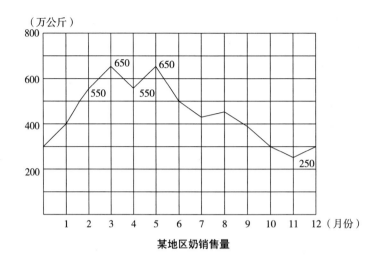

某地区奶销售量

1. 销售量下降最多的月份是（　　　）。
A. 3 月　　　　　　B. 6 月　　　　　　C. 7 月　　　　　　D. 9 月
2. 销售量最高与最低的差是多少万公斤？（　　　）
A. 200　　　　　　B. 300　　　　　　C. 400　　　　　　D. 450
3. 销售量在增大最多的月份里增长了多少万公斤？（　　　）
A. 50　　　　　　　B. 100　　　　　　C. 150　　　　　　D. 200
4. 销售量增加的月份数与销售量减少的月份数之比为（　　　）。
A. 1 : 1　　　　　　B. 1 : 2　　　　　　C. 2 : 1　　　　　　D. 1 : 6
5. 最低销售量为多少万公斤？（　　　）
A. 200　　　　　　B. 250　　　　　　C. 300　　　　　　D. 350

【例 13-76】的正确答案：1.B　2.C　3.C　4.A　5.B。

第 1 题，求销售量下降最多的月份，必须从 3 月开始一直比较到 11 月，许多原本仅是坐标的数据也将被用到，有需要的话，还要进行数据的运算，在 6 组的结果出来之后进行综合的比较，就可以直接得出答案。

第 2 题，是对两个极值求差。首先，通过观察可以很容易地得到峰值为 650 万公斤，然后根据曲线的走向，结合给出的数据，可以得出最低值为 250 万公斤，两者相差 400 万公斤，选出答案 C。

第 3 题，提了两个要求，一是需要找出在哪个月份中销量增长最多，二是需要把这个增加量求出来。因此，先观察 1~3 月的曲线变化，因为主要的上升趋势是在这一段，通过观察和数字比较我们发现，在 2 月销量上升了一个半格，而 1 月和 3 月都只上升了一个格，所以我们的研究对象就是 2 月。然后，将 2 月曲线左右两端的数值相减，即可得到我们需要的答案。

第 4 题，对两种不同的发展趋势加以区分，然后分别数一下上升趋势的月份和下降趋势的月份各有多少进行对比，要注意的是，增加的月份数在前面，减少的月份数在后面，一旦搞混，这道题也就容易出错了。

第 5 题，只需稍加比较，就可以得到本题答案为 B，千万不要被曲线一开始的发展趋势所迷惑而误选 C。

（3）网状图分析。

【例 13-77】根据下面的统计图回答问题：

图示是某省城市、郊区、农村各类学校的分布情况。A 代表大学，B 代表中专学校，C 代表师范学校，D 代表普通中学，E 代表职业中学，F 代表小学，G 代表私立学校。

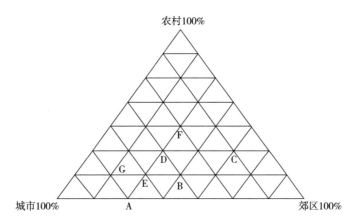

1. 农村分布率最高的是（　　　）。

A. 小学　　　　　　B. 普通中学　　　C. 师范学校　　　D. 私立中学

2. 在农村分布率最低的是（　　　）。

A. 私立中学　　　B. 职业中学　　　C. 中专学校　　　D. 大学

3. 师范学校在城市的分布率与普通中学在城市的分布率之比为（　　　）。

A. 1∶2　　　　　B. 1∶3　　　　　C. 1∶4　　　　　D. 1∶5

4. 哪一类学校在城市、郊区、农村的分布率基本相同？（　　　）

A. 师范学校　　　B. 普通中学　　　C. 小学　　　　　D. 职业中学

5. 下面叙述不正确的是（　　　）。

A. 私立学校和大学在城市的分配率相同

B. 在农村分布率相同的是师范学校和普通中学

C. 在郊区分布率相同的有大学、职业中学和普通中学

D. 师范学校在郊区和农村分布比城市少

【例 13-77】的正确答案：1.A　2.D　3.B　4.C　5.D。

本题是一道典型的网状图形题，它将城市、农村与郊区构成一种三角位置关系，并将七种学校放置其中。尤其是代表小学的 F，其位置与另外六个相比，具有不规则性，在解题的过程中，一旦涉及分布率，一定要慎重对待 F。

第 1 题，要求农村分布率最高的是哪种学校。首先，观察图形，农村 100% 居于最上方的顶角，通过比较我们很容易就会发现，F 距最上端的顶角最近，也就是说，F 在农村的分布率最大，结合题外的说明，我们知道，F 代表的是小学，因此答案选 A。

第 2 题，问的是在农村分布率最低的要素，在图上很容易找出 A 符合要求，它代表大

学，对照答案选项，可知 D 为正确答案。

第 3 题，需要求两个分布率，师范学校在城市的分布率在图中是 C，因为七等分，所以在城市的分布率为 1/7，同理可以得出普通中学在城市的分布率为 3/7，两者相比得到本题答案为 B。

第 4 题，纯粹是个观察题，因为 F 位置特殊，我们首先便注意到它，经过观察，发现 F 基本上位于大三角形的中心，因此选出 F 代表的小学。

第 5 题，是比较复杂一点的判断分析题。通过观察对比可知 D 项的叙述是不正确的，从图中可以看出 C 代表的师范学校在郊区的分布率是最高的。

3. 统计图分析测验强化训练

【**训练 13-1**】根据下列图形回答问题：

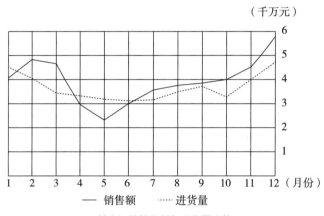

某商场的销售额与进货量比较

1. 该市场销售额最低的是（   ）。

A. 5 月   B. 6 月   C. 7 月   D. 8 月

2. 该商场销售额低于进货量的月份是（   ）。

A. 4 月、5 月   B. 1 月、4 月、5 月、6 月

C. 4 月、5 月、6 月、7 月   D. 5 月、6 月、7 月

3. 该商场赢利最大的两个月是（   ）。

A. 2 月、3 月   B. 10 月、11 月   C. 3 月、12 月   D. 2 月、11 月

4. 该商场哪个月处于赢利（销售额大于进货量）状态？（   ）

A. 6 月   B. 7 月   C. 8 月   D. 9 月

5. 下列叙述不正确的是（   ）。

A. 该商场亏损（销售额低于进货量）最大的是 5 月

B. 该商场从 5 月以后，销售额一直处于增长之中

C. 从 6 月起，该商场进货量一直处于增长之中

D. 该商场全年整体营业状况可能是赢利的

【训练 13-2】

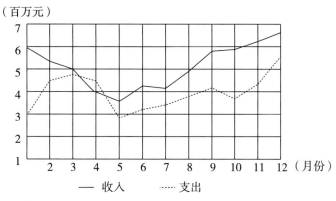

某公司收入与支出状态

6. 该公司收入最多的一个月是（　　　）。

A. 1 月　　　　　　B. 9 月　　　　　　C. 11 月　　　　　　D. 12 月

7. 该公司收入大于支出最多的一个月是（　　　）。

A. 1 月　　　　　　B. 9 月　　　　　　C. 10 月　　　　　　D. 12 月

8. 该公司收入小于支出的共有（　　　）。

A. 1 个月　　　　　B. 2 个月　　　　　C. 3 个月　　　　　D. 4 个月

9. 该公司纯收入大于 200 万元的有（　　　）。

A. 1 个月　　　　　B. 2 个月　　　　　C. 3 个月　　　　　D. 4 个月

10. 该公司支出处于上升状态的有（　　　）。

A. 2 个月　　　　　B. 5 个月　　　　　C. 7 个月　　　　　D. 8 个月

【训练 13-3】

下图是全国部分地区 20 岁青年人的状况。A 代表北京，B 代表广州，C 代表四川，D 代表新疆，E 代表广西，F 代表浙江。

1. 20 岁青年上大学比例最高的地区是（　　　）。

A. 北京　　　　　　B. 广州　　　　　　C. 广西　　　　　　D. 四川

12. 20 岁青年工作比例最高的地区是（　　　）。

A. 广州　　　　　　B. 广西　　　　　　C. 浙江　　　　　　D. 北京

13. 20 岁青年待业比例最高的地区是（　　　）。

A. 浙江　　　　　　B. 四川　　　　　　C. 广西　　　　　　D. 北京

14. 浙江 20 岁青年上大学者与参加工作者的比是（　　　）。

A. 2 : 1　　　　　　B. 1 : 2　　　　　　C. 3 : 1　　　　　　D. 1 : 3

15. 下面叙述不正确的是（　　　）。

A. 广州 20 岁青年上大学者和待业者比例相同

B. 四川 20 岁青年上大学者与参加工作者比例相同

C. 新疆 20 岁青年参加工作者是待业者的 4 倍

D. 北京 20 岁青年参加工作者比例最低

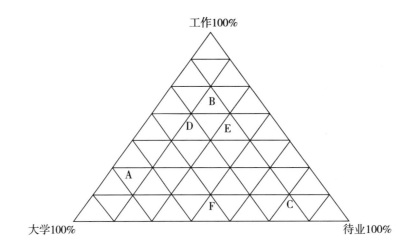

【训练 13-4】

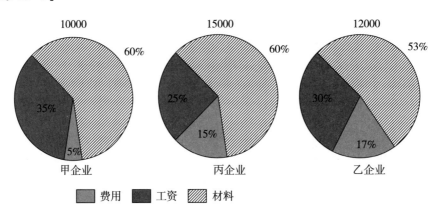

16. 费用支出最多的企业是（　　）。

A. 甲　　　　　　B. 乙　　　　　　C. 丙　　　　　　D. 无法判断

17. 材料成本绝对值最高的企业是（　　）。

A. 甲和丙　　　　B. 甲　　　　　　C. 乙　　　　　　D. 丙

18. 支付工资额最少的企业是（　　）。

A. 甲　　　　　　B. 乙　　　　　　C. 丙　　　　　　D. 三家相同

19. 成本最大的企业是（　　）。

A. 甲　　　　　　B. 乙　　　　　　C. 丙　　　　　　D. 三家相同

20. 利润最高的企业是（　　）。

A. 甲　　　　　　B. 乙　　　　　　C. 丙　　　　　　D. 无法判断

【训练 13-1、13-2、13-3、13-4】 的参考答案：1.A　2.B　3.C　4.C　5.C　6.D　7.A　8.A　9.B　10.D　11.A　12.A　13.B　14.C　15.D　16.C　17.D　18.A　19.C　20.D

（三）统计表分析

1. 统计表分析测验的解题技巧

（1）统计表的内容与基本格式。统计表是指把获得的数字资料，经过汇总整理，按一定的顺序填列在一定表格之内的表格。任何一种统计表，都是统计表格与统计数字的结合体。统计表是系统提供资料和积累资料的重要形式。

根据统计表的构成情况，统计表分为简单表、分组表和复合表三类。统计表具有简明扼要、条理清晰、提纲挈领等优点。

从外形看，一个统计表至少由标题、标目、线条和数字四部分构成：①标题是表的名称，用以概括表列全部统计资料的内容；②标目说明表内数字的含义，包括横标目和纵标目，用来表示表中被研究对象的主要特征；③线条是指表的边框、顶线和底线；④数字是表内统计指标数值，在数字格中出现"……"，表示该格数据暂缺或省略不计；出现"—"，则表示该格不应有数字。

（2）统计表分析测验的解题方法与技巧。统计表具有一目了然、条理清楚的优点，答题时首先要看清标题、纵标目、横标目以及注释，了解每行每列的数据所代表的含义，然后再有针对性地答题。

一般来讲，统计表考核的问题有三种类型：第一种是直接从图表上查阅答案，这种问题比较简单；第二种需要结合几个因素，进行简单的计算，这就要求应试者弄清题意，找准计算对象；第三种是比较复杂的分析和计算，需要综合运用图表所提供的数字。

解答统计表问题时，首先要看清试题的要求，通览整个材料，然后带着问题与表中的具体数值相对照，利用表中所给出的各项数字指标，研究出某一现象的规模、速度和比例关系。

2. 统计表分析测验典型例题分析

【例 13-78】根据下表回答问题。

指标	计算单位	吉林铁合金厂	湖南铁合金厂	峨眉铁合金厂	贵州铁合金厂	西北铁合金厂
职工总人数	人	6728	3217	3958	8732	4408
工人数	人	4495	2294	2625	5309	2910
利润率	%	4.07	3.24	10.38	8.07	13.33

1. 工人人数最多的厂是（   ）。
A. 吉林铁合金厂　　　　　　B. 湖南铁合金厂
C. 峨眉铁合金厂　　　　　　D. 贵州铁合金厂
2. 峨眉铁合金厂的全部职工人数为（   ）人。
A. 3217　　　B. 2625　　　C. 3958　　　D. 2910
3. 利润率最接近的两个厂是（   ）。
A. 湖南铁合金厂与贵州铁合金厂　B. 湖南铁合金厂与吉林铁合金厂
C. 峨眉铁合金厂与西北铁合金厂　D. 吉林铁合金厂与西北铁合金厂
4. 人均利润率最高的厂是（   ）。
A. 湖南铁合金厂　　　　　　B. 吉林铁合金厂

C. 西北铁合金厂   D. 不确定

5. 下列说法错误的是（   ）。

A. 峨眉铁合金厂的工人占全部职工数的一半以上

B. 湖南铁合金厂的工人数比西北铁合金厂多

C. 吉林铁合金厂的工人数没有超过 5000 人

D. 各厂工人数均占职工人数的一半以上

【例 13-78】的正确答案：1.D   2.C   3.B   4.C   5.B。

第 1、第 2、第 3 题通过统计表可以直接做出判断。注意，在回答这样的问题时，看懂题目后先不要看答案，而应根据题目去统计表中找答案。如果先看答案，容易被其他信息所干扰，可能需要多看几遍问题的答案和统计表。

第 4、第 5 题需要进行简单的计算，尤其是第 4 题，计算人均利润率，虽然计算原理并不复杂，但因为数字本身比较复杂，可能计算起来有一定的难度，这就更需要仔细认真。

第十四章

经典训练真题

一、言语理解与表达

每道题包含一段话或一个句子，后面是一个不完整的陈述，要求从四个选项中选出一个来完成陈述。注意：答案可能是完成对所给文字主要意思的提要，也可能是满足陈述中其他方面的要求，你的选择与所提要求应最相符合。

1. 政府每出台一项经济政策，都会改变某些利益集团的收益预期。出于自利，这些利益集团总会试图通过各种行为选择，来抵消政策对他们造成的损失。此时如果政府果真因此而改变原有的政策，其结果不仅使政府出台的政策失效，更严重的是使政府的经济调控能力因丧失公信力而不断下降。

这段文字主要论述了（　　　　）。
A. 政府制定经济政策遇到的阻力
B. 政府要对其制定的政策持续贯彻
C. 制定经济政策时必须考虑到的因素
D. 政府对宏观经济的调控能力

2. 在新一轮没有硝烟的经济战场上，经济增长将主要依靠科技进步。而解剖中国科技创新结构可以看出，在中国并不缺乏研究型大学、国家实验室，最缺乏的是企业参与的研究基地以及研究型企业，企业资助、共建、独资创立的科研机构。像美国的贝尔实验室，就是这种研究基地。

这段文字的主旨是（　　　　）。
A. 要充分发挥企业在科技创新中的重要作用
B. 中国不缺乏研究型大学，缺乏的是研究型企业
C. 加强企业参与的研究基地建设是中国经济腾飞的必经之路
D. 企业资助、共建、独资创立的科研机构是提高企业效益的关键

3. 为什么有些领导者不愿意承担管理过程中的"教练"角色？为什么很多领导者不愿意花时间去教别人？一方面是因为辅导员工要花去大量的时间，而领导者的时间本来就是最宝贵的资源，另一方面则在于对下属的辅导是否能够收到预期的效果，是一件很难说清的事。因为有很多知识和方法是"只可意会，不可言传"的。而从更深的层次来说，"教练"角色要求领导者兼具心理学家和教育学家的素质，这也是一般人难以具备的。

最适合做本段文字标题的是（　　　）。

A. 效率低下，领导之过　　　　B. 团队意识亟待增强

C. 员工培训，岂容忽视　　　　D. 做领导易，做"教练"难

4. 即使社会努力提供了机会均等的制度。人们还是会在初次分配中形成收入差距。由于在市场经济中资本也要取得报酬，拥有资本的人还可以通过拥有资本来获取报酬，就更加拉大了初次分配中的收入差距。所以当采用市场经济体制后，为了缩小收入分配差距，就必须通过由国家主导的再分配过程来缩小初次分配中所形成的差距；否则，就会由于收入分配差距过大，形成社会阶层的过度分化和冲突，导致公产过剩的矛盾。

这段文字主要谈论的是（　　　）。

A. 收入均衡难以实现　　　　B. 再分配过程必不可少

C. 分配差距源于制度　　　　D. 收入分配体制必须改革

5. 一个年轻人寄了许多份简历到一些广告公司应聘。其中有一家公司写了一封信给他："虽然你自认为文采很好，但从你的来信中，我们发现了许多语法错误，甚至有一些错别字。"这个青年想如果这是真的，我应该感谢他们告诉我，然后改正，于是他给这家公司写了一封感谢信。几天后，他再次收到这家公司的信函，通知他被录用了。

这段文字主要想告诉我们（　　　）。

A. 机会往往在不经意间获得

B. 公司招聘时更看重求职者的态度

C. 谦虚能获得更多知识和别人的尊重

D. 良好的文字功底是成功求职的前提

6. 气候变暖将会使中纬度地区因蒸发强烈而变得干旱，现在农业发达的地区将退化成草原，高纬度地区则会增加降水，温带作物将可以在此安家。但就全球来看，气候变暖对世界经济的负面影响是主要的，得到好处的仅是局部地区。

这段文字旨在说明气候变暖（　　　）。

A. 会使全球降水总量减少

B. 对局部地区来说利大于弊

C. 将给世界经济带来消极影响

D. 将导致世界各国农业结构发生变化

7. 汽车是对环境影响较大的商品，汽车厂商支持环保事业、进行环保宣传，似乎是理所应当的。环保应当是汽车企业在发展中必须认真考虑的因素，但要求汽车企业没有利润甚至亏损来做环保，显然是不现实的，而且也不会持久。汽车企业在发展的同时采取新的技术措施，尽量减少对环境的污染，符合社会发展大趋势，才是长久之策。

这段文字的核心观点是（　　　）。

A. 环保与实现企业利润存在矛盾

B. 发展环保事业应该注重从实际出发

C.技术革新是解决汽车影响环境问题的关键

D.汽车企业应在发展的同时充分重视环境保护

8. 什么是人才，可谓 _____，在全球化和信息化时代，人才应该具备的几点基本素质倒是 _____ 的，很多大企业认为，引领未来企业发展的也是企业最缺乏的人才必须具备三大条件：领导才能、谈判能力和全球思维。

填入划横线部分最恰当的一项是（　　　）。

A.众说纷纭　统一　　　　　　　B.莫衷一是　固定

C.见仁见智　共通　　　　　　　D.因人而异　公认

9. 在 20 世纪 90 年代之前，中国的粮食进口量从没有 _____ 供应量的 5%，但是，随着畜牧业的发展，特别是工厂式畜牧业的 _____，商品饲料的需求量大为增加，这样的状况会 _____ 中国粮食自给的基础政策。

填入划横线部分最恰当的一项是（　　　）。

A.达到　兴盛　动摇　　　　　　B.低于　扩大　冲击

C.超过　兴起　挑战　　　　　　D.大于　扩充　违反

10. 一种经济理论或者经济模型是对经济现象的某些方面的描述，它要比其描述的现实简单，理论要舍弃不重要的东西。至于什么重要，什么不重要，取决于经济学家的假设，假设不同，提出的理论也不一样。经济学家们对同一现象往往有很多的理论解释，主要就是因为强调的东西常常不一样。因此，理论不等同于真理，可以争辩，可以错，也可以被推翻。

这段文字意在说明（　　　）。

A.如何发展经济理论　　　　　　B.经济理论的内在本质

C.经济理论的主要功能　　　　　D.如何看待经济理论

11. 茶艺与茶道精神是中国茶文化的核心，"艺"是指制茶、烹茶、品茶等艺茶之术，"道"是指艺茶过程中所 _____ 的精神。有道而无艺，那是 _____ 的理论；有艺而无道，艺则无精、无神。

依次填入划横线部分最恰当的一项是（　　　）。

A.传达　虚浮　　B.包含　虚无　　C.贯穿　空洞　　D.体现　枯燥

12. 有人说，凡是知识都是科学的，凡是科学都是无颜色的，并且在追求知识时，我们要知道没有颜色的态度，假使这种说法不随意扩大，我也认同。但我们要知道，只要是一个活生生的人，便必然有颜色。对无颜色的知识的追求，必定潜伏着一种有颜色的力量，在后面或底层加以推动。这一推动力量，不仅决定一个人追求知识的方向与成果，也决定一个人对知识是否真诚。

这段文字中"有颜色的力量"指的是（　　　）。

A.研究态度　　B.价值取向　　C.道德水准　　D.兴趣爱好

13. 炮制技术被认为是中医药的核心技术，也是中医独有的传统技能，掌握它就等于掌据中医药市场。国外企业通常通过在我国开办饮片加工厂、聘请国内炮制专家"偷学"炮制技术，目前这样的外资企业达到几十家。这是因为，一些地方政府对国家在特殊领域的规定并不了解，无从管起；还有一些地方政府虽明知这些规定，但为了经济指标，对此不管不顾。调研表明，国内实际饮片厂数量比国家药监局公布的多几百家。

这段文字意在表明（　　）。

A. 国家应加强对炮制技术保密工作的管理

B. 政府应加强对设立中药饮片厂的资格审查

C. 我国中医药行业的发展受到外资企业的威胁

D. 地方政府应该加强对中医药行业相关规定的了解

14. 中国古代礼制要求服装尽力遮掩身体的各种凹凸，在裁制冕服时可以忽略人体各部位的三维数据，不需要进行细致的测量。冕服章纹要有效地体现等级区别，图案就必须清晰可辨、鲜明突出。这使中国古代服饰中与服饰图案相关的绘、染、织、绣等工艺技术相当发达，也使中国古代服装的裁制向着有利于突出图案的方向发展。与西方重视身体三维数据、要求服装紧窄合体的立体剪裁法不同，中国古代无论是冕服对人所占空间的扩大，还是图案对冕服平面风格的要求，都指向了中国传统服装宽大适体的平面剪裁法。

这段文字意在说明（　　）。

A. 礼制对官员服装的规定制约了中国古代服饰艺术的发展

B. 中西方剪裁方法的分化以冕服的产生与发展为特征

C. 中国古代服装的剪裁方法推动了印染技术的发展

D. 礼制的要求使中国传统服装采用了平面剪裁法

15. 一只小型广告灯箱一年可以杀死约 35 万只昆虫。亮如白昼的夜晚还会严重影响昆虫特别是成虫的生命周期。昆虫是自然界食物链中的一个重要环节，很多小型动物、鸟类和蝙蝠以昆虫为主要食物，许多植物靠昆虫授粉，如果昆虫的种类和数量发生变化，必将严重影响生态环境。过度的照明对能源浪费和环境污染的压力更是不言而喻。

这段文字意在强调（　　）。

A. 光照对动植物生长的主要影响

B. 自然界各物种之间的关系密切

C. 光污染对自然生态平衡的干扰

D. 昆虫在自然界中的重要作用

16. ①单纯罗列史料，构不成历史

②只有在史料引导下发挥想象力，才能把历史人物和事件的丰富内涵表现出来

③历史研究不仅需要发掘史料，而且需要史学家通过史料发挥合理想象

④所谓合理想象，就是要尽可能避免不实之虚构

⑤这是一种悖论，又难以杜绝

⑥但是，只要想象就难以避免不实虚构出现

将以上 6 个句子重新排列，语序正确的是（　　）。

A. ④⑤⑥③②①

B. ③①②④⑥⑤

C.⑤⑥②①④⑥　　　　　　　D.①③④⑥⑤②

17. ①在丹麦、瑞典等北欧国家发现和出土的大量石斧、石制矛头、箭头和其他石制工具以及用树干造出的独木舟便是遗证

②陆地上的积冰融化后，很快就出现了苔藓、地衣和细草，这些冻土原始植物引来了驯鹿等动物

③常年受着从西面和西南面刮来的大西洋暖湿气流的影响，很适合生物的生长

④动物又吸引居住在中欧的猎人在夏天来到北欧狩猎

⑤北欧虽说处于高纬度地区，但这一带正是北大西洋暖流流经的地方

⑥这发生在公元前8000年到公元前6000年的中石器时代

将以上6个句子重新排列，语序正确的是（　　　）。
A.⑥②④①⑤③　B.⑤②③④①⑥
C.⑥⑤③②④①　D.⑤③②④⑥①

18. 目前我国高校博物馆的数量已有150多座，然而这些博物馆却很寂寞，终年_____，有的连自己学校的师生都不知晓，有的由于没有展出条件，众多的宝贝常年灰尘满面，利用率很低，至于说到免费开放和惠及民众，更是很_____的话题。

依次填入划横线部分最恰当的一项是（　　　）。
A.门可罗雀　遥远　　　　　　B.无人问津　突兀
C.门庭冷落　生僻　　　　　　D.人迹罕至　超前

19. 在高楼林立的现代都市里，在人们的_____中，本已零落的古建筑更加凋零，每天都面临着彻底消失的命运，如果教育能让孩子从小感受古建筑所蕴含的魅力，让他们懂得珍惜，就能最终积累出保护古代建筑最_____的力量。

依次填入划横线部分最恰当的一项是（　　　）。
A.忙碌　可靠　　　　　　　　B.漠视　坚实
C.误解　基础　　　　　　　　D.麻木　强大

20. 北极地区冰壶的逐渐融化，更_____的意义在于北冰洋上将出现新航道，新航道的出现可以让环北极地区国家_____提出对北极地区的主权主张，不仅可以使本国获得经济和军事利益，而且可以直接对其他国家的科学考察、经济开发等活动进行_____。

依次填入划横线部分最恰当的一项是（　　　）。
A.深远　趁机　干预　　　　　B.现实　方便　限制
C.重要　合法　监控　　　　　D.直接　明确　介入

21. 从某种意义上来说，大脑就像肌肉一样，如果_____锻炼某个部分，就会使该区域增强，科学家发现小提琴演奏家的大脑中用来控制左手的区域远大于常人，因为左手按压琴弦的工作比较_____，而右手拉弓弦则相对简单，同样，阅读盲文的盲人，其大脑中很大的区域_____给触觉。

依次填入划横线部分最恰当的一项是（　　）。

A. 长期　紧张　安排　　　　　B. 反复　烦琐　分配

C. 直接　劳累　划分　　　　　D. 刻意　复杂　预留

22. 唐朝中期以后，帝国再次陷入激烈的持续动荡，农民起义和藩镇割据成了唐帝国后叶的＿＿＿＿＿。最终，中国进入了50余年的五代十国大分裂时期，看起来，黄河文明似乎已经＿＿＿＿＿，但是，为什么中国的文明没有像古埃及和古巴比伦那样彻底衰亡，而是＿＿＿＿＿，一直延续至今呢？

依次填入划横线部分最恰当的一项是（　　）。

A. 主题　危在旦夕　薪尽火传　　　B. 主线　岌岌可危　柳暗花明

C. 主题　危机四伏　重振旗鼓　　　D. 主流　危如累卵　涅槃重生

23. 蒙田说："初学者的无知在于未学，而学者的无知在于学后。"意思是说，第一种无知是连字都不识，当然谈不上有学问；第二种无知却是错读了许多书，反而变得无知。"初学者"的无知容易辨别，也容易避免；但是"读书读得越多越好"的错误观点似乎更能迷惑人，因此有必要审慎选择阅读的书目，以免读得越多就偏离得越远。

根据这段文字，"初学者的无知"和"学者的无知"（　　）。

A. 都是缺乏正确引导造成的　　　B. 既容易区分又容易被混淆

C. 都是求知过程中难以避免的　　D. 是两种不同学习经历的反映

24. 目前我国气象卫星的技术能力，只能在太空给大气"拍照"，呈现出的是平面的图像，对大气的立体探测能力尚不足，随着卫星更新换代，新科技的研发，今后可以给大气做"CT"，比如能监测出云层的厚度，温度及湿度的分布，台风的热力学结构，这将提高天气预报的准确率，提升我国应对气候变化的能力，目前我国的气象卫星在规模、核心技术方面和美国等发达国家相比还存在一些差距，再经过十年的发展，有望赶上国际先进水平，甚至在部分领域取得领先，可能从一个"气象卫星大国"变成"气象卫星强国"。

根据这段文字，以下说法正确的是（　　）。

A. 现阶段欧美国家的天气预报准确率略高于中国

B. 我国和发达国家的气象卫星技术水平相差十年

C. 我国气象卫星未来将能够实现大气的立体探测

D. 目前我国气象卫星技术在某些领域处于世界领先地位

25. 苏州曾经是经济兴盛，文化发达，人才荟萃之地。明末清初，苏州士绅除少数人发生身份和观念转变外，多数人的传统观念仍根深蒂固。而作为社会主流的士绅观念和意识往往通过各种渠道新润展延，严重影响一般民众。正因如此，晚清苏州民风靡弱闲散，生活节奏缓慢，缺乏早期现代化必需的紧迫感与开拓精神。清末及民国初期，苏州人民很少愿意将资本投入到现实业中，以至于苏州钱庄吸收的存款在当地难以消纳，不得不转向外阜埠寻求出路。

这段文字主要介绍了（　　）。

A. 清末苏州资金消纳的途径与方式

B. 苏州民众在士绅观念影响下的转变

C. 民国初期苏州实业发展衰弱的原因

D. 士绅观念制约了近代苏州的现代化进程

26. 人口的激增，让地球的粮食供应面临严峻的考验，有科学家预计，到 2050 年，需要增加 70% 的耕地，人类才能养活自己，但地球上根本没有这么多可增加的耕地，于是，科学家转向海洋求助：在远离海岸的开阔海域中养鱼，可以给人类提供足够的营养，我们可以大胆地预计，人类食物的蓝色革命即将拉开序幕。

根据这段文字，"人类食物的蓝色革命"是指（　　　）。

A. 对海洋产品进行深度加工，提高其利用率

B. 海水养殖业将逐渐取代传统农业的主导地位

C. 加大深海养殖的力度，弥补近海养殖的不足

D. 海洋鱼类资源将在人类食物结构中占较大比重

27. 瓦特发明的蒸汽机将人类带入工业社会，从此，以消耗自然资源为基础的社会经济发展模式向各领域逐渐渗透，开始主导人类社会的方方面面。这种模式如同做蛋糕一样，被做得越来越大，已经不只局限在"突飞猛进"的工业生产领域，在城市规划与建设等领域更为突出。这种模式的确为社会创造出了巨大财富，人们也从中或多或少得到了实惠，但其弊端正在逐渐显现。

根据这段文字，可以看出作者的意图是（　　　）。

A. 倡导转变社会经济发展模式

B. 批判工业社会的经济增长方式

C. 揭示工业社会经济发展模式的实质

D. 呼吁人们降低对自然资源的消耗水平

【参考答案与解析】

二、数量关系

（一）数字推理

给你一个数列，但其中缺少一项，要求你仔细观察数列的排列规律，然后从四个供选择的选项中选择你认为最合理的一项来填补空缺项，使之符合原数列的排列规律。

1. -1, 1, 3, 29, （　　　）

A. 841　　　　　　B. 843　　　　　　C. 24389　　　　　　D. 24391

2. 0, 1, 4, 11, 26, 57, （　　　）

A. 247　　　　　　B. 200　　　　　　C. 174　　　　　　D. 120

3. −13, 19, 58, 106, 165, (　　　)

A. 189　　　　　　B. 198　　　　　　C. 232　　　　　　D. 237

4. 7, 9, −1, 5, (　　　)

A. 3　　　　　　B. −3　　　　　　C. 2　　　　　　D. −1

5. 2, 1, 2/3, 1/2, (　　　)

A. 3/4　　　　　　B. 1/4　　　　　　C. 2/5　　　　　　D. 5/6

6. 5, 12, 24, 36, 52, (　　　)

A. 58　　　　　　B. 62　　　　　　C. 68　　　　　　D. 72

7. 0, 1/4, 1/4, 3/16, 1/8, (　　　)

A. 1/16　　　　　　B. 5/64　　　　　　C. 1/8　　　　　　D. 1/4

8. 3, 5, 11, 21, (　　　)

A. 42　　　　　　B. 40　　　　　　C. 41　　　　　　D. 43

9. 6, 7, 19, 33, 71, (　　　)

A. 127　　　　　　B. 130　　　　　　C. 137　　　　　　D. 140

10. 4, 12, 39, 103, (　　　)

A. 227　　　　　　B. 242　　　　　　C. 228　　　　　　D. 225

11. 7/3, 21/5, 49/8, 131/13, 337/21, (　　　)

A. 885/34　　　　　　B. 887/34　　　　　　C. 887/33　　　　　　D. 889/3

12. 9, 0, 16, 9, 27, (　　　)

A. 36　　　　　　B. 49　　　　　　C. 64　　　　　　D. 22

13. 1, 1, 2, 6, 15, (　　　)

A. 21　　　　　　B. 24　　　　　　C. 31　　　　　　D. 40

14. 5, 6, 19, 33, (　　　), 101

A. 55　　　　　　B. 60　　　　　　C. 65　　　　　　D. 70

15. 0, 1, (　　　), 2, 3, 4, 4, 5

A. 0　　　　　　B. 4　　　　　　C. 2　　　　　　D. 3

16. 256, 269, 286, 302, (　　　)

A. 254　　　　　　B. 307　　　　　　C. 294　　　　　　D. 316

17. 72, 36, 24, 18, (　　　)

A. 12　　　　　　B. 16　　　　　　C. 14. 4　　　　　　D. 16. 4

18. 8, 10, 14, 18, (　　　)

A. 24　　　　　　B. 32　　　　　　C. 26　　　　　　D. 20

19. 3, 11, 13, 29, 31, (　　　)

A. 52　　　　　　B. 53　　　　　　C. 54　　　　　　D. 55

20. −2/5, 1/5, −8/750, (　　　)

A. 11/375　　　　　　B. 9/375　　　　　　C. 7/375　　　　　　D. 8/375

21. 2, 3, 4, 9, 16, 29 (　　　)

A. 54　　　　　　B. 55　　　　　　C. 56　　　　　　D. 57

22. 1/2, 2/3, 4/3, 2, 3/2 (　　　)

A. 2/3　　　　　　B. 3/4　　　　　　C. 4/5　　　　　　D. 5/6

23. 138,（　　）, 38, 20, 10, 4

A. 71　　　　　　B. 72　　　　　　C. 73　　　　　　D. 74

24. 10, 30, 68, 130,（　　　）

A. 169　　　　　B. 222　　　　　C. 181　　　　　D. 231

25. 13, 112, 121, 130,（　　　）

A. 131　　　　　B. 139　　　　　C. 132　　　　　D. 144

26. 2, 2, 0, -4,（　　　）

A. 6　　　　　　B. 8　　　　　　C. -10　　　　　　D. -12

27. 32, 8, 4, 3,（　　　）

A. 4　　　　　　B. 3　　　　　　C. 2　　　　　　D. 1

28. 1, 2, 2, 3, 4,（　　　）

A. 4　　　　　　B. 5　　　　　　C. 6　　　　　　D. 7

29. 3, 7, 16, 107,（　　　）

A. 1707　　　　B. 1704　　　　C. 1086　　　　D. 1072

30. 1.1, 2.2, 4.3, 7.4, 11.5,（　　　）

A. 16.6　　　　B. 15.6　　　　C. 15.5　　　　D. 16.5

【参考答案与解析】

（二）数学运算

在这部分试题中，每道试题呈现一段表述数字关系的文字，要求迅速准确地计算出答案，可以在草稿纸上运算。

1. 一个两位数除以一个一位数，商仍是两位数，余数是8。问：被除数、除数、商以及余数之和是多少？（　　　）

A. 98　　　　　B. 107　　　　　C. 114　　　　　D. 125

2. 10个连续偶数的和是以1开始的10个连续奇数的和的2.5倍，其中最大的偶数是多少？（　　　）

A. 34　　　　　B. 38　　　　　C. 40　　　　　D. 42

3. 某车间从3月2日开始每天调入1人，已知每人每天生产一件产品，该车间从3月1日至3月21日共生产840个产品。该车间应有多少名工人？（　　　）

A. 20　　　　　B. 30　　　　　C. 35　　　　　D. 40

4. 商店卖气枪子弹，每粒1分钱，每5粒4分钱，每10粒7分钱，每20粒1角2分钱。小明的钱至多能买73粒，小刚的钱至多能买87粒。小明和小刚的钱合起来能买多少粒？（　　　）

A. 160　　　　　B. 165　　　　　C. 170　　　　　D. 175

5. 在一个口袋中有10个黑球、6个白球、4个红球。至少从中取出多少个球才能保证

其中有白球？（　　　）

    A. 14　　　　　　B. 15　　　　　　C. 17　　　　　　D. 18

6. 一个盒子里有黑棋子和白棋子若干粒，若取出一粒黑子，则余下的黑子数与白子数之比为 9：7，若放回黑子，再取出一粒白子，则余下的黑子数与白子数之比为 7：5，那么盒子里原有的黑子数比白子数多（　　　）。

    A. 5 粒　　　　　　B. 6 粒　　　　　　C. 7 粒　　　　　　D. 8 粒

7. 某商品因供过于求降价 20%，如果一年后又恢复原价，则应提价（　　　）。

    A. 18%　　　　　　B. 20%　　　　　　C. 25%　　　　　　D. 40%

8. 商场的自动扶梯以匀速由下往上行驶，两个孩子嫌扶梯走得太慢，于是在行驶的扶梯上，男孩每秒钟向上走 2 个梯级，女孩每 2 秒向上走 3 个梯级。结果男孩用 40 秒钟到达，女孩用 50 秒钟到达。则当该扶梯静止时，可看到的扶梯级有（　　　）。

    A. 80 级　　　　　　B. 100 级　　　　　　C. 120 级　　　　　　D. 140 级

9. 某射击运动员在一次比赛中，前 6 次射击已经得到 52 环，该项目的记录是 89 环（10 次射击，每次射击环数只取 1~10 中的正整数）。如果他要打破纪录，第 7 次射击不能少于多少环？（　　　）

    A. 7　　　　　　B. 8　　　　　　C. 9　　　　　　D. 10

10. 快艇从 A 码头出发，沿河顺流而下，途经 B 码头后继续顺流驶向 C 码头，到达 C 码头后掉头驶回 B 码头共用 10 小时。若 A、B 距离 20 千米，快艇在静水中速度为 40 千米/小时，水流速度为 10 千米/小时，则 A、C 间距离为（　　　）。

    A. 120 千米　　　　　　B. 180 千米　　　　　　C. 200 千米　　　　　　D. 240 千米

11. 有甲、乙两个汽车站，从甲站到乙站与从乙站到甲站每隔 10 分钟同时各发车一辆，且都是 1 小时到达目的地。问某旅客乘车从甲站到乙站，在途中可看到几辆从乙站开往甲站的汽车？（　　　）

    A. 9　　　　　　B. 13　　　　　　C. 14　　　　　　D. 11

12. 某月的最后一个星期五是这个月的 25 号，这个月的第一天是星期几？（　　　）

    A. 星期二　　　　　　B. 星期三　　　　　　C. 星期四　　　　　　D. 星期六

13. 某船第一次顺流航行 21 千米又逆流航行 4 千米，第二次在同一河道中顺流航行 12 千米，逆流航行 7 千米，结果两次所用的时间相等。则顺水船速与逆水船速之比是（　　　）（设船本身的速度及水流的速度都不变的）。

    A. 4：1　　　　　　B. 3：1　　　　　　C. 2：1　　　　　　D. 9：1

14. $a=8.8+8.98+8.998+8.9998+8.99998$，则 a 的整数部分是（　　　）。

    A. 45　　　　　　B. 44　　　　　　C. 43　　　　　　D. 42

15. 小明和小红积极参加红领巾储蓄活动，把零用钱存入银行。小明存入银行的钱比小红少 20 元。如果两人都从银行取出 12 元买学习用品，那么小红剩下的钱是小明的 3 倍。问两人原来共存入银行多少元？（　　　）

    A. 44　　　　　　B. 64　　　　　　C. 75　　　　　　D. 86 来

16. 甲、乙、丙三队在 A、B 两块地植树，A 地要植树 900 棵，B 地要植树 1250 棵，已知甲、乙、丙每天分别能植树 24 棵、30 棵、32 棵，甲在 A 地植树，丙在 B 地植树，乙先在 A 地植树，然后转到 B 地植树。两块地同时开始同时结束，乙应在开始后第几天从 A 地转到 B 地？（　　　）

　　A. 5　　　　　　B. 7　　　　　　C. 9　　　　　　D. 11

17. 育红小学六年级举行数学竞赛，参加竞赛的女生比男生多 28 人。根据成绩，男生全部获奖，而女生则有 25% 的人未获奖。获奖总人数是 42 人，又知参加竞赛的是全年级的 2/5。六年级学生共有多少人？（　　　　）

　　A. 130　　　　　B. 78　　　　　C. 90　　　　　D. 111

18. 2014 年的"双十一"即将到来，某网上商城决定举行为期一个月的"两件购买第二件半价"的促销活动。已知某品牌料酒活动前价格是 4.9 元，活动中，第一瓶价格是 5.2 元，如果同时买两瓶则第二瓶半价。活动后统计知，顾客一次买两瓶的情况下共卖出 310 瓶，而平时一个月能卖 100 瓶，已知每瓶料酒的成本为 3 元，则这一个月的利润比平时约多（　　　　）。

　　A. 37.8%　　　　B. 46.8%　　　　C. 50.1%　　　　D. 62.1%

19. 在一条公路旁有 4 个工厂，每个工厂的人数如图所示，且每两厂之间距离相等。现在要在公路旁设一个车站，使 4 个工厂的所有人员步行到车站总路程最少，这个车站应设在几号工厂门口？（　　　　）

1号	2号	3号	4号
100人	120人	80人	215人

　　A. 1　　　　　　B. 2　　　　　　C. 3　　　　　　D. 4

20. 1~1000 中所有不能被 5、6、8 整除的自然数有多少个？（　　　　）

A. 491　　　　　B. 107　　　　　C. 400　　　　　D. 600

21. 在长方形 ABCD 中，放入 8 个形状、大小相同的长方形，位置和尺寸如图所示（图中长度单位：厘米），则阴影部分的面积为（　　　　）。

A. 18 平方厘米　　B. 28 平方厘米　　C. 32 平方厘米　　D. 40 平方厘米

22. 把自然数 A 的十位数、百位数和千位数相加，再乘以个位数字，将所得积的个位数字续写在 A 的末尾，成为对 A 的一次操作。设 A=4626，对 A 进行一次操作得到 46262，再对 46262 操作，由此进行下去，直到得出 2010 位的数为止，则这个 2010 位数的各位数字之和是（　　　　）。

　　A. 28　　　　　B. 32　　　　　C. 24　　　　　D. 26

23. 某河有相距 45 千米的上、下游两个码头，每天定时有甲、乙两艘速度相同的客轮分别从两个码头同时出发相向而行，一天甲船从上游码头出发时掉下一物，此物浮于水面顺水漂流而下，4 分钟后，与甲船相距 1 千米，预计乙船出发后几小时可以与此物相遇？（　　　　）

　　A. 2.5　　　　　B. 3.5　　　　　C. 3　　　　　　D. 4

24. 有 3 个大人、2 个小孩要一次同时过河，渡口有大船、中船、小船各 1 只，大船最多能载 1 个大人、2 个小孩，中船最多能载大人、小孩各 1 人，小船最多能载大人 1 人，为了安全，小孩需大人陪同，则乘船的方式有多少种?（   ）

A. 6   B. 12   C. 18   D. 24

25. 某学校组织一批学生乘坐汽车出去参观，要求每辆车上乘坐的学生人数相同，如果每辆车乘 20 人，结果多 3 人；如果少派一辆车，则所有学生正好能平均分乘到各车上，已知每辆汽车最多能乘坐 25 人，则该批学生人数是（   ）。

A. 583   B. 483   C. 324   D. 256

26. 有一个两位数，如果用它去除以个位数字，商为 9 余数为 6，如果用这个两位数除以个位数字与十位数字之和，则商为 5 余数为 3。这个两位数为（   ）。

A. 33   B. 78   C. 38 或 78   D. 33 或 78

27. 慢车车长 125 米，每秒行 17 米，快车车长 140 米，每秒行 22 米，慢车在前面行驶，快车从后面追上来，那么，快车从追上慢车的车尾到完全超过慢车需要多少时间?（   ）

A. 25 秒   B. 28 秒   C. 53 秒   D. 54 秒

28. 银行的整存整取年利率为：一年期 3.5%，二年期 4.4%，三年期 5.0%，现甲、乙二人同时各将 10 万元存入银行，甲先存二年，然后连本带利再存二年，乙先存三年，然后连本带利再存一年，则四年后两人同时取出的钱数（   ）。

A. 甲比乙多 900 元   B. 乙比甲多 900 元

C. 甲比乙多 650.6 元   D. 乙比甲多 650.6 元

【参考答案与解析】

三、判断推理

（一）图形推理

图形推理考查的是考生观察、抽象、推理的能力。要求考生从给出的图形数列中，找出图形排列的规律，据此推导符合规律的图形。

1.

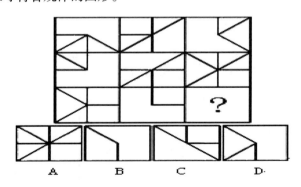

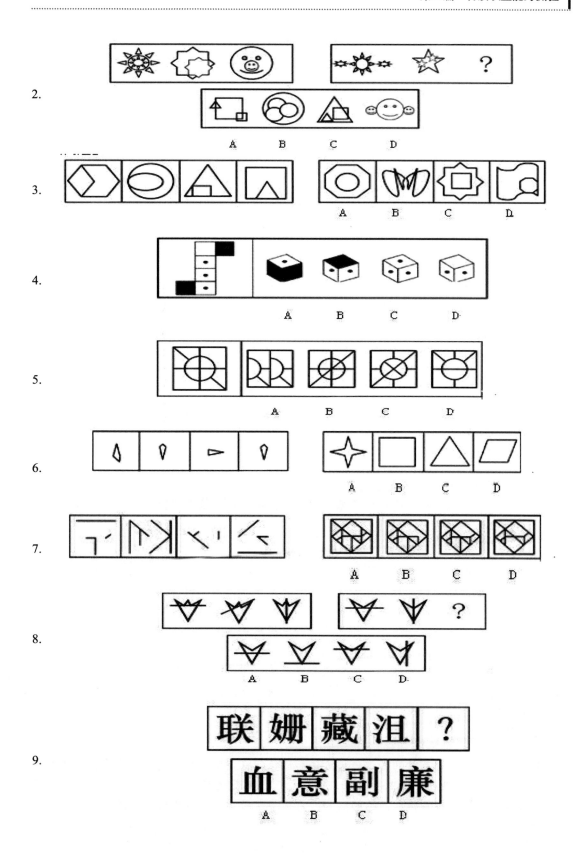

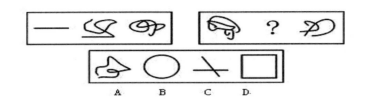

10.

【参考答案与解析】

（二）定义判断

1. 人的视觉完形功能，是指当人们在用眼睛观察世界时，总是倾向于用自己所熟悉的经验，把本无联系的散乱事物加工成有机的整体后进行感知。

根据以上定义，下列不属于人的视觉完形功能的是（   ）。

A. 1872 年美国迈布里奇用连动摄影机拍摄到，马在奔跑时至少一蹄着地，不会有古代画家所画的马总是四蹄腾空的样子

B. 北斗星由七颗星星组成，人们总是亲切地称之为"勺星"

C. 鲁迅小时候喜欢在画本的不同页上画动作相差很小的一组人物，然后迅速从前往后翻，这时画面本来静止的人们都好像动了起来

D. 在一个很黑的屋子里燃着一炷香，一个人在凝视香头几分钟后，发觉这个香头竟然自己动了起来

2. 依法行政是指行政机关应当依据法律规定，在法定权限内，按照法定程序作出证据确凿充分的行为。

根据以上定义，下列行为符合依法行政要求的是（   ）。

A. 某市政府办公厅制定发布了一个有关该市城市环境卫生管理处罚的规范性文件

B. 某区公安局认为张某养兔子干扰了邻居正常生活，依据治安管理处罚法，对其作出罚款 5000 元并处以 15 日行政拘留的行政处罚

C. 某市政府为保护文物古迹，而向某户居民提出在该户居民所有的房屋院落中，建立文物保护示范点，要求该户居民限时迁出，并决定给予该户居民一定的补偿

D. 某市工商局接群众举报称某香烟批发点销售假冒的"熊猫"牌香烟，前往执法时发现业户已经得知消息关门停止营业。为及时得到确凿证据，打击违法经营行为，执法人员破门而入，当场查获尚未来得及转移的大量库存假冒香烟及会计资料，据此对该业户作出了行政处罚决定

3. 知识营销：通过有效的知识传播方法和途径，将企业所拥有的对用户有价值的知识（包括产品知识、专业研究成果、经营理念、管理思想及优秀的企业文化）传递给潜在用户，并逐渐形成对企业品牌和产品的认知，为将潜在用户最终转化为用户的过程和各种营销行为。

下列行为属于知识营销的是（　　　）。

A. 某公立医院派出 10 名资深医生参加社区义诊志愿活动

B. 某证券公司组织离退休老人学习班，免费讲解股票市场知识

C. 某名牌企业匿名为希望工程捐款 1000 万元

D. 在药厂工作的小刘经常和朋友们一起探讨有关饮食健康的问题

4. 白亮污染：是一类光污染，指过度光亮给人的视觉造成的不良影响。如光洁的金属表面、城市里建筑物的玻璃幕墙、釉面砖墙、磨光大理石以及各种涂料等装饰反射光线，明晃白亮、炫眼夺目，使人头昏眼花、心烦意乱、食欲下降、情绪低落等。

下列表述不属于白亮污染的一项是（　　　）。

A. 夏天，玻璃幕墙强烈的反光进入附近居民楼房内，增加了室内温度，影响正常的生活

B. 烈日下驾车行驶的司机会出其不意地遭到玻璃幕墙反射光的突然袭击，眼睛受到强烈刺激，很容易诱发车祸

C. 夜幕降临后，商场、酒店上的广告灯、霓虹灯闪烁夺目，令人眼花缭乱

D. 在一些旅游景点，许多人拍照留影，不停闪烁的闪光灯让其他游客心烦意乱

5. 城市热岛：是指随着城市规模的迅速扩大，城市气温明显高于外围郊区的现象。在气象学近地面大气等温线图上，郊外的广阔地区气温变化很小，如同一个平静的海面，而城区则是一个明显的高温区，如同突出海面的岛屿。由于这种岛屿代表着高温的城市区域，所以就被形象地称为"城市热岛"。

根据上述定义，下列表述不正确的一项是（　　　）。

A. 热岛效应不仅使城市的气候发生了变化，还带来严重的污染，成为影响城市环境质量的重要因素

B. 一般情况下，城市规模越大，人口越密集，热岛效应也愈发明显

C. 城市热岛效应与机动车辆、工业生产及人群活动等产生的"温室效应"有关

D. 在城市中，增加道路、广场、体育馆等公用设施，对缓解热岛效应有帮助

6. 漏税：指纳税人并非故意未缴或者少缴税款的行为。对漏税者税务机关应当令其限期照章补缴所漏税款；逾期未缴的，从漏税之日起，按日加收税款滞纳金。

根据上述定义，下列情况中属于漏税行为的是（　　　）。

A. 杜×开了一家书店，税务部门规定对他的税款实行查账征收。当顾客不要求开发票时，他就不开发票；而当有大笔交易并且客户要求开发票时，他就将发票客户联撕下来，客户联与存根联分别填写，客户联上按实际数字填写，而存根联上则填写较小的数字

B. 某著名歌星在某城市举行了一场个人演唱会，票房收入高达 40 万元，根据演出协议，这位歌星拿到了票房收入的 25% 约 10 万元。第二天，该歌星又开赴另一城市演出去了

C. 张大伯是一家小商店的店主，主要经营日用百货，税务管理部门核定他每月缴税款 500 元，他每个月都准时到税务局主动缴纳税款，但上个月由于家中出了事情，几乎没有

营业，当然也就没有什么盈利，因此他就没有到税务局去缴纳税款

D. 黄兴是一个屠夫，他干这一行已经好多年了，最近猪肉紧缺，价格上涨很快，县物价局对猪肉做了最高限价。由于购买生猪的价格很高，他们的利润很低。为此，黄兴对税务征管员说，如果政府不取消限价，他们就不缴纳税款

7. 犯罪中止：在犯罪过程中，自动放弃犯罪或者自动有效地防止犯罪结果发生的是犯罪中止。

根据上述定义，下列情况中属于犯罪中止的是（　　）。

A. 一个歹徒意图抢劫一位先生的包，不料他看错了人，这位先生是一位身着便衣的警察，两个人一交手，歹徒发现自己不是对手，于是落荒而逃

B. 一中学生因成绩不好而被老师罚站，自觉颜面尽失。于是乘夜色带了一把刀闯进老师家里要把老师杀掉，这位老师虽然身体瘦弱，但却沉着冷静，她展开心理攻势，使这位学生认识到后果的严重性，终于放下了手中的刀

C. 一个盗窃集团瞄上了一家大公司，准备伺机行窃。后来听说该公司由于一笔大买卖翻了船，现已濒临破产，于是打消了偷盗该公司的念头

D. 一大学生得知其父母在家中受人百般欺凌，十分气愤，瞅了个机会把仇人打死了。后来他醒悟过来了，十分后悔，马上跑到公安局自首

8. 代理：是代理人依据被代理人的委托，或根据法律规定、人民法院或有关单位的指定，以被代理人的名义，在代理权限内所实施的民事法律行为。这种行为所产生的法律后果由被代理人承担。

根据上述定义，下列情况不属于代理行为的是（　　）。

A. 张某与王某本是邻居，后因发生民事纠纷而对簿公堂。考虑到自己对法律常识不太了解，王某请了一位律师请他全权代表自己出庭打这场官司。王某最终打赢了这场官司

B. 六年级的小学生陈明受到社会无业人员的影响和教唆，整天寻衅滋事，偷鸡摸狗，不务正业。一次他在偷东西时被人发现，物主下手过重，打得陈明双腿骨折。其父母很生气，立即向法院起诉，要求对方给予赔偿

C. 某社会混混在武汉以为国内某一名牌大学分校招生为名，骗取了大量学费，然后他卷起皮包逃跑了

D. 张某是一正在服刑人员，其家中除了妻子之外没有别的亲属。祸不单行的是，其妻子由于受到同村流氓的侮辱而上吊自杀。张某十分气愤，要向法院提出起诉。由于其正在服刑，家中又无其他人可以代诉，于是地方法院指定了一名律师代他打这场官司

9. 共同犯罪是指两人以上共同故意犯罪。共同犯罪必须具备以下要件：第一，犯罪主体必须是两人以上达到刑事责任年龄并且具有刑事责任能力的人；第二，有共同的犯罪故意；第三，有共同的犯罪行为。

据此定义，下列属于共同犯罪的行为是（　　）。

A. 某人对社会不满，一次进入超市，趁人不备，在装食品的货柜里放了毒药，恰巧被旁边过路人看见，此人并未吭声

B. 乙公司是甲公司最大的客户，甲公司为了与乙公司续签合同，甲公司的两位正副老总商议从公司账上取走 30 万元，私下送给乙公司项目负责人

C. 两个初中学生，一个 13 岁，一个 14 岁，经常在路边抢劫低年级的学生

D. 某人一天夜里潜进一户人家，盗走价值几万元的首饰。为了安全起见，他把首饰托放到哥哥家，其哥哥并不知情

【参考答案与解析】

（三）类比推理

1. 作家：读者

A. 售货员：顾客　　　B. 主持人：广告　　　C. 官员：腐败　　　D. 经理：秘书

2. 水果：苹果

A. 香梨：黄梨　　　B. 树木：树枝　　　C. 经济适用房：奔驰　　　D. 山：高山

3. 努力：成功

A. 原告：被告　　　B. 耕耘：收获　　　C. 城市：福利　　　D. 扩招：失业

4. 书籍：纸张

A. 毛笔：宣纸　　　B. 橡皮：文具盒　　　C. 菜肴：萝卜　　　D. 飞机：宇宙飞船

5. 馒头：食物

A. 食品：巧克力　　　B. 头：身体　　　C. 手：食指　　　D. 钢铁：金属

6. 稻谷：大米

A. 核桃：桃酥　　　B. 棉花：棉籽　　　C. 西瓜：瓜子　　　D. 枪：子弹

7. 轮船：海洋

A. 河流：芦苇　　　B. 海洋：鲸鱼　　　C. 海鸥：天空　　　D. 飞机：海洋

8. 芙蕖：荷花

A. 兔子：嫦娥　　　B. 窑洞：官邸　　　C. 伽蓝：寺庙　　　D. 映山红：蒲公英

9. 绿豆：豌豆

A. 家具：灯具　　　B. 猴子：树木　　　C. 鲨鱼：鲸鱼　　　D. 香瓜：西瓜

10. 汽车：运输

A. 捕鱼：渔网　　　B. 编织：渔网　　　C. 渔网：编织　　　D. 渔网：捕鱼

11. 医生：患者

A. 工人：机器　　　B. 啄木鸟：病树　　　C. 警察：罪犯　　　D. 法官：律师

12. 紫竹：植物学家

A. 金属：铸工　　　B. 铁锤：石头　　　C. 动物：植物　　　D. 蝴蝶：昆虫学家

13. 老师：学生

A. 教师：职工　　　B. 编辑：读者　　　C. 师傅：学徒　　　D. 演员：经济人

14. 书法：艺术

A.抢劫：犯罪　　　B.鲁迅：周树人　　　C.历史：世界史　　　D.权力：金钱

15.森林：树木

A.头：身体　　　　B.花：菊花　　　　C.山脉：山　　　　D.身体：身躯

16.工人：机器

A.赌球：球员　　　B.无产者：资本家

C.农民：土地　　　D.商人：商品

17.教师：教室

A.士兵：子弹　　　B.士兵：战斗　　　C.战场：战士　　　D.士兵：军营

18.发奋：成功

A.点灯：放火　　　B.饮料：可乐　　　C.扶贫：账户　　　D.自满：失败

19.中国：国家

A.秦国：战国　　　B.人：动物　　　C.昆仑山：武夷山脉　　D.生物：植物

20.资本家：工人

A.地主：佃户　　　B.教师：学生　　　C.店员：客户　　　D.父亲：儿子

【参考答案与解析】

（四）逻辑判断

1. 合理、精简的机构设置使得甲县卫生局的工作效率非常高，甲县卫生局的部门结构与乙县卫生局十分相似。因此乙县的卫生工作效率也会很高。

下列最能反驳上述结论的是（　　）。

A.乙县卫生局的部门结构未必与甲县的相同

B.两院卫生局的工作人员数量有较大的差异

C.工作流程的设置对工作效率有重要影响

D.甲县卫生局的不同部门的工作效率有高有低

2. 爱尔兰有大片泥煤蕴藏量丰富的湿地。环境保护主义者一直反对在湿地区域采煤。他们的理由是开采泥煤会破坏爱尔兰湿地的生态平衡，其直接的严重后果是会污染水源。这一担心是站不住脚的。据近50年的相关统计，从未发现过因采煤而污染水源的报告。

以下哪项如果为真，最能加强题干的论证？（　　）

A.在爱尔兰的湿地采煤已有200年的历史，其间从未因此造成水源污染

B.在爱尔兰，采煤湿地的生态环境和未采煤湿地没有实质的不同

C.在爱尔兰，采煤湿地的生态环境和未开采前没有实质性的不同

D.爱尔兰具备足够的科技水平和财政支持来治理污染，保护生态

3. 法学院的女生比男生多，在下学期的数学期末考试中，法学院不及格的学生超过了一半。

由此可见，（　　　）。

A.女生不及格的比男生不及格的多　　B.女生不及格的比男生及格的多

C.女生及格的比男生不及格的多　　　　　　　　D.女生及格的比男生及格的多

4. 在世界总人口中，男女比例相当，但黄种人是大大多于黑种人的，在其他肤色的人种中，男性比例大于女性。

由此可见，（　　　）。

A.黄种女性多于黑种男性　　　　　　B.黄种男性多于黑种女性

C.黄种男性多于黑种男性　　　　　　D.黄种女性多于黑种女性

5. 任何一本被所有批评家赞许的作品都被每个文学工作者所读过，并且任何一个读过点什么的人都将谈论到它。任何一个批评家都将赞许推崇他的任何一个人的任一作品，张因铣推崇每位批评家。

由此可见，（　　　）。

A.张因铣写了很多作品

B.所有文学工作者都读过张因铣的作品

C.张因铣作品被所有批评家读过

D.张因铣所有作品都被所有的文学工作者谈论

6. 在其生态区由于激烈的生存竞争，老年大象的数量在逐年减少，幼年大象的成活率也大大提高了。

照此发展下去，可以预见两年内（　　　）。

A.老年大象的数量将少于幼年大象的数量　　　　B.幼年大象的比例将提高

C.青年大象比例将减少　　　　　　　　　　　　D.青年大象的比例将增加

7. 来自公安机关的资料显示，娱乐圈中有人吸毒，高级知识分子中也有人吸毒，吸毒者中有些人是女性，而抢劫犯中有相当比例是吸毒者。

由此可见，（　　　）。

A.高级知识分子中也有抢劫犯　　　　B.抢劫犯中吸毒者占了大多数

C.有些抢劫犯可能是女性　　　　　　D.有些抢劫犯不是女性

8. 小丁说："只要高局长过目，2006 年年度统计报告就不会出错。"小陈说："如果我和小丁认真负责，高局长就不要过目。"小马说："高局长审过了 2006 年统计报告，他一眼就看出其中一个统计数字有问题。"

假如三人中有一人说错并且高局长确实看过 2006 年统计报告，那么可以推出（　　　）。

A.小马说了假话　　　　　　　　　　B.小陈说了假话

C.小丁没有认真负责　　　　　　　　D.小丁或小陈没有认真负责

9. 如果国民生产总值提高了并且民众消费心理变化了，那么蔬菜的供应将大幅增加；如果国民生产总值没有提高，或者蔬菜供应将大幅增加，那么城市居民的最低生活将没有保障；如果蔬菜供应大幅增加，那么或者农民增收，或者社会福利增加。而事实上，城市居民的最低生活获得了保障。

由此可见，（　　）。

A. 农民增收了   B. 社会福利增加了

C. 民众的消费心理没有发生变化   D. 民众的消费心理变化了

10. 世界上越是经济发展快的国家，人们看表的次数相对也就多。越是发展缓慢的国家（地区），人们看表的频率也就越低。早些时候，按经济发展速度的排列次序是美国、日本、荷兰、新加坡、意大利、韩国、中国香港、中国台湾……但这些排列总会随着时间的推移而不断变化。

据此，我们可以认为（　　）。

A. 看表的频率决定经济发展速度

B. 经济发展速度决定看表的频率

C. 早些时候，荷兰人的看表次数超过香港人

D. 美国人的看表次数总是世界第一

【参考答案与解析】

四、常识判断

根据题目要求，在四个选项中选出一个最恰当的答案。

1. 下列做法最贴近"看得见的正义才是真正的正义"法律内涵要求的是（　　）。

A. 纪检监察部门开通网站并接受网络举报

B. 地方政府在互联网上征求城市规划意见

C. 人民法院在互联网上公布法庭裁判文书

D. 交警配备执法记录仪时记录执法过程

2. 因张三不偿还一年前的十万元现金借款（利率 5%），李四将其诉至法院，但李四丢失了借条原件，面临败诉的风险，最后在法院的调解下，张三自愿偿还李四现金十万元，李四主动放弃利息的诉讼请求。

下列法律内涵最能体现这一调解精神的是（　　）。

A. 无救济，即无权利   B. 法者，定分止争也

C. 善良的心，是最好的法律   D. 举证之所在，败诉之所在

3. 下列情形最可能实行一审终审的是（　　）。

A. 基层人民法院审理被告提出反诉的买卖合同纠纷案件

B. 基层人民法院审理夫妻双方争夺子女抚养权的离婚案件

C. 中级人民法院审理在本辖区有重大影响的合同纠纷案件

D. 基层人民法院审理权利义务关系明确的租赁合同纠纷案件

4. 下列条款符合法律规定的是（   ）。

A. 某饭店店堂告知："请保管好随身物品，丢失概不负责"

B. 某干洗店申明：衣物丢失，只赔付洗衣费两倍的价钱

C. 淘宝网某服饰店表示：本店商品一经售出，概不退货

D. 某商场厕所门口警示牌："地滑小心摔倒，否则概不负责任"

5. 小李于 2014 年 10 月 2 日与某软件公司签订劳动合同一份，双方约定如下：合同期限为 3 年，试用期 9 个月，试用期工资为 3000 元人民币（转正后 4000 元），小李于 2014 年 11 月 2 日到公司上班。

下列说法错误的是（   ）。

A. 小李与公司之间于 2014 年 11 月 2 日正式建立劳动关系

B. 小李与公司试用期期限和工资的约定不合法

C. 在试用期小李可以随时解除与公司之间的劳动关系

D. 公司在合同期间无权单方面对小李的工作岗位作出调整

6. 下列说法错误的是（   ）。

A. 成语"南橘北枳"与晏婴出使楚国有关

B. 苏武牧羊的地点在今天的贝加尔湖一带

C. 东汉使者班超同时也是《汉书》的作者

D. 西汉张骞与唐代鉴真出行的方向不同

7. 根据生产要素在各产业中的相对密集度，可以将产业划分为不同类型。下列对应错误的是（   ）。

A. 土地密集型产业——畜牧业、采掘业

B. 劳动密集型产业——钢铁业、化工业

C. 技术密集型产业——微电子工业、现代制药业

D. 资本密集型产业——重型机械工业、电力工业

8. 关于我国政府信息公开，下列说法错误的是（   ）。

A. 行政机关对政府信息不能确定是否可以公开时，应不公开

B. 公民可以根据自身生产、生活和科研等特殊需要申请政府信息公开

C. 行政机关逾期不答复公民申请信息公开的，公民可依法提起行政诉讼

D. 县级以上各级人民政府的办公厅（室）可以作为本级政府信息公开工作的主管部门

9. 关于我国农村三级卫生服务网络，下列说法正确的是（   ）。

A. 主要承担预防保健、基本医疗、健康教育、计生指导等任务

B. 包括乡镇卫生院、村卫生室和家庭自我保健

C. 以让农民"看病不出乡镇"为发展目标

D. 以乡镇卫生院为基础

10. 关于现代武器，下列说法错误的是（   ）。

A. 迫击炮通常配属装甲兵使用

B. 陆军航空兵以直升机为主要装备

C. 洲际弹道导弹是目前射程最远的导弹

D. 驱逐舰具有防空、反潜和对地攻击的综合作战能力

11. 下列语句按出现时间先后排序正确的是（   ）。

①劳心者治人，劳力者治于人

②少年富则国富，少年强则国强

③苟全性命于乱世，不求闻达于诸侯

④业精于勤，荒于嬉；行成于思，毁于随

A. ③①④②   B. ③②①④

C. ①③④②   D. ①②③④

12. 下列哪组成语反映了同一种人际关系（   ）。

A. 琴瑟和鸣 破镜重圆   B. 负荆请罪 载舟覆舟

C. 结草衔环 青梅竹马   D. 相濡以沫 舐犊情深

13. 下列说法符合生活实际的是（   ）。

A. 小满时节，我国东部由低温导致呼吸疾病明显增多

B. 芒种时节，我国南方居民发现春困的感觉有所加剧

C. 处暑时节，我国北方医院里中暑病人相对有所减少

D. 雨水过后我国西部蚊蝇所传播的疾病开始明显增多

14. 下列唐诗所描写的内容与对应的体育项目不相符的是（   ）。

A. 御马牵来亲自试，珠球到处玉蹄知——马球

B. 杨桴击节雷阗阗，乱流齐进声轰然——游泳

C. 壮徒恒贾勇，拔拒抵长河——拔河

D. 上弦明月半，激箭流星远——射箭

15. 一跨国企业计划 7 月在全球两个大城市同期举办大型室外活动。为避免降雨影响活动效果，选择下列哪两个城市最为合理（   ）。

A. 北京和纽约

B. 东京和马德里

C. 上海和伦敦

D. 罗马和洛杉矶

16. 下列俗语与对应的成语，二者本意所指属于同一物理现象的是（　　）。
A. 宝剑锋从磨砺出——百炼成钢
B. 酒香不怕巷子深——近朱者赤
C. 小小秤砣压千斤——举重若轻
D. 近水楼台先得月——海市蜃楼

17. 下列情境不可能发生在 19 世纪的是（　　）。
A. 杰克打电话约玛丽一起去看电影
B. 史蒂芬逊乘火车到斯托克顿旅行
C. 约翰乘电梯登大楼楼顶拍照留念
D. 汤姆通过广播收听葛底斯堡演说

18. 对下列诗词蕴含的化学原理解释错误的是（　　）。
A. 蜡炬成灰泪始干——烃类的不完全燃烧
B. 爆竹声中一岁除——爆炸产生二氧化硫
C. 日照香炉生紫烟——多环芳香烃的升华
D. 洪炉照破夜沉沉——燃烧释放二氧化碳

19. 关于生活常识，下列说法错误的是（　　）。
A. 吃松花蛋时佐以食醋，是为了减少松花蛋的涩味
B. 电灯泡中加入少量红磷，是为了防止灯丝氧化
C. 纯碱使馒头稀松多孔，是因为化学反应产生二氧化碳
D. 千滚水不宜饮用，是因为其中的细菌含量会大大增加

20. 2014 年是第二次世界大战爆发 75 周年。3 月 28 日，国家主席习近平在德国科尔伯基金会发表演讲，谈到"二战"时引用到的名言是（　　）。
A. 谁忘记历史，谁就会在灵魂上生病
B. 胜利不会向我走来，我必须自己走向胜利
C. 历史的道路不是涅瓦大街上的人行道，它完全是在田野中前进的
D. 世界上最宽阔的是海洋，比海洋更宽阔的是天空，比天空更宽阔的是人的胸怀

21. 下列关于党风建设的创新，按时间先后顺序排列正确的是（　　）。
①以马克思列宁主义的理论思想武装起来的中国共产党，在中国人民中产生了新的工作作风，这主要的就是理论和实践相结合的作风，和人民群众紧密地联系在一起的作风以及自我批评的作用
②工作作风上的问题绝不是小事，如果不坚决纠正不良风气，任其发展下去，就会像一座无形的墙把我们党和人民群众隔开，我们党就会失去根基、失去血脉、失去力量
③务必使同志们继续地保持谦虚、谨慎、不骄、不躁的作风，务必使同志们继续地保持艰苦奋斗的作风
④抓精神文明建设、抓党风、社会风气好转，必须狠狠地抓，一天不放松地抓，从具

体事件抓起

A. ①③②④ B. ③④①②

C. ③①④② D. ①③④②

22. 关于宇航员在太空的生活，下列说法不正确的是（   ）。

A. 宇航员可使用特定的加热器对食品进行加热

B. 宇航员从太空返回地面后，失重状态消失，质量会有所增加

C. 宇航员应睡在固定的睡袋中，以免被气流推动误碰仪器设备开关

D. 在同一航空器中的宇航员可以直接交谈，无须借助无线电通信设备

23. 下列关于国家主权及国防地理的表述，不正确的是（   ）。

A. 主权是联合国赋予国家的最基本的权利

B. 一国的领海和领空都是其领土的组成部分

C. 我国南海四大群岛是东沙、西沙、中沙和南沙群岛

D. 我国与越南、缅甸、吉尔吉斯斯坦等十几个国家接壤

24. 下列情形可能发生的是（   ）。

A. 南北朝贵族妇女去佛寺礼佛

B. 半坡原始居民种植玉米

C. 周武王穿着铁制铠甲伐纣

D. 秦朝儿童春天放纸风筝

25. 下列按主导产业演进顺序排列正确的是（   ）。

①石化产业 ②旅游服务业 ③服装业 ④信息产业 ⑤农产品加工业

A. ⑤④①③② B. ⑤①③②④

C. ⑤③①②④ D. ③①⑤④②

26.《人民日报》评论指出："一个人挥舞胳膊的自由止于别人鼻子的地方。"下列可以代替该评论的名言是（   ）。

A. 哪里没有法律，哪里就没有自由

B. 法典就是人民自由的圣经

C. 法律是自由的保姆

D. 自由只服从法律

27. 下列法律谚语与其蕴含的法学理论对应正确的是（   ）。

A. 法无明文授权不得为：人的权利根源于法条

B. 在法律面前人人平等：人的自由不能被剥夺

C. 迟到的正义不是正义：效率是法的价值目标

D. 民若不告则官必不究：诉权只能由个人行使

28. 我国古代文人在诗词中常运用典故表达自己的思想感受，下列作品中没有使用典故的是（　　　）。
    A. 桃花潭水深千尺，不及汪伦送我情
    B. 蓬山此去无多路，青鸟殷勤为探看
    C. 为报倾城随太守，亲射虎，看孙郎
    D. 东篱把酒黄昏后，有暗香盈袖

【参考答案与解析】

五、资料分析

根据所给出的图、表、文字或综合性资料，进行分析、比较、计算和判断处理。

（一）根据所给图表、文字资料回答问题

2013 年第一季度，广东省规模以上轻工业实现增加值 1957.78 亿元，增长 9.4%，增幅同比提高了 2.2 个百分点；重工业实现增加值 3200.36 亿元，增长 8.7%，同比提高了 2.5 个百分点。重工业增速提高幅度高于轻工业，对全省规模以上工业增长的贡献率达 60.7%，有力拉动全省工业增长。

2013 年第一季度广东省规模以上工业增加值完成情况

指标	3月（亿元）	3月累计（亿元）	3月比上年同月增长（%）	累计比上年同期增长（%）
全省总计	1983.87	5158.15	9.9	8.9
轻工业	753.79	1957.78	10.3	9.4
在总计中：				
重工业	1230.08	3200.36	9.7	8.7
在总计中：				
国有控股企业	346.28	960.47	8.5	6.7
民营企业	774.54	1933.93	14.9	14.1
在总计中：				
集体企业	11.13	29.76	2.8	8.8
股份合作企业	1.97	4.44	32.2	15.8
股份制企业	783.32	1993.47	16.5	15.1

续表

指标	3月（亿元）	3月累计（亿元）	3月比上年同月增长（%）	累计比上年同期增长（%）
外商及港澳台商投资企业	982.64	2551.82	6.4	5.7
在总计中：				
大型企业	889.62	2312.61	8.7	5.9
中型企业	548.49	1450.92	5.9	6.5
小型企业	532.89	1361.83	17.1	18.1
微型企业	12.87	32.79	9.2	3.2

1. 2013 年 1~2 月，全省规模以上大型企业实现工业增加值（　　）亿元。

A. 1569.99　　　　B. 828.94　　　　C. 902.43　　　　D. 1422.99

2. 2012 年 3 月，全省规模以上民营企业实现工业增加值比国有控股企业多（　　）亿元。

A. 304　　　　B. 355　　　　C. 389　　　　D. 325

3. 2012 年第一季度，规模以上股份制企业完成工业增加值占全省规模以上企业完成工业增加值的（　　）。

A. 40.2%　　　　B. 29.8%　　　　C. 36.6%　　　　D. 32.1%

4. 2018 年 1~3 月，表中所统计的各类企业实现工业增加值的同比增长率高于全省同比增长率的有（　　）个。

A. 3　　　　B. 4　　　　C. 5　　　　D. 6

5. 不能从上述资料中推出的是（　　）。

A. 2013 年 1~2 月，股份制企业实现工业增加值比外商及港澳台商投资企业要少

B. 2012 年第一季度，广东省规模以上轻工业实现增加值同比增长率为 7.2%

C. 2011 年第一季度，广东省规模以上重工业实现增加值超过 3000 亿元

D. 2013 年第一季度，重工业实现工业增加值占全省工业增加值的比重要低于上年同期

【参考答案与解析】

（二）根据下图回答问题

为了响应"每天锻炼一小时"这一号召，某校围绕着"你最喜欢的体育活动项目是什

么？"的问题，对在校学生进行了随机抽样调查，从而得到一组数据。每位被调查学生只允许选择一项体育活动。下图是根据这组数据绘制的条形统计图。请结合统计图回答下列问题：

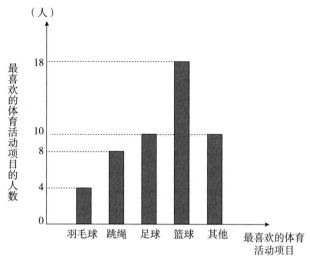

1. 本次调查共调查了（　　　）人。

A. 18　　　　　　　B. 40　　　　　　　C. 50　　　　　　　D. 不能确定

2. 在所调查的学生当中，最喜欢打篮球的学生约占（　　　）。

A. 18%　　　　　　B. 36%　　　　　　C. 45%　　　　　　D. 50%

3. 根据这次调查，若该校有850名学生，则可估计全校学生中最喜欢跳绳活动的学生约有（　　　）名。

A. 68　　　　　　　B. 72　　　　　　　C. 306　　　　　　　D. 136

【参考答案与解析】

（三）根据所给图表、文字资料回答问题

假设2012年北京市年末全市常住人口2069.3万人，比上年末增加50.7万人。其中，常住外来人口773.8万人，占常住人口的比重为37.4%。常住人口中，城镇人口1783.7万人，占常住人口的86.2%。全市常住人口出生率为9.05‰，死亡率为4.31‰，自然增长率为4.74‰。全市常住人口密度为1261人/平方公里，每平方公里比上年末增加31人。年末全市户籍人口1297.5万人，比上年末增加19.6万人。

指标	年末数（万人）	比重（%）
常住人口	2069.3	100
按城乡分：城镇	1783.7	86.2

续表

指标	年末数（万人）	比重（%）
按城乡分：乡村	285.6	13.8
按性别分：男性	1068.1	51.6
按性别分：女性	1001.2	48.4
按年龄组分：0~14 岁	194.5	9.4
按年龄组分：14~60 岁	1588	76.7
按年龄组分：60 岁以上	286.8	13.9
其中：65 岁及以上	190.4	9.2

1. 2011 年北京市常住人口为（　　　）万人。

A. 2018.6　　　　B. 2069.3　　　　C. 2120.0　　　　D. 2170.7

2. 2012 年北京市常住人口中男性人数的比重为（　　　）。

A. 34%　　　　B. 48%　　　　C. 52%　　　　D. 67%

3. 2012 年北京市常住人口中 60 岁以上（包括 60 岁）65 岁以下（不包括 65 岁）人口比 65 岁及以上人口（　　　）。

A. 多 94.0 万人　　B. 少 94.0 万人　　C. 多 96.4 万人　　D. 少 96.4 万人

4. 2011 年北京市常住人口占地面积为（　　　）平方公里。

A. 16008　　　　B. 16411　　　　C. 16612　　　　D. 16824

5. 根据以上资料，下列说法正确的是（　　　）。

A. 2012 年北京市常住外来人口中，城镇人口 1783.7 万人

B. 2011 年北京市常住农村人口为 285.6 万人

C. 2012 年北京市死亡约 9 万人

D. 若 2013 年北京市户籍人口同比增长率保持不变，则 2013 年末北京市户籍人口约为 1317 万人

【参考答案与解析】

（四）根据所给图表、文字资料回答问题

2013 年第二季度，我国税收月收入同比增速逐步提高，分别为 7.9%、8.3% 和 12.9%。截至 2013 年 6 月，全国税收总收入完成 59260.61 亿元，同比增长 7.9%，较上年同期回落 1.9 个百分点。其中，国内增值税、企业所得税同比分别增长 6.6% 和 14.2%，较上年同期

增速分别回落 1.5 个和 1.3 个百分点；房产税同比增长 11%，比上年同期增速回落 19.1 个百分点；进口货物增值税消费税和关税同比分别下降 17.1% 和 16%，比上年同期增速分别回落 24.5 个和 22.9 个百分点。

2013 年 1~6 月全国主要税种收入　　　　　　　单位：亿元

税目	收入	比上年同期增收
企业所得税	14963.38	1857.07
国内增值税	14319.5	887.11
营业税	8845.14	1007.2
进口货物增值税消费税	6382.52	−1313.78
国内消费税	4353.49	150.93
个人所得税	3630.79	359.1
契税	1946.04	554.07
车辆购置税	1236.7	150.03
关税	1212.1	−230.9
城镇土地使用税	910.66	67.44
房产税	822.3	81.7
证券交易印花税	223.39	47.6
出口货物退增值税消费税	−5300.86	15.5

1. 2012 年 1~6 月全国税收总收入为（　　　）。

A. 52973.28 亿元　　　　　　　　B. 54921.79 亿元

C. 56938.68 亿元　　　　　　　　D. 63942.19 亿元

2. 2013 年上半年，房产税、城镇土地使用税及契税三项增收之和占全国税收增收比重为（　　　）。

A. 1.2%　　　　B. 6.2%　　　　C. 11.2%　　　　D. 16.2%

3. 下列说法与资料相符的有几个？（　　　）

①2013 年第一季度我国税收总收入同比增速低于 7.9%

②2013 年我国税收总收入预计可以达到 118520 亿元

③若 2013 年上半年进口货物增值税消费税维持上年同期水平，那么，2018 年上半年我国税收总收入同比增长将比 2017 年提高约 0.5 个百分点

④2013 年我国上半年企业所得税、国内增值税两项之和超过同期税收总收入的 50%

A. 3　　　　B. 2　　　　C. 1　　　　D. 0

4. 2013 年上半年与上年同期相比，下面四个税种中增速最快的税种是（   ）。

A. 企业所得税　　　B. 国内增值税　　　C. 出口货物退增值税消费税　　　D. 契税

5. 2011 年 1~6 月全国关税收入约为（   ）。

A. 1300 亿元　　　　B. 1350 亿元　　　　C. 1380 亿元　　　　D. 1540 亿元

【参考答案与解析】

（五）根据以下资料，回答问题

2012 年末，中国大陆总人口 135404 万人，全年出生人口 1635 万人，死亡人口 966 万人。从性别结构看，男性人口 69395 万人，同比增加 327 万人；女性人口 66009 万人，同比增加 342 万人。从城乡结构看，城镇人口 71182 万人，同比增加 2103 万人；乡村人口 64222 万人，同比减少 1434 万人。

2012 年末，全国就业人员 76704 万人，比上年末增加 284 万人，其中城镇就业人员 37102 万人，比上年末增加 1188 万人，乡村就业人员 39602 万人。

2012 年末，0~14 岁（含不满 15 周岁）人口 22287 万人，占总人口的 16.5%；15~59 岁（含不满 60 周岁）劳动年龄人口 93727 万人，占总人口的 69.2%；60 周岁及以上人口 19390 万人，占总人口的 14.3%。

2012 年末，全国农民工总量 26261 万人，比上年增加 983 万人，增长 3.9%。其中本地农民工 9925 万人，增长 5.4%；外出农民工 16336 万人，增长 3.0%。

1. 2011 年中国大陆总人口是（   ）。

A. 133769 万人

B. 136370 万人

C. 134735 万人

D. 136103 万人

2. 相较于 2011 年，2012 年的乡村就业人员（   ）。

A. 减少 904 万人

B. 增加 904 万人

C. 增加 1472 万人

D. 减少 1472 万人

3. 2012 年中国男性人口、女性人口、城镇人口的同比增长率按大小排序正确的是（   ）。

A. 城镇人口 > 女性人口 > 男性人口

B. 城镇人口 > 男性人口 > 女性人口

C. 女性人口 > 男性人口 > 城镇人口

D. 女性人口 > 城镇人口 > 男性人口

4. 根据上述资料可以推出的是（   ）。

A. 2012 年城镇男性人口数量大于城镇女性人口数量

B. 2012 年本地农民工的增加量小于外出农民工的增加量

C. 在不存在人口跨境流动的前提下，2026 年中国大陆人口 15~59 岁（含不满 60 周岁）人数最多比 2012 年多 22287 万人

D. 2012 年乡村人口转移进城市变成城镇人口的数量最多不超过 1434 万人

5. 2012 年中国 1~14 岁（含不满 15 周岁）的人口数量为（   ）。

A. 20652 万人   B. 23922 万人   C. 22287 万人   D. 1635 万人

【参考答案与解析】

（六）根据下图及资料回答问题

根据调查结果测算，家庭平均消费率在 76% 左右，城市家庭消费率为 77.6%，高于农村家庭的 74.1%，说明城市家庭的即期消费倾向要略高于农村。调查结果表明，不论城市还是农村，家庭消费率随着收入增加而递减。低收入家庭消费率高达 90% 以上，高收入家庭消费率比较低，城市和农村高收入家庭的消费率分别为 57.9% 和 53.9%。高收入家庭的消费水平与其他几类家庭的差距较为悬殊，高收入家庭的消费绝对数额约等于中等收入加上中高收入家庭的消费数额。以城市为例，中等收入家庭年平均消费支出 24790.5 元，中高收入家庭年平均消费支出 31508.7 元，两者相加仅比高收入家庭年平均消费支出 55772.6 元高 526.6 元。

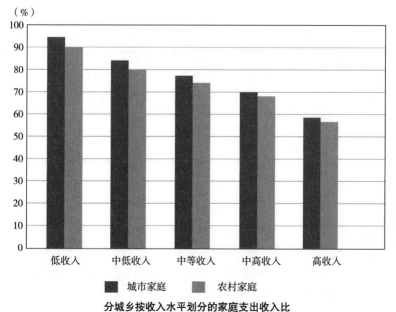

分城乡按收入水平划分的家庭支出收入比

1. "分城乡按收入水平划分的家庭支出收入比"显示：不同收入层次的家庭，其消费率

的变化呈现出规则性的曲线，以家庭消费率代表家庭即期消费的倾向，比率越高，即期消费倾向（　　　）。

    A. 越强烈　　　　　B. 越微弱　　　　　C. 越显著　　　　　D. 越明显

2. "分城乡按收入水平划分的家庭支出收入比"说明：从增加收入以刺激消费的角度来看，高收入家庭收入的增加（　　　）。

    A. 不会在短时间内带动商品消费的增长

    B. 会在长时间内带动商品消费的增长

    C. 会在短时间内带动服务消费的增长

    D. 将不会产生更多的家庭积累和储蓄

3. 调查结果表明："不论城市还是农村，家庭消费率随着收入增加而递减。低收入家庭消费率高达 90% 以上。"根据这一结果，下列说法不正确的是（　　　）。

    A. 低收入家庭每年收入几乎全部用于消费

    B. 低收入家庭收入水平提高，能够更快、更多地提高消费支出水平

    C. 增加低收入家庭的收入比增加高收入家庭的收入，对刺激消费更加有效

    D. 低收入家庭每年收入的 10% 以上用于储蓄和积累

4. 高收入家庭消费率比较低，意味着城市和农村高收入家庭每年收入的（　　　）。

    A. 20% 以上用于储蓄和积累

    B. 30% 以上用于储蓄和积累

    C. 40% 以上用于储蓄和积累

    D. 50% 以上用于储蓄和积累

5. 拉动内需，促进城乡居民消费是重要对策，为此投资的重点应该是加大就业、教育、医疗、住房、社会保障等领域的投资力度，最关键的措施是（　　　）。

    A. 认清当前我国家庭消费所处发展阶段，促消费保增长保就业

    B. 改革和完善住房、医疗和教育制度体系，解决家庭正常消费的后顾之忧

    C. 完善城乡均等的公共服务体系，减少农村家庭公共服务消费支出比例

    D. 理顺收入分配关系，重点帮扶农村和低收入家庭提高收入水平

【参考答案与解析】

第三篇

申　论

第十五章

申论理论概述

一、什么是申论

申论，作为一种专用于选拔录用国家公务员的应试文体，就是对某个问题阐述自己的观点、论述充分的理由，合理地推论材料与材料以及观点与材料之间的逻辑关系。申论要求考生表现出出众的文字表达能力、分析判断能力，提出的方案和对策都要有可行性。同时，申论需要具有现实针对性，形式上更加灵活多变，这要求考生从一大堆反映日常问题的现实材料中去发现问题并解决问题，全面考查考生搜集和处理各类日常信息的素质与潜能，充分体现了信息时代的特征，也适应了当今国家公务员实际工作的需要。

申论测试，就是模拟公务员日常工作性质的能力测试。作为公务员，对社会生活的方方面面都应当有所认识和有所思考，并且具备较高的思想水平和较强的分析问题、解决问题的能力。因此，申论考试所提供的一般都是社会性较强的背景材料，让考生去分析和论述，从而测查考生处理公务员日常事务的潜能。但是由于考试时间以及其他条件的限制，申论所给的背景材料不是原始的信息，而是经过加工的半成品资料。这些属于半成品的背景材料，头绪不是很清楚，条理顺序也较为混乱，究竟反映了什么问题，需要考生研究、梳理、归纳。申论测试只是选拔考核公务员的基础形式，考生来自方方面面，专业不尽相同，虽然要求他们具备较为丰富的常识，但是不会特别倾向于某一专业。公务员处理日常工作，依据的是党的方针、政策、法规，所提出的解决问题的方案要有针对性，要切实可行。申论考试作答也要如此，不要说套话、假话，不能漫无边际、无的放矢。

二、申论测试的目的

增加申论部分的测试，是公务员考试所做的一种尝试。国家公务员考试之所以设置申论测试科目，其目的就是希望通过这种方式，对应试人员的分析能力、概括能力、提炼能力、加工能力、阅读理解能力、综合分析能力、提出问题的能力、文字表达能力等多方面进行综合检测，考核其运用马克思主义哲学、邓小平理论、"三个代表"重要思想、法律、行政管理等理论知识解决实际问题的能力，从而选拔出高素质的行政管理人才，充实国家公务员队伍。

由于申论主要考查考生的实际能力，因此从某种意义上说，考生做申论时不用做更多的复习准备，只要你肚子里有东西，你就能应付自如。正如其他考试一样，事前有一定程度的了解和准备，对于应考是大有好处的。

申论考试的总目的自然是为国家选拔人才，而具体落实到对人的素质的审评，则是检测考生的分析、概括、提炼、加工能力；检测其运用马克思主义哲学、邓小平理论、法律、行政管理等理论知识解决实际问题的能力，以及检测其阅读理解、综合分析、提出问题和文字表达的能力。

三、申论测试的变化趋势

通过对比近几年的申论考试大纲发现，其中最大的变化是申论考试时间首次从 150 分钟调整至 180 分钟，而考试分值依然为 100 分。从命题的角度分析，做这样的调整，最根本的原因是为了体现国家公务员考试的区分度，使国家公务员考试更加科学化、人性化和精英化。

（一）科学化

（二）人性化

（三）精英化

四、申论考试的命题结构

申论测试的结构比较规范，总体上分为三大部分：首先是注意事项，这一部分给出了答卷的要求、时间，提出指导性建议；其次是申论写作的背景资料；最后提出申论要求，要求考生在弄清背景资料的基础上完成题目。

背景资料一般为 3000~4000 字，根据考试对象和所给时间的不同，资料字数会有所变化。例如处级、司局级公务员竞争上岗的考试，背景资料可能增加到 3000 字以上，而且内容更复杂。申论要求包括三个方面的内容：

第一，概括出所给定背景材料的主题或主要内容，字数一般在 150~200 字。

第二，对主要问题提出见解，提出对策，提出具有可操作性的解决方案，体现针对性与可行性，字数一般在 300~400 字。

第三，就所给定材料反映的问题，用一定的篇幅描述，自拟标题进行论述。字数在 1200 字左右，标题自拟，中心明确，论述深刻，有说服力。

五、申论考试的测评要素

申论考试作为对公务员的能力测试，主要考查考生以下五种能力：

（一）阅读理解能力

阅读理解能力，是指分析事物和概括问题的敏捷性和准确度。阅读理解能力强，就是善于把握事物的本质，而不是简单地就事论事，善于从各类材料中把握事物之间的联系，区分问题的类别、性质、主次、轻重、缓急，发现同中之异，捕捉异中之同，正确分析问题、研究问题，并恰当地解决问题。

阅读理解能力是申论考查考生最基本的能力。考生首先要读懂所给材料的意思，这是解决后面题目的基础。由于试卷中提供的材料在排列顺序和内容上往往是杂乱的，没有清晰的线条，所以要求考生能够通过阅读材料，理解并概括出材料的主旨。

第一个问题的回答反映阅读理解能力的准确性；第二至第五个问题的回答反映阅读理解能力的浓度和广度。

（二）综合分析能力

综合分析，是指在正确理解给定材料的基础上，运用判断、推理、分析、综合等逻辑思维的方法分门别类地筛选、加工，梳理出逻辑思路，提炼出材料所反映的主题思想。综合分析能力是公务员完成日常管理工作必备的，通过让其分析问题存在的原因，可以比较成功地测试出考生的这种能力。

（三）提出和解决问题的能力

提出和解决问题的能力，是针对问题能够提出行之有效的措施、方法和方案的能力，这是考生能力测试的关键方面。公务员在管理活动中总会遇到各种各样的问题，而许多问题是没有现成的解决方法的，管理人员必须针对随机出现的现实问题提出具体的解决办法。因此，测试考生提出问题与解决问题的能力就成为申论考试核心的目标。在提出对策和进行论证的过程中，这种能力将得到集中全面的体现。

（四）贯彻执行能力

自 2010 年以来，贯彻执行能力一直在国家公务员考试中占据着重要位置。考生在作答时要注意以下两点：第一，根据身份和文种确定内容。一方面，身份定位不同，决定了职能范围、可采取措施和语言风格的不同；另一方面，不同的文种，答案具体结构也不相同。第二，作答要架构清晰。架构清晰是指作答要有清晰的脉络和合理的逻辑。考生在作答之前要先弄清楚解答的思路，要从材料的整体及大局出发，高屋建瓴地把握材料的主题和思路，统筹安排，然后脉络清晰地把内容表述出来。

（五）文体写作能力

申论考试中，文体写作应用能力在各个部分都有不同的体现。概括主题或内容一般运用说明文；解决问题措施一般运用应用文；给出部分观点，找出与给定资料观点不相符的或错误的观点，对不相符的或错误的观点加以论证，一般运用说明文和议论文；以调查报告、起草讲话稿等形式提出自己的对策、方案或见解，一般运用实用公文；对见解、方案、措施、方法的论证，综合运用各种文体。

六、申论考试的常用文体介绍

申论考试主要考查考生的阅读理解、综合分析、概括以及解决实际问题的能力，所以不单单涉及议论文一种文体，而是综合运用说明、议论、综述、评论等多种文体。因此，考生必须对申论考试所运用的常用文体有所了解，并掌握每种文体的写作方法和技巧。限于篇幅，我们仅选申论考试最易涉及的议论文、说明文和应用文三种文体进行介绍。

（一）议论文

议论文也称论说文，这类文章以议论为主要表达方式，用议论或者说理的方式直接表达自己的见解和主张。

议论文是一个国家公务员在日常生活和工作中常遇到的文体，应用十分广泛。党和政府的文件，以及报纸杂志的社论、短评、国际评论、杂文分析、调查材料等，均属议论文。阅读这些文件，需要具有分析和理解议论文的能力。参加公务员测试，没有扎实的议论文写作能力，是不可能在申论写作中充分表现自己的才能的。因此我们可以说，议论文是申论测试中最重要的写作体裁，也是我们必须首先了解的写作文体。

1. 议论文的主要特点

2. 议论文的三要素

议论文具有论点、论据和论证三个要素。论点是作者对所论述的事物或者问题所持的见解和主张，论据是用来证明论点的科学原理和典型事实，论证是运用论据来证明论点的过程和方法。

总之，论点、论据和论证是议论文的三要素。论点是灵魂，论据是血肉，论证是骨骼。论点是解决"证明什么"的问题，论据是解决"用什么来证明"的问题，论证是解决"怎样进行证明"的问题。三者紧密联系，就能构成一个完整的论证过程。

就议论文的要素来说，一般要求论点正确鲜明，论据准确充分，论证严密、合乎逻辑。

论点正确，就是要体现马克思主义的立场、观点，符合党的方针政策，并且能从实际出发。论点鲜明，就是要有明确的态度，赞成什么，反对什么，主张什么，驳斥什么，爱什么，恨什么，都毫不含糊。正确鲜明的论点，一般是深入社会实践，对某个问题做周密的调查，掌握了大量的、可靠的事实和材料，然后从马克思主义的立场和观点出发，以党的方针政策为准绳，对事实和材料进行具体的、科学的分析而概括和提炼出来的。它反映客观事物的本质和方向。

论据准确，就是所举的事例和道理都要确凿可靠，符合客观实际。论据充分，就是这些事例和道理，都要有足够的代表性和说服力。论据必须准确充分，因为只有被准确而又充分的论据证明的论点，才能言之有据，正确可信。如果论据不充分，论点就难以成立；论据不准确，文章漏洞百出，似是而非，论点就更站不住脚，其结果或以偏概全，得出片面的结论，或以现象代替本质，得出错误的结论，这样都达不到说服读者的目的。

论证严密、合乎逻辑，就是要能体现论点和论据之间的内在联系，符合客观事物的发展规律。写议论文是为了论证自己的观点，观点的论证要建立在材料的基础上。观点和材料有机地结合、妥当地安排，就能使布局周全、结构严密、表达鲜明，并富有逻辑力量。

3. 议论文的论证方式

议论文有两种基本的论证方式，即立论和驳论。

（1）立论。立论就是指作者就某一问题或者事物提出自己的见解和主张，表明自己的态度，而且要阐明持这种态度和主张的理由。

立论要注意以下三点：

（2）驳论。我们不但要从正面发表自己正确的见解和主张，有时还要反驳别人错误的言论。就某一事物或者问题发表看法，揭露和反驳别人错误的或反动的言论，通常叫作驳论。

驳论需要 注意以下 三点：	驳论中反驳的 方式有以下 四种：	驳论有三 种类型：

立论和驳论，即证明正确的和反驳错误的，这两方面常常密切配合，互相为用。有的文章是"立"中有"破"，有的文章则是"破"中有"立"，还有的可以分为立论和驳论两部分，先"立"后"破"或者先"破"后"立"。先"立"后"破"是先阐明正确的见解和主张，再反驳错误的言论，使读者先有了正确的认识，再在反驳中加深认识。先"破"后"立"是先反驳错误的言论，再阐明正确的见解和主张，使读者在反驳错误的基础上提高认识。

4. 议论文的结构安排

结构就是文章对材料的组织与安排，它是作者思路的体现。文章结构包括开头、结尾、层次、段落、过渡、照应等多个方面。

议论文是说理的，它要完全按照人们认识事物的规律来安排结构。

议论文大致可以分成三个部分：引论、本论和结论。引论就是文章的开头，有领起全文的作用，或者提出论题，或者点明论点，或者概述议论范围，或者交代写作目的，或者摆出反驳的错误观点等。有的单用一种，有的兼用几种，一般都是把文章所要论证的论点整个或部分地告诉读者。引论一般都写得比较简要，有的只用几句话就引入本论。本论是文章的主要部分，对提出的论点进行分析和论证，往往需要用较大的篇幅，内容复杂的还要分成几节或者几个部分，分别论述几个方面的问题。本论的论述内容决定整篇文章质量的好坏。结论就是文章的结尾，或者归纳论点，或者总结全文，或者明确任务，或者提出希望等，根据表达的需要，内容可详可略，但一般都与引论相呼应。

议论文按照这样的顺序分成三个基本部分，是文章内在逻辑性的反映。一般议论文总是先提出问题，点明论点，这就是"引论"，问题提出以后，进一步分析，提出证明论点的论据，组成论证过程，这就是"本论"，问题经过分析，证明论点是正确的，最后需要向读者再做一番交代，这就是"结论"。从提出问题、分析问题到解决问题，文章的结构上也就必然构成了从引论、本论到结论具有一定逻辑性的三个部分。

（二）说明文

1. 说明文的特点

（1）解说性。 　　（2）知识性。

（3）客观性。 　　（4）平易性。

2. 说明的方法

（1）介绍说明。 　（2）定义说明。 　（3）诠释说明。

（4）分类说明。 　（5）分解说明。 　（6）举例说明。

（7）数字说明。 　（8）引用说明。 　（9）比较说明。

（10）比喻说明。 　（11）分析说明。 　（12）描述说明。

3. 说明文的类型

（1）具体事物
　　说明文。

（2）抽象事物
　　说明文。

（3）文艺性
　　说明文。

（三）应用文

1. 综述

综述是一种介于评论和述评之间的新闻评论文体。如果说评论重在评和论，述评重在评，那么综述则重在综合叙述事实的基础上，适当加以评论。评论以评为主，述评既述又评，综述则以述为主。

综述是以向读者告知新闻事实为目的，主要特点是对某些重要事件、重点工作或一个时期的形势进行综合性的叙述。它客观地报道事实，一般不进行议论。有时通过提供信息的方式，转述有关人士的见解和看法，也是以客观报道形式出现。在叙述事实的过程中，有时也有一些说明或议论的文字，是为综合性的叙述服务的。

2. 述评

述评又称新闻述评或记者述评，是新闻领域中的一种边缘体裁，以融新闻和评论于一体为基本特点。

述评介乎新闻与评论之间，兼有两者的特点和优势。它既报道事实，又对新闻事实做出必要的分析和评价，有述有评，评述结合。从述评的篇幅来看，述往往多于评，但它的重点在于评，目的是为了评，述是为评服务的。述评属于新闻评论的范畴，它主要通过评述结合的方式，表明作者的立场和主张，从而发挥舆论导向的作用。

（1）述评的特点。　　　　　（2）述评的类型。

第十六章

申论考试写作能力提升

一、申论考试应试策略

（一）资料选择

"工欲善其事，必先利其器。"应试者在备考阶段，除了参加考前培训和辅导，还需要选择合适的备考资料。现阶段必备的辅导资料主要有：

（1）国家公务员录用考试主管机关制定的考试大纲。

（2）近几年党和政府的理论文献。这些文献主要包括：党的十九大报告、最近几年党代会的决定和政府工作报告。应试者需留意这些资料传达的主要精神，挖掘相关的社会热点问题，比如：习近平新时代中国特色社会主义思想、"五位一体"总体布局、"四个伟大"、"八个明确"、"十四个坚持"、新发展理念等。

（3）重要报刊评论，如《半月谈》《求实》《人民日报》《光明日报》等。《半月谈》是中宣部根据新时期基层思想政治工作的需要，委托新华社主办的、面向广大基层读者的重要党刊，深受社会各界广泛好评。应试者需仔细研究该党刊中的热点理论和热点问题。《求实》杂志是中共中央的机关刊物。应试者需深入研读该杂志中刊登的中央领导人的文章。《人民日报》《光明日报》等具有一定权威价值的报刊也是申论备考的重要信息来源。

（4）重点网站的新闻报道。人民网（http://www. people. com. cn）、光明网（http://www. gmw. cn）、新华网焦点网评（http://www. xinhuanet. com/focus）、求是理论网（http://www. qstheory. cn）都是很重要的网络资料，相关的新闻报道具有一定的研究价值。此外，国家公务员网（http://www. gjgwy. org）上也有很多很好的备考经验和资料，应试者务必重视。

（5）新闻节目。在时间允许的情况下，坚持收看收听有权威的新闻节目。例如每天19时中央一套的新闻联播，在看的时候，主要不是留意新闻内容，因为并不是每一天的新闻都会涉及重点，通过报纸、网站等渠道能获得相关时政热点是有限的。主要关注的是新闻中的表述方式，我们可以在申论作文时借鉴那种表述方式。再如中央人民广播电台的中国之声，它是中国国家电台最具权威的新闻综合频率。

（二）制定计划

1. 基础阶段

有关专家表示，至少要给自己一个月的时间进行基础阶段的复习，并在复习的过程中严格要求自己、保证复习效果。

应试者在基础复习阶段需全面了解申论考试的特点、要求、命题方式、评分标准等基础知识；认清自己的强、弱项，这样才能进行针对性的复习。同时，应试者需大量的阅读申论热点材料，熟悉历年真题的情况，特别是国家公务员考试真题。

申论考试考查应试者的阅读理解能力、综合分析能力、提出和解决问题的能力以及文字表达能力。应试者如何才能正确把握自己的强、弱项呢？最好的方法是选择一套具有代表性的申论真题，将自己置身于考试的特定情景中做题，然后根据申论的评分标准，参考真题答案，进行自我评分，挖掘自己的优势，发现自己的不足，并在以后的复习中有针对性地进行训练。

2. 能力提高阶段

基础复习阶段结束后至少给自己两周时间进行能力提高阶段的复习。

这一阶段要熟练运用各种答题技巧和方法，尤其要对热点理论问题进行全面系统的整理并掌握，务必总结出自己的心得和思维方式，做到举一反三和熟练应用。

能力的提高离不开真题的训练，应试者要有选择地做一些真题和模拟试卷，将单方面的基础能力综合运用在申论实践中，升华为技巧，总结出心得，形成特有的申论答题思维，总结出答题思路，这就是一个能力的升华。同时，要将这些思路和技巧运用到时政热点中，真正做到举一反三。

3. 全面冲刺阶段

全面冲刺可放在考前一周。该阶段需特别注意保持良好的心理状态，保持写作"手感"至考试结束。应试者可通过每日的全真模拟测试来巩固知识，保持"手感"。此外，应试者还需在前两个阶段顺利完成的基础上，更广泛地阅读，充实自己的写作内容库。

（三）调整状态

1. 应试者自身心理状态的调整

成功是多种因素相互作用的产物，它不仅需要应试者具有超群的智力，而且还必须具备良好的心理状态。从事任何一件工作，要达到预期的效果，首先必须有良好的心理状态，使自己能够全身心地投入，否则就难以达到事半功倍的效果。

（1）强化意志，
　　　坚定信念。
（2）克服恐惧心理，
　　　树立必胜信心。

（3）克服自负
　　　自卑心理。
（4）克服工作学习
　　　矛盾和不良动机。

2. 了解阅卷老师的评分心理

申论写作始终是给接受对象看的，写作效益的体现，主要还在于接受对象对申论内容的理解和认可，这里的接受对象主要是阅卷老师。只有得到阅卷老师的认可，申论写作才能得到高分，应试者才能顺利通过申论考试。因此，应试者在备考时一定要充分了解阅卷老师的评分心理，增强文章的针对性和可读性，以此来吸引阅卷老师的注意。

根据历年来的阅卷情况，我们可以将阅卷老师的评分心理总结如下：

（1）求实心理。　　　（2）求新心理。　　　（3）求尊心理。　　　（4）求简心理。

3. 熟悉申论评分标准

一般而言，概括主要内容或问题为 20 分，提出对策为 35 分，申论文章写作为 45 分，我们要对申论评分标准有个大概的了解。

二、阅读理解能力提升

（一）阅读理解概述

阅读材料是申论考试的首要环节，也是作答问题的基础，必须认真对待。否则，便会文不对题，这种现象在历年国家公务员考试中屡见不鲜。申论考试主要考查应试者的阅读理解能力，而阅读理解能力涵盖了阅读给定材料的速度、准确性和领悟能力。所以应试者阅读材料必须注意以下几个方面：

1. 注意给定材料的思想性

申论考试给定的阅读材料范围相当广泛，有名人轶事、人物对话、法律法规摘录、社会热点话题、会议纪要等，这些材料一般都具有一定的指向性，并体现出申论考试所特有的思想性，要理解这些材料的思想性，则必须跳出传统观念或习惯思维的束缚，从材料本身入手，善于反思。

由于申论考试是为国家公务员招考录用服务的，不可避免地会在材料选取方面表现出政治倾向和思想感情，考生要用辩证唯物主义和历史唯物主义的观点来理解、掌握材料的内容，在答题、作文的过程中贯彻党的思想、方针、路线、政策，提出的论点要有理论依据，列举的论据要有典型性和代表意义。

2. 注意给定材料的隐喻义

给定的阅读材料有些通过运用拟人、夸张等多种手法，体现出申论材料所暗含的意义，考生必须透过这些现象来挖掘出其实质含义，从而真正理解阅读材料所要表达的含义。明确关键语句的隐喻义，有时会成为理解材料隐喻义的一把钥匙。

申论考试所给定的材料不可能是孤立一段，一定是多段，而且提供的信息也是大量庞杂的，甚至是无序的，考生在阅读多段材料过程中，不仅要通过把握材料的隐喻义来找出所有材料的共同点，使文章立意深刻、中心明确，也要通过比较各段材料的不同，从而活跃思路，挖掘新的角度，使文章立意新颖，将创新思维贯穿于文章之中，从而获得高分。

3. 注意申论写作的思辨性

思辨性是申论作文题的一个重要特点，也是应试者必须高度重视的一个写作原则。申论写作必须以材料为基础，而写作过程必须要考虑材料之间的联系以及自己的申论作文与材料之间的联系，具体表现为：

（1）整体与局部的关系。材料作文的思辨性首先体现在题目、材料和要求的总体关系上，审题立意必须注意局部与整体的关系。

（2）现象与本质的关系。申论材料的"料"常常指出现象，提出问题，甚至揭示答案。要想立意深刻，提炼出深层次的主旨，写出有深度的文章，必须透过现象抓本质，分析材料的深层，必须对感性材料进行思考，认真分析和综合。

（3）发散和集中的关系。申论作文的构思必须做到发展和集中的统一，以材料为中心，展开联想，先发散思维，而后聚集一点，提纲挈领，做到"放得出去，收得回来"。

（4）理性和文采的关系。申论作文除了要有有利而丰富的论据，还需要综合运用多种方法技巧，使文章变得准确、鲜明、生动、富有文采。

　　阅读是申论考试的基础性工作，只有在阅读的过程中把握材料的实质内容与内在联系，才能真正夯实申论考试的基础，为下一环节的答题做好准备。

（二）阅读步骤

　　公务员考试《申论》科目的阅读量比较大，在有限的时间内不可能反复揣摩或者每一句话都仔细阅读，所以必须有步骤、有技巧地进行阅读。具体的阅读步骤如下：

　　1. 粗读一遍，领会材料大意

　　这一遍的粗读，只是先了解每一段材料的大致意思，并简单做笔记。这个笔记只要自己能看懂就好，不需要记得过于详细，各种符号都可以运用，也可以在材料中勾画、标记出明显的主旨性、观点性的句子，以表明大意。

　　2. 思考一下，把握材料脉络

　　一般而言，国家公务员考试的资料不会只有一个时政热点，一般会涵盖多个时政热点。在每一段或若干段材料所表现的时政热点都不相同时，考生粗读一遍材料之后，就需要理清思路，把握材料的脉络，大致知道所有材料所要表达的内容。

　　3. 仔细阅读问题与要求

　　仔细阅读问题，了解出题者的思路，知道题目所针对的具体材料，以及题目的具体内容。公务员考试有时会针对某一段或部分材料出题，那意味着这道题与其他材料的关联不大，这就要求考生在对整个材料有大致把握的基础上，对指定材料进行精读。

　　4. 精读材料

　　这一次的精读，是在阅读了问题以后，带着问题返回看材料。这一次的精读，需要准确把握各段的中心大意，对材料进行分类，并找出各类材料之间的联系，而且要通过思考、判断、分析、推理等，对全部材料的主要内容进行系统化的概括，而这一概括，往往是申论第一题的直接答案。

（三）阅读方法

　　阅读《申论》科目的考试材料，有很多种方法，灵活运用既可节省时间，又可以把握重点，从而为后面的答题打好基础。

　　1. 略读与精读结合使用

　　在略读的过程中，对于较为明显的主旨性句子，需要进行精读。

　　在精读全部材料的过程中，也可以有选择地进行略读。一段材料如果有大量的事例列举，在把握住现象所要表达的本质之后，可以对其他事例进行略读。

　　2. 速读与跳读的使用

　　所谓速读，是将阅读的文字以大小不一的组或行、块为单位进行整体阅读，而"组"或"块"内所包含的往往可能是词组、半行、一行、多行甚至整页内容，它是一种让我们能够从文字材料中迅速接收信息的阅读法。跳读则是指跳过一些无关紧要的部分而只取读物关键性内容的一种快速阅读方法。略读过程中，会大量使用速读，而在对某些段落进行精读的时候，也会使用到跳读技巧。

　　3. 比较阅读与重点阅读的使用

　　比较阅读是对两篇以上的文章用比较异同的方法进行阅读，通过比较阅读辨美丑、明是非、知好恶、识优劣。重点阅读是选择性、侧重性阅读的表现。

其他还有全读分读法、交叉阅读法等多种阅读方法，可在复习过程中勤加练习，提高自己的阅读速度与理解能力。

（四）阅读技巧

1. 关键句原则

申论材料中通常有一两个提示文章段落大意或是提示文章中心、主旨、观点、态度的句子，这就是关键句。一般而言，一段文字都讲究起承转合，所以 60% 左右的材料都能从首句或尾句中找到段落大意或中心思想。首句常常引出整段材料的问题，而尾句通常是对材料所述内容进行总结概括。在略读的时候，可对关键句进行勾画和标记，并加以精读。

2. 关键词原则

一般来说，文章中都会有一些表示上下句关系的词语，这些词语往往对应试者分析段落、理解全文有很大帮助。关键词主要有两大类：

（1）表示逻辑关系的关键词。这一类关键词表示的是上下句之间的逻辑关系，如：首先，其次，最后；一方面，另一方面；第一，第二；总而言之，更重要的是，此外等。这些关键词，有的表明的是几个要点，有的可突出重点，有的是总起，有的是总结。在速读过程中，可将这些关键词勾画出来，从而在精读的时候可以有选择性地跳读。

（2）表示其他关系的关联词。表示其他关系的关联词有"虽然……但是……"表示转折、"不仅……而且……"表示递进、"因为……所以……"表示因果等。在阅读材料中，关联词出现的地方，往往是关键信息出现的地方。比如："虽然……但是……"表明转折关系，"但是"后的信息即为作者想要陈述的关键信息；"不仅……而且……"表明递进关系，"而且"后的信息即为作者想要陈述的关键信息。在速读过程中，可将这些关联词勾画出来，以使精读的时候更容易找准关键信息，从而更易把握段落间的逻辑关系，节省时间。

3. 高频词原则

国家公务员考试申论的特殊性决定了申论考试的材料往往会涉及事件或问题的表象、本质、解决措施等，也就会有一些同义近义词高频率出现，如根源、危害、法律法规、监督、落实、教育、经验教训、透析等。在速读过程中，勾画出这些高频词，可为概括分析做准备，为解题或写作提供参考。

4. 观点性原则

阅读申论材料时要着力把握其基本观点，因为观点就是主旨。基本观点常由经调查、资料显示、反映、看出、告诉、据某某讲、据报道、初步推断、强调、指出、认为等词组统领，考生应注意这些词语。材料中的观点主要有如下三类：

（1）政府权威部门的观点是我们制定和验证对策的依据和准绳。

（2）学者的观点需要辩证地分析。根据材料所提供的现象、数据等对学者的观点进行辩证分析。

（3）老百姓的观点即民意，需要从中把握其需求。老百姓的观点有时是矛盾的，在把握矛盾主要方面的同时，需要注意不能忽略矛盾次要方面反映出的一些其他问题和需求。

三、概括总结能力提升

（一）概括总结概述

申论材料的概括，是指根据申论要求对给定的全部或部分资料的主题、内容、观点进行归纳总结。总结是指对有关情况进行分析研究，并做出规律性的结论。

概括是一个承上启下的重要环节。一方面，它是阅读材料环节的小结；另一方面，这个环节完成得好与坏，又会直接影响提出的对策是否具有针对性，概括材料的目的在于准确地把握给定材料，以便进一步着手解决问题。与阅读理解能力贯穿于申论其他环节来考查的要求不一样，概括总结能力是直接通过题目来考查的，有概括材料主要内容、主要问题或现状、趋势、意义等方面。在以往的国家公务员《申论》科目的考试中，这一类题都以单独题目出现，但近年来有与其他方面结合进行综合概括的趋势，对概括总结能力的考查力度加大。

1. 概括总结题型分类

（1）概括总结主要内容。概括材料所反映的事件或现象，也包括对观点的概括。它常常要求概括出材料所反映的问题涵盖哪几个方面、哪几个层次，或者是材料所反映的内容包括哪几个方面的观点、意见、争议等。

（2）概括总结主要问题。概括总结主要问题比概括总结主要内容又深入一个层次，它需要在分析内容的基础上，挖掘内容所反映的主旨。

（3）概括总结新题型。概括总结题这几年的创新比较大，突破了以往只是简单对材料内容和问题的概括总结的形式。现在的考查更贴近公务员工作实际，要求将所给材料的内容归纳为情况反映或汇报提纲供领导参考，或针对争辩提炼出各自的核心思想。具体题型包括发言提纲、情况反映、汇报提纲、观点分析、名词解释。

2. 概括总结的原则　　　　　　　　　　　　　　　并列排

对申论材料的概括总结从总体上来说需遵循四个基本原则，可总结为"准、深、精、新"，即"准确、深刻、精炼、新颖"。

（1）准确。概括要准确，就是要求应试者善于进行发散思考和横向、纵向比较，即要对材料本身做全面的分析，进行多侧面、多角度、多方位、多层次的思考和权衡，从而找到对材料来说最为恰当、中肯的理性概括。

（2）深刻。概括要深刻，就是在概括材料时，不能只是泛泛而谈，而是要透过现象看到事物的本质，这样才能体现出应试者较高的解决问题的能力。所以，求"深"要求进行寻根究底、掘井及泉的思考。要达到这个要求，一个重要的方法就是敢于和善于否定自己的结论。一个复杂的材料，应试者很难一次理解，更别说深刻，大多要有一个"分析—认识—再分析—再认识"的过程，才能避免肤浅，达到深刻。

（3）精炼。概括要精炼，就是在概括材料时要注意语言的精炼。申论题目一般都有字数的限制和要求，应试者要以最少的文字表达最丰富的内涵，所以语言必须简练，而不能陷入具体现象、事实的叙述中。用最精练的语言实现对材料的概括，这是一个很重要的得分要诀。

（4）新颖。概括要新颖，就是指概括要有新意。求新要求调动创造性思维能力，善于变角度思考和逆向思考。从材料中提炼作为行文论点的观点，不一定必须是材料的基本观点，加以生发，甚至与材料本来的观点唱反调，只要言之成理，给人启迪，也能提高文章的品位。但并非每份材料都可以标新立异，故宜慎重。

（二）基本答题步骤

1. 通览全文，确定中心

准确把握材料的主旨，对于正确概括材料至关重要。如果参加国家公务员考试的应试者在第一遍泛读就能确定申论给定材料反映的中心内容，那么对于概括材料主要内容、主要问题的传统题型和诸如名词解释、情况综述等创新题型都是大有裨益的，起到高屋建瓴的作用。

2. 细读材料，总结各段层次大意，并进行分类归纳

在第二遍精读材料时，可先概括总结出各自然段或各部分材料的主要意思，然后按照合并同类项的方法，对概括出的各主要意思进行整合。

3. 按一定的逻辑顺序，考虑限制因素，落笔成文

在归纳概括时，如果题目设定了角色和身份，应试者就要按照虚拟角色的口吻来说话。如题目没有身份限制，则以应试者的身份进行概括总结。在具体概述时要注意语气的连贯和题目限定文体的特点，并注意字数要求。

（三）概括总结的方法

1. 概括总结的思维方法

（1）从具体到抽象，再从抽象到具体。申论答题前的概括总结，需要从具体到抽象，是从社会现象的具体表象出发，经过分析和研究，形成抽象的概念和范畴的思维方法。从抽象到具体，是按照从抽象范畴到具体范畴的顺序，把社会现象的总体在理论上具体再现出来的思维方法。

申论考试往往给我们一系列材料，这些材料可能反映了一种社会现象或社会问题。从纷繁复杂的表象到对问题归类、揭示其实质就是从具体到抽象的过程；对问题定性继而提出具体解决方案等又是从抽象到具体的过程。因此，要想在申论考试中取得满意的成绩，就必须熟练掌握从具体到抽象再从抽象到具体的思维方法，只有这样，才能在考试中对主题抓得准，分析得透彻，表达得准确。

（2）归纳与演绎。所谓归纳，是指从许多个别的事件中概括出一般性概念、原则或结论的思维方法。演绎法，就是从普遍性的理论知识出发，去认识个别的、特殊的现象的一种逻辑推理方法。

国家公务员考试中，《申论》科目的命题思想与答题思路是两个完全不同的思维方向。命题是典型的演绎思维，而申论考试作答则是归纳的过程。申论考试命题者通过具体的材料将主题表达出来，考生要充分了解命题者意图，抽丝剥茧，把其考点找到，并相应作答，这个过程就需要应试者充分运用归纳的思维方法。

（3）分析与综合。分析是把事物分析为各个属性、部分和方法，并对它们分别进行研究和表达的思维方法。综合是把分解开来的各个属性、部分和方面再综合起来进行研究和表述的思维方法。

概括主要问题或主要内容，就需要针对同一个问题的现状、产生原因、实质等分别进行深入的分析，在此基础上进行综合认识，形成系统的观点并最终有条理地表达出来。

2. 概括总结的操作方法

（1）同义表述法。申论考试的所有题目都可以在材料中找到相关信息，考生的作答过程其实就是发掘有用信息，进行分析、归纳、总结的过程。有时候，申论试卷给定材料中的某些句子就已经点明了材料的主要内容，直接给出了所需要的答案要点，面对这种情况，应试者作答的时候就可以从材料中把这些关键点（包括关键词、关键句）直接找出来，换种说法将其表达出来。这是概括材料的一种常用方法，既准确，又简便。

（2）意义升华法。申论考试所提供的材料多数都是事例和数据等叙述性材料，很少有纯理论性的知识。应试者在概括材料的时候，不能就材料中的某个具体例子进行评论，而要由具体内容升华为一般理论。申论考试对材料的概括也就是从具体的内容表象升华为理论要点，从具体到一般的过程。

（3）抽象概括法。这种方法主要用于各类包含哲理或伦理观念、道德观念因素的材料。通过由此及彼、由浅入深、由表及里的思考，使感性认识上升为理性判断，也就是用一个哲学或伦理观点对材料做出概括。

四、综合分析能力提升

（一）综合分析概述

综合分析能力是省级以上职位申论考试测查的，是与报考职位联系最为紧密的一项能力要求。省级以上职位的工作人员大多是从事负责管理工作，需要考虑各方面因素和各方的利益需求，全局性、综合性、协调性强是其重要的工作特点。同时，省级以上职位的工作人员接触高层次、高难度、高复杂性问题的机会远多于较低职位的工作人员，决策、管理和协调中对综合分析能力的要求很高，一定程度上，高水平的分析能力是高水平决策、管理和协调的基础。分析的结果是对事物进行合理的"推断或评价"，意味着对于材料中出现的观点和事实，应试者必须运用判断、推理等逻辑方法和广博的知识，按照题意提示，在多角度思考的基础上，做出推断与评价。

综合分析类试题的作答要求为：条理清晰、观点明确、分析合理。这三点是作答综合分析类试题最基本的要求，对作答题目具有指导性意义。

1. 条理清晰

条理清晰，就是要求考生在形成答案的过程中要做到有条有理、层次分明。

从结构上来说，条理清晰包含两方面内容：一是根据具体情况，答案按照"总—分"、"总—分—总"、"宏观—微观"、"总体—具体"、"是什么—为什么—怎么做"、时间顺序等进行组织，以体现逻辑层次；二是使用能够区分层次的词汇，如首先……，其次……，再次……，最后……；一是……，二是……，三是……，四是……；一方面……，另一方面……；主要……，次要……；直接……，间接……，根本……等。

从内容上来说，条理清晰指的是一种逻辑思维，考生在形成答案的过程中要仔细斟酌，保证在落笔之前就已完成了对要点的加工整合。如果逻辑混乱，形成的答案也将杂乱无章。

2. 观点明确

观点明确，是指考生支持什么，反对什么，都要明确予以陈述，不能模棱两可。

观点不明确，在综合分析类试题中主要表现为：一是对问题的评价缺乏明确观点；二是对问题的性质、主要表现形式、成因、影响、后果和解决的必要性等缺乏明确概括，以罗列问题的表现形式代替对问题的定性，以问题的具体表现代替对问题的归纳；三是对问题产生的原因、影响、危害以及为什么要解决问题等，没有明确认识和清楚表述。

需要注意的是，观点正确是观点明确的前提，不正确的观点再清楚也是无用的。考生要充分联系给定资料，在宏观把握材料大背景的基础上，透过现象抓本质，进而获得给定资料所要表达的实质观点，在作答中"为我所用"。

3. 分析合理

要做到分析合理，需要把握以下三点：

（1）找准、找全分析对象。找准、找全分析对象，是确保分析合理的前提。如果分析对象都搞错，分析再合理，最终也会与正确答案差之千里。

（2）合乎事理、符合逻辑。即分析必须符合客观对象自身存在与发展的规律；符合由低到高、由简单到复杂、由显到隐、由外到内、由重到轻、由主要到次要的事物发展客观顺序和认识顺序、表达顺序（可以是正向，也可以是逆向，不管正向排列，还是逆向排列，都必须符合正确的顺序）；也要符合辩证法关于联系发展、内因外因、量变质变、对立统一、原因结果、偶然必然、现实可能、内容形式、现象本质等原理。

（3）结合材料，不可主观臆断。综合分析类试题的作答在一定程度上可以适当引申，但需严格依据给定资料。也就是说，对观点事例的判断，不能单凭考生自己的主观认识进行，而是要严格依据给定资料，无论是观点还是论据，都要在给定资料中找到依据。

（二）不同类型综合分析的解答方法

1. 启示型分析题

第一步：从题目所给材料中提取事例或问题，总结经验和教训；

第二步：分条作答，合理阐述。

2. 评论型分析题

（1）针对某一观点或现象进行评论。

第一步：破题表态；

第二步：具体分析。

（2）针对几种不同观点或做法进行评论。

第一步：概括评论对象；

第二步：做出最后结论。

3. 阐释型分析题

第一步：直接点明本质含义；

第二步：紧扣原文解释含义；

第三步：回到材料深入阐述；

第四步：做出最后权威结论。

4. 判断型分析题

第一步：将题目给定的备选项与给定的材料原文进行比较、分析，找出差异，看其是否符合材料的主旨，判断正误。

第二步：概述理由。对错误的选项要阐述错误的理由，可提出简洁的修改对策。

（三）综合分析类试题作答之拓展延伸

考试中，考题会涉及公务人员在日常工作中经常遇到的，与政府的职能、责任等相关的问题，分析问题时考生要设身处地地去看问题、想问题，运用一些相关的政治原则、规律、政策精神等，如科学发展观、和谐社会、核心价值体系、以人为本等理论解决问题。专家认为，考生可按照普遍适用的原则，将理论与试题中提出的具体问题相联系，紧扣题意作答，必定会绽放光彩。

五、策划分析能力提升

（一）策划分析概述

策划是指人们为了达成某种特定的目标，借助一定的科学方法和艺术，为决策、计划而构思、设计、制作策划方案的过程。分析是把一件事情、一种现象、一个概念分成较简单的组成部分，找出这些部分的本质属性和彼此之间的关系。分析的意义在于细致地寻找能够解决问题的主线，并以此解决问题。

提出对策方案是申论写作的关键，主要反映应试者思维的开阔度、探索创新意识的强烈、应变能力和解决问题能力的高低。

1. 策划分析题的作答要求和原则

（1）身份的虚拟性。国家公务员考试对应试者提出了虚拟身份的要求，即要求应试者以国家公务员的身份，站在国家机关的角度来分析问题，提出对策，这样的策划能力考查是对应试者是否适应提供职位的提前检验。

虚拟的身份有如下四种：政策执行者、政策调研者、政策建议者、决策者与民众之间的桥梁。

（2）方案的情理性。方案的情理性就是应试者应当提出合情合理的方案。合理就是符合国家的法律和规章制度，在道理上说得过去。合情就是提出的对策要在感情上得到上级的认可，得到一般人情感的认同，从而打动阅卷老师。

（3）操作的可行性。应试者的身份虽然是虚拟的，但是提出的方案是相关部门能够做到的。

（4）行文的规范性。行文的规范性就是应试者应按照作答要求作答，分条列出对策，层次要清晰，符合阅卷老师审阅要求，这一点很重要。这包括卷面清洁、条理清晰、形式规范、公文格式规范等。

2. 策划分析题所考查的具体能力

（1）逻辑思维能力。广义的分析是逻辑思维的过程，包括演绎、归纳、判断、推理、综合等多种逻辑思维方法，策划和分析问题要求以逻辑思维为基础，综合考量给定材料中各个元素的平衡，从而分析出问题的真正原因，从而提出最有针对性的决策。

（2）洞察力。洞察力要求应试者不被表面信息所迷惑，能够从表面的现象推溯到其根源，凡事既能抓住主要矛盾，又能深究其精要之处。透过表面现象看到问题的本质，才能抓住问题的实质。只有抓住了问题的实质，提出的决策才具有针对性。

（3）社会阅历。良好的社会阅历能让人有所借鉴，学习、工作和生活之间或者不同行业不同领域之间的某些东西是共通的。良好的借鉴可以使应试者在申论考场上提出具有可行性的策略。没有足够的社会阅历，提出的对策往往是空泛的。但社会阅历是否足够是相对的，在学校里会有一种社会阅历，在职场上会有另一种社会阅历，而社会阅历有时是相通的。

（4）掌握一定的哲学方法。应试者巧妙地利用哲学方法分析材料，首先，可以从大局上对整体材料有指向性的把握。其次，应试者在面对材料中的矛盾时，能够把握主要矛盾和矛盾的主要方面，并从两方面考虑矛盾，而不会出现过于片面的问题。最后，应试者可以用发展的眼光将分析结果联系起来，最终提出一个具有针对性的、可行性的策划方案。

（二）策划分析题作答的步骤

策划分析题是国家公务员考试的必考题型，从申论科目的答题流程方面来看，每一道题目的对答都有其一定的程序和步骤。

1. 细心审题，准确定位

细心审题的目的是看清出题者所设定的虚拟身份，只有身份定位准了，才有可能抓住问题的要害，提出切实可行的处理意见。在"虚拟"身份时应从切身实际出发，扬长避短；如果"身份"定得很醒目，一说净是外行话，效果会更差。

2. 主次分明，抓住主题

应试者应在概括材料内容的基础上，进一步分清层次，理顺关系，对问题排序，分清主次、轻重、缓急，做到胸有成竹。把握主要矛盾，确定解决问题的关键点。抓住问题的主要矛盾以及矛盾的主要方面，但不忽略次要矛盾和矛盾的次要方面，从两个方面看问题，坚持两点论与重点论的统一。

3. 确定步骤，写出草稿

找准解决问题的关键点之后，就应该确定解决问题的基本步骤，提出可行意见，列出草稿。可行意见应当具备以下三个要素：①能够直接解决问题的政府部门或职能部门；②能够解决问题的具体步骤、办法；③解决问题的时效性和必备条件。

4. 评估方案，选择最优

应试者在拟出多个方案以后，应当对所有方案进行全面的评估和论证，并在此基础上选定最佳方案。进行方案评估时需要遵循两个原则：效益性原则和可行性原则。效益性原则是指考虑每一个方案可能会给人们带来多大的效益（包括经济效益和社会效益），并需要付出多大的代价，然后在权衡利弊的基础上选择最佳方案。可行性原则是指所提出的方案在多大程度上具有可靠性。

5. 认真修改，完成定稿

方案草稿写出来以后，还应加以修改，做到逻辑严密，文从字顺，完成定稿。

应试者最终提出的对策应当具有如下特点：能解决材料提出的问题；付出的代价尽可能小；承担的风险尽可能小；产生的副作用尽可能小；获得的收益尽可能大；等等。

（三）策划分析的方法

策划分析题型在申论考试中一直都占有较重要的地位，应试者应进行以下几种方式的分析。

1. 因果关系分析

因果联系是普遍和必然的联系，任何事物、任何现象都由一定的原因引发，当原因和一切必然条件都存在时，结果必然产生。因果关系分析有如下三种：

（1）对主要原因和次要原因的分析。任何现象的发生，都涉及多种原因，有根本原因、直接原因、内因、外因等。各种原因和条件同时存在，才会导致结果的产生，而诸多原因之中，必然有主要原因与次要原因之分，把握住了对主要原因的分析，更有助于分析清楚材料中问题产生的根本原因。

（2）对深层次原因的分析。一个现象或者一个问题产生的原因，很可能是多层次的，即还有引发这个原因产生的原因，应试者在仔细阅读申论给定材料、认真分析材料的过程中，对于这类原因必须"穷追不舍"，逐层抽丝剥茧，从而分析出问题的根本原因。

（3）对异因同果、同因异果的分析。同一个原因可能导致不同的结果，而同一个结果也可能由不同的原因所引起。这样的分析就是要异中求同或同中求异，关键是分析出不同的原因和结果之间的联系。

2. 抓住事物的主要矛盾分析

事物的主要矛盾和矛盾的主要方面决定了事物的性质，抓住了事物的主要矛盾，才能认识事物的本质，才能找到材料反映的主要问题。只有体现主要矛盾的事物，才是问题的根本原因。

3. 多向求异分析

应试者从不同的方面、不同的角度去分析问题，就可以找到不同的对应关系和联系方式，就可以得出崭新的认识和不同的结论。用多向求异的方法分析问题，就能够把问题看得更完整、更全面、更深刻。

4. 抓住特殊性分析

认识事物既要注意其普遍性，也要把握其特殊性。注意普遍性，即可以通过已知事物与未知事物的普遍性进一步认识未知事物；但如果只注意普遍性，而不把握其特殊性，则必然无法认识任何具体事物。在国考申论考试的考场上，应试者一定要抓住事物特有的性质进行分析，坚持具体问题具体分析的原则和方法。只有注意了事物的普遍性，同时把握住了其特殊性，才能提出有针对性的对策。

（四）提出对策的技巧

提出对策是策划分析的重要步骤，关键要解决对策从哪里来的问题。按照申论的命题规律，给定材料必然包含对策信息，只要把给定材料理解透彻，就能分析出问题的对策。具体技巧如下：

1. 从材料分析中提取对策

（1）整合法。对分散于不同部分的对策性信息进行梳理、整合，在比较合理与否、重要性大小与价值高低的基础上，选出备选对策项目，并按照一定的原则将其组织起来，形成内容合理、逻辑严密的对策。

（2）精选法。对材料提供的备选对策信息进行筛选，排除不适当的对策后，选取相对更合理、更有效的项目作为对策。有些材料中提供了多种对策，有的很科学，有的不科学，有的适用于需要解决的问题，有的不适用，只有进行比较和筛选，才能选出相对更合理与适用的对策。

（3）从众法。从材料占据主流的意见中提取对策，向材料中相对更正确、更合理的意见靠拢，本质上是一种以"观点正确"为主要尺度的做法。服从主流，要以党和政府的方针政策为尺度，要以是否具有正面意义或积极作用为标准。申论考试与中国古代的策论相类似，但古代的策论有时需要一些比较新奇甚至古怪、另类的思想或表述来引起阅读者的兴趣，而申论不同。国家公务员考试申论有申论的评分标准，答题需要新颖，但新颖并不意味着另类，答卷过程中仍要符合遵从党和政府的方针政策，仍要具有正确意义或积极作用。应试者应当特别注意，不要一味求新，而犯了原则性的错误，从而失分严重。

2. 依据材料信息引申对策

（1）正面引申。对材料中提出的对策思路进行深化、细化、具体化，充实完善，强化可操作性，并有条理地展开表述，使之成为完整的对策。

（2）反面引申。对材料反映的错误做法和观点，不正确、不全面的观点进行反推，得出相反的正确观点。

（3）逻辑引申。逻辑引申主要有归纳法和演绎法两种：①归纳法，从个别到一般，从具体情况上升到普遍适用的规律。②演绎法，从一般到个别，普遍适用的原理也必然在具体问题上适用。

（4）设想对策。透彻理解材料后，依据已有的理性知识或感性经验，设想对策。

六、论述把握能力提升

（一）论述把握概述

论述是申论的最后一个环节，这一环节要求应试者联系实际，观点鲜明，中心突出，内容充实，条理清楚，论述深刻，语言流畅，说服力强。从总体上来说，论述这一环节，是应试者综合素质的全面体现，应试者可以结合自己的知识积累，充分展示自己的才华。

论述类题目要求应试者充分利用给定材料，全面阐明对材料所反映的主要问题的基本看法以及解决问题的方案。这一部分的作答字数要求明显多于前面，分值一般也比较高。这一部分是申论考试的核心，旨在全面考查和衡量应试者的阅读理解能力、概括总结能力、策划分析能力及语言表达能力。

1. 论述把握题型分类

（1）从形式上分类，常见的考试题型有自选命题作文和命题型作文：

其一，自选命题作文。所谓"自选命题作文"，主要是指申论要求应试者根据给定材料所反映的内容或问题，用800~1200字，自选角度，自拟题目进行论述，要求中心明确、内容充实、论述深刻。此题分值一般在40~50分。

其二，命题型作文。所谓"命题型作文"，主要是指申论要求应试者根据给定材料的内容，以给定的题目或主题写一篇文章，要求观点鲜明、论据充分、条理清楚、语言流畅，字数也多在800~1200字。

（2）从内容上分类，常见的考试题型有引申型作文和评论型作文：

其一，引申型作文。所谓"引申型作文"，主要是指申论论述把握部分在传统论述把握题型的基础上，演变出一种"从……说开去""由……所想到的"新题型。

其二，评论型作文。所谓"评论型作文"，是申论论述把握部分在传统论述把握题型的基础上，演变出的一种评论性的新题型。

2. 论述把握的原则

（1）论题鲜明，主旨突出。

其一，紧扣主题。申论考试中的写作大都是自拟题目，但要解决的主要问题却是给定材料限定的，在拟定题目论述把握时必须充分利用给定的材料，紧紧抓住主题或主要问题进行论述，而不可以天马行空，任意挥洒。

其二，立意独到。角度呈现个性，角度展示才华。所谓立意独到，就是要善于围绕主要问题，选择新的角度去立论，使议论仁者见仁，智者见智，并且常写常新。应试者在论述问题时，角度一定要新颖、独特，比较而言，这样更容易增强文章的吸引力、感染力和说服力。

其三，标题醒目。一个醒目的标题，往往能够先声夺人，引起阅卷老师进一步阅读和评论的兴趣。一个好的议论题目必须旗帜鲜明、贴切、具体、鲜明、精炼而生动地表明作者论述主要问题的基本立场。

（2）结构严谨，逻辑清晰。文章的结构，也就是通常所说的谋篇布局，指的是按照某种逻辑关系尽心地组织和安排选好的材料，使之成为一个有机的整体，以便更好地表达作者的思想、阐述作者的观点。由于文章的内容不同，作者的角度各异，文章的结构形式也必然是多姿多彩的。不过，结构严谨，逻辑清晰，是论文最基本的要求。此外，一篇好的论文，还需做到层次分明，条理清楚。

（二）论述把握题作答的步骤

论述把握题是申论必考的题型，自有其作答步骤。

1. 审题

审题是申论考试作答的首要环节，千万不能忽视。申论的题目要求通常包含引题信息、基本要求、行文要求、应试者类别和字数要求五个部分。

（1）引题信息。引题信息是题目要求前的一段话，通常对题目作答起限定作用。

（2）基本要求。基本要求包含两个方面的内容：一是以什么为题；二是写什么样的一篇文章。申论考试中有自选命题型作文、命题型作文、引申型作文及评论型作文，应试者一定要审清题目，以免造成不必要的失分。

（3）行文要求。行文要求包括观点、内容、结构、语言等各方面的要求。

（4）应试者类别。从2007年开始，国家公务员考试申论的题目要求对应试者类别进行了区分，包括：行政执法类、市（地）级以下综合管理类，省级（含副省级）以上综合管理类。两个类别的题目要求不同，一般来说，申论考试对后一类应试者在分析问题、解决问题方面的能力要求更高。

（5）字数要求。从近几年的申论题目要求看，申论文章的字数要求一般在800~1200字，应试者在作答时一定要看清楚这项要求，避免因字数过多或过少而失分。

2. 立意

"立"就是"定"的意思，"意"就是意图和意趣，立意就是构思确定意图之意，立意的过程就是创作前的酝酿和思考过程。立意具有四个特点：针对性、新颖性、准确性和前瞻性。

（1）针对性。所谓针对性，指的是立意能够针砭时弊，针对不良社会风气和倾向性矛盾，以及偏颇乃至错误的思想，运用正确引导和批评论辩的方式对症下药，以促使矛盾转化，帮助人们提高思想认识，产生积极的社会效应；反之，无病呻吟，只会引起阅卷老师的反感，自然就失去其自身的价值。

（2）新颖性。就人们的阅读心理而言，立意不仅要具有鲜明的针对性，还要具有新颖性，能给人们新的收获和思想启迪，而这也正是行文的难点所在。立意要新颖，除了要善于在社会生活和改革实践中寻找新的事实论据之外，还应适当地变换立意的角度，给人以新鲜的感觉，使论题从广度和深度上都能步步展开。

（3）准确性。立意的新颖性应当以准确为前提，违背了准确性，就会失去人们的信任。立意的准确性包括：论点准确，概念、论断、提法和分寸准确；论据、引语准确；语法、逻辑准确；完整、准确地阐明党和政府的方针政策和法规；坚持一切从实际出发，实事求是等。

（4）前瞻性。前瞻性是立意的又一基本要求，指的是能够及时洞察矛盾和预见将会出现的矛盾，尽早地去探寻事物的内在规律及其发展趋势，进而设想出解决矛盾的方法和途径，以便站在时代潮流的前头引导舆论，推动事物的发展。具体来说，前瞻性的内涵包括：有一定敏锐性、预见性和洞察力。

针对性、新颖性、准确性和前瞻性是评论作品立意的基本要求。这些要求不是孤立的，而是相互联系、不可分割的。一篇优秀的评论作品，总是能将这些要求有机联系统一起来。

3. 拟题

"题好一半文。"在申论考试中，标题也同样重要，通过文章的标题，阅卷老师可以窥见文章的"灵魂"。针对申论考试给定的材料，应试者拟定什么样的题目会让人过目不忘、一见倾心呢？一个成功的标题基本上要做到五点：贴切、具体、鲜明、精炼、生动。

（1）贴切。标题贴切有三层含义：一是题文一致，即标题对论题范围的概括、对中心论点的提炼、对态度倾向的表述与评论的内容或思想相符；二是词语的运用准确恰当，即拟标题时，不可以望文生义，也不可以滥用词藻；三是题意确切妥帖，不会产生歧义或引起误会。一般来说，审题出现偏差往往在文题上有所反映。如果对材料把握不透，最好拟非论点式的题目，如《由……想到的》《从……谈起》《有感于……》等。

（2）具体。标题并不是越大越好，即使选题重大的作文，标题也应该尽量具体，避免空泛乏味，大而无当。

（3）鲜明。标题应当态度鲜明，提倡什么、反对什么、褒扬什么、针砭什么都应在题目中有所反映。也就是说，标题应该有立场、有观点、有态度、有倾向，切忌钝刀子割肉，不痛不痒。简言之，鲜明就是要有透明感和清晰感。

（4）精炼。要做到精炼，一是标题的结构要简单，多用单行题；二是文字要简约，要言不烦。文题要做到精炼之美，可用概括性的语言勾勒出文章的缩影，使人一目了然。

（5）生动。生动的标题能够"先声夺人"，赋予文章以新意和活力，既能抓住受众，又能让人过目难忘。使标题生动的方法有多种，比如：变换标题句式（《"青山绿水"离我们远去谁之过？》《教育（医疗）乱收费应向谁问责》《"献礼工程"当休矣》《"致富路"缘何成为"民怨路"》）；活用成语、谚语、俗语（《谦受益满招损》《祸患常积于忽微》《莫要"亡羊"才"补牢"》）；巧用修辞方法（《人类智慧的一座"灯塔"——深刻认识科学技术是第一生产力》《让法治阳光普照中国》《再塑园丁形象——浅谈加强师德建设》）等。

4. 列提纲

大部分应试者都没有列提纲的习惯，其实这一步很重要。列提纲可以避免诸如走题、脱离材料、脱离实际等重大问题的发生。要通过提纲解决以下问题：①明确文章分几段，每一段的主要内容和大致的字数；②题目中有要求紧密结合材料的，一定要把材料涉及的主要问题在提纲中列出来。

5. 谋篇布局

谋篇布局是申论写作的重要步骤，包括开篇、过渡句段、议论文的主体和结尾四大部分的组织安排，下面详细讲解这四个部分：

（1）开篇。"开卷之初，当以奇句夺目，使之一见而惊，不敢弃去。"一个好的开篇，可以给阅卷老师耳目一新之感。这一部分主要用于写出对问题的总体认识，可以是全文观点的概括，全篇精华的浓缩，也可以是问题的概述和简要分析。这一部分的作用是提纲挈领，为全文定立基调，从总体上说明存在什么问题，怎么样认识这一问题，与下一部分的具体分析衔接，自然地引出下文。申论写作常用以下四种模式开头：

第一种模式——转折递进。先交代问题产生的背景，肯定成绩是主流，是矛盾的主要方面；随后话锋一转，指出总体上存在什么问题，这一问题有什么影响或危害，解决的必要性、迫切性；最后是简要阐述如何解决，提出总体思路。

第二种模式——浓缩全文主要论点。先点明问题，提出对问题总的认识，而后简要分析采取措施的必要性和解决问题的意义，最后从全局的角度，提出原则性的对策思路，将这一总体认识作为统摄全文的纲领。

第三种模式——侧重分析解决问题的意义。开篇即点明解决问题的重大意义，把解决问题及解决问题对策的落实适当拔高，在这部分最后引出下文。

第四种模式——引述经典名言或权威观点。通过引述古今中外的经典名言、诗句、俗语，或者是领导、专家学者的权威论述，又或是党和政府的官方文件来强调文章所要表达的观点从而强化表达效果，可在开篇起到吸引阅卷老师注意的效果。

（2）过渡句段。申论考试议论文的第二部分，有两个作用：一是结构上的作用，即过渡。从开头点明问题过渡到提出解决问题的对策，承上启下。二是内容上的作用，即深入分析问题。对问题的表现，问题形成的原因，积极影响与消极影响，解决的必要性、紧迫性、可行性，直接意义和深远意义等各个方面进行全面的分析。常见的分析模式有三种：

其一，分析形势，论述采取某一对策的必要性、可行性。

其二，以党和政府的大政方针为依据，直接提出对策，阐明思路。

其三，分析问题的危害，剖析成因，阐述解决问题的意义，提出有针对性的对策思路，为下文具体阐述对策做铺垫。

（3）议论文的主体。解决问题是申论考试的立足点，所以应以一半左右的篇幅来具体阐述如何解决问题。对策的撰写主要有两种模式：

其一，总—分模式。总—分模式是指先提出总体上的原则性、方向性对策，往往是一种大战略、大思路、大布局，依据总的原则来解决一切问题；而后要具体分析对策，提出有针对性、可行性的具体对策。

其二，并列模式。并列模式是指所提出的几条对策地位相等、重要性基本持平，按照一定顺序来写，根据题意要求和应试者的立意构思，在表述的先后、轻重、详略上可以各有一些侧重。

（4）结尾。议论文结尾的类型大致有以下五种：①概括总结，收束全文。对全文进行概括总结，要准确无误，文字简洁。②收尾强调，深化主题。收尾时，对题目或开头说的话加以发挥或强调，使文章一脉相承，结构紧凑，起到深化主题的作用。③提出建议，满怀期待。结尾时表示感召或期待，要有启发性和感染力。④引用名言，强化主题。在结尾引用名言或诗句，以增强文章说服力和感染力。例如，古诗云："梅须逊雪三分白，雪却输梅一段香。"人贵有自知之明，扬长避短，善于和别人合作，才能创造出事业中的"雪中梅"。⑤借意抒情，引起共鸣。结尾的最低要求是完整。要做到结构完整，除了要列提纲外，还要学会采取紧急补救措施。即使时间再紧张，也要设法结尾，哪怕只有一句话也好。但注意要另起一段，用总结性的语言（把第一段或全文压缩）完篇。

（三）论述把握的方法

申论作为国家公务员考试必考的科目，在写作中用到的论述把握的方法主要有：事实论证、说理论证、比较论证、因果论证、数据论证、假设论证、反论法、排除法等。这里主要详解申论写作中比较常见的几种论证方法：

1. 事实论证

这种论证方法是指从材料到观点，从个别到一般的论证方法，是从对许多个别事物的分析和研究中归纳出一个共同的结论的推理形式。使用这种方法，一般是先分论后结论，即开门见山，提出论题，然后围绕论题，逐层运用材料证明论点，最后归纳出结论。这种结构，比较符合人们思维认识的规律。运用事实论证法进行论证，列举的通常有两种：概括总体性事实、个别事实。这里主要讲解列举个别事实。

列举个别事实也叫典型例证。由于追求总体性事实有时难以完成，也没有必要，所以在多数情况下，我们就采用列举个别事实这种论证方式。它是根据某类事物的个别事物具有某种性质，从而推出该类事物都具有该种性质，其前提与结论之间的联系不是必然的，只有在没有反例的情况下才能成立，增强这种论证方式的途径是尽可能寻找有代表性的典型事例。

在运用事实论述把握材料时，应试者需注意三点：一是要保证事实材料的真实性和可靠性；二是要避免被事实所驾驭而转移论题；三是要追求新颖的事实材料。

2. 说理论证

说理论证就是指通过论证和批驳的方式，在辨明是非的基础上讲述道理的一种论证方法。不管是写批驳性的评论文章，还是写正面立论性的评论都离不开论辩。正如毛泽东所说："既有问题，你总得赞成一方面，反对另一方面，你就得把问题提出来。"这就是说，为了树立正确的观点，在论述把握材料的过程中，就得澄清与之相关的模糊观点，纠正与之有关的片面认识，批驳与之相关的错误见解。此外，就评论写作本身的规律来看，也需要论辩。文章有了对立面，自然就要思想交锋，就要面对面地展开论辩和商榷，就要从正面提出充分的理由和论据，论述也就能从事物的矛盾中层层展开，步步深入，有起有伏，从而增强评论的思想性和鲜明性。说理论证有三种基本方法：

（1）思想深入进行说理。具体的方法有三种：①通篇围绕一个思想进行全面的说理论证；②为了强调某一论点，在文章的必要处有意识地用泛指和设问的方式向读者出示一个思想，从而从正面论述转入思想论述，通过说理交锋得出正确结论；③全文通过、边破边立、又破又立多回合进行思想论述，进而展现释疑解惑、澄清是非的效果，在起伏破立之间澄清了种种片面认识，正确的思想和态度也就在说理论述中树立起来了。

（2）批驳说理。具体的方法有四种：①以客观事实批驳对方论点，以正视听；②釜底抽薪，揭露对方论据的虚伪性；③主动进击，就本质进行论辩；④妙用归谬的逻辑方法，机智地批驳谬论。

（3）辩证说理。辩证说理，是指对片面的或偏颇的观点进行质疑、商榷并提出不同的观点与之辩论说理的一种方法，旨在辨别是非曲直，纠正谬误的见解。在人民内部，对待偏颇或错误的见解采取辩证的方法，心平气和地开展论辩，往往容易被人们所接受。

3. 因果论证

因果论证，是指根据客观事物之间都具有的普遍的和必然的因果联系，通过揭示原因来论证结果的一种论证方法。议论文写作运用因果论证法，有比较高的要求。如果仅仅停留在线性因果关系的论证层次上，文章就会显得一般化，往往缺乏深度，无法揭示事物的复杂性。因此，运用因果论证，不能停留在一因一果的层次上，而要善于多角度地分析原因和结果，不仅要分析一果多因、一因多果的情况，还要分析同因异果、异果同因以及互为因果的情况。

七、语言表达能力提升

（一）语言表达概述

语言表达能力是指在口头语言（说话、演讲、做报告）及书面语言（回答申论问题、写文章）的过程中运用字、词、句、段的能力。具体指用词准确，语意明白，结构清晰，语句简洁，文理贯通，语言平易，合乎规范，能把客观概念表述得清楚、准确、连贯、得体，没有语病。语言表达能力和阅读理解能力一样，是贯穿于申论考试所有问题之中的。申论考试的试题基本都是主观型试题，应试者发挥自我能力的空间很大，而要发挥得好，不仅需要有深度的思考和发散性的联想，还需要有较高的语言表达水平。否则，空有一身本事，但表达不出来，实在很可惜。国家公务员申论考试对语言表达有如下要求：

1. 概括性

在申论考试中，不但论证道理的语言要具有概括性，陈述论据的语言也要具有概括性。在叙述之后，必须对材料进行归纳和总结，概括出抽象的道理，这样的文章才能使认识深入到事物的内部。就一般文章而言，语言的概括性越强，文章说明的道理所具有的普遍意义就越大。在申论考试中，要做到理据相谐，应试者应把自己的观点、意见和题目所给的材料、实际情况相结合，但不要追求具体的细节描写，否则会不利于文章的整体把握。语言要具有概括性，一方面要高度概括，另一方面要简洁精炼。

2. 准确性

申论文章的语言必须是准确的，根据内容表达的需要，选用最确切的词语以准确地表现事物的特征及作者的思想感情。

（1）义正词严，雄辩有力。这一点必须建立在应试者对事物透析的辩证分析的基础上，只有应试者的思想认识深刻，才能做到用词严正，语言雄辩。而这种语言的严正与雄辩常常是通过整句和长句来表现的，这两种句式层次分明，排列紧凑，思考周密，逻辑性强，适用于思维严密、气氛郑重的论述性文章。

（2）词锋犀利，语能破的。在申论文章中，应试者常常需要使用确凿有力的文字，针对某一错误，一针见血地予以尖锐批驳，深刻透彻地阐述自己的主张，令人信服。

（3）用词贴切，合乎规范。所谓贴切，就是指一个意思只有一个词可以表现它，这个词在这种语境中没有任何词可以代替，它表达得最为准确。所谓规范，就是指句子合乎语法逻辑。两者合二为一，做到搭配合理，语意顺畅，结构完整。

（4）把握分寸，恰当修饰。申论文章为了论证严密，常常需要多层次的修饰与限制，以避免片面化、绝对化、不周密等问题的出现。在国考申论写作过程中，要把握好语言使用的分寸，并进行适当的修饰和限制。

3.鲜明性

申论文章的语言必须反映鲜明的论点，不能模棱两可，含含糊糊。赞成什么，反对什么，褒贬判断必须干脆，必须让阅卷老师非常清楚应试者的思想倾向性。主要体现在以下方面：

（1）爱憎分明，褒贬了然。语言必须表明态度，对一个事物，是褒是贬，是爱是憎，必须在行文中表明清楚。

（2）观点明确，是非清晰。赞成什么，反对什么，语言表达必须直截了当，一看便知，决不吞吐含糊。这样的文章才会旗帜鲜明，有战斗力。

4.生动性

（1）气势充畅，豪迈雄奇。申论文章要气势充畅，才能理直气壮，义正词严，说理透彻；才有说服力、论辩力、战斗力。

（2）幽默风趣，含蓄有力。国考申论文章本应直截了当地论理，但一些批驳性文字，为了更好地使阅卷老师明白应试者所想要阐述的道理，也为了增强文章的可读性，常常运用影射、讽喻、双关、讽刺、反语等手法形成幽默的语言风格，使论述更加透彻。

（3）句式灵活，节奏明快。申论文章语言的生动，来自于句式的变化和节奏的明快，因为不同的句式适用于表达不同的思想感情，同一感情用不同的句式表达效果也不同。长句议论周密，给人气势；短句利落犀利，给人力量；散句灵活多变，适合推理；整句精炼有力，适合进击；陈述句结构平稳，适合分析；倒装句结构特殊，适合特殊；主动、被动指向不同，能突出不同的陈说对象；肯定、否定句强调不同，能表达不同语句；连用同一句式可形成鲜明的节奏和语言的形美。

（4）精选用词，恰当到位。不管是表明态度，列举事例，还是论述观点，都需要精心选择合适的实词、虚词、成语、俗语等，为自己的论述服务。在文章合适的地方精准地选词，有可能会起到画龙点睛的作用。

（5）巧于独创，新颖别致。所谓创新，不是指生造词语，而是指借助各种修辞手法，巧妙关联，活用词语，化平淡为神奇，求得语言的新颖别致。

5.逻辑性

国考申论往往需要应试者由一个判断推出另一个新的判断，并使这一推理过程合乎道理，符合一定的逻辑规范。逻辑性是指在感性认识的基础上，运用概念、判断、推理等形式对客观世界间接的、概括的反映，具体的方法主要有科学抽象、比较、分类和类比、分析和综合、归纳和演绎等。在论述的过程中，应试者也要把握好主次，安排好文章的语句段落，使字、词、句、段之间体现出合理的逻辑关系。

（二）语言表达能力提升方法

1.多听

在与别人交流的时候注意别人的说话方式，从中学习说话技巧，从而提高自己的语言表达能力，也是为多说做准备。由于国家公务员考试申论的特殊性，所以听的时候一方面学习好的说话技巧，另一方面要有侧重点。例如听新闻联播，学习其对时事的报导性、概括性、新闻性的语言。

2.多读

多读好书，培养好的阅读习惯，从书中汲取语言表达的方式方法，可多读《人民日报》

的社论，学习其评价、分析事物的表述方法。

3. 多说

多说并不是逮什么说什么，乱说一气，而是有准备、有计划、有条理地去说，或者是介绍。

4. 多写

平日养成多动笔的习惯，把日常的观察、心得以各种形式记录下来，定期进行思维加工和整理，日积月累提高写作技巧。在平时的写作练习过程中养成整洁的好习惯，在申论考场上就不会因卷面不整洁给阅卷老师留下不好的印象。

第十七章

申论文体精讲

一、议论文

（一）议论文的定义及特点

（二）申论文章写作几种常见的议论文

1. 策论文

策论文是指以提出解决问题的对策为主要内容的议论文。策论文的论证过程必须包含解决问题的具体办法措施。策论文的写作，一律采用三段式：是什么—为什么—怎么办。

论述时一定要注意有详有略，重点内容详写，次要内容略写，要集中力量论述主要问题。各个部分的详略安排，要视考题而定。"是什么""为什么""怎么办"这三块，究竟哪一部分是文章应该探讨的主要问题，根据题干的表述，可以很容易地判断出来。当然，要兼顾好全局和局部的关系，次要内容略写，不等于不写，结构要尽量完整。

以前，申论考试的最后一道大题都要求应试者根据材料写一篇文章，文章体裁以议论文为主，但对写哪种类型的议论文一般不做要求。但近年来，有些省市的申论考试对议论文的类型有了明确的要求。

例如，2008年上半年广东省录用公务员考试《申论》试卷第三题：根据给定全部材料（仅限所给材料），以"提高社会救助水平的对策"为题，写一篇800字左右的策论型文章。要求：结构完整，措施全面、可行、操作性强，条理清晰，行文流畅。

又如，2008年云南省录用公务员考试《申论》试卷第三题：针对所有材料反映的问题，自拟标题，就加强行政伦理建设提出对策并进行论证。要求：针对性强，重点突出；论证有力，条理清楚；篇幅不超过1000字。此题虽然没有直接要求写一篇策论型文章，但是根据题目中"提出对策并进行论证"一句可知，此题同样是要求写作一篇策论型文章。

【策论范文】

2. 政论文

政论文是指以分析特定事实和社会现象的必要性、迫切性和重要性为主要内容的议论文。

政论文作为一种议论文体，其主要任务可以说是议论"为什么"，在写作上具有主旨突出、结构简明、行文流畅三个特点。这三个方面是辩证统一的关系，是写好政论文的基本要求。

（1）主旨突出，是写作政论文的目的。

（2）结构简明，包括两个方面：一是逻辑严谨，这是保证政论文结构简明的前提；二是文章整体框架结构明晰，要由简驭繁。

（3）行文流畅，是写好一篇政论文的重要手段。

理解并掌握政论文主旨、结构、行文三者之间的辩证统一关系，是写好一篇有分量有力量政论文的前提和基础。

政论文和策论文是申论文章中最重要的两种类型，既有联系，又有区别。它们都属于申论文章，因此，都是"官味"议论文，都要求有鲜明的观点、完整的结构、清晰的逻辑、流畅而规范的表达。它们的区别在于，策论重点是写对策，而政论重点是分析原因、目的、必要性和迫切性等问题。

【策论范文】

3. 评析文

评析文是指以分析和评论矛盾或不同方法为主要内容的议论文。

评析文的一个显著特点是：开篇见旨、条分缕析，即开门见山，亮出观点，然后一条一条地加以论述分析。其写作模式为：述——简述评论对象，亮出观点；评——恰当引用原句，逐条评析；结——结尾引申，归纳出哲理。

总之，议论文是公务员申论写作中固定的文体，包括提对策为主的策论文、论证为主的政论文、评论为主的评析文。常见的与议论文不同的文体是记叙文与说明文。记叙文是以形象生动的记叙来间接地表达作者的思想感情；说明文则侧重介绍或解释事物的形状、性质、成因、功能等。议论文是以理服人，记叙文是以情感人，说明文是以知授人。

（三）议论文的要素与结构

1. 议论文的要素

一般来说，议论文具有三个要素：论点、论据和论证。论点是作者对问题的看法和见解，是贯穿全文的论述中心，是议论的中心观点，往往就是文章的中心思想。它是一篇文章的灵魂、统帅。论据是对论点进行说明和论证的材料，或者说是用来证明论点正确的事实、道理或根据。论证是用论据证明论点的方法和过程，主要是按照一定的逻辑关系，把论点和论据组织起来，证明论点是正确可信的。论证有两种基本形式：立论、驳论。立论从正面论述，驳论从反面论述。我们写申论议论文一般以立论为主。

论点、论据和论证这三个要素是什么关系呢？论点是灵魂，论据是血肉，论证是骨骼。论点是解决"要证明什么"的问题，论据是解决"用什么来证明"的问题，论证是解决"怎样进行证明"的问题。三者紧密联系，就能构成一个完整的论证过程。

2. 议论文的结构

结构就是文章对材料的组织与安排，它是作者思路的体现。文章结构包括开头、结尾、层次、段落、过渡、照应等多个方面。

我们说申论议论文的结构，实际上就是论证的结构。论证的基本结构层次就是三段论式的结构：提出问题（是什么 what）→分析问题（为什么 why）→解决问题（怎么办 do），也即引论、本论、结论。

引论就是文章的开头，有领起全文的作用，或者提出论题，或者点明论点，或者概述议论范围，或者交代写作目的，或者摆出反驳的错误观点等。有的单用一种，有的兼用几种，一般都是把文章所要论证的论点整个或部分地列出。引论一般都写得比较简要，有的只用几句话就引入本论。

本论是文章的主要部分，对提出的论点进行分析和论证，往往需要用较大的篇幅，内容复杂的还要分成几节或者几个部分分别论述几个方面的问题。本论的论述内容决定整篇文章质量的好坏。

结论就是文章的结尾，或者归纳论点，或者总结全文，或者明确任务，或者提出希望等，根据表达的需要，内容可详可略，但一般都与引论相呼应。

议论文按照这样的顺序分成三个基本部分，是文章内在逻辑性的反映。一般议论文总是先提出问题、点明论点，这就是"引论"；问题提出以后，进一步分析，提出证明论点的论据，组成论证过程，这就是"本论"；问题经过分析，证明论点是正确的，最后再做一番交代，这就是"结论"。从提出问题、分析问题到解决问题，文章在结构上也就必须构成从引论、本论到结论具有一定逻辑性的三个部分。

（四）议论文的论证方法

所谓论证方法，是指运用论据来证明论点的正确性的手法和阐述论点内容的方法。论证方法多种多样。从论证的方式看，可分为立论法和驳论法；从逻辑关系推理的形式看，可分为归纳法、演绎法和类比法；从论点和论据的关系看，可分为直接论证法和间接论证法；从论据的特点看，可分为例证法、引证法和因果法；从论证的表现手法看，可分为对比、类比、反证引伸、旁证和假设等方法。用得较多的论证方法是归纳法、引证法、对比论证法、演绎法、例证法、比喻论证法、模拟论证法、引申论证法、并列论证法、层递论证法等。

1. 归纳法
归纳论证是一种由特殊到一般的论证方法。由特殊事物或分论点，归纳出共同的特性。

2. 引证法
引证法就是引用道理论据进行论证，例证法是运用事实论据进行论证，这两者结合起来，我们称为"摆事实讲道理"。

3. 对比论证法
对比论证就是将两件不同事物进行对比，发现两者之间的差别，可以加深对事物的了解。可以把对立的两件事物或同一事物的相反方面进行横比，如把穿校服的好处和坏处进行比较；可以把同一事物在不同时间的不同情况进行纵比，如拿人们在盛世和乱世对死刑的不同看法做比较。运用该论证法应注意事物之间要对等而且要加以说理分析。

4. 演绎法

演绎论证是一种由一般到特殊的论证方法。它由一般原理出发推导出特殊的情况，从中推出个别的结论。演绎法有三段论，三段论是由一个共同概念联系着的两个前提推出结论的演绎推理，由大前提、小前提和结论组成。

5. 例证法

例证法即将事实作为论据举例论证的方法。它要求用特殊性的论据证明普遍性的论点、论据。论点之间的关系是个别与一般的关系。

6. 比喻论证法

比喻论证是指以一个生动的故事做比喻，使抽象的道理具体化，易于理解，用比喻说明道理。

7. 模拟论证法

利用已知事物的一些性质，论证其他事物的性质，从而推论出同样的特点，就是模拟论证，这和数学上的推理方法相同。

8. 引申论证法

引申论证就是不直接驳斥错误的论点，而是深入论点，让它充分暴露出自身的荒谬性，不攻自破。

9. 并列论证法

并列论证法就是并列地组织数个论据，从不同的方面去分析中心论点，深入分析说理。

10. 层递论证法

层递论证就是对事理一层一层、有步骤地进行分析。可以由最基本的道理，然后层层深入，最后推出论点；也可以对每一层的分析都在前一层的基础上进行，像铁环依次相套，紧密联系。

（五）申论议论文写作的语言表达要求与常见问题

1. 申论议论文写作语言表达的基本要求

（1）表达准确。议论文的语言，必须是准确的。因为议论文是讲道理的，要讲清道理，就必须有明确的概念、准确的判断和严密的推理，而反映这些概念、判断和推理的词句、句群以及段落，自然也必须是准确的。

议论文的准确性主要表现在以下三个方面：

（2）高度概括。概括是指抓准事物特征，反映普遍本质，做到文约而旨丰，词简而理周，这就需要在深刻认识事物的基础上删繁就简，在精练上下功夫。要做到必要的话一句不少，不必要的话一字不多，言简意明，干净利落。

在记叙文中，语言应当是越具体、越形象越好，而在议论文中，即使是叙述事实，援引事例，也基本采用概括叙述的方法，特别是在叙述后，必须对材料进行归纳、总结，概括出抽象道理来，这样文章才能避免就事论事，使认识深入到事物的内部。

（3）观点鲜明。主要表现在两个方面：一是论点的表述要鲜明，决不含含糊糊，模棱两可；二是爱憎分明、褒贬判断明确、感情色彩鲜明，读者从字里行间不难体会到作者的倾向性。

（4）生动形象。许多人存在这样一种误解，认为议论文的语言不具有生动性，只是死板的说教，其实不然。议论文的语言也具有生动性，但它并不是像文学作品那样为了艺术地再现现实生活，而是为了使论述更有说服力和感染力。如果在对抽象道理的论述中，穿插一些具体的形象，把抽象的道理和具体的形象结合起来，不仅可使议论结构严密、逻辑性强，富有形象性，而且可以把问题分析得更清楚，将道理讲得生动活泼，引起人们阅读的兴趣。

在具体运用方面，可以将具体形象作为由头，引出正文；也可以把形象作为依据，进行论证；还可以用夹叙夹议的方式，将议论和形象阐述融为一体等。无论采用什么方式，都要从议论的内容出发，根据议论说理的需要出发。

2. 议论文写作中常见的问题

（1）阅读资料不仔细，分析资料不深入，盲目求快，匆忙下笔，偏离材料主旨。申论作文，首先必须读懂给定材料，正确理解材料的主旨，从总体上把握材料的精髓，然后才能进入写作程序。切不可断章取义，或望文生义，执其一端，或把枝叶当主干，或只见树木不见森林，未明白题意就匆匆忙忙下笔，审题失误，导致行文偏离题意。

在行文之前一定要读懂材料，准确立意，也就是说要全面分析、研究材料，分清主次，抓住精髓，选准最佳角度，确定中心后方可动笔。

在短短的150分钟内，要根据给定资料完成几项有严格要求的写作任务，难度大，时间紧。因此，不少考生草草浏览一遍给定资料，还没有理出头绪、弄清资料所反映的问题，就马上动笔。这样，第一项写作任务即出现偏差——概括的并非主要内容。

（2）对申论写作的特殊要求不甚了解，不能严格按要求进行写作。公务员录用考试的申论写作区别于一般作文的一个显著特点，是它具有多层次性和综合性。多层次表现在整个申论由要求不同的三篇文章组成。综合性是指这三篇文章构成衔接紧密的写作链和逻辑严谨的整体。不少考生对这一特殊之处不甚了解，写作难免出现偏差。

将公务员录用考试申论三部分的写作写成互不相关的三篇独立文章，忽略了它们之间的密切联系是考生常犯的错误。考生在整个写作过程中一定要把三个部分看成一个整体。不仅写作时要前后衔接、互相呼应，而且写作前的构思即应一以贯之。因为，概括的过程既是熟悉资料的过程，也是分析判断的过程；提出方案的过程既是解决问题的过程，也是理性思考的过程。成功的申论写作，三个部分应协调一致、相互配合并彼此贯通，即"对资料反映的主要问题的概括""针对主要问题的对策""由主要问题而引出的阐发议论"是浑然一体的。只有这样写作，才能保证文章的整体性。

（3）材料使用不当。议论文中的论证部分是由申论材料引发而来的。写议论文，切忌开头不引述材料，其他文体也不能整篇脱开材料、开头不引述材料而在论证过程中使用，就把话题引子当成了论据，使读者（评卷人）不明白你的中心是根据什么提出来的。如果整篇文章不见所给定的材料，你的作文与试题提供的材料和写作要求则无法直接联系起来，使人产生一种另起炉灶的感觉。因此，给定材料作文一定要正确使用给定材料，议论文一开头即要引述材料，论证时还要回头再扣住材料。

（4）行文不合题意。申论试题一般包括两个部分：一部分是材料，另一部分是写作要求。写作要求或以提示语出现，或另列出"要求""注意"。审题时，不仅要吃透材料，还必须看清写作的具体要求，按照试题的指令写作。特别要注意场合、身份等方面的要求；切忌不看要求，或未看清题目要求，就匆匆下笔。在评卷中发现，有些考生的作文若抛开试题的限制评判，的确是好作文，但是未按指令写作，不合题目要求，此类试卷只能被评为三类以下。

（六）申论议论文的写作技巧

怎样做才能使文章写得"熠熠生辉"、不再平凡呢？一方面，要勤加练习、多做真题；另一方面，也应当掌握一些申论写作必备的技巧。把握好四个环节：起笔、破题、铺展、收笔，一定能让你的文章从此"与众不同"。

1. 起笔的瀑布高悬法——高处落笔

文章的起笔要不凡，就是一鸣惊人，让读者看文章如同登山游览，"首先映入眼帘的一挂雪白闪亮的瀑布"，一下子吸引读者的注意力，有一睹全文的渴望。

按照起笔高悬的原则，在文章一开头就提出最高层次的论点、用最醒目的语言，高层立意结合语言表达上的策略，就能增强说服力和感染力，不仅可给阅卷者一个上佳印象，对引起下文也有积极作用。

2. 破题的聚光亮点法——亮处着墨

起笔之后，引出问题，申明论述的对象，一般是指出存在的问题，即破题。点明问题的有效方法是亮处着墨，要从亮点即成绩、进步、优势等积极面说起：先说亮点，后讲阴暗面；多说成绩，少说问题；多颂扬，少报忧。通过合理分配"成绩"与"问题"的笔墨，使论述焦点集中于"成绩"一类亮点，给全文奠定一个积极的基调，最终指向问题的解决，既有利于上下文的衔接，又可以给阅卷者"行文得体""善于说话"的良好印象。

3. 铺展的曲径通幽法——另辟蹊径

文章的主体部分即分论点部分是申论文章的重要组成，文章的主要内容均集中于此。考生在这部分要体现出文章的与众不同之处。

4. 收笔的功成圆满法——锦上添花

申论文章几乎都是针对问题而写，根本目的是解决问题。正文对策部分是问题的解决方法，而解决与否，不是对策本身所能决定的，所以在结尾收笔处，无论问题能否解决、实际解决与否，都要归结到问题的解决，以分析预测或展望问题的圆满解决而结束全篇。

结尾处要在对策部分的基础上，进一步提出建议、发出倡议、做出展望，展示问题必将解决的趋势、前景。

总之，起笔于高处、聚焦于亮点、收笔于光明，要精心设计以各种积极的方式作结，给读者造成积极的印象，既冲淡正文所论问题的消极影响，又体现"功成圆满"的积极基调。

二、说明文

所谓说明文，就是以说明为主要表达方式来解说事物、阐明事理而给人以知识的文章，它通过对实体事物的解说，或对抽象道理的阐释，使人们对事物的形态、构造、性质、种类、成因、功能、关系或对事理的概念、特点、来源、演变、异同等有所认识，从而获得有关的知识。它是以说明为主要表达方式，解说事物、阐明事理，给人以知识，有明显实用性的一种文体。

（一）说明文的分类

说明文的应用范围十分广泛，按照不同的标准，可分为不同的类别：

（二）说明文的特点

1.解说性

说明文与记叙文和议论文不同，它是一种直接告知性的文字。解说性是说明文的主要特征。记叙文通过对人物活动、事件经过、环境状况的描绘，使人获得生动具体的感受，并从中领会作者的表达意图；议论文通过运用概念、判断、推理，论证某种意见和主张，反映事物的本质和规律；说明文则是对事物各方面的情况作直接的介绍、解释，以使人对事物有直接的、理性的了解为目的，不强调感性的描绘让人领悟什么，也不论证什么见解和主张去让人信从。

2.客观性

说明文在某种意义上较之记叙文和议论文是最讲"科学性"的文字。它通过介绍、解说、阐述事物或事理，达到给人以知、教人以用的目的。因而，不管是对实体事物的说明，还是对抽象事物、事理的说明，都必须如实地反映事物和事理的本来面貌，作者必须采取完全冷静、理智和客观的态度，不能如记叙文那样带上对事物的感情倾向，或如议论文那样带上对事物的个人见解。总之，记叙文和议论文虽然也要求正确反映客观现实，但允许主观感情的抒发，主观认识的表达；而说明文则要求"不动声色"地将事物或事理说清，重在如实告知。

3.知识性

说明文较之记叙文和议论文，又是与生活实践联系最密切、实用性最强的文字。它以介绍知识为宗旨。说明文的内容不外乎是自然科学、社会科学知识，或人们日常生活、工作、学习所需要的知识。

4.平易性

说明文的目的在于把事物、事理说明白，让读者以最省力的方式理解有关知识，因而，说明文要求语言浅显、简明、平实。它既不像记叙文那样对人物、事件或环境的形象进行描绘、渲染，感情的细腻抒发，也不像议论文那样对事物作深入的剖析和"复杂"的逻辑推理，而是越明白晓畅、通俗易懂、干净利落、质朴无华越好。当然为吸引读者，说明文在语言上也要注意生动形象，注意表达上的趣味性，甚至也要讲些"艺术技巧"，但毕竟与记叙性文字的要求和目的不同。

为把事物、事理说明白，让读者易于接受，说明文也应最注意条理性。一般不应像记叙文那样讲究技巧，在结构上搞些"花样"，也不应像议论文那样征引发挥，或在论证上搞些什么"手法"，说明也有不少方法，但一般都较简单。说明文更应注意的是按事物固有的条理和读者便于接受的方式，清清楚楚地将事物说明白，结构越简单越好，手法越简化越好，尽量避免人为的复杂化。

（三）说明的方法

1. 定义说明

就是用简明准确的语言把事物的本质属性揭示出来，以示此事物与彼事物的区别，给人以清晰的概念。它常常表现为一个科学而严密的判断。不同的事物有不同的本质，表现出不同的特征，也有着不同的作用。如何给事物下定义，有的可以着重于事物的作用，有的则可以根据说明对象和目的，灵活决定。

2. 介绍说明

指对所要说明的对象的情况做概括扼要的陈述，使人了解或熟悉，又称概说。多用于对人物、事物状况，书籍、作品内容梗概，日常用品、产品、商品性能以及参观导游等的说明。概括而全面，突出重点、难点，平易浅近是其特点。

3. 举例说明

指举出实际事例，对事物或概念进行说明的方法。其作用是可将比较抽象、复杂的事物或事理变得具体可感和浅近易懂。举例说明的"举例"有三种情况：第一种是典型举例法，即只举一两个有代表性或普遍意义的例子；第二种是列举法，即举出三个以上的多个例子；第三种是包举法，即举出有关事物或概念所包括的全部实例。总的来说，举例要典型、真实、具体、生动。有的实例材料不怎么确凿肯定，可用"据说""传说"之类的字眼标明，以示慎重。

4. 诠释说明

是一种对事物或概念进行详细解释的说明方法。往往和定义说明结合起来使用，即先给说明对象下定义，然后作解释，使人对事物既有概括的认识，又有具体的了解。诠释说明有三种方式：第一种是穿插在行文中，和上下文融为一体；第二种是用括号括起来或前置破折号加以标示；第三种是置于当页下端，并用横线隔开，或置于文末，均用小于止文的铅字排印，称注解或注释。一般说的诠释说明指第一种方式。

5. 数字说明

有些事物或事理可以用某种数字、百分比来表明其特征或本质，因而数字、百分比也是常用的说明方法。数字是事实的高度概括，用数字说明能突出说明的科学性和权威性，表述简便、说服力强。用于说明的数字有两种：一种是数据，即可为科学研究或技术设计提供依据的各种固定性数值；另一种是表示事物有多少的具体数目。用数字说明，一是应有必要性，即用在关键处、着重处，不随意乱用；二是要有精确性，确数要核实无误，约数要切近实际并交代清楚。

6. 引用说明

即将现成的书面或传闻材料及其他有关资料拿来作说明依据，充分说明内容的方法。可以引用的材料或资料极为广泛，包括有关文献、名言、格言、俗语、谚语、警句、诗词、故事、科研成果、报刊文章等。引用说明可使说明显得有根有据、生动充实，并可扩大读者视野，增加阅读兴味。对于比较枯燥的说明文来说，无疑是弥补其"先天"缺陷的重要手段之一。使用引用说明，一是要有针对性，要少而精和恰到好处，不宜旁征博引，大量堆砌。二是要有"亲和性"，即与要说明的事物、事理水乳交融，不宜"文不对题"，若即若离，成为多余的赘笔。三是要有精确性，明引要只字不易，必要时注明出处；暗引也要不走样，符合原意。

7. 分解说明

指将被说明事物由整体划分为它的各个部分或组成要素加以逐一说明。这不但包括对一个表态事物的整体作分项目的说明，也包括将一个动态事物的全程作出分阶段的说明。事物整体是由它的局部或要素构成的，事物的全程是由它的各个阶段组成的，通过认识局部、阶段而认识整体或全程是最一般的认识方法，因而也是常用的一种说明方法。

8. 分类说明

将被说明事物，按某一标准划分为若干小类，逐类分别加以说明。这是一种从不同类别上说明事物的方法。每次分类要遵循以下要求：一是要标准一致；二是要"包举"或穷尽，即分出来的各类加起来正好是被分类的事物，如不便穷尽就加"等"，使两者相等；三是划分出来的各类必须是并列关系，既不能互相交叉，也不能互相包容。如要进行另一种分类，必须明确标示，不能与前一种相混。

9. 描述说明

即对说明对象进行具体、形象、生动的叙述和描写的说明方法。这一方法的特点是寓说明于描写叙述之中，描述是说明的手段，是为说明服务的，和文学作品或记叙文中运用描述渲染环境、刻画人物、制造情节，最终为表达主题和作者思想感情服务不同。

使用描述说明法一般是说明对象本身有某种生动形象的美感特点，不用描述无法准确加以说明，当然也可以是为了增加说明的生动性和趣味性而使用。但不论哪种情况，都不能夸张、虚构，而要客观、真实、恰如其分。

10. 分析说明

是对某种事物或事理进行介绍之后，对其进行一层一层或一部分一部分的分别剖析，以提示事物或事理，所以具有某一属性或为什么如此这般的说明方法。这一说明方法，旨在回答为什么事物是这样、为什么要这样做等问题。即对说明对象，不仅让人知道"是什么"，而且让人知道"为什么"；不但知其然，而且知其所以然。所以，它是一种提示事物根源、本质，使读者获得对事物深刻认识的说明方法。

11. 比喻说明

即使用人们日常熟悉的具体事物、事理来打比方，对较为生疏的事物、抽象的事理加以说明的方法。这是一种用一个事物、事理来说明另一个事物、事理的方法。它具有一种化深为浅、化难为易、化生为熟、化概念为具体、变抽象为形象、变枯燥为生动的特殊功能，故而常为说明文所使用。说明文中的比喻和文学作品或记叙文中的比喻形式相同，但目的不同，说明文中的比喻主要是为了对事物作清晰、形象的介绍，而不是对表现对象做"艺术加工"，因此要注意准确性和科学性，不宜有夸张的成分；另外，一般也不用暗喻和借喻，而只用明喻。

12. 比较说明

事物是相比较而存在的，其特征和本质往往只有通过各种比较才能显示出来。通过种种比较对事物或事理加以说明，也是常用的说明方法。比较的方法有如下几种：第一种是同类事物间的比较；第二种是异类事物间的比较；第三种是同一事物本身前后情况或这方面与那方面的比较。还有一种特殊的比较，即将同类事物中两种完全对立的事物，或将事物间、事物本身各种对立的情况加以比较。比较能加强说明的鲜明性。运用时，一定要用人们熟知的事物与要说明的事物来比较，以达到令人明白易懂的目的。另外，作比较的两事物之间或事物本身两种情况之间，一定要存在可比性，不应随意乱比，令人莫名其妙。

（四）说明文写作应注意的事项

说明文的写作，一般应注意以下三点：

1. 顺序清晰

说明的顺序要清晰，这样说明文才思路清楚、结构明了。

（1）实体事物可以按照它所处的空间位置或构成部分，按上下左右、前后内外、东南西北的次序由总到分、由分到总地安排结构。

（2）事理类说明文，则按照人们的认识规律由浅入深、由具体到抽象、由简单到复杂、由熟悉的事例到成因事理来安排顺序。撰写事理说明文，要认清事物内部的逻辑关系，或主从、或并列、或因果，抓住这些关系，就能恰当地理出说明顺序。

2. 说明客观、准确、简洁

说明要客观，一般不夹杂个人的感情色彩及倾向，客观事物是怎样的，就怎样做解说，这也是说明文的特性所在。说明要准确，首先是准确把握事物特征，只要把事物的特点交代准确了，说明的目的就达到了；其次是语言要准确，看准了，理解准了，但用词造句不合文法，概念含义模糊，修饰限制词不恰当，也是不行的。在"量"的程度和"质"的方向上，不能出半点差错，这就需要选择一些准确的修饰语（形容词或副词），对量和质做限定，使说明恰当而有分寸。至于简洁，则是要求语言简练、不啰唆，能一句话说明白就不要用两句话。

3. 抓住事物特征

说明文要客观、科学地解说事物，就必须把握事物特征。所谓特征，就是这一事物区别于其他事物的标志。为表现出事物特征，首先要选择好"说明点"，即明确"说明什么，回答什么问题"，也就是写作目的要清楚；其次要根据写作对象和说明目的，选择好角度，确定说明的重点；最后要注意对说明对象的整体把握，不要以偏概全。

（五）说明文举例

【分析】文章抓住国子监街作为一条"文化色彩浓郁的街"这一特色，以纵向的历史变迁和横向的街道风貌为两个角度、两条线索，对它展开介绍和"解说"。从"纵向"看，从它的建造时间、背景，说到它过去的显赫地位，当代曾出现的悲剧，直到今天的发展；从"横向"看，先总写两头的牌楼，然后以"由东而西漫步"的虚拟行程法或移步换形法，先介绍整条街道的氛围，后分别介绍下马石碑、孔庙、碑林，最后又交代如今辟为博物馆、图书馆、电视大学的情况。全文重在向读者介绍、解说国子监街的历史文化内涵及其风貌和氛围，表述清晰严谨，客观而真实，显示了说明文的特色。

三、应用文

申论考试中，除了行政公文和党的公文及其子公文外，涉及最多的文体是事务类文书。

（一）应用文的含义、种类及特点

1. 应用文的含义

国家机关、企事业单位、社会团体以及人民群众办理公私事务、传播信息、表述意愿所使用的实用性文章。

2. 应用文的种类

按照使用功能可把应用文分为两大类。

一是通用类应用文，指人们在办公或办事中普遍使用的文书，又包括三种：

（1）行政公文类，指《国家行政机关公文处理办法》中所规定的文种，包括命令（令）、决定、公告、通告、通知、通报、议案、报告、请示、批复、意见、函、会议纪要13类（14种）。

（2）通用事务类，包括计划（实施方案）、总结、情况综合（工作情况综述）、调查报告、研究报告、述职报告、提案、讲话稿、演讲词、解说词、新闻发布稿、典型事迹材料、简报、布告、制度、章程、规划、办法、细则、公约、守则、大事记、会议记录23种。

（3）个人事务类，如日记、读书笔记及各类信函等。

二是专用类应用文，指专业性较强的文书，包括科技、财经、司法、传播以及外交、军事等类文书。

3. 应用文的特点

应用文具有直接功用性、内容真实性、思维逻辑性和格式稳定性等特点。

（二）常用行政公文

1. 决定

（1）含义。《国家行政机关公文处理办法》对决定的功能做了如下阐述：适用于对重要事项或者重大行动做出安排，奖惩有关单位及人员，变更或者撤销下级机关不适当的决定事项。《中国共产党机关公文处理条例》对决定功能的阐述是：用于对重要事项做出决策和安排。

（2）分类。决定包括：法规政策性决定；重要事项和重大行动的决定；奖惩性决定。

（3）结构及写作要求。

1）标题。决定的标题一般采取公文标题的常规模式，即发文机关＋主要内容＋文种的写法，如《国务院关于进一步加强产品质量工作若干问题的决定》。

2）正文。正文采用公文常用的结构基本型，由开头、主体、结尾三部分组成。①开头一般是写发布决定的背景、根据、目的、意义。②主体写决定事项，包括三类：用于指挥工作的决定，这部分要提出工作任务、措施、方案、要求等，内容复杂时要用小标题或条款显示出层次；用于批准事项的决定，这部分要表达批准意见，如有必要，还可对批准此事项的根据和意义予以阐述；用于表彰或惩戒的决定，这部分要写明表彰决定和项目，或处分决定、处罚方法。③结尾比较简单，主要用来写执行要求或希望、号召。

2. 公告、通告

《国家行政机关公文处理办法》明确规定，"公告"适用于向国内外宣布重要事项或者法定事项，"通告"适用于在一定范围内公布应当遵守或者周知的事项。

公告与通告的共同点和不同点体现在三个方面：①发布的公开性：内容都是公开的。

但公告涉及的范围广，通告涉及的范围小。②事项的重要性：都是发布重要的事情。公告发布的都是比较重大的事情，而通告次于公告。③操作的严肃性：公告一般由国家各级政权机构发布，而通告由代表法定机构的团体或个人发布。

公告与通告都包括两种类型：①涉及法定事项的公告、通告；②知照性公告、通告。

（1）公告。根据内容的不同，可将公告公文分成两类：一是重要事项公告。内容大多关系到国家政治、经济、军事等领域内的大事。二是法定事项公告。适用于政府及有关职能部门或其他组织依据法律法规的规定向社会广泛告知具有规定性、权威性、约束力的重要事项和法定事项。

公告通常由三部分组成：标题、正文、落款。标题可为完全式标题——发文机关＋事由＋文种；正文一般由通告缘由、通告事项、通告要求三部分组成；落款要写明发文机关和成文日期，若标题中有了发文机关此处可不写，有的通告也可把日期写在标题下。

（2）通告。相对于公告，通告的使用比较普遍。对于现实生活中或工作中已经出现或可能出现的问题，如果机关团体、企事业单位认为需要让一定范围的人员明白或遵守，常常可以使用通告。如《××市人民政府关于公共场所禁止吸烟的通告》《××市供电局、公安局关于严禁窃电的通告》《××市劳动局关于禁止私招外地劳动力的通告》等。

通告一般由三部分组成：标题、正文、落款。

通告的标题有三种形式：①发文机关＋事由＋文种；②发文机关＋文种；③只标明文种名称，落款写发文机关全称，加盖公章。

通告正文的语气一般应比较平缓，语句平实，有时需要带上恳切要求协助或办理的语态。在结构上，通常可以分为三部分：开头，说明发布通告的原因和目的。这部分提出的根据要充分，目的要明确，为下文提出"应该遵守和执行的事项"奠定基础。中间，写通告的具体事项。如果通告事项涉及的要求、措施较多，应该分项予以说明。分项说明宜采取递减法，由主及次，由大到小，以便读者或听众能够迅速、正确地领会文件的精神实质。通告的具体事项是要面向公众，要求公众周知和执行的。因此，要力戒表述上的主次不分或忽轻忽重，否则就会使人产生繁杂无序的感觉，不利于读者或听众迅速地、准确地理解文件的精神实质。落款，写执行的具体要求（包括时间、程度、范围等）。最后可以"特此通告"结束，也可以省略。

3. 通报

（1）含义。通报是上级把有关的人和事告知下级的公文。通报的运用范围很广，各级党政机关和单位都可以使用。它的作用是表扬好人好事，批评错误和歪风邪气，通报应引以为戒的恶性事故，传达重要情况以及需要各单位知道的事项。其目的是交流经验，吸取教训，教育干部、职工群众，推动工作的进一步开展。

（2）通报的特点。通报具有三方面的特点：①告知性。通报常常是把现实生活当中一些正反面的典型或某些带倾向性的重要问题告诉人们，让人们知晓、了解。②教育性。通报的目的，不仅仅是让人们知晓内容，还要让人们在知晓内容之后，从中接受先进思想的教育，或警戒错误，引起注意，接受教训。这一目的，不是靠指示和命令方式来达到，而是靠正、反面典型的带动，真切地希望和感人的号召力量，使人真正从思想上确立正确的认识，知道应该这样做，而不应该那样做。③政策性。政策性并不是通报独具的特点，其他公文也同样具有这一特点。可是，通报尤其是表扬性通报和批评性通报这方面的特点尤其突出。因为通报中的决定（即处理意见），直接涉及具体单位、个人，或事情的处理，且会涉及以后其他单位、部门效仿执行的问题，决定正确与否，影响颇大。因此，必须讲究政策依据，体现党的政策。

（3）通报的种类。通报具体可分为三类：①表彰性通报。就是表彰先进个人或先进单位的通报。这类通报，着重介绍人物或单位的先进事迹，点明实质，提出希望、要求，然后发出学习的号召。②批评性通报。就是批评典型人物或单位的错误行为、不良倾向、丑恶现象和违章事故等。这类通报，通过摆情况，找根源，阐明处理决定，使人从中吸取教训，以免重蹈覆辙。这类通报应用面广，数量大，惩戒性突出。③情况通报。就是上级机关把现实社会生活中出现的重要情况告知所属单位和群众，让其了解全局，与上级协调一致，统一认识，统一步调，克服存在的问题，开创新的局面。这类通报具有沟通和知照的双重作用。

（4）通报的结构。通报由三部分组成：1）标题。由制发机关＋被表彰或被批评的对象＋文种构成，如《××××人民政府关于柳州市壶东大桥特大交通事故的通报》。

2）主送机关。有的特指某一范围内，可以不标注主送机关。

3）正文。表彰性通报的正文部分一般包括三方面内容：①概述先进事迹，表明通报发出单位对通报事项的态度。②指出先进单位或个人的主要做法经验，或叙述事情发生的经过并分析事件的意义。③提出要求和希望，号召大家学习。批评通报的正文部分一般包括四方面内容：①叙述错误事实经过。②表明通报发出单位对事件的态度及处理意见。③分析错误或事故产生的原因与危害性。④提出要求，警示其他单位或个人。情况通报的正文一般有两个部分：①被通报的情况。②希望和要求。

4.通知

（1）含义。通知，即适用于批转下级机关的公文，转发上级机关和不相隶属机关的公文，传达要求下级机关办理和需要有关单位周知或者执行的事项、任免人员。

（2）通知的特点。

1）功能的多样性。在下行文中，通知的功能是最为丰富的。它可以用来布置工作、传达指示、晓谕事项、发布规章、批转和转发文件、任免干部等。但通知在下行文中的规格，要低于命令、决议、决定、指示等文体。用它发布的规章，多是基层的，或是局部性的、非要害性的。

2）运用的广泛性。通知的发文机关，几乎不受级别的限制。大到国家级的党政机关，小到基层的企事业单位都可以发布通知。通知的受文对象也比较广泛。在基层工作岗位上的干部和职工，接触最多的上级公文就是通知。通知虽然从整体上看是下行文，但部分通知也可以发往不相隶属机关。

3）一定的指导性。用通知来发布规章、布置工作、传达指示、转发文件，都在实现着通知的指导功能，受文单位要认真学习通知的内容，并在规定时间内完成通知布置的任务。个别晓谕性的通知，特别是通知作为平行文发布的时候，可以没有指导性或只有微弱的指导性。

4）较强的时效性。通知是一种制发比较快捷、运用比较灵便的公文文种，它所办理的事项，都有比较明确的时间限制，受文机关要在规定的时间内办理完成，不得拖延。

（3）通知的分类。根据适用范围的不同，可以把通知分为六大类：

1）发布性通知，用于发布行政规章制度及党内规章制度。

2）批转性通知，用于上级机关批转下级机关的公文给所属人员，让他们周知或执行。

3）转发性通知，用于转发上级机关和不相隶属的机关的公文给所属人员，让他们周知或执行。

4）指示性通知，上级机关对下级机关的某项工作所有指示，要求办理或者执行，而根据内容又不适宜于用命令，用指示性通知。

5）任免性通知，上级机关在任免下级机关的领导人时使用任免通知。

6）事务性通知，用于处理日常工作中带事务性的事情，常把有关信息或要求用通知的形式传达给有关机构或群众。

（4）通知的写作结构。

1）通知标题和主送机关。通知的标题一般采用公文标题的常规写法，由发文机关＋主要内容＋文种组成，也可以省略发文机关，由主要内容＋文种组成标题。发布规章的通知，所发布的规章名称要出现在标题的主要内容部分，并使用书名号。批转和转发文件的公文，所转发的文件内容要出现在标题中，但不一定使用书名号，如《国务院办公厅转发教育部等部门关于进一步加快高等学校后勤社会化改革意见的通知》。通知的发文对象比较广泛，因此，主送机关较多，要注意主送机关排列的规范性。由于级别、名称不同，主送机关的排列非常复杂，需要经过深思熟虑后确定。

2）通知的正文，由缘由、事项、执行要求组成。①缘由：发布指示、安排工作的通知，缘由部分的写法跟决定、指示很接近，主要用来表述有关背景、根据、目的、意义等。批转、转发文件的通知，根据情况，可以在开头表述通知缘由，但多数以直接表达转发对象和转发决定为开头，无须说明缘由。发布规章的通知，多数情况下篇段合一，无明显的开头部分，一般也不交代缘由。②事项：通知的主体部分，所发布的指示，安排的工作，提出的方法、措施和步骤等，都在这一部分中有条理地组织表达。内容复杂的需要分条列款。③执行要求：发布指示、安排工作的通知，可以在结尾处提出贯彻执行的有关要求。如无必要，可以没有这一部分。其他篇幅短小的通知，一般不需有专门的结尾部分。

5. 报告

（1）含义。《国家行政机关公文处理办法》明确规定，报告"适用于向上级机关汇报工作，反映情况，答复上级机关的询问"。报告是一种呈阅性的上行文，主要用于下级机关向上级机关汇报工作，反映情况，答复上级机关的询问等。

（2）报告的分类。报告的分类情况比较复杂，从不同的角度分有不同的种类。

按内容分：情况报告、工作报告、答复报告和报送报告四种。

按行文目的分：呈报性报告、呈转性报告。

按性质划分：综合报告、专题报告。

按时限划分：例行报告和不定期报告两种。

（3）报告的结构。报告一般由标题、主送机关、正文、落款组成。

1）报告的标题要完整规范，应由发文机关＋事由＋文种三要素组成。有时可省略发文机关，如《关于防控禽流感工作情况的报告》，但在落款时必须写明发文机关名称。

2）报告的正文一般由报告缘由、报告事项、结束语三部分组成。缘由为开头部分，以简明的语言概括报告的基本情况后，常用"现将有关情况报告如下"引出下文的具体内容。报告的事项是报告的主体，也是核心。一般情况下，这部分要写出四个方面的内容，即陈述基本情况、归纳主要经验、说明存在的问题、提出今后的措施。若是综合报告，要将内容正确地分类，有分析有综合，中心突出，点面结合；若是专题报告，要突出"专"字，内容单一。结束语单独一行，若是工作、情况报告，其结尾惯用语为"特此报告"；回复报告多用"专此报告"结尾；建议报告可用"以上报告如无不妥，请批转执行"结尾；呈报性报告常用"请审阅""请收阅"等作结语。

3）落款即署名和日期。注明发文机关名称和发文时间。发文机关名称要使用全称或规范化简称。

6. 请示

（1）含义。各级各类机关单位在依据职权开展工作、进行管理时，常常遇到本单位无权决定而又必须经办的事，或者虽然有权决定，但由于问题重大而难以处理的一些涉及政策性问题的事情，为了维护管理职能的集中统一，保证管理体系的工作效率，必须向自己的上级机关请求指示、批准，这时一般应用"请示"来行文。请示也就是为实现这一目的而制发的公文。上级机关收到请示后，应当及时给予指示、批复。

请示一般以机关单位的名义发出。在国家行政机关中，为了明确行政领导负责制，重要的请示，比如涉及有关全国或者一个地区、一个方面工作的方针、政策、计划和重大行政措施等事项的请示，也可以由机关单位的正职行政领导签署发出。

（2）请示的特点。请示与报告相比较，主要有四个特点：①陈请性。请示是向上级机关请求指示和批准的公文，行文内容是陈请上级对某件事做指示或批复，具有请求性；而报告是向上级机关汇报工作、反映情况、答复上级机关的询问或者要求的公文，具有陈述性。②期复性。请示的行文目的是请求上级批准，解决某个具体问题，要求做出明确答复；而报告的目的则在于使上级掌握某方面或阶段的情况，不要求批复。③超前性。请示行文时机具有超前性，必须在事前行文，等上级机关做出答复之后才能付诸实施；而报告则可在事后行文，也可在工作进行过程中行文，一般不在事前行文。④单一性。请示事项具有单一性，要求一文一事，不拖泥带水；而报告可以一文一事，也可以一文多事。

（3）请示的分类。请示根据行文的目的和内容通常可分为两种：事项性请示、政策性请示。

1）事项性请示：这种请示是下级机关请求上级机关审核批准某项或者开展某项工作的请示，属于请求批准性的请示。这种请示多用于机构设置、编制审定、人事任免、重要决定执行、大型项目安排等。这些事项按规定本级机关无权决定，必须请示上级机关批准。下级机关在工作中遇到人力、物力、财力等方面难以解决的事项，用请示请求上级机关给予帮助、支持的请示，也是事项性请示。

2）政策性请示：下级机关在工作中对某一方针、政策等不明确、不理解，或者碰到新问题，可用请示行文，并提出解决的意见，请求上级机关给予明确的解释和指示，这种就属于政策性请示。

（4）请示的写作结构。请示由两部分组成：标题、正文。

1）请示标题一般要写明"发文机关+事由+文种"，如《××省人民政府关于增拨防汛抢险救灾专款的请示》。发文机关有时可以省略，如《关于××列为省级重点风景名胜区的请示》。写标题要注意，不能将"请示"写成"报告"或"请示报告"，缘由中也不要重复出现"申请""请求"之类词语。

2）请示的正文都要包括缘由、事项和结语三部分。①缘由。请示的缘由是请示事项和要求的理由及依据。要先把缘由讲清楚，然后再写请示的事项和要求，这才能顺理成章。缘由很重要，关系到事项是否成立，是否可行，直接影响上级机关审批请示的态度。

因此，缘由必须十分完备，依据、情况、意义、作用等都要写上。②事项。事项包括办法、措施、主张、看法等。请示的事项，要符合法规，符合实际，具有可行性和可操作性。因此，事项要写得具体、明白。如果请示的事项内容比较复杂，要分清主次，一条一条地写出来，条理要清楚，重点要突出。注意：事项简单的，往往和结语合为一句话。如《关于××列为省级重点风景名胜区的请示》的最后一句话："现申请把××列为省级重点风景名胜区，请审批。"请示事项应该避免不明确、不具体的情况和把缘由、事项混在一起的情况。否则，写得不得要领，上级机关就不知你要求解决什么问题。③结语。请示的结语比较简单，在主体之后，另起一段，按程式化语言写明期复请求即可。期复请求用语常见的有"当否，请批示""妥否，请批复""以上请示，请予审批""以上请示如无不妥，请批转有关部门执行"等。结语是请示必不可少的一项内容，不能遗漏，更不能含糊其辞。

（5）请示的写作要求。

1）一文一事。一份请示只能写一件事，这是便于上级工作的需要。如果一文多事，可能导致受文机关无法批复。如果确有若干事项都需要同时向同一上级机关请示，可以同时写出若干份请示，它们各自都是一份独立的文件，有不同的发文字号和标题，上级机关会分别对不同的请示做出不同的批复。

2）单头请示。请示只能主送一个上级领导机关或者主管部门。受双重领导的机关向上级机关行文，应当写明主送机关和抄送机关，由主送机关负责答复其请示事项。请示如果多头行文，很可能得不到任何机关的批复。

3）不越级请示。这一点，请示与其他行政公文是一样的。如果因特殊情况或紧急事项必须越级请示时，要同时抄送越过的直接上级机关。除个别领导直接交办的事项外，请示一般不直接送领导个人，这一点要特别注意。

4）不抄送下级。请示是上行公文，行文时不得同时抄送下级，以免造成工作混乱，更不能要求下级机关执行上级机关未批准和批复的事项。

7. 意见

（1）含义。意见，是党的领导机关和国家行政机关对重要问题提出见解和处理办法的一种公文。作为一种公文文体的意见，与一般会议上或公开场合个人发表的口头意见是有区别的。它的内容涉及现实工作中重大的和急需解决的问题，要有可行性的充分论证。

"意见"是近年来在建设中国特色社会主义民主政治进程中经常使用的一个文种，被国务院发布的《国家行政机关公文处理方法》正式定为第十一类文种。它在实际工作中的使用日趋频繁，起着越来越重要的作用。

意见可用于上行文、下行文和平行文：①作为上行文，意见类似于请示，应按请示性公文的程序和要求办理。上级机关应当对下级机关报送的意见作出处理或给予答案。②作为下行文，意见具有指示、指导和规范作用，可对下级机关布置工作，下级机关应当遵照执行。③作为平行文，收文机关可将文中提出的意见作为决策、行动或工作的参考。

（2）特点。

1）内容的多样性。它既可以对工作做出指导，提出要求，又可以对工作提出建议，或者对工作做出评估，提出批评。它主要用于党政机关，但也可用于人民团体、企事业单位；既可用于上级，又可用于下级甚至基层组织。

2）行文的多向性。它既可以用作下行文，表明主张，做出计划，阐明工作原则、方法和要求；又可以用作上行文，提出工作建议和参考意见；还可以用作平行文，就某一专门工作向平行的或者不相隶属的有关方面做出评估、鉴定和咨询。

3）制发的针对性。意见的制发往往是针对工作中急需解决的问题或必须克服的情形，因此它提出问题要及时，分析问题要结合实际，提出的见解、办法要对症，具有可操作性。

4）作用的多重性。有的意见具有指导、规范作用，如《中共中央、国务院关于进一步加强社会治安综合治理的意见》《中共中央关于坚持和完善中国共产党的多党合作和政治协商制度的意见》《××县人民政府关于切实减轻农民负担的意见》；有的具有建议、参考作用，如《关于深化机关后勤改革的意见》就是四川省人民政府机关事务管理局上报省人民政府的一份建议性意见，又如《关于加强国有土地资产管理建立储备制度的意见》是北京市国土房管局向北京市人民政府提交的一份建议；有的具有评估、鉴定作用，如《关于成都市创建国家卫生城市工作的考核鉴定意见》。

（3）意见的种类。按照性质和用途的不同，可将意见分为四类：指导性意见、建设性意见、规定性意见、评估性意见。

（4）写作要求。

第一，根据不同的行文方向，分别选择不同的撰写方法并遵照不同的撰写要求。意见，作为上行文应按请示性公文的程序和要求去写作与办理，所提意见如涉及其他部门职权范围内的事项，主办部门应当主动与有关部门协商，取得一致意见后方可行文，如有分歧，主办部门负责人应当出面协调，仍不能取得一致时，主办部门可以列明各方理据，提出建设性意见，并与有关部门会签后报请上级机关决定。与其他请示性公文的要求相同，意见还应主送给主管的上级机关，逐级主送，文字表述简明、得体；作为下行文，意见应当提出符合客观实际、具体可行的方针政策与措施要求，指导下级机关认真贯彻执行或参照执行；作为平行文，所提意见可供对方参考，具有商洽性，因此，应以协商的态度，提出与对方工作有关并能够接受的主张和处理办法。

第二，观点正确，办法可行。首先，要符合党的方针政策与国家的法律法规以及有关地区、部门的规定，具有政策性与合法性；其次，必须以实事求是的态度，认真地进行调查研究，从实际出发，提出正确的主张与切实可行的方法措施。作为上行文，应有利于上级机关做出处理或给予答复；作为下行文，则应有利于下级机关理解和贯彻执行。

第三，主题集中。撰写意见，应强调主题集中，中心明确，一文一事，围绕一个主题，将一项工作，一个问题的性质、特点、规律以及处理解决的主张与办法讲深讲透，切忌主题分散，在一篇意见中表述很多问题，或写进与主题无关的材料。作为上行文，应集中反映一个主题，要求上级机关予以答复与处理；作为下行文，为有利于下级机关贯彻执行必须突出其明确的针对性；作为平行文，要求围绕一个中心去提出参考意见。

第四，文字表述简明、得体。作为上行文，强调用语尊重；作为下行文，应主要使用指导性语言而一般不用命令性、告诫性语句；作为平行文，则应注意用语的谦和。

（5）写作结构。意见有三部分——标题、正文、落款。

1）标题。有两种模式：一是完全式标题：发文机关＋事由＋文种，如《国务院关于进一步深化粮食流通体制改革的意见》；二是省略式标题：事由＋文种，如《关于2002年国有企业改革与发展工作的意见》。

2）正文。正文一般包括意见缘由＋意见内容＋结语。意见缘由即回答"为什么提意见"，主要介绍提出意见的背景情况、依据、目的、意义等内容。意见缘由写作要目的明确，理由充分。无论是上报建议还是下发指导意见，都应充分阐明其必要性及政策、法律依据。意见缘由向意见内容的过渡常用"现提出如下意见"或"特制定本处理和实施意见"等过渡语句。意见的核心内容是对有关问题或某项工作提出见解、建议或解决办法。内容涵盖量大，多采用条文式结构。写作时要注意把原则性内容与规范性内容结合起来，既提出总的、原则性的要求，又有明确、具体、便于实际操作的措施和办法。结尾可自然结束，也可使用规范化结语。下行文意见常使用"以上意见，各单位要结合本部门实际情况，制定相应的措施并报××××""以上意见，请认真贯彻落实"做结语；上行文意见的结尾经常使用"以上意见，请审阅""以上意见如不妥，请批转各地各单位执行"等习惯用语。

3）落款。意见落款可按照一般公文落款的形式，写成文日期并加盖发文机关印章。有些规范性较强的意见，可将发文机关和发文时间置于标题之下。

8. 会议纪要

（1）含义。会议纪要作为常用的公文文体之一，是适用于记载、传达会议情况和议定事项使用的公文。可采取转发（印发）或直接发出的形式，类似于通知，发给下级贯彻执行；也可以报送给上级，类似会议情况报告，向上级反映；还可以发给平级有关机关，类似公函，使对方知晓，沟通情况。会议纪要不同于会议记录。会议纪要对企事业单位、机关团体都适用。

（2）会议纪要的特点。

其一，内容的纪实性。会议纪要如实地反映会议内容，它不能离开会议实际搞再创作，不能搞人为的拔高、深化和填平补齐。否则，就会失去其内容的客观真实性，违反纪实的要求。

其二，表达的要点性。会议纪要是依据会议情况综合而成的。撰写会议纪要应围绕会议主旨及主要成果来整理、提炼和概括。重点应放在介绍会议成果，而不是叙述会议的过程，切忌记流水账。

其三，称谓的特殊性。会议纪要一般采用第三人称写法。由于会议纪要反映的是与会人员的集体意志和意向，常以"会议"作为表述主体，"会议认为""会议指出""会议决定""会议要求""会议号召"等就是称谓特殊性的表现。

（3）会议纪要结构。会议纪要通常由标题、正文、主送单位、抄送单位构成。

标题有两种情况：一是会议名称加纪要，如《全国农村工作会议纪要》；二是召开会议的机关加内容加纪要，如《省经贸委关于企业扭亏会议纪要》。

会议纪要正文一般由两部分组成：①会议概况。主要包括会议时间、地点、名称、主持人，与会人员，基本议程。②会议的精神和议定事项。常务会、办公会、日常工作例会的纪要，一般包括会议内容、议定事项，有的还可概述议定事项的意义。工作会议、专业会议和座谈会的纪要，往往还要写出经验，做法，今后工作的意见、措施和要求。

（4）会议纪要的写作要点。

其一，明确会议宗旨，突出中心。一次工作会议，涉及的问题很多。在写会议纪要时，必须抓住会议所集中解决的几个主要问题，形成纪要的中心，切不可面面俱到。同时，一次工作会议，在具体讨论中必然会产生几种不同意见，不能把这些意见都纳入会议纪要，而应根据会议的宗旨，分析综合各种意见，集中反映符合会议中心要求的多数人的一致意见，同时也要注意吸收少数人正确的意见。对反映会议中心议题的正确意见，可采用"会议听取了""会议讨论了""会议研究了""会议认为""会议决定""会议指出""会议强调"等提法，加以集中概括，简明扼要地反映出来；对有分歧的意见，如属研讨性质的会议可写进会议纪要中去。

其二，讲究用语，注意条理。要按照会议纪要的不同用途，恰当地使用不同的用语。上报的会议纪要，就应使用对上的语气，如"会议讨论了以下几个问题""会议考虑"等；下发的会议纪要，则可用"会议决定""会议要求""会议强调""会议号召"等。要注意条理化、理论化。这是会议纪要与会议记录的一个主要区别。会议记录一般要把每个人的发言尽量客观、详细地记录下来，而会议纪要则需要有一个对会议讨论意见的综合、分析、整理加工的过程，这个过程也就是条理化、理论化的过程。所谓条理化，就是要对会议讨论的意见，分类归纳，层次清晰；所谓理论化，就是要对会议讨论的意见，尽力给予理论上的概括，提纲挈领，画龙点睛。当然条理化、理论化，并不是脱离会议实际，搞虚假的"粉饰"和"拔高"。

其三，忠实于会议精神，做好记录。会议记录必然依据会议的实际内容，不能随心所欲地增减或更改内容，不能添枝加叶。在写作当中，感到有的地方必须有所增减时，要经主要领导同意，必要时还应在一定范围内征求有关人员的意见。会议记录是产生会议纪要的基础，也是整理会议纪要的原始性主要素材之一。只有认真做好会议记录，才有利于会议纪要的整理，并保证纪要的质量，做到准确无误。

（三）通用事务类文书

事务文书，是指机关处理日常工作事务所常用的而又不在法定公文范围内的文书体裁。事务文书，在申论考试范围内，主要涉及工作事务性文书，经济、法律、科技、礼仪等应用领域的事务文书，申论不可能涉及。

"事务文书"与法定"公文"具有一定的相同点，但又有区别，主要表现为：功能相同、格式相近，均为公务活动服务，有相对固定的规范格式，这是两者的主要共同点；事务文书的使用者不限于国家行政机关，不具有法定效力，权威性、规范性弱于公文，是两者的主要区别。

申论可能涉及的事务文书包括 23 种：计划（实施方案）、总结、情况综合（工作情况综述）、调查报告、研究报告、述职报告、提案、讲话稿、演讲词、解说词、新闻发布稿、典型事迹材料、简报、布告、制度、章程、规划、办法、细则、公约、守则、大事记、会议记录。

1. 调查报告（含研究报告、调研报告）

（1）种类。调查报告，是对某一事物或某一问题进行调查研究后，将调查得到的材料和结果，以书面形式表达出来的关于调查的报告。对调查报告而言，"调查"是其工作方式，"报告"是其文体形式，两者结合所形成的文体如调查、情况调查、调查综述、考察报告等，都属于调查报告。它的作用是多方面的，可以作为制定路线、方针、政策的依据；可以通过典型事例的分析，总结出具有方向性、全局性的经验来推动工作；可以追踪和回答重大的、人民普遍关心的社会问题。因此，它在日常工作中属于应用广泛的事务文书。

调查报告依据内容不同，可以分为五种类型：

类型一，反映情况的调查报告。这类报告通常会比较全面、系统地反映一个地区、一个系统或一个部门的基本情况，它可能提供全面的情况，或者反映出某种动态、倾向，以引起有关部门的重视，成为决策的参考依据。

类型二，总结典型经验的调查报告。这类报告通过对具有参考价值和借鉴作用的典型经验的分析，为贯彻执行党的路线、方针、政策提供具体的经验和方法。它往往通过对某项工作的具体做法和实际收效的调查，分析概括出具有启发和参考意义的经验和办法，以指导和推动整体工作。

类型三，介绍新生事物的调查报告。这类调查报告可比较全面完整地反映新生事物的发展过程和成长规律，揭示它的现实意义和社会作用。它多在"新"字上下功夫，重在扶持和促进新生事物的成长壮大。

类型四，揭示问题的调查报告。这类调查报告是根据工作需要，为了解决矛盾和问题而写的。它通过对社会生活和工作中存在的不良现象和问题的调查，指出其危害性，分析产生问题的根源，提出解决问题的建议和办法，引起有关方面重视，促其解决。

类型五，查明真相的调查报告。这类报告多针对社会和群众反映强烈的问题和事件进行调查，以披露真相，还其本来面目，消除人们的疑惑。它一般只叙述说明事实，不做过多的议论。这类调查报告的对象还包括未曾显露真相的历史事实，其目的仍然是还其本来面目，还历史以真实。

（2）调查报告的特点。

1）针对性。调查报告直接服务于现实工作，这就需要针对现实中的具体工作或问题进行系统的调查，并将结果形成书面报告，或总结经验，提供情况，或反映问题，查明真相，以引起有关方面的重视，成为决策时的参考依据。因此，针对性是调查报告的关键，针对性越强其价值也就越大。

2）客观性。调查报告的内容必须真实，作者写作时要力求客观。事实是调查报告的基础，调查报告不能夸大，也不能缩小，更不能歪曲事实。作者不能弄虚作假，必须客观地反映调查对象的真实情况，实事求是地分析评价，得出符合客观实际的结论。否则，没有真实性，调查报告也就失去了应有的作用。

3）叙述性。调查报告的重点在于表述调查所得的材料和结果，同时要从中得出结论和意见，这就决定了它要以叙述为主，同时辅以必要的议论。它的主要内容是叙述事实，说明情况，在此基础上进行必要的分析综合，而无需完整的论证过程。

4）时效性。调查报告是服务于现实工作情况的，这就决定了它的时效性。尽管不像新闻那样紧迫，但必须针对现实需要，回答迫切需要解决的、最有现实意义的问题。即便是考查既往的事件，也应该着眼于今天的需要。

（3）调查报告的结构。一般由标题、正文、落款组成。

1）标题。调查报告的标题要能够概括正文的主要内容，或者明确表达作者的观点倾向。常见的有：①正副式标题。这类标题把调查报告的主题和内容结合起来，正题揭示调查报告的主题，副题是关于调查对象或调查内容的补充说明，并写明调查报告或调查字样。②公文式标题。这类标题的形式像公文，一般写明调查对象、调查内容，表明文体。但与公文不同的是，标题中不标发文机关。一般由介词"关于"加调查事由、文种组成，如《关于农村基层党组织情况的调查报告》。也有的省略掉介词"关于"和文种，如《农民负担情况调查》《大学生消费状况调查》等。③一般文章式标题。这类标题的写法和一般文章一样，一方面要概括调查报告的基本内容，另一方面又要简明扼要。这类调查报告的标题比较灵活，标题中不写出调查报告或调查的字样。有的是概括出调查报告的基本内容，如《带领村民共同致富的坚强战斗堡垒》；有的是采取提问的形式突出主题，如《这里的社区管理为什么这样好？》。④新闻式标题。这类标题只明确主题和内容范围，一般不表明文体，比较醒目，具有引人入胜的力量。

2）正文。调查报告的正文由前言、主体、结尾三部分组成。①前言又称导语、引言、总述等，要高度概括，简明扼要，不可面面俱到。前言一般要交代调查对象的基本情况、调查研究的基本情况，如调查目的、事件、地点、范围、方式等。它要概括全文的主要内容、主要问题和基本观点，具体写作中又各有侧重：或者在前言中揭示主题，表述基本观点或调查结论；或者突出成绩，让读者产生急于了解取得成就的原因、做法的欲望；或者强调问题与危机，揭示事态的严重性；或者肯定调查对象的成功经验。实际写作中，没有固定模式，可根据需要侧重于一个或几个方面。②主体部分是调查报告的重点与核心，包括调查的基本情况、主要报告事实、对事实的分析结论、提出的建议措施。这部分要做到层次分明，条理清楚，有内在的逻辑性。主体的内容安排要视具体需要而定。较复杂的报告，一般归纳出几个问题，就分成几个部分来写。每个部分中，常常先提出观点，后叙述材料，用观点统帅材料，使条理清晰，观点突出；也可先叙述事实，后概括观点，使文章脉络清晰，有助于读者了解事情的来龙去脉；也可夹叙夹议，把观点和材料紧密地结合在一起，增加其理论色彩。主体部分结构上一般有三种形式：横式结构、纵式结构、纵横式结构。横式结构是按事物的性质、构成或调查内容的几个方面来分层；纵式结构可按事物本身发展的顺序或人们对事物的认识过程分层，也可按调查的顺序即调查的进程来分层；纵横式结构就是纵式与横式结合，整体上是纵式，而各层次是横式，或整体上是横式，而各层次是纵式。无论哪种结构，都要注意文章内在的逻辑关系，显得先后有序，顺理成章。③结尾。结尾是调查报告的结束语，或总结全文深化主旨，或提出希望要求，或展望前景促使人奋进。文字上要简洁精炼，富有启发性和教育性。这部分并非所有的调查报告都需要，有的无须写结尾，切忌画蛇添足。对于申论考试中的调查报告，原则上就是不需要结尾的。

3）落款。落款包括调查主体名称和成文事件。作为机关事务文书，调查报告应在正文后注明调查人的职务或姓名，标注详细成文事件。在申论考试中要注意，落款不要写上自己的地址和姓名，而要用"×××"代替。

2. 工作研究报告

"工作研究"是一种新兴的应用文体。它是就实际工作中遇到的新情况、新问题进行研究探讨并提出独到见解的一种文章样式。它以工作为研究对象，针对工作中存在的问题，进行分析研究，或探索其产生的原因，或提出解决的意见、措施和办法，从而推动工作的顺利进行，有时也对工作的某些方面做探索性或总结性研究。

工作研究报告，一般包括标题、署名、正文三部分，正文又由前言、主体和结语组成。

（1）标题。工作研究报告的标题多种多样，有的标明研究的问题，有的标明基本观点（揭示主题），有的采用提问的方式，有的则用陈述句。工作研究报告的标题要求直接、具体、明确、尖锐。

（2）署名。署名即在标题下面或右下方，写上工作研究报告的作者姓名。

（3）正文。正文基本上是根据提出问题、分析问题和解决问题的文路构成的，由前言、主体和结语组成。①前言。这一部分的内容包括：分析形势，提出研究的课题，介绍课题原有研究情况；简述研究的必要性和意义，提出全篇的基本观点等。前言部分要简明扼要，一般用一个自然段完成。②主体。主体是工作研究报告的核心部分。该部分大体按摆出问题—分析研究—提出解决方法和设想的"三段式"步骤展开思路，组织安排材料。对于问题的分析研究，既可以将它分成几个相关的部分，从不同侧面、不同方位进行探讨；也可以按照"是什么、为什么、怎么样"的顺序，一气呵成地写下去。主体部分类似调查报告的写法，有情况，有分析，有建议；相当于论文的写法，尤其是分析问题产生的原因时，多用议论和论证，理论色彩较浓。③结语。结语以少量文字强化主题，概括总结全文，或者点明意旨即可。有的工作研究报告无结语。

需要指出的是，对于工作研究报告的主体部分来说，提出问题、分析问题、解决问题只是它的逻辑结构线索，涉及具体的研究对象时，写什么和怎么写往往没有固定的格式。可侧重于分析原因，也可重点写办法和措施；可较多表述存在问题的多种形态，也可将分析问题和解决问题结合起来写。具体安排应根据文章的研究目的和内容来确定。

3. 讲话稿

（1）含义与分类。讲话稿有广义和狭义之分。广义的讲话稿是人们在特定场合发表讲话的文稿；狭义的讲话稿即一般所说的领导讲话稿，是供讲话者—— 一般是担任领导职务者在有多人集会的场合面向众人发表讲话时所用的文字稿本，是讲话的基本依据，主要功能是传达信息、表达观点、沟通情况、交流思想、部署工作。

讲话稿是行政机关日常工作中较常用的非法定性文书，也是申论考试应用文写作较常见的一种文书体裁。申论考试常涉及的讲话稿有三种：①现场讲话；②会议讲话；③新闻发布稿。

按照会议内容的不同，可把讲话稿分为工作会议类讲话稿，庆祝、纪念会议类讲话稿，表彰会议类讲话稿。

工作会议类讲话稿是领导在各种会议上发表的对前一阶段的工作情况包括成绩、经验、缺点等进行归纳总结，对下一阶段的工作目标、任务、重点、措施等进行研究部署的讲话稿。这类会议讲话稿要求态度鲜明，目的明确，内容单一，层次分明，逻辑严密，语气坚定，针对性强，号召力大，简洁明快。

庆祝、纪念会议类讲话稿是领导在纪念某一历史事件、历史人物或重大庆典等纪念性会议上所发表的讲话稿。这类讲话稿既要肯定和颂扬历史事件的重大意义和历史人物的丰功伟绩，还要立足当前、面向未来，揭示其现实意义，对继承光荣传统，弘扬革命精神提出具体要求。

（2）讲话稿的共同特点。讲话稿从形式上讲，具有被动性、制约性、针对性；从内容上讲，具有思想性、鼓动性、权威性。

1）被动性。讲话稿的法定作者是讲话者，或者说版权属于讲话的人，其实际作者起草人为讲话人代笔，必须体现讲话人的意志、贯彻讲话人的意图。这就决定了写作主体的被动性，起草人必须努力准确地理解并实现讲话人的思想、目的。

2）制约性。讲话稿是根据不同使用场合、面对不同的听众对象、按照不同目的、为不同讲话者起草的，在内容与形式上都受到制约，必须与讲话人身份，讲话场合、目的、对象等相符合。内容上受讲话人意志、讲话主题的制约，只能按照讲话人意志、围绕主题撰写，不能自出心裁。结构上要受讲话交流方式和所讲内容的制约，一般工作性讲话的内容包括基本情况、问题及分析、对策及要求三部分，各部分之间环环相扣、前后照应、紧密衔接，组成一个有机的整体。语言风格既要符合领导身份，体现一定的严肃性、庄重性，主要使用规范的书面语，又要突出领导，即讲话者的个性，有一定的口语色彩，必要时还要带些感情色彩，表现得生动活泼、鼓动性强。篇幅要受时间、议程等制约，通常申论考试所涉及的讲话都不长，600~1200字居多，属于可讲3~5分钟的短篇讲稿。

3）针对性。一要针对特定的主体，即讲话者，部门领导与部门的新闻发言人、普通工作人员讲话角度、内容、风格有极大差别；二要针对特定的对象，即听众，面向平民百姓与正襟端坐的与会者和新闻记者，所需的基调、语气、语言风格差异悬殊；三要针对特定的客体，即讲话内容，如针对某些事态、某些现象、工作中的具体问题，显然要做出区别。

4）思想性。讲话稿通常具有理论色彩，以马克思列宁主义的理论为指针，阐述所进行的工作的意义，以动员群众投身于改革开放和经济建设之中。讲话稿就是要用自己的语言去思考、总结，通过自己的思考和理解去分析问题、说服人，与讲话者共同行动。

5）鼓动性。讲话稿有鼓动、激励作用，针对形势、问题或某种思想动态展开富有启发性的议论，能取得较好的效果。

6）权威性。讲话历来是政治家和各级领导宣传政见、安排部署工作的有效形式。领导讲话不同于一般的演讲和发言，目的是贯彻上级的指示精神，实施本级的决定，对分管的工作提出指导性意见。因此，领导讲话具有一定的权威性和有效性。领导职务不同，讲话的权威效果也不同。

（3）讲话稿的结构。讲话稿没有固定的写作格式，可以根据所讲的问题灵活安排结构方式。实际工作中，常见的讲话稿一般包括标题和正文两部分。

1）标题。讲话稿的标题分为两种：一种是由讲话人的姓名、职务、事由和文种构成，如《×××省长在全省教育工作会议上的讲话》；另一种是由主标题和副标题组成，主标题一般用来概括讲话的主旨或主要内容，副标题则与第一种的构成形式相同，如《进一步学习和发扬鲁迅精神——在鲁迅诞生110周年纪念大会上的讲话》。

2）正文。包括称谓、开头、主体、结尾四方面的内容：①称谓。讲话稿的开头前一般都有称谓，如"同志们""各位专家学者"等，具体怎么称呼，应根据与会人员的情况和会议性质来确定，但要求庄重、严肃、得体。如果没有具体的职称对象，特定场合也可以省略。②开头。讲话稿的开头要说明讲话的要领，即提出问题，说明会议的指导思想。讲话稿的开头有多种写法，归纳起来有下列主要类型：强调时间、空间，概括地描述场面（庆祝大会比较多地采用这种引言）；表示慰问和祝贺（上级领导出席下属某部门或系统会议时的讲话，较多采用这种引言）；开门见山，提出中心话题（传达精神、布置工作会议上的讲话，较多采用这种引言）。③主体。主体是讲话的关键部分，其结构布局通常根据时间顺序、工作进度安排、工作性质的主次安排、讲话内容的轻重分量安排、问题的逻辑关系进行。主体部分的层次安排主要是并列和递进两种方式。并列式结构就是将几个方面的问题排列起来，说完一个，再说一个，各个层次之间如果相互交换位置，一般不影响意思传达。部署工作的讲话稿通常采用这种写法。递进式结构是由现象到本质、由表层到深层的层次安排方法，各层之间呈现逐层深入的关系。统一思想的讲话稿，较多采用这种方式。这两种结构方式，只是就大体而言，具体操作起来还需要灵活处理。④结尾。结尾用以总结全篇，照应开头，发出号召，或者征询对讲话内容的意见或建议等。

4. 演讲稿（词）

（1）含义与分类。演讲稿是演讲者为了在特定的场合发表自己的主张和见解而准备的演讲文稿，也是演讲的依据。演讲稿按照体裁分为叙述式、议论式、说明式；按照内容分政治演讲稿、学术演讲稿、社会生活演讲稿和课堂演讲稿。

（2）演讲稿的特点。

1）针对性。演讲是一种社会活动，是用于公众场合的宣传形式。它为了以思想、感情、事例和理论来晓喻听众、打动听众、"征服"听众，必须要有现实的针对性。所谓针对性，首先，作者提出的问题是听众所关心的问题，评论和论辩有雄辩的逻辑力量，能为听众所接受。其次，要懂得听众有不同的对象和不同的层次，而"公众场合"也有不同的类型，如党团集会、专业性会议、服务性俱乐部、学校、社会团体、宗教团体、各类竞赛场合，写作时要根据不同场合和不同对象，为听众设计不同的演讲内容。

2）可讲性。演讲的本质在于"讲"，而不在于"演"，它以"讲"为主、以"演"为辅。由于演讲要诉诸口头，拟稿时必须以易说能讲为前提。如果说，有些文章和作品主要通过阅读欣赏，领略其中意义和情味，那么，演讲稿的要求则是"上口入耳"。一篇好的演讲稿对演讲者来说要可讲；对听讲者来说应好听。因此，演讲稿写成之后，作者最好能通过试讲或默念加以检查，凡是讲不顺口或听不清楚之处（如句子过长），均应修改与调整。

3）鼓动性。演讲是一门艺术。好的演讲自有一种激发听众情绪、赢得好感的鼓动性。要做到这一点，首先要依靠演讲稿思想内容的丰富、深刻，见解精辟，有独到之处，发人深思，语言表达要形象、生动，富有感染力。如果演讲稿写得平淡无味，毫无新意，即使在现场"演"得再卖力，效果也不会好，甚至相反。

（3）演讲稿的格式。对演讲的主题和材料进行组织安排，就是演讲稿的结构，它是演讲稿的外在表现形式。演讲稿一般由标题、称谓、导语、主题、结尾五个部分组成。

1）标题。有的演讲稿需要拟标题，有的则不需要。标题的拟定往往要与演讲内容相联系，或直接揭示主题，或提出问题。

2）称谓。称谓也即点名演讲稿的受众，与自己的听众打招呼，引起听众注意。称谓有泛称的："同志们""朋友们""各位来宾"等，也有特指的："各位领导""各位职工"等。特定场合也可以省略。

3）导语。导语是演讲者导入正题不可缺少的部分，是演讲者与听众建立情感的第一道桥梁。演讲稿的导语有多种写法，常见的有：直接揭示主题，以使听众对演讲内容有概括性的了解；提出一个发人深省的问题，以使听众警觉，从而调动听众思考的积极性，自然而巧妙地引入正题；引用名言、警句等富有哲理性的话题开头，以引起听众的兴趣。

4）主题。主题是演讲稿的核心部分。这部分内容的写法犹如议论文，要紧扣演讲的主旨，逻辑严密，层次分明，为了让听众心服口服，还必须大量引用事实论据和理论论据，做到旁征博引，深入浅出。由于听众是被动的，为了时时抓住他们的注意力，演讲稿的语言要真挚感人，篇幅也要适中。

5）结尾。演讲稿的结尾要简短有力。好的结尾可以深化主题，让听众回味无穷。结尾的写法多种多样，常见的有：①总结全文，再次点明演讲的主旨。②鼓动人心、展示前景。这种结尾方式鼓动性极强，容易使演讲进入高潮。③用风趣幽默的话语结构。这种结尾方式能给人轻松愉快之感，也容易给听众留下深刻的印象。④以哲理性的语言结尾。哲理性的语言往往深刻、精辟，能起到画龙点睛的作用，使听众得到深刻的启示。⑤以提出愿望的方式结尾。

（4）演讲稿的写作要求。

1）了解对象，有的放矢。演讲稿是讲给人听的，因此，写演讲稿首先要了解听众对象：了解他们的思想状况、文化程度、职业状况等；了解他们所关心和迫切需要解决的问题等。不看对象，演讲稿写得再好，听众也会感到索然无味，无动于衷，也就达不到宣传、鼓动、教育和欣赏的目的。

2）观点鲜明，感情真挚。演讲稿观点鲜明，显示着演讲者对一种理性认识的肯定，对客观事物认识的程度，能给人以可信性和可靠感。演讲稿观点不鲜明，就缺乏说服力，就失去了演讲的作用。此外，演讲稿还要有真挚的感情，如此才能打动人、感染人，有鼓动性。因此，它要求在表达上注意感情色彩，把说理和抒情结合起来。既有冷静的分析，又有热情的鼓动；既有所怒，又有所喜；既有所憎，又有所爱。当然这种深厚动人的感情不应是"挤"出来的，而要发自肺腑，就像泉水喷涌而出。

3）行文变化，富有波澜。激起观众内心波澜的演讲稿的构成要素很多，有内容，有安排，也有听众的心理特征和认识事物的规律。如果能掌握听众的心理特征和认识事物的规律，恰当地选择材料，安排材料，也能使演讲激起听众心里的波澜。换句话说，演讲稿写得有波澜，主要不是靠声调的高低，而是靠内容的有起有伏，有张有弛，有强调，有反复，有比较，有照应。

4）语言流畅，深刻风趣。要把演讲者在头脑里构思的一切都写出来或说出来，让人们看得见，听得到，就必须借助语言这个交流思想的工具。因此，语言运用得好还是差，对写作演讲稿影响极大。要提高演讲稿的质量，不能不在语言的运用上下一番功夫。

5. 公开信

（1）含义与分类。公开信是将内容公布于众的信件。公开信可以笔写，也可以印刷、张贴、刊登和广播。其对象一般比较广泛，如"三八"妇女节写给全国妇女的公开信；"五四"青年节写给全体青年的公开信；也可写给一人，如廖承志写给蒋经国的公开信。不论是写给社会中的某一部分人还是写给某一个人，从写信者的角度看，都希望有更多人的阅读、了解，甚至讨论信中的问题。信的内容一般涉及比较重大的问题，具有普遍的指导作用、教育作用和宣传作用。其具体可分为三类：

第一类，以领导机关、群众团体的名义，在纪念活动、传统节日或其他必要的情况下，给有关单位、社会阶层、集体、个人发出的书信。这类公开信有问候、表扬、鼓励的作用。如"五四"青年节给青年的公开信等。

第二类，领导机关、群众团体或个人针对某一问题写给有关对象的公开信。这类公开信有的是表扬，有的是批评，有的是倡导好风气，有的是提出建议（这类是申论考试中常见的）。

第三类，是发给私人的公开信。出于某种原因，找不到收信人，而信又比较紧急，非发给本人不可，于是通过报刊或广播公开发布，使写信人和收信人取得联系。如路遇做了好事未留名的好人，需表示感谢；大陆与台湾失去联系的亲人之间的寻找等，常使用公开信。这类信的写法与普通书信相同，但由于要寄给报刊编辑部或广播电台、电视台，因此要注意写好信封。

（2）写作结构。

1）以领导机关、群众团体的名义，在重大事件、纪念活动、传统节日里给有关单位、集体、个人发出的书信。这类公开信又包括两类：一是给有关单位、集体发出的；二是给有关个人发出的。后者的结构与一般书信一样。前者的对象不是一两个人，而是一个团体、一类人，其内容与写法和一般书信有很大的不同。其结构包括四部分：

其一，标题。正中写"公开信"三个字，或"×××致×××公开信"，或不写。

其二，称谓。针对发信的对象多寡和发信方式的不同，有的写集体的称呼，有的写个人姓名。在称呼之前，根据不同对象的身份特点加上"尊敬的""敬爱的"等字样。称呼写在第一行，顶格，称呼后加冒号。

其三，正文。另起一行，空两格开始，内容又可分为若干部分：一是写关怀、问候、祝愿的话，给人以亲切、温暖的感觉；二是热情赞颂收信人的品德、成绩、贡献及其影响，并让收信者深切地感受到发信者对他们的关怀；三是根据收信对象的共同特征，提出要求、希望，鼓励他们继续沿着正确的方向前进；四是以饱满、热烈的感情发出号召。

其四，结尾。一般写上表示祝愿的话。署名另起一行，在右下方写发信单位或个人姓名。署名下边写年、月、日。

2）领导机关、群众团体或个人针对某一个问题给有关对象发的公开信。这类信的写作结构包括：

其一，标题。和前一类相仿。

其二，开头。收信人的称呼，多是用"同志们""朋友们"，有的是直接写姓名或职称。顶格书写，后加冒号。

其三，正文。另起一行，空两格。其内容通常包括：问题的背景、原因；事件的经过、结果；表明自己对人物或事件的态度，或者赞扬，或者批评，或者提出某种主张、建议。

其四，结尾。写上表示祝愿的话，如"此致敬礼""妥否请参考""祝进步"等。署名另起一行，在右下方写发信单位或个人姓名，下边写年、月、日。

如果是登在报纸上，为了引起有关读者的注意，可根据信的中心内容概括一个准确、醒目的标题，标题前边可冠以作者名称，标题后边加"一封信"的字样，如《×××关于×××给×××的一封信》这样在末尾就不必再署名。标题若不明示作者，如《给×××的一封信》，这就要在末尾署名。

（3）公开信写作的注意事项。写好公开信，有如下几个问题须注意：

其一，考虑需要与可能，的确有写公开信的必要，确有实现公开信所说的目标的可能。

其二，既要诚心诚意地将发表公开信的理由告诉读者，又要向读者灌输公开信的基本思想，切忌夸大其词。

其三，把握好发表公开信的最佳角度及最佳时间，使公开信取得很好的社会效果。

6. 倡议书

（1）含义与结构。倡议书由个人或集体发出，作用是倡导某项活动，书写格式和一般书信大致相同，由标题、称呼、正文、结尾、落款五部分组成。

1）标题。标题一般直接写"倡议书"三个字，也可以由倡议内容和文种名共同组成，如《关于××的倡议书》。

2）称呼。写称呼是为了明确倡议的对象，一般要依据倡议的对象而选用适当的称呼，如，"亲爱的同学们""广大的青少年朋友们"等，也可不用称呼，而在正文中指出。

3）正文。这是倡议书的主体，可以分成两部分：第一部分要写明在什么情况下，为了什么目的，发出什么倡议，倡议有哪些作用、意义。倡议书的发出旨在引起广泛响应，只有交代清楚举行此次倡议的目的，人们才会理解、信服并自觉地行动。第二部分要写明倡议的具体内容和要求做到的具体事项，如应开展怎样的活动、做哪些事情、具体要求是什么、价值和意义是什么等都必须一一写明。此外，倡议的具体内容最好分成条块写出，这样清晰明确、一目了然。

4）结尾。结尾要表示倡议者的决心和希望或者某种建议。倡议书一般不在结尾写表示敬意或祝愿的话。

5）落款。在右下方署名发出倡议的集体或倡议者，另起一行写上倡议发出的时间。

（2）倡议书写作的注意事项。内容应当符合时代精神，切实可行，与国家的路线方针政策相一致；交代清楚背景、目的，有充分的理由；措辞贴切，情感真挚，富有鼓动性；篇幅不宜过长。

7. 情况综述

（1）含义。所谓"情况综述"就是对在工作或处理问题的过程中获得的各方面大量的感性材料进行分析、整理、概括、归纳，使之上升为理性认识并反映到书面文字上的一种文书体式。具体到申论考试中，就是对给定资料涉及的背景、现象、问题、观点、措施等进行分析、归纳、整理、概括，并按照一定的逻辑顺序和表达方式写出一篇综合型汇报材料。

我们知道，基层或实际工作中暴露出来的问题需要整理、归纳、汇总成材料后向有关部门汇报。因此，情况综述更贴近基层公务员，尤其是主任科员以下的日常工作。

在有限的字数内对给定材料进行综合性的情况概述，需要很强的概括能力。情况综述对概括的广度和深度上要求较高，要求对材料内容的各个方面、问题的各个层次以及各种表现等进行集中阐述。

由于情况综述往往要提交给领导，作为呈交领导审阅的材料，所以在表述上就更要精确、明了、简练，语言和形式的规范性更高。

（2）情况综述的写作技巧。情况综述公文在申论考试中，体现为归纳概括题，需要掌握一些技巧：

第一，对给定材料反映的现象、问题等进行归纳概括，阐明其出现的背景和主要表现，可以列举典型例子加以说明。

第二，对给定材料中具有代表性、典型性的思想、观点以及举措等进行全面总结，既不要遗漏，又不要重复使用。注意提炼观点，形成小标题，避免堆砌和罗列。

第三，文章构架往往采取"总分式"，表达上要注意逻辑顺序，上下衔接要紧密。

8. 述评

（1）含义。述评作为新闻领域中的一种边缘体裁，以融新闻和评论于一体为基本特点，又称新闻述评或记者述评，是国家公务员申论考试考查的应用文体之一。

述评，就是叙述和评论。述评是一种以夹叙夹议、边叙边评的方式，反映社会热点或国内外重大事件或问题的新闻体裁，是以事实为基础的评论。

述评介乎新闻与评论之间，兼有两者的特点和优势。

（2）述评的特点。

其一，评述结合，以评为主。它既报道事实，又对新闻事实做出必要的分析和评价，有述有评，评述结合。从述评的篇幅来看，述往往多于评，但它的重点在于评，目的是为了评，述是为评服务的。述评属于新闻评论的范畴，它主要通过评述结合的方式，既及时报道新闻事实，反映现实生活的发展变化，又揭示新闻事实的本质和意义，指明事物的发展趋势，表明作者的立场和主张，从而发挥舆论导向的作用。

述评与新闻报道、新闻评论不同。新闻报道贵在客观，主要是报道事实，让读者从客观事实中得出结论；述评则是叙事说理兼而有之，使读者不但可以得到必要的信息，还可以了解作者对这些新闻事实所具有的意义的探讨。新闻评论既要摆事实又要讲道理，要针对现实生活中的新闻事件和重要问题发表议论，但其一般不对新闻事实做详细的介绍。它有时配合新闻报道，根据报道中提供的新闻事实立论，有时在评论中用典型的新闻事实作为由头或论据，引发议论。述评作为一种具有独特个性的新闻评论体裁，一般要对新闻事实进行比较全面的，有时是多方面的介绍，包括具体的事实、概括的情况以及必要的背景材料等，在叙述事实的同时进行议论。

这种比较只是为了更具体地说明述评这种评论体裁的特点，方便人们掌握和运用这种体裁，不能把它视为一个一成不变的框框。这些体裁都是为了恰当地表达一定的内容，它们之间不可能也不应当有什么不可逾越的界限。

其二，述中有评，评中有述。述评以事实为依据，这些事实来自实际生活，反映实际生活。述评的评，或者说它所讲的道理，就是在对这些事实进行分析的过程中加以阐明的。述和评的有机结合，体现了由个别到一般、由具体到抽象、由感性到理性的认识规律，易于被人们所理解。述评的评，并不是就事论事，而是为了弄清客观事物的本质和它所包含的带有普遍性的新经验、新问题。许多述评采取夹叙夹议的论述方式，述中有评，评中有述，将理论和实践相结合，进而把握事物之间的共同规律并提出问题和解决问题。

其三，由述而评，以评驭述。述评摆事实和讲道理兼而有之。它所讲的道理，是作者通过对大量新闻事实进行分析而得出的结论，这也正是述评区别于某些推理性评论的主要之点。因此，述评更注重材料和观点的统一。述评中对新闻事实的叙述，有时多一些，有时少一些，但都服务于观点，或者说受观点的统率。述评的作者要接触大量的事实和各种背景材料，这样才能经过分析研究，得出正确的结论。在述评中，不可能也没有必要把所有的事实和材料都罗列出来，运用哪些新闻事实，哪些情况概括地叙述，哪些情况用具体的典型事实加以说明，都要服从于评，服从于作者阐明观点的需要。

（3）述评的类型。述评的应用范围十分广泛，其选题可以涉及社会生活的方方面面，反映人民群众普遍关心的问题。目前，我国报纸、通讯社、广播、电视的述评，按内容和所反映的社会生活的性质，大致可分为以下几种类型：

1）工作述评。工作述评，顾名思义是针对实际工作中的经验或问题进行评述。在我国社会主义现代化建设的进程中，各个领域各行各业的新情况、新经验、新问题层出不穷。人们不仅需要及时得到各种必需的信息，而且在对各种新闻事实进行思考的同时，也需要了解新闻媒介或记者的看法和主张，以便做出自己的判断，辨明是非，确定方向。对于社会生活中的一些"热点"或"难点"问题，更是如此。

例如，《人民日报》1993年4月14日至16日连续发表了同一记者写的三篇述评，分别为《有场未必有市——进一步加强市场建设述评之一》《不必给市场定级——进一步加强市场建设述评之二》《"各管一段"好——进一步加强市场建设述评之三》。这些述评就是针对建设社会主义市场经济过程中出现的新问题进行评论的。

第一篇《有场未必有市》评论的是那种按照旧的体制和思路盲目建设市场的做法。述评首先介绍了市场建设中的问题：社会主义市场经济大潮涌来，尽管人们还来不及把市场经济的框架勾勒清楚，也无法一下深刻理解其实质内涵，但是，没有市场就没有市场经济，却是浅显而直观的道理。于是，"市场"成了最时髦的词汇之一，抓市场、建市场来势凶猛。文章接着写道：但是，还有一个"于是"：于是，这个省一声令下，今年要建10个市场，明年要建20个市场；那个省也不甘落后，今年要建20个市场，明年再建30个……你追我赶，下达计划。你建一个市级市场，我建一个省级的；你建"最大"的，我要建"最高"的。有的还计划为一种商品建一个市场，可想要建的市场会有多少？有人形容说，这不是搞市场经济，而是在搞市场比赛。述评还谈到：1985年全国曾出现过一阵的"贸易中心热"：似乎是一夜之间，竟有千百家"中心"冒了出来，结果大部分是不成功的。急于求成、盲目求多地计划市场，片面追求市场档次、级别，结果是"有场无市"，重复建设。针对上述情况，并根据蔬菜市场的兴旺和河北白沟市场"先做生意，后建市场"的经验，记者鲜明地阐述了自己的看法：市场建设计划，不是简单的数量计划，不是数量越多越好，也不是楼盖得越大越高越好。市场是商品经济发展的产物，无论哪种市场，能否形成和发展，采取什么交易方式，应当建多大规模，都是由当地的经济条件决定的，不是人们主观计划的结果。

述评之二《不必给市场定级》是针对有些地方建市场的攀比"级别"现象而言。述评指出，这种定级，是把主办单位的行政级别套在市场头上，市场成为行政的附属物，并不利于市场经济的发展，甚至可能发生行业垄断性管理，把市场封闭起来。只有根据商品的需求、流向和其他特点，大、中、小市场并存，产地、中转地、消费地市场互相衔接，才能建立起真正意义上的市场。

述评之三《"各管一段"好》是以苏州市场建设的经验为依据，说明在市场建设中既要反对不恰当的行政干预，又要发挥政府在市场建设中的作用。政府要管市场，但应当只管统筹规划，协调服务，监督调控，政策支持，不去直接管理市场的具体事务。政府只管宏观的事项，微观的事让市场自己去管。

建立社会主义市场经济体制，没有现成的经验可循，出现这样那样的问题是可以理解的。新闻媒介有责任通过自己的舆论工作，发挥正确的引导作用。述评无疑是一种便捷有效的方式。这三篇述评针对实际工作中出现的问题，点面结合，就实论虚，强调在市场建设中如何从实际出发，按市场经济的规律办事，有较强的指导性，对于端正人们的思想认识，引导市场经济的健康发展是有作用的。这种情况也说明，工作述评虽然评述的是实际工作，但也不能就事论事，而要尽可能由感性到理性，从理论、政策、思想的高度来说明一些问题。

2）形势述评。形势述评是对国内外形势，包括政治、经济、文化以及其他领域形势的述评。它的内容所及，可以是全局的形势，也可以是某个特定地区或某一条战线在一个时期、一定阶段的形势。这类述评的特点是着眼于形势的变化和转折，着眼于群众普遍关心或需要引起群众注意的问题和动向，概括全貌，指明发展趋势，帮助读者开阔眼界，提高认识。

3）事件述评。这类述评是根据记者直接调查和掌握的材料，对国内外发生的重要事件或某些影响较大的突发事件进行评述，它的特点主要是从具体的事件，联系到它产生的原因和背景，探索其性质和意义，或通过对材料的分析，澄清事实，说明真相。

（4）写作述评的常见问题。

其一，评述结合不当。评述结合并不意味着评和述在篇幅或比重上相等，它主要表现在兼有新闻报道和新闻评论的特点，具备两者的功能，同时又是以评为主的。评述结合、以评为本，这就是说，述评的目的在于评，述是为评服务的；述是评的基础，评是述的目的。因此，就一篇评论来说，评多于述，或述多于评都是常见的现象，有时在叙述新闻事实的同时，已经包含了作者的倾向和分析，只要再加以画龙点睛的议论，就足以说明问题了。

其二，材料罗列过多。在述评中切不可把所有的事实和材料都罗列出来，这是不可能也没有必要的。运用哪些新闻事实，哪些情况概括地叙述，哪些情况用具体的典型事实加以说明，都要服从于评，服从于作者阐明观点的需要。

（四）应用文的基本结构与表达方式

1. 应用文的基本结构

应用文的结构，要求完整、严谨，纲目清楚，层次分明，段落清晰，要避免松散与重复。

从前面的应用文种类介绍中可见，应用文的正文都具有开头、主体与结尾几大部分。但在具体安排时，还要根据不同文体的特点安排不同的结构形态。例如：工作报告、会议纪要等陈述性文体，大多根据管理活动、管理对象的发展变化及特征来组织文章结构，要求有头有尾，连贯完整；行政法规、合同和协议书等文体，侧重说明根据、规则及措施，因此，常常使用条款和表格式组织结构；调研报告等说理性的文体则要运用论据对论点进行论证，其结构一般按提出问题、分析与论证问题、解决问题的次序组织。如果某文章兼用记叙文与议论文两种体裁，其结构就要更复杂些。

因文体不同，主体部分差异较大，前面我们已比较详细地介绍了，在此就不多说了。下面，仅就开头与结尾做些说明。

（1）应用文开头的方式。应用文常用的开头形式有如下几种：以揭示主题的方式开头；以撰文的缘由和目的开头；以陈述概况的方式开头；以阐明论点（结论）的方式开头；以提问的方式开头；以致意的方式开头；以表明态度的方式开头。

（2）应用文结尾的形式。应用文的结尾一般要与开头相呼应，表述的形式如下：以专用词语结束全文，如"特此报告""此布""此复"等；以强调行文目的结束全文，如"上述报告，如无不妥，请批转……"，或"上述要求，请予批准"，或"请尽快函复为盼"；以点题的方式结束全文，在结尾点明主题或深化全文主题，可使阅读者加深对文章的理解；以号召，希望结束全文。在结尾发出号召，寄托希望，适用于下行文或讲话。

总之，应用文的开头与结尾，要根据应用文的内容和文种的特点采取不同的表述方式，要有具体的针对性。

2. 应用文的表达方式

表达方式，指撰写文章所采用的具体表述方法和形式。表达方式有五种：记叙、描写、抒情、说明和议论，应用文最常用的是记叙、说明和议论。

（1）应用文语言的表述要求。应用文的语言表述要求尽量做到：严谨庄重、恰当准确、朴实得体、简明生动。

（2）应用文专门用语。

1）称谓词。称谓词是表示称谓关系的词。

第一人称："本""我"，后面加上所代表的单位简称，如：部、委、办、厅、局、厂或所等。

第二人称："贵""你"，后面加上所代表的单位简称，一般用于平行文或涉外公文。

第三人称："该"，在应用文中使用广泛，可用于指代人、单位或事物，如："该厂""该部""该同志""该产品"等。"该"字在文件中正确使用，可以使应用文简明、语气庄重。

2）领叙词。用以引出应用文撰写的根据、理由或应用文的具体内容的词，常用的如：根据 / 按照 / 为了 / 接…… / 前接或近接…… / 遵照 / 敬悉 / 惊悉 / ……收悉 / ……查 / 为……特…… / ……现……如下。

应用文的领叙词多用于文章开端，引出法律、法规以及政策，指示的根据或事实根据，也有的用于文章中间，起前后过渡、衔接的作用。

3）追叙词。用以引出被追叙事实的词。如：业经 / 前经 / 均经 / 即经 / 复经 / 迭经。

在使用时，要注意上述词语在表述次数和时态方面的差异，以便有选择地使用。

4）承转词。又称过渡用语，即承接上文转入下文时使用的关联、过渡词语，有：为此 / 据此 / 故此 / 鉴此 / 综上所述 / 总而言之 / 总之。

5）祈请词。又称期请词、请示词，用于向受文者表示请求与希望，主要有：希 / 即希 / 敬希 / 请 / 望 / 敬请 / 烦请 / 恳请 / 希望 / 要求。

使用祈请词的目的在于营造机关之间相互敬重、和谐与协作的气氛，从而建立正常的工作联系。

6）商洽词。又称询问词；用于征询对方意见和反应，有：是否可行 / 妥否 / 当否 / 是否妥当 / 是否可以 / 是否同意 / 意见如何。

这类词语一般在公文的上行文、平行文中使用，在使用时要注意确有实际的针对性，即在确需征询对方的意见时使用。

7）受事词。向对方表示感激、感谢时使用的词语，属于客套语，一般用于平行文或涉外的公文，如：蒙 / 承蒙。

8）命令词。表示命令或告诫语气的词语，以引起受文者的高度注意。表示命令语气的语词有：着 / 着令 / 特命 / 责成 / 令其 / 着即；表示告诫语气的词语有：切切 / 毋违 / 切实执行 / 不得有误 / 严格办理。

9）目的词。直接交代行文目的的词语，以便受文者正确理解并加速办理。用于上行文、平行文的目的词，还须加上祈请词，如：请批复 / 函复 / 批示 / 告知 / 批转 / 转发；用于下行文，如：查照办理 / 遵照办理 / 参照执行；用于知照性的文件，如：周知 / 知照 / 备案 / 审阅。

10）表态词。又称回复用语，即针对对方的请示、问函，表示明确意见时使用的词语，如：应 / 应当 / 同意 / 不同意 / 准予备案 / 特此批准 / 请即试行 / 按照执行 / 可行 / 不可行 / 迅即办理。在使用上述词语时应对公文中的下行文和平行文严加区别。

11）结尾词。置于正文最后，表示正文结束的词语。用以结束上文的词语有：此布 / 特此报告 / 通知 / 批复 / 函复 / 函告 / 特予公布 / 此致 / 谨此 / 此令 / 此复 / 特此；再次明确行文的具体目的与要求有：……为要 / ……为盼 / ……是荷 / ……为荷；表示敬意、谢意、希望的有：敬礼 / 致以谢意 / 谨致谢忱。

使用这些词语,可以使文章表述简练、严谨并富有节奏感,从而赋予庄重、严肃的色彩。

(五)把握申论文体命脉的方法

作为考生,应该如何把握申论文体的命脉呢?

1. 准确把握各类常用文稿的特点

要把握行政公文、事务类文书、应用类文书的固定性和规范性特点,并关注新闻类文稿的基本形式与特征。现行的行政公文有 13 种,现行的党的机关公文有 14 种。两者在文种、格式、写作方法和要求上大同小异,考生应当做到心中有数。在申论考试中,考生除应会写议论文外,一般公文文种的写作要领都应掌握。

公文的写作与使用,不同于其他文章,其要求相当严谨,考生必须严格按照一定的写作方法和约定俗成的格式撰写,平时加强训练,考试时才会熟能生巧。

2. 准确把握、恰当运用公文语体特点进行写作

申论考试涉及的公文文体在语言上都表现出庄重性、平实性和规范性。因此,考生应能准确、恰当地运用公文语体答题。在以往的考试中,公文写作语言口语化和文艺化的现象是非常普遍的,与公文写作要求和申论答卷的语言要求相去甚远。应试者应有针对性地进行公文语言的实践训练,在实践中比较分析提高公文语言的应用能力。

3. 特别注意申论考试题干中设定的特定身份

在申论考试中,命题者往往为考生设定了身份,这就是虚拟身份。考生只有明确了身份,才能从恰当的角度提出问题和解决问题。如果没有给虚拟身份,一般应对口虚拟。如是行政审批方面的事务,应把自己虚拟成工商局工作人员;如市容市貌方面的事务,应把自己虚拟成市容局的人或者街道方面的工作人员;如是学校方面的事务,应把自己虚拟成教育主管部门的工作人员。若确实不好虚拟,就以政府办公室人员来写。

4. 注重行文的条理性

公文写作一定要注重条款之间严密的逻辑关系:先治标、后治本;先具体,后一般;先局部,后整体;先个人,后集体;先主要,后辅助;先眼前,后长远;先整改,后制度;先落实,后监督;先行为,后思想。

综上所述,考生在申论考场上写作公文时,必须有明确的公文思维,套用公文或其他应用文体写作申论时必须把握文稿固定格式、准确使用公文语体、弄清虚拟身份、结合材料规范作答,只有这样才能获得满意的得分。

第十八章

申论热点

一、共建产业互联网安全生态

（一）背景链接

2019 年 8 月举办的第五届互联网安全领袖峰会上，由腾讯生态安全研究中心等机构联合发布的《2019 中国产业互联网安全发展研究报告》指出，2018 年我国数字经济规模达到 31.3 万亿元，占 GDP 比重达 34.8%。随着金融、医疗、零售、物流、工业等领域拥抱产业互联网，在数字化技术推动行业转型升级过程中，网络安全的重要性日益凸显。

（二）综合分析

随着各行各业的数字化程度不断加深，产业互联网的安全威胁更加隐蔽、复杂，更具破坏性。相比消费互联网，产业互联网安全呈现出新的特性。

数据安全与保护已成为企业的生命线。一旦企业的用户数据被黑客窃取，不仅股价、利润会受到巨大影响，还会引发巨大的用户信任危机，给企业带来持续损害。同时，在产业互联网时代，网络安全还关乎企业发展。数字化贯穿企业研发、生产、流通、服务等全过程，无不涉及安全需求。例如，网约车模式的创新为用户带来了便利、舒适的出行体验，但要考虑平台数据安全、司乘安全等问题，这已成为平台发展的前提条件。

5G、人工智能等新技术的应用也对产业互联网安全提出了更高要求。未来人与人、人与物、物与物都将通过 5G 网络高速连接，这也让黑客获得了更多的攻击机会，对移动办公安全、敏感数据等都会带来威胁。

（三）参考对策

第一，企业要从战略高度统一规划，建立系统性的安全防御机制。

第二，加强人才培养。提升产业互联网安全水平，掌握网络安全核心技术，加大网络安全人才培养力度是关键。产业互联网新增的安全需求和更精细的安全分工，需要更多安全人才的支持。

第三，提升产业互联网安全水平，需要政府、网络安全企业、第三方机构等共同构建安全生态。在网络安全攻防层面，网络安全企业一起携手，有助于提升网络安全行业资源的配置效率，从而更好地为企业提供安全服务。

二、健康服务供给侧改革

（一）背景链接

2019 年 7 月，《国务院关于实施健康中国行动的意见》印发，《健康中国行动（2019—2030 年）》出台。相关文件的发布，标志着一场事关近 14 亿中国人的"国家级"行动拉开帷幕。

（二）综合分析

健康是人全面发展的必然要求，是经济社会发展的基础条件，是民族昌盛和国家富强的重要标志，也是广大人民群众的共同追求。正因如此，健康治理也是国家治理的重要组成部分。提高人民健康水平，政府有责任，个人要努力。对各级政府部门来说，建设健康中国意味着搭建起真正以人民健康为中心的健康服务体系，完善国民健康政策，从而不断提高人民健康水平。

随着经济的快速发展，城镇化、工业化、人口老龄化进程加快，我国居民的生活方式和疾病谱发生变化，糖尿病、高血压等慢性病高发。研究发现，大量慢性病与不良生活方式紧密相关，当前的医疗手段只能控制其病情发展、减少并发症，难以完全治愈。对于这类"生活方式病"，应从改善生活方式入手，建立层级预防、规范管理模式，被公认为是最经济有效的手段。这就需要顺应疾病谱和新需求的变化，来一场健康服务供给侧改革，使医疗卫生体系真正向以健康为中心转变。

（三）参考对策

第一，推进健康服务供给侧改革，需要建设合格的全科医生队伍和科学的分级诊疗制度。科学的分级诊疗制度将进行按需分级，而合格的全科医生组成家庭医生团队，在分级诊疗制度中起牵头作用，根据居民健康需求进行首诊、分诊。这样，可以把更多患者留在基层就医，只有小部分疑难重症病人需转到大医院就诊。

第二，推进健康服务供给侧改革，需要实现大医院和基层医院的均衡。大量聚集在大城市大医院的优质医疗人才、技术，亟待下沉基层，实现医疗服务均质化。作为医疗服务供给的主体，大医院有必要转变理念，与基层医疗机构牵手合作，共建"治已病"与"治未病"协调配合的疾病控制模式，形成以健康为中心的整合型医疗卫生服务体系，促进医疗保障、药品供应等紧密联动，共同维护人民健康。

三、公共文化服务需要"精准供给"

（一）背景链接

"打卡"博物馆、美术馆，到公共图书馆感受书香，参与社区组织的文艺活动……炎炎夏日，很多居民充分利用公共文化资源，丰富了文化生活。蓬勃发展的公共文化服务事业，正在不断满足群众对文化生活的需求。

党的十九大报告强调，要完善公共文化服务体系，深入实施文化惠民工程，丰富群众性文化活动。近年来，我国公共文化服务建设投入稳步增长，覆盖城乡的公共文化服务设施网络基本建立，公共图书馆、文化馆、农家书屋、电子阅报栏等来到群众身边，正在满足广大群众的文化需求。

（二）综合分析

当前，我国基层公共文化服务设施利用率不高，农家书屋"只见房子不见读者"等现象在一定范围内存在。究其原因，是由于随着生活水平的提高，人们对公共文化的需求日渐呈现出差异化、多样化趋势，当前的公共文化服务供给存在一定程度的"供需错位"。如果公共文化供给更新缓慢、不对群众胃口，自然会导致吸引力不足。需要看到，目前我国的公共文化需求正在向更高层次发展。当群众呼唤动态的、社交化的文化服务时，公共文化服务就不能全都是静态的、非社交化的读书、看报、看电影；当群众习惯于从移动互联网上获取资讯和娱乐时，公共文化服务就不能仅停留在物理空间。要提升公共文化服务的效能，就必须重视群众在文化需求方面发生的变化，掌握服务对象的特点和需求。

（三）参考对策

实现公共文化服务的"精准供给"，需要改变内容单一、供给缺乏弹性等问题，同广大人民群众的需求相对接。现实中，我国农村的人口结构不断变化，相关需求也日益多元。在这种背景下，公共文化的投入在内容资源上应当不断更新，同时载体也应与时俱进，更多地运用现代科技手段，让人们更便捷地获取知识和信息。比如，现在不管城市还是农村，父母都越来越重视培养孩子的阅读习惯，儿童图书馆经常人满为患，儿童图书的借阅量占图书馆外借图书的一半。在这种情况下，理应加大儿童图书的采购量、扩大儿童阅览室的面积。只有让服务内容更加贴近群众生活，才能缩小公共文化服务与群众文化需求之间的差距。

公共文化服务是一项润物无声的文化事业，也是一个地方的文化名片。让文化之风充盈社会空间，需要付出更多努力。目前，一些地方探索以"智慧+"为核心的公共文化服务形式，打造社区"智慧书房"；一些地方突破传统服务界限，充分呼应群众所需，为放学后无人看管的孩子开办"四点半课堂"等，取得了较好的效果。事实证明，立足本地特点，贴近群众需求，才能有效提升群众的获得感，让公共文化服务惠及更多人。

四、乡村产业振兴

（一）背景链接

党的十九大报告提出实施乡村振兴战略，并强调按照产业兴旺、生态宜居、乡风文明、治理有效、生活富裕的总要求，建立健全城乡融合发展体制机制和政策体系，加快推进农业农村现代化。其中，产业兴旺作为乡村振兴战略的重要内容，直接影响着乡村经济发展、文化建设、生态文明等各个方面。

2019年8月，国务院印发《关于促进乡村产业振兴的指导意见》，要求聚焦重点产业，聚集资源要素，强化创新引领，突出集群成链，培育发展新动能，加快构建现代农业产业体系、生产体系和经营体系。乡村产业振兴既是攻坚战又是持久战，应坚持问题导向、目标导向、发展导向，切实走出一条符合实际、科学有效的产业发展之路，为乡村振兴提供坚实支撑。

2018年中央一号文件提出，乡村振兴，产业兴旺是重点。新时代的农业产业要突破传统农林牧渔第一产业的发展格局，加快向注重农产品精深加工的第二产业和推动农产品流通等第三产业延伸。推动农村一二三产业融合发展，是实施乡村振兴战略的重要路径。

（二）综合分析

首先，乡村产业振兴，是党的基本路线的直接要求。乡村振兴战略的总要求，是整个国家五大建设在农业农村发展中的具体体现。关于整个国家的发展战略，党的十九大再次明确强调要以经济建设为中心，统筹推进五大建设。以经济建设为中心，是我国改革开放以来最关键的目标方向，是党的基本路线的要求。乡村振兴战略把产业兴旺放在首位，就是贯彻以经济建设为中心，落实党的基本路线的体现。

其次，乡村产业振兴，是国家发展的重大要求。乡村振兴中的产业振兴，首要就是让农业兴旺。民以食为天，对于国家发展的全局来说，满足人民日益增长的食物需要，是基本要求，也是重大挑战。大力发展农业中的种植业、养殖业等，就是为了解决好吃饭问题，要让人民吃得饱、吃得好，吃得安全、吃得健康。此外，休闲旅游观光农业，也与吃饭问题相关，发展其可让人民吃得更加愉悦。

最后，乡村产业振兴，是农民的迫切要求。对于农民来说，产业兴旺最大最直接的意义，是解决两大问题：就业和收入。尽管有越来越多的农村年轻人，离开农村，到城市里去谋生，但是农业及其相关产业，仍然是遥遥领先的最大就业部门。我国农民的收入中，外出务工收入不断增加，所占比例较高，但是，农业收入仍然占据重要地位，尤其是对留在农村里的人来说，仍然是其最重要的收入。

（三）参考对策

第一，坚守生态红线。推进乡村产业振兴，首先要充分评估产业的选择和发展可能对资源环境带来的不利影响，牢固树立和切实践行绿水青山就是金山银山的理念，坚守生态保护红线。应保护好、利用好乡村的绿水青山、田园风光、自然风貌，这是乡村的宝贵资源，也是乡村发展的优势所在、潜力所在。选择发展资源节约型、环境友好型产业，坚决对不符合环保要求的项目说不。大力发展绿色农业、生态农业、循环农业，解决好农业发展中产生的污染问题。减少化肥农药使用量，以肥料化、饲料化、燃料化、原料化、基料化为重点提高秸秆综合利用率，加大人畜粪污、废弃农膜等垃圾的集中处理力度，减少农业资源污染。

第二，保护乡村文化。推进乡村产业振兴，应在追求经济效益的同时注意对乡村文化的保护，深入挖掘乡村文化价值，将挖掘、保护与发展乡村文化的理念融入产业选择与定位中。首先要保护好乡村文化符号。在产业开发过程中，保护好原有的山水脉络、古路古道，避免开山填河等对自然风貌的破坏行为；保护好古桥、古庙等历史建筑，使新建房屋在造型上充分体现传统地方特色，传承好乡村传统民俗文化。其次要提升乡村文化生命力，充分挖掘传统手工艺制造业的文化价值与艺术价值，通过与现代制造技术相结合实现产品升级，通过挖掘其教育、体验、展览等多种功能使其继续保持强大生命力。最后要打造乡村文化品牌形象，将地区独特的文化转化为品牌、地理标志，融入不同产业中，使其不仅成为产品"溢价增值"的资本，而且成为吸引人们了解乡村、认识乡村的有效途径。

第三，突出地方特色。乡村产业振兴要突出地方特色，充分发挥地方优势。首先要扬长避短，大力发展传统优势特色产业，运用大数据、云计算、物联网等新技术把特色产业做大做强，打造地方支柱产业。其次要根据本地的自然环境特点以及资源、区位、劳动力等优势进行"人无我有"的差异化产业引进，将地方优势转变为市场优势、经济优势。最后要充分挖掘地理标志产品的价值，围绕"地标"产品推进规模化、标准化经营，打造具有市场竞争力的名优品牌，以名品带动相关产业发展。

第四，注重产业融合。为满足人民日益增长的美好生活需要、增加农民收入、缩小城乡发展差距，乡村产业振兴必须走一二三产业融合发展的道路。实现农村一二三产业融合发展，首先要坚持以农业发展为基础，围绕农业办工业，围绕农业发展服务业，实现产业链延长、产品附加值增加、农业综合效益提升。其次要以市场需求为导向，充分挖掘农业的多种功能，把农业生产与休闲、观光、体验、养老等结合起来，满足人们的多种需求。最后要以产业升级为目标，大胆运用新技术改造提升一二三产业，促进资金、技术、管理经验在各个生产环节自由流动和高效配置，实现整个产业链上不同节点的共同进步。

五、让教育资源从"高地"流向"洼地"

（一）背景链接

为了培养大学生，一些农村家庭举全家之力，甚至不惜砸锅卖铁，是否值得？最近几年，这个原本不应该成为问题的问题，经常被拿到舆论场中讨论。

问题的背后是社会心态的变化。随着高等教育日益普及，大学生身上"天之骄子"的光芒确实不再像原来那么耀眼。考上大学，并不意味着从此衣食无忧、飞黄腾达。有人通过简单的比较得出结论：普通大学生毕业，月工资可能也就三五千元，还不如工地上的"搬砖"工人，因此农村家庭不如早早让孩子进入社会工作。

（二）综合分析

治贫先重教，发展教育是减贫脱贫的根本之举。阻断贫困代际传递，必须让贫困家庭的子女接受公平而有质量的教育。推进教育减贫，不仅要让贫困子弟上大学，更要为优秀贫困子弟上一流大学创造条件。不管是通过远程直播教学等技术手段，还是开展师资交流、鼓励师范生到农村任教，要确保农村孩子在基础教育阶段享有公平的机会，不让他们在起跑线上落后。只有教育水平真的搞上去了，才能深刻地改变一个民族，才能为国家的长远稳定发展注入强劲的动力。

新的产业革命，需要更多有知识的人发挥才干。现在，高学历者在产业一线工作已不是一个新鲜的话题，那种认为打工就是到工地上"搬砖"的想法早已过时。哪怕是送快递，知识也能发挥重要作用，延边大学一位博士生因为家境贫寒兼职送快递，自创快递编号法，工作效率达到普通快递员两倍以上。太多的例子证明，在现代社会要做好一名合格的"工匠"，离不开知识和教育。

（三）参考对策

让教育资源从"高地"流向"洼地"，缩小教育的地区差距，需要政府与社会各界不断地投入。

第一，优化教育资源配置。提高贫困地区劳动者的发展能力和就业技能，需要进一步优化教育资源配置。把深度贫困地区的教育扶贫放在优先位置，以重大教育扶贫专项工程或项目为抓手，显著增加贫困家庭和个人获得职业技能与增加经济收益的机会。优化教育资源配置要与新型城镇化和居民社区建设相结合，引导易地搬迁农户向社区和学校片区集聚，避免由于资源相对集中带来新的教育贫困现象。采取引进优质师资、推进课堂教学改革、对外交流等多种方式，激发贫困地区孩子主动求学、求发展的内在动力。

第二，遵循教育规律和市场规律。教育扶贫必须遵循教育规律和市场规律，因地因时施策，加强和改善教育公共服务供给。依据新型城镇化发展趋势和产业结构调整方向，建设区域性技能培训中心，引进高校和科研院所的技术专家，提高贫困户和文化程度较低的困难群体的职业技能，培育适应贫困地区产业发展需要的新型农民。

第三，建立健全考核机制。鼓励地方政府和社会各方面力量积极投入教育扶贫事业，形成教育扶贫的合力，并建立健全考核机制。建立责任共担机制，设置相应的监测指标，反映各类市场主体、社会组织等的贡献。将评价指标的国家标准与地方特色有机结合起来，使指标监测功能体现教育脱贫的"底线＋可持续"原则，通过指标监测提高教育扶贫效益。

六、《流浪地球》盗版电影猖獗警示产权保护

（一）背景链接

2019年春节期间，电影《流浪地球》一经上映，就赢得口碑、票房双丰收。然而，当观众们还在讨论"硬科幻""想象力""未来感"等话题时，一些盗版《流浪地球》的在线资源开始泛滥，售价低至1元，而正在热映的多部影片打包出售也不超过2元。《流浪地球》一时间沦为"盗版地球"。对此，国家版权局就《流浪地球》等八部影片发布了版权保护预警，要求网络服务商、电商网站及应用程序商店加快处理侵权内容及链接。

（二）综合分析

《流浪地球》被盗版有两个因素不容忽视：一是盗版电影资源的成本低且已形成产业链；二是春节档电影票价上浮。换言之，影片更容易被盗录并发布，且一些消费者不愿意花高价走进电影院，让盗版更有了市场。

"利益"是盗版行为屡禁不止的关键所在。根据相关技术分析，目前市面上的一些盗版资源往往是偷拍的结果，虽然质量比较差，但也能满足一些人的需求。同时，从上游拷贝片源到下游分发，影片盗版形成了一条完整的产业链。成本不高、收益不菲，即便存在一定风险，也有人会铤而走险，甚至有卖家认为"没风险，不会被追究版权责任"。针对此问题，电影版权保护尚存在法规不全、监管不严、惩治不力等短板。

（三）参考对策

一是通过立法、执法、监管等手段，斩断盗版的利益链条，以有效保障制作者的产权，营造健康的文化环境。

二是要从价格端入手，在合理空间内降低观影门槛，给予一定的观影补贴。

七、不能让性别歧视成为职场硬伤

（一）背景链接

2019年2月，人社部、教育部等九部门联合印发《关于进一步规范招聘行为促进妇女就业的通知》，要求在招聘环节中，不得限定性别（国家规定的女职工禁忌劳动范围等情况除外）或性别优先，不得以性别为由限制妇女求职就业、拒绝录用妇女，不得将限制生育作为录用条件等。

近年来，女性就业面临的困难越来越大，很多女性都有过被质疑、被挑剔的经历。媒体爆出，湖南邵阳新宁县人民医院在招聘临时护士时，要求应聘人员两年内不得怀孕。尽管涉事医院事后被追责，但如此赤裸裸的歧视行为，再一次引发舆论热议。

（二）综合分析

当今女性的心理压力大，是不争的事实。因为她们身处职场，背负着工作与生活的双重压力，期望自己在各方面能够与男性不分伯仲，平分"天下"，真正彰显出"半边天"的力量和风采。然而，超八成女性认为就业中存在性别歧视，来自社会各个层面的性别歧视，才是现代女性面临的最大压力。

客观而言，目前保障妇女合法权益的法律法规并不少，但要在现实中真正能够得到落实也并不容易。当然，企业有企业的难处。由于男女生理上的差异和承担的社会角色不同，女性往往在维系家庭、生养子女等方面付出更多，由此，女性的职业状态也确实会受到一定影响，这就导致用人单位在招聘女性时顾虑重重。

但不管有多难，歧视女性的做法都不可取，从根本上讲，也不会助力企业发展。毕竟，我们不能只看到职场女性的弱点，还应该看到女性在职场上大放异彩的一面。无论是女性的细致、较真，还是女性的和风细雨，都会助力企业顺畅发展。一个真正有大格局的企业，从来不会是一个歧视女性员工的企业。

时代在前进，社会在发展，性别偏见早就该被扔到历史的尘埃里了，绝不应该成为当下用人单位的行为准则。男女平等不能只是抽象原则，不能只存在于文章里、挂在墙壁上，而是要成为刚性约束，违规就要受罚，遭遇了歧视就可以得到权利救济。不要把不正常当成正常，要用制度去捍卫理想。

（三）参考对策

一则需要法律法规更完备。地方可以出台相关办法对企业用工行为进行规制，保障女性合法劳动权益，比如根据女职工比例，制定实施税费、房屋租赁等方面的奖励政策，推动用人单位招聘女性员工，维护就业公平。

二则劳动用工监管须再加力。尤其是针对就业歧视问题，劳动监察机构可以适时对用工单位女性公平就业的情况进行专项监察，或者协助人社部门依法对各类带有性别歧视的招聘、歧视女性平等就业的行为，进行处置，以净化劳动用工市场。通过有效监管，最大程度地削减就业歧视生存的土壤。

三则加大协助劳动者维权的力度。一方面应做好就业歧视相关知识的普及，提升用工单位和劳动者的法律意识；另一方面，当劳动者遭遇就业歧视时，人社和妇联等部门应积极协助其维护合法权益，比如开辟多种投诉举报渠道，支持受到就业性别歧视的女性向人民法院提起诉讼，并提供必要的法律政策援助和心理疏导干预等。

八、自然保护区违法违规开发整治

（一）背景链接

2019年7月4日，生态环境部、水利部、农业农村部、国家林草局、中国科学院和中国海警局联合召开"绿盾2019"自然保护地强化监督工作部署视频会议。会议强调，要以坚决的态度和务实的作风，坚定不移地做好"绿盾2019"自然保护地强化监督工作，保持高压态势，巩固已有成果，全面强化自然保护地监管，坚决遏制自然保护地遭受侵蚀破坏的状况。

（二）问题现状

由于历史遗留问题多、法律不健全、监管能力薄弱等，自然保护区违法违规开发存在以下问题：

一是部分地方政治站位不高。部分自然保护区还存在典型问题、突出问题，如违规撤销自然保护区，违规调整自然保护区边界范围和功能区划，在自然保护区核心区缓冲区建设旅游设施发展旅游等。

二是保护为发展让路。部分自然保护区由于历史原因，原有工矿企业、水电开发项目不能及时退出自然保护区。但也有部分保护区存在保护为开发让路，借脱贫攻坚之名，行保护区为发展让路之实。甚至有的自然保护区还出现工矿用地范围扩大、新增问题点位等现象，旧问题没解决，新问题又出现。

三是存在敷衍整改、假装整改等问题。部分自然保护区的问题整改方案不切合实际，或没有根据整改方案认真进行整改，存在虚报瞒报、假装整改、夸大成果等现象。这导致部分保护区或上报台账与实际情况不符，或整改不到位即申请销号，更有甚者在被中央生态环保督察"点名"后，仍然违规审批、虚报情况、敷衍整改。

（三）参考对策

首先，地方各级党委政府和相关部门要提高政治站位，强化责任担当。充分认识自然保护地在生态文明建设中的作用，不要总是在媒体曝光或上级"点名"后，才想到亡羊补牢。与其肩负各方压力费力弥补，不如强化责任担当，主动作为。

其次，正确认识生态保护和经济发展的关系。生态保护和经济发展是辩证统一的关系。生态保护是为了更好地发展，是为生态文明建设打基础，经济发展要以生态保护为基础，不能"竭泽而渔"，要正确看待并处理好当前利益和长远利益的关系。此外，脱贫攻坚和污染防治都处于关键阶段，要协调好保护优先和脱贫攻坚的关系。

最后，加快做好自然保护区生态修复工作，科学认真制定自然保护区问题整改方案。自然保护区存在违法违规的开发建设活动和历史遗留问题，已对自然保护区的生境造成了不同程度破坏，需要尽快开展生态恢复。应因地制宜、以自然恢复为主，避免不当人工干预对生境造成二次破坏。

九、放管服改革，优化营商环境

（一）背景链接

党的十八大以来，地方各级党委和政府认真贯彻党中央决策部署，切实践行以人民为中心的发展思想，聚焦企业和群众反映突出的办事难、办事慢、多头跑、来回跑等问题，扎实推进简政放权、放管结合、优化服务改革，探索了许多行之有效的措施办法，在方便企业和群众办事创业、有效降低制度性交易成本、加快转变政府职能和工作作风、提升政府治理能力和水平等方面取得了明显成效。

2019 年 3 月 5 日，李克强总理在政府工作报告中指出，今年将推行网上审批和服务，加快实现一网通办、异地可办，使更多事项不见面办理，确需到现场办的要"一窗受理、限时办结、最多跑一次"。持续开展"减证便民"改革行动，不能让烦琐证明来回折腾企业和群众。建立政务服务"好差评"制度，服务绩效由企业和群众来评判。政府部门做好服务是本分，服务不好是失职。

2019 年 6 月 25 日，国务院总理李克强在全国深化"放管服"改革优化营商环境电视电话会议上指出，营商环境是发展的体制性、制度性安排，其优劣直接影响市场主体的兴衰、生产要素的聚散、发展动力的强弱。通过深化"放管服"改革来优化营商环境，从根本上说就是解放和发展生产力。"放管服"改革，实际上是一场刀刃向内的政府自我革命，旨在重塑政府和市场的关系，使市场在资源配置中起决定性作用，更好地发挥政府作用。

（二）存在问题

1. 从改革落实层面上看

一是改革政策供给过多过快。从审批制度改革到管理体制改革再到放管服全面改革，各级政府的改革政策供给过多，体系乱、概念杂，来不及研究消化，有些甚至存在冲突，造成思想混乱，难以拿出务实落地举措。一些政策取消了不知道，下放了接不住，接下了难优化，改与法难抉、利与义难全、放与管犹豫、线上与线下徘徊，群众和企业对改革难以形成预期。

二是部门间难以协同形成合力。理念先进，方法可行，但由于触动部门利益，体制惯性，"地方点菜"难下放、"群众点菜"难落实；权力下放、联合监管、信息共享、诚信体系建设等缺乏部门配套措施，出现中梗阻。

三是改革不到位深入推进难。改革不深入，改革举措多从部门视角出发，放权边界不清、行使主体模糊；变相审批、前置条件、审批"体外循环"、以审代管等现象依然存在，一些互为前置"连环套"依然无解，后置审批依然过多；放管服改革中的民生改革没有得到足够重视，社会领域改革滞后，基层公共服务成为改革短板，公共服务功能定位不明，难以厘清政府、社会、企业、个人间的关系，群众获得感不足；寄予厚望的"互联网+"，系统开发不少，但标准不统一、信息不公开、数据不共享，功用发挥不足。

四是改革起步慢政策落地难。放管服改革牵一发动全身，不仅涉及利益调整，还涉及权责重塑、管理模式再造、工作方式转型，需不断发现问题、解决问题。改革出现按兵不动、推诿扯皮、敷衍塞责，无利不管、放而脱管等现象；监管不到位和乱作为并存，假冒伪劣、坑蒙拐骗、侵犯知识产权等现象频发；政务服务能力、效率偏低，担心承担责任，不同程度存在"等靠要"等被动改革现象。

2. 从社会现实层面看

在一些地方仍然存在着服务质量不高、服务意识不强等问题。跑断腿、磨破嘴、打不完的电话、盖不尽的公章、开奇葩证明等现象在一些单位和部门还一定程度存在。"必经程序""合理程序"成为了一些政府官员懒作为、不作为的借口，导致简单的事情复杂化，让民众办事仅仅停留在路上。细究这些现象的根源，最根本的一点是我们的公仆们淡漠了以人民为中心的施政理念，缺少了百姓想什么我们就干什么的政治担当。民心是最大的政治。要赢取民心，就要全心全意为人民服务，这不但体现在服务的结果和成效上，更体现在服务的过程和质量上。让群众少跑一次，就折射出对群众疾苦和冷暖的感知，是及时准确了解群众所思、所盼、所忧、所急的最好体现。放下官架，减少程序，多点服务，真正做到用真情为民办实事，才能赢取群众信任，获取民心。否则，冷漠的态度、懒散的作为和走不完的程序不仅会使服务"断档"，也与民心相背。

（三）参考对策

第一，"放"要全面彻底。简政放权关键在简，核心在放，目的在于方便企业和基层办事。但在实际工作中，仍有一些部门表面上看热热闹闹，其实放虚不放实，放权不同步，你放我不放，甚至明减暗增、边减边增，不但降低了审批效率，改革的初衷也难以落地。"梗阻"不除，"最后一公里"难通。为此，要坚持量质并重，对现有行政审批项目进行集中梳理，拿出更多的"真金白银"，更好地向市场和社会放权；要坚持问题导向，取消项目从"给社会端菜"向"让群众点菜"转变，更多借用社会力量促进改革；要坚持同步推进，既要与上级权力下放及时对接，更要敢于向自己"开刀"，把该放的权力彻底放下去。

第二，"管"要及时有效。在大量减少审批后，政府要更多转为事中和事后监管，依法管好"看得见的手"，用好"看不见的手"，挡住"寻租的黑手"，切实把市场管住、管好，促进政策落地。如果"放得下""管不好"，表面看基层承接的权力多了，但真正能落实的少，很多批了也干不了，简政放权的"含金量"也不高。一方面，要科学合理、实事求是地做好监督和管理，对下总揽不包揽、放权不失管，对上到位不越位、尽职不失责。另一方面，要加快建立责任明确、任务清晰、程序规范的监管制度，主动接受社会监督，挤压权力寻租的空间，让政府"乱动的手"受到约束。

第三，"服"要积极到位。简政放权关键是政府职能的真正转变、治理能力的有效提升，好比耕田种地，搬开了石头不等于秧苗就能茁壮成长，还需要浇水、施肥、除草。权力取消和下放后，政府部门要加快推进政府由管理者向服务者角色的转变，下好先手棋，打好主动仗，把更多的人力、物力、财力投入到服务民生的工作中，让更多的群众分享高效优质的公共服务；要不断改进服务举措，优化服务流程，尽最大努力提供更加高效、更加人性化的服务，以优质的服务指数换取企业和人民的幸福指数。

十、让褒扬诚信发挥应有的牵引作用

（一）背景链接

2019 年 6 月 3 日，国家发改委发布《关于对模范践行诚实守信个人实施联合激励加快推进个人诚信体系建设的指导意见（征求意见稿）》拟对模范践行诚实守信个人联合激励，包括享受免费查询个人征信报告便利、城市落户优先或加分便利、同等优先录（聘）用为公务员、事业单位工作人员优惠等 15 项激励。

（二）综合分析

人无信不立，国无信不昌。诚信既是个体公民的安身立命之本，又是国家民族繁荣昌盛的信仰之基。近年来，我国高度重视个人诚信体系建设，国家各部委与地方各省市相向联动，初步构建了政府部门协同联动、行业组织自律管理、信用服务机构积极参与、社会舆论广泛监督、以失信惩戒为重点的个人诚信共治格局，有力促进了整个社会诚信建设的整体向好。

"梅须逊雪三分白，雪却输梅一段香。"近年来各地推出的多种以"黑名单"为主的公共信用管理制度，更多侧重于对失信者的惩戒，对守信者进行的正面激励有待加强。对失信者进行多方面严厉惩戒，能在一定程度上让失信者成为人人喊打的"过街老鼠"，有利于形成"失信者寸步难行"的公共信用大环境，但如果忽视了对守信者的正面激励，也难免使追究惩戒有余、正面激励导向不足，不能让守信者真正感受到"一路畅通"的便利与裨益。

失信惩戒与守信激励是个人诚信体系建设的"鸟之双翼"，如果过于侧重其中的任何一方，都可能让个人诚信体系的建设顾此失彼，难以获得预期的最大公约数。任何一种公序良俗的形成并得以传承，都离不开惩戒和激励的双重作用，两者缺一不可。在有些情境和条件下，一定程度上的正面激励更能引导公众自觉追求符合公序良俗的行为。

（三）参考对策

以正面褒扬诚信来有效鞭笞失信，需要以科学合理的制度设计兜底，在对诚实守信个人给予更多优惠政策的同时，还要对激励对象的科学认定设置严格的程序，从根本上扎紧守信者因失信"功过相抵"的制度篱笆，实现褒扬诚信鞭笞失信相互促进、相得益彰之效果。

让褒扬诚信真正发挥应有的牵引作用，树立鞭笞失信的正确价值导向，点滴正风久久为功，在全社会形成"诚信光荣、失信可耻"的浓郁氛围，让人人守信、向善向上成为公民和国家的闪亮名片。

第四篇

面　试

第十九章

公务员面试基础知识

一、公务员面试概论

（一）公务员面试的含义与特征

综上，公务员面试一般说来有如下几大主要特征：

1. 面试手段特定化

公务员面试以谈话为主要手段，表现为主考官向应试者提出各种问题，应试者对这些问题进行回答。比如，针对应试者的特长，主考官提出一些启发性问题，使应试者进一步思索，展示其才华，当应试者的回答文不对题时，主考官会利用提问引导应试者。

观察是面试过程中的另一个主要手段。在面试中，主考官主要运用自身的感官，尤其是视觉，观察应试者的非语言行为。这要求主考官要善于观察应试者的非语言行为，能指明应试者的行为类型，进而借助于人的表象层面推断其深层心理。对应试者非语言行为的观察，主要有面部表情的观察和身体语言的观察。

面试过程其实是主考官和应试者之间的一种双向沟通。在面试过程中，应试者并不是完全处于被动状态。主考官可以通过观察和谈话来评价应试者，应试者也可以通过主考官的行为来判断主考官的价值判断标准、态度偏好、对自己面试表现的满意度等，来调节自己在面试中的行为表现。

2. 面试内容灵活化

面试内容对于不同的应试者来说是相对变化的、灵活的，具体表现在以下几个方面：

（1）面试内容因应试者的个人经历、背景等情况的不同而无法固定。例如，两位应试者同时应聘档案管理岗位，一位有多年从事档案工作的经历，一位是应届档案管理专业的大学本科毕业生。面试对前者应侧重于询问其多年来从事档案管理方面的实践经验，对后者则应侧重于了解其对该专业基础知识掌握的情况以及在校学习期间的情况。

（2）面试内容因工作岗位不同而无法固定。不同工作岗位，其工作内容、职责范围、任职资格条件等都有所不同，例如国家技术监督局的技术监督岗位和国家人事部的考录岗位，无论其工作性质、工作对象，还是任职资格条件，都有很大差别。因此，其面试的内容和形式都有所不同，面试题目及考查角度都应各有侧重。

（3）面试内容因应试者在面试过程中的面试表现不同而无法固定。面试的题目一般应事先拟定，以供提问时参照。但并不意味着必须按事先拟定好的题目逐一提问，毫无变化，而要根据应试者回答问题的情况，来决定下一个问题问什么，怎么问，如果应试者回答问题时引发出与拟定的题目不同的问题，主考官还可顺势追问，而不必拘泥于预定的题目。

3. 面试时间的持续性

面试与笔试的一个显著区别：面试不是在同一个时间展开，而是逐个地进行。笔试是不论报考人数的多少，均可在同一时间进行，甚至不受地域的限制。与笔试的区别在于：面试时间具有一定的持续性。每一位应试者的面试时间，不能作硬性规定，而应视其面试表现而定。如果应试者对所提问题，对答如流，阐述清楚，主考官很满意，在约定时间甚至不到约定时间即可结束面试；如果应试者对某些问题回答不清楚，需进一步追问，或需要进一步了解应试者的某些情况，则可适当延长面试时间。

4. 面试交流的直接互动性

面试中，应试者的语言及行为表现，与主考官的评判是直接相连的，中间没有任何中介形式，主考官与应试者的接触、交谈、观察是相互的、面对面进行的，主客体之间的信息交流与反馈也是相互作用的。面试的这种直接性提高了主考官与应试者间相互沟通的效果与面试的真实性。

5. 成绩评定的主观性

公务员录用笔试有明确的客观标准，对就是对，错就是错，成绩评定是比较客观的。面试就不同了，它没有统一的标准答案，因此成绩的评定往往受考官情感、知识、经验和主观印象的制约。对于同一面试者，不同的考官可能有不同的看法，但是从考官评分的实际情况来看，对表现特别好和表现特别差的考生，不同考官的评分差别不大，而对于表现中等者却有一定的差别。为了克服因面试主观性而导致的不公平，有关部门采取了具体的措施，即在考官的评定分数中去掉一个最高分，去掉一个最低分，然后取平均分。采取这一措施后，基本上克服了由主观性带来的不公正因素。

（二）公务员面试要素与种类

1. 公务员面试要素

所谓公务员面试要素，是指构成公务员面试的一些基本的、必要的因素，这些要素是公务员面试活动所不可或缺的，它们的有机构成是公务员面试活动开展的先决前提，促成这些要素的合理配置和科学使用是保障公务员面试活动科学有序进行的关键。通常而言，公务员面试要素一般包括以下八个方面：

（1）面试目的。面试目的是指面试想要达成的基本目标或期望实现的结果。在公务员录用活动中，面试的目的是从职位需求出发，通过对考生素质的有效测评，从众多通过笔试的人员中选拔出德才兼备的高素质人才。

（2）面试内客。面试内容也叫测评项目，是指面试需要测评的考生的基本素质或能力。考官有针对性地把胜任特定公务员工作所需的基本能力、知识和品质等列为评价指标，通过相互比较和权衡斟酌选拔出能胜任的最优人员。

（3）面试方法。面试方法是指面试活动的组织方法，是影响面试效果的重要因素之一。不同的面试方法所测评的考生素质的侧重点不同，常见的面试方法主要包括自由面谈、结构化测试、情景模拟法、无领导小组讨论法、文件筐测试等。

（4）面试考生与考官。考生与考官是公务员面试活动的主题参加者，两者的角色和权责要求区别较大。作为能动性主体，考生与考官之间交流与互动的效果直接决定了公务员面试的效果。

（5）面试时间与空间。公务员面试时间是面试活动在时间维度上的体现。一般而言，面试时间越长，面试结果可信度越高。但是，受各种因素影响，面试时间往往比较短。因此，这就要求考生必须具有在短时间内调用大量知识信息、处理突发问题、应对各种假设情境的能力。所谓面试空间，是面试活动在空间维度上所体现出的"面试考场"，任何活动都必须在一定的地理空间上开展。面试时，场地的大小、温度的高低、光线的明暗以及周遭环境有无噪声等问题对面试都存有不可小觑的影响。

（6）面试试题。面试试题主要指面试考官向考生提出的各种不同的行为要求。面试方法不同，提出的要求也不相同。在自由式面谈中，这种要求表现为"随意的话题"；在结构化面试中，这种要求表现为精心设计的一个个具体的"问题"；在小组讨论面试中，它表现为"讨论的议题"。

（7）面试信息。面试信息指面试测评过程中考官所发出的信息及考生所回应的信息。所谓考官信息，是考官对考生下达的测评指令，以及对考生的行为反应所表现的态度等。所谓考生信息，指面试评价过程中考生所表现出的行为反应信息，包括自觉发出的和不自觉发出的、语言的和非语言的。当然，最主要的考生信息是对考官的指令所做出的行为反应，即作答情况。

（8）面试成绩评定。面试评定指面试考官对考生的素质能力情况进行评分或评价。

2. 公务员面试的种类

公务员面试内容丰富，形式多样，根据不同的角度，公务员面试可以分为以下几种基本形式：

（1）依据面试对象的多寡区分。根据公务员面试对象人数的多少，公务员面试可以分为单独面试和小组面试。单独面试就是在一个相对时间内只有一个应试者的面试，又包括只有一位考官的面试和有多位考官的面试。小组面试，是多名应试者同时面对考官的考察形式，如无领导化的小组讨论，优点是面试效率高，节约时间，便于比较，缺点是应试者易受他人的影响。

（2）根据面试的时间进程区分。公务员面试依据时间进程的不同，可以分为一次性面试和分阶段面试。所谓一次性面试是指考官对应试者的面试集中于一次进行，这种面试要求考官组成一个小组，对应试者的要求较高。所谓分阶段面试是指面试分几次进行，不同的考查，面试的内容不同，侧重点不同，通常呈现由低到高的层次性渐进考查，通过几次面试，综合成一个整体的印象。这种方式对用人单位来说，成本较高，对应试者来说，必须具有较高的综合素质，每一次都不能失误，否则，就有可能被淘汰。

（3）依据面试实施的规范化程度区分。公务员面试按照面试实施的规范化程度的区别，可分为结构化面试、半结构化面试和自由化面试。结构化面试，是指面试的内容包括面试的试题、面试的程序、面试的评判标准有统一明确的规范化要求的面试。半结构化面试，是指面试的内容只有一部分是规范化或确定的，可以根据实际情况临时调整和变更。自由化面试，是指对面试的内容不作限制，没有任何规定的随意性的面试。

（4）依据面试结果的使用方式区分。公务员面试根据面试结果的使用方式，可分为目标式面试和常模式面试。所谓目标式面试，就是面试的结果只表明应试者的素质水平是否达到既定的目标水平，分为合格与不合格两种。所谓常模式面试，就是根据面试结果所反映的素质水平对应试者进行排序，从而进行优劣比较的面试，结果往往分为若干档次。

（5）根据面试内容的设计重点区分。公务员面试依照面试内容设计重点的不同，可以分为常规面试和情景面试。常规面试就是考官与应试者之间以问答为主要方式的面试。有问有答，针对现实，考官以谈话和观察为面试重点，应试者以回答来展示自己的能力，争取面试达到要求。情景面试包括无领导化小组讨论、角色扮演、演讲等，都是要求应试者根据所提供的虚拟环境和身份作答，考察应试者的潜在素质和应变综合能力。

（三）公务员面试内容与程序

1. 公务员面试内容

《国家公务员录用面试暂行办法》第八条规定，面试主要测评应试人员适应职位要求的基本素质和实际工作能力，包括与拟任职位有关的知识、经验、能力、性格和价值观等基本情况。该规定比较详细地规定了公务员录用面试的内容，具体来说有如下12个方面的内容。

（1）综合分析能力。综合分析能力是公务员必须具备的一种能力。面试主要考查面试者是否能分析考官提出的问题，并能抓住其中的本质问题展开论述，论证具体全面，条理清晰，逻辑性强，并具有较强的说服力。

（2）言语分析能力。言语分析能力同样是公务员必须具备的一种能力。面试主要考查面试者能否准确地表达自己的思想、观点和意见，言语是否清晰、流畅，并且是否具有较强的感染力。

（3）应变能力。面试中，应变能力主要表现为面试者对考官提出的问题反应是否迅速，回答是否快捷；对考官提到的突发事件和意外事件能否提出应急措施，处置是否得当。

（4）计划组织协调能力。面试主要是考查面试者对上级交办的事务能否提出可行的计划；会议或活动的组织是否到位；各方面的关系协调是否令人满意。

（5）人际交往的能力。面试主要考查面试者是否有交际的意识，是否善于处理与领导者的关系，是否善于处理与同事的关系，是否善于处理与群众的关系。

（6）自我情绪控制的能力。面试主要考查面试者在被误解、批评时，能否控制自己的情绪，不至于因情绪的波动而影响自己的本职工作。

（7）求职动机。面试主要了解面试者报考的原因，以及其爱好、兴趣、对工作条件的要求和期望等。

（8）工作态度。面试主要是考查面试者在以往学习或工作中的表现情况，即对学习或者工作是否认真。

（9）进取心。面试主要考查面试者在事业上是否有明确的奋斗目标，因为有奋斗目标的人一般都会朝着自己设定的目标努力奋斗。

（10）仪表风度。仪表风度主要指面试者的体形、外貌、气色、衣着举止、精神状态等。作为国家公务员，仪表风度是非常重要的，在某种意义上说，仪表风度体现一个人的精神风貌，如果公务员的精神风貌不佳，就会给人民群众留下不好的印象。

（11）专业知识。面试主要是考查面试者是否具备所报考职位应该具备的专业知识，因为不具备所报考职位应该具备的专业知识，就无法开展工作，或者说不能完成工作任务。

（12）工作实践经验。面试主要考查面试者在以往工作和学习中的有关情况，即了解其曾经做过哪些工作，取得过哪些成绩，积累了何种经验。

2. 公务员面试程序

根据相关政策规定和实务操作，我国公务员面试程序主要包括确定面试对象、确定并培训面试考官、安排面试场所、确定面试评价标准、公务员面试实施和面试成绩公布等步骤：

（1）确定面试对象。 面试一般是在笔试之后进行，笔试合格才有机会参加面试。笔试一般由主考机关统一组织，面试一般由具体用人部门组织。面试人数一般是拟录用人数的三倍或五倍，具体根据用人部门招考实际情况而定。面试对象确定后，要尽快通知本人，以让其做好应试准备。

（2）确定面试主考官。 进行公务员面试，用人单位一般会组建一个面试测评小组（或称面试评委会）。面试测评小组一般由7~9人组成，其人员来源一般为：用人单位人事部门负责人，用人单位相关业务部门负责人，用人单位主管领导，面试测评方面的专家、学者，与用人单位专业相关的高水平的专业技术人员。面试测评小组的人员构成主要考虑专业优势互补，并注重人员的年龄结构，做到老、中、青相结合，以避免某一年龄层次人员太多而可能造成的偏差。

选择面试测评人员（即面试考官）时要注意考虑以下条件：第一，宽性强，为人正派公道，能够公平取人；第二，事业心强，工作认真负责；第三，精通业务，并在其一方面有较深的造诣；第四，熟悉用人部门的有关情况；第五，性格开朗、思维敏捷，视野开阔。

（3）培训面试考官。 面试考官的培训工作由主考机关负责。培训的内容包括：公务员录用考试的特点；面试过程的把握与提高面试效果的手段；面试的提问技巧；面试的评分要素与评分标准；面试案例剖析、讨论；面试情景模拟等。

（4）安排面试场所。面试场所包括面试室、应试者候试室、考务办公室等，它是面试构成的空间要素。面试场所要按照一定的条件来选择和布置，具体要求如下：

（5）确定面试评价标准。 进行公务员面试，要测评哪些内容、各项内容的比重如何确定、如何评分，都需要事先设计好。具体工作如下：

1）确定公务员面试的评价项目。面试评价项目要以用人部门的专业特点和所需人员的资格条件为依据，通过经验和专门分析，把应具备的素质条件列举出来，并进行合理取舍。一般而言，各部门均会设置仪表形象、事业心、求实精神、知识水平、专业能力经验、思维判断能力、说服能力、口头表达能力、应变能力、社会交往能力等评价项目并依据自身专业属性做出权重配属。

2）确定面试评价指标。面试评价项目在应试者身上以一定的特征存在着，对这些项目做出评价，必须借助一些具体指标，比如我们要评价一个人的语言表达能力，可以用"是否有逻辑性、条理性""吐字是否清晰""语音语调状况"等具体要素来进行评价。有时为简化起见，仅将"甲等、乙等、丙等"作为面试评价项目的通用评价指标。公务员面试的评价指标如表19-1所示。

表 19-1　公务员面试的评价指标

测评项目	测评指标及评定等次、得分幅度		
	甲等（4~5分）	乙等（2~4分）	丙等（1~2分）
思想内容	观点正确，主题突出 理论充足，符合政策 结合实际，解决问题	观点正确，主题明显 理论充足，符合政策 结合实际，水平一般	观点模糊，主题不明 理论较差，违背政策 脱离实际，水平略差
逻辑思维	术语准确，概念清楚 逻辑严谨，层次分明 概括全面，条理清晰	术语准确，概念清楚 有逻辑性，层次较明 概括一般，条理尚清	术语欠缺，概念欠清 逻辑较乱，层次不明 概括较差，条理不清
综合分析	抓住实质，分析透彻 素材突出，综合得力 整体性强，创新合理	接触实质，分析较好 素材一般，综合尚可 有整体性，建议合理	未见实质，分析一般 素材零散，综合不力 整体性差，无可用性
语言	语言流畅，表达清晰 富于感染，应变力强	语言流利，表达清楚 宣读一般，有应变力	语言欠畅，表达不清 宣读较差，应变力差
仪表	仪表端庄，举止得体	仪表端庄，举止尚可	仪表一般，举止一般

资料来源：河北中公教育网，http://hb.officn.com/。

　　3）设计面试评分表。面试评分表是面试主考官评定应试者面试成绩的一种工具，它是在面试评价项目和评价指标的基础上设计而成的。评分表主要包括：应试者姓名、编号、性别、年龄、报考职位、评价项目、评分标准、评语栏、考官签字栏等。表 19-2 是辽宁省 2014 年录用公务员面试评分表，仅供参考。

表 19-2　辽宁省 2014 年录用公务员面试评分表

序号		姓名	性别		年龄	学历	职位	
面试要素	综合分析	言语表达	应变能力	计划组织与协调	人际交往的意识与技巧	自我情绪控制	求职动机与拟任职位的匹配度	举止仪表
权重	17	20	14	10	14	10	7	8
观察要点	对问题的理解正确，分析问题透彻，谈思想谈观点有深度并有独到见解或能自圆其说	理解他人意思，口齿清晰，内容有条理，富有逻辑性，他人能理解并具一定说服力；用词准确、恰当、有分寸	分析问题客观，思路清晰，解决问题办法得当，措施可行，操作得当；遇到危机状况时，情绪平稳，沉着应变、对策稳妥	根据部门目标预见未来并做出计划；看清冲突各方面的关系；做出适当选择；及时做出决策；调配、安置人、财、物等有关资源	人际交往主动，掌握一定的沟通技巧，有团队意识和合作精神；处理问题能够做到原则性与灵活性结合	在较强的刺激情境中，表情和言语自然；在受到有意羞辱的场合，能保持冷静；为了长远或更高目标，抑制自己的欲望	性格特征、自我认知、价值取向以及表现的各项能力素质等与公务员职业相匹配	穿着打扮得体；言行举止符合一般礼仪；无多余动作
满分	10	10	10	10	10	10	10	10

续表

序号		姓名	性别		年龄	学历	职位	
要素得分								
考官评语								

注：本表各要素得分不得涂改，涂改后本表无效，须重新填写。

资料来源：河北中公教育网，http://hb. officn. com/。

（6）公务员面试实施的一般程序。公务员面试实施的一般程序和内容如下：

其一，召开面试考官会议。面试工作开始前，考官要开一次小会，检查面试工作的准备情况，进一步明确面试方法、内容、要求，明确面试评分标准和方法，明确主考官与其他考官的职责分工与协调配合，检查考务工作准备情况。

其二，考务人员引导应试者进入面试考场，应试者不得携带与面试有关的用品。

其三，主考官向应试者讲解有关注意事项，时间一般控制在 1 分钟以内。

其四，面试考官按顺序提问，每人一般提 1~2 个问题。当应试者没听清楚所提问题时，主考官可重复一次。考官提问时要用语准确，使应试者明白要回答什么问题；提问最好由浅入深、由表及里、由易到难，逐步深入；主考官要控制好提问话题，把时间用在最重要的话题上；考官提问要使用规范、明确、易懂的语言。

其五，应试者回答考官的提问，各考官根据面试工作评价标准各自独立打分，其他人不得加以引导或暗示。每个应试者的面试时间一般为 20~30 分钟。应试者面试工作结束后，面试考官要对应试者进行综合评分。一种常用的方法是在各考官所给分数基础上，去掉一个最高分和一个最低分，然后取其平均值。

其六，整个面试结束后，面试考官要及时整理面试的有关材料，如面试评分表、评语及其他需要的材料，报主考机关和人事部门，以便确定面试合格分数线和合格人选。

（7）公务员面试必须经过的几个环节。《国家公务员录用面试暂行办法》第三章面试内容、方法与程序规定，面试应该遵循规范化的程序，按照科学化的要求实施。在近几年的实践中，面试有几个必须经过的环节：

其一，报到与核对身份。考生一般需要提前 10~30 分钟到达指定地点报到，考试工作人员核对考生身份证件和面试通知书。

其二，抽签。主考人请工作人员叫应试者入场，并由应试者抽签确定试题，把抽到的试题交给主考人当场开封。

其三，候考与进入考场。抽签完毕后考生进入候考区等待考试，考试未结束，不许随便离开，以防止已经考试完毕的考生将情况透露给未考试的考生。按照顺序，轮到某考生入场时，引导员将到候考室宣布："请 ×××号考生入场"，考生随同引导员到达考场门口，一般考场门是敞开的，考生可以直接进入，不必敲门，如门是关着的，考生需要敲门获得考场内考官允许后方可以进入。引导员不许直接叫考生名字，否则算严重违反考试纪律，一般引导员也只知道考生顺序编号。

其四，个人自述。主考人请应试者自述个人经历、实绩等，一般不超过 5 分钟。

其五，回答问题。主考人宣读应试者抽中的试题，应试者进行回答。答题时间不超过

15 分钟。

其六，突发提问。应试者答完规定试题后，如果尚有时间，主考人请评委临时提问。

其七，计分员计分。

其八，监督员审核。计分员计分完毕后，主考人将试题参考答案交由纪委和监督部门组成的审核小组进行审核，并请审核小组对整个计分过程实施监督。

其九，公布得分。监督员审核宣布得分无误后，主考人请计分员亮分。主考人重审应试者得分。

其十，考生退场。主考人请应试者退场，同时请工作人员通知下一名应试者面试。公务员的面试一般为 30 分钟，也可以根据应试者的多少和试题的内容适当延长或缩短时间。

（8）公布面试成绩。公务员面试工作结束、面试成绩确定后，主考机关和用人部门要在一定范围内公布成绩，并尽快通知本人。在公布公务员面试成绩时，考虑到应试者的心理情况，可只写考号不写姓名。

（四）公务员面试类型

1. 结构化面试

（1）结构化面试的内涵。所谓结构化面试，也称标准化面试，是指面试的内容、形式、程序、测评标准及成绩的核定与分析等面试构成要素，都按统一制定的规范和标准进行的面试。作为国家正规的考试，公务员的录用招考，在面试中采用结构化的形式已经得到广泛的应用。事实上，结构化面试是当前公务员面试实践中使用较多的面试方法。

（2）结构化面试的特点。

1）面试考官的素质相对较高。负责公务员面试的主管人员与一般单位负责面试的人员相比，具备的政治素质和业务素质更高更强，是由专门负责面试的考官组成。考官的整体素质强，具有高度的责任感和使命感；《国务院工作部门面试考官资格管理暂行细则》中，对考官的政治素质、业务素质和培训、应履行的义务、享有的权利都有明确规定，所以面试考官的高素质保证了面试的高水平。

2）面试考官小组成员特殊。在公务员的结构化面试中，不是个人实施面试，也不是由用人单位随意组成的一个小组，而是成立一个专门的考官小组，成员一般由 7~9 人组成，年龄上，往往是老中青结合；专业上，一般由负责考录工作的代表、用人单位的主管领导、业务代表和专家、学者等人员组成。

3）面试测评要素以职位需求为根本。结构化面试主要是以测评要素为面试试题，测评要素的确定是在系统分析职位职责的基础上形成的。只有按照职位需求来制定测评要素，才能选拔出符合岗位合适者。否则，就无法确定面试的标准，更难以达到理想的效果。所以，以职位需求为基础是确定测评要素结构化面试的重要特点。

4）面试试题的相同性。在结构化面试中，面试题目对报考同一职务的所有应试者是相同的，包括面试指导语、面试时间、面试问题的顺序、面试的实施条件等都是一样的。保证了面试过程的客观、公正与公平。

5）面试测评的标准化突出。在结构化面试，八对面试试题的每一个测评要素，都有规范的、可操作的标准评价，这是由于每一个要素都有严格的操作定义和观察要点，还要根据应试者的表现给出评分等级，这样就使面试有一个统一的标准尺度，最终导致测评的成绩是科学真实的。

6）面试方案实施的系统性。在结构化面试的整个过程中，是按照一个完整的实施方案进行的，负责组织考试的组织和人事部门等主管机关，都要制订面试的完整详细的实施方案，以确保面试有计划、按程序实施。公务员的"面试实施方案"的内容一般包括：面试的领导成员，考官小组，培训，面试的方法、程序，面试试题的编制方法和印制，面试的时间、场所，以及有关面试的其他方面。

7）面试考场的特定性。在结构化面试中，对面试考场的选择和布置，包括四个方面：一是考场的环境要安静，无任何干扰；二是考场的面积要适中，一般以30~40平方米为宜；三是温度采光度要适宜；四是应有主考场和候考场，两者保持一定的距离，避免干扰。

8）面试的公正性明显。在结构化面试中，为了体现面试的公正性，主管部门提出了一系列的体现公正的原则性要求：回避原则、监督原则、机会均等原则等有利于面试平等的制度保障。

（3）结构化面试的要求。结构化面试对应考者、考官、考场等诸方面均有一定的要求，国家公务员录用面试作为一种典型的结构化面试，其基本要求如下：

1）对面试应考者的要求。在公务员录用考试中，进入面试的应考者是这样选拔出来的：一是面试由政府人事部门向用人部门推荐；二是要按规定比例选拔候选人，一般要求面试应考者是拟任职位录用人数的3倍；三是要按候选人的笔试成绩，由高到低进行排序来确定进入面试的人员，应考者笔试成绩合格是进入面试的基本条件。

2）确定面试测评要素的要求。面试测评要素的确定，是确定面试方法、编制面试试题、实施面试的前提。面试要测试哪些要素，要根据招考公务员的拟任职位、应考者的状况、测评的可行性等来确定。例如，某省规定县级机关国家公务员招考面试的测评要素为政策、理论水平，敬业与求实精神，组织、协调能力，应变能力，语言表达能力，仪表举止。

3）对面试考官的要求。面试考官应具备较高的政治素质和业务素质，应有高度的责任感和使命感。主考机关要负责面试考官的业务培训，使其掌握面试的内容、方法、操作要求、评分标准、面试技巧等。面试考官资格管理制度建立后，原则上只有经规定的程序取得面试考官资格的人员才能担任面试考官。

4）对面试考场的要求。面试考场的选择和布置，对测评结果有一定的影响。因此，应该按照面试实施的要求来布置考场。

5）制订面试实施方案的要求。面试主管机关在组织面试前，要制订面试实施方案，确保面试工作有组织、有计划、按程序进行。面试实施方案的内容一般应包括：面试的组织领导，考官评委（小组）的组成和培训，面试的方法、程序，面试试题的编制方法和印制，面试的时间、场所，有关面试的其他工作。

6）对面试考官小组组成的要求。面试考官小组一般由7~9人组成，在年龄上，最好老中青结合；在专业上，应吸收有业务实践、业务理论研究经验丰富且面试技巧方面有经验的权威人士。省级以上面试考官小组的组成一般由负责考录工作的代表、用人单位的主管领导、业务代表和专家学者等组成为宜；市、县级面试考官小组一般由组织、人事、用人部门，纪检、监察部门，业务骨干等组成为宜。

（4）结构化面试例题导引。

【例19-1】一只猎豹一直追逐一只羚羊，虽然旁边有不少惊慌失措的羚羊，但它只认定了它所追逐的一只，因为它知道，被它追逐的这只羚羊很快就会筋疲力尽，而其他羚羊力气还有很多。谈谈你对这个故事的理解。

【解题指导】此类问题可以从多角度解答，思路可以较为发散，既可以从执着、坚持的角度作答，也可以从"执着中保持清醒的头脑，善于思考""知己知彼，百战百胜"等角度作答。

【例19-2】北京、上海、天津、沈阳、广州、南京等多个大中型城市为水价上涨进行听证或者调整了水价，有些城市上涨幅度甚至达到了45%。你的看法是什么？

【解题指导】此类问题需要在了解国家的方针政策的基础上，展开分析，或者积极支持或者辩证分析，并能提出自己建设性的意见和建议，例如，上题可以按以下思路解答。推进资源性产品价格和环保收费改革，既是完善社会主义市场经济体制、提高资源配置效率的客观需要，也是推动节能减排、促进我国经济发展方式转变的迫切要求。作为与民生密切相关的公共产品，自来水的属性首先在于公益性，其次才是商业性，调价应当充分考虑广大居民尤其是困难群众的承受能力。否则，一刀切式的提价，不但起不到节约用水的约束作用，反而会伤害部分群众的利益，损害社会公平。我国作为最缺水的13个国家之一，节约用水的必要性自不待言，水价偏低也是不争的事实，因此，借助于价格杠杆调控也无可厚非。但将节约用水的希望完全寄托在涨价上，显然没看到我国水价机制的根本问题。只有真正建立和理顺水资源的价格机制，才能一劳永逸地解决水资源浪费问题。合理水价的形成，一方面要合理确定供水的真实成本，另一方面要改进管理、投资和监管机制。要建立和完善以合理配置水资源、提高水资源利用率为核心的水价形成机制，充分发挥价格杠杆在水资源配置、用水需求调节和水污染防治等方面的重要作用。运用价格机制加大污水处理力度。运用价格机制促进节约用水。

【例19-3】"蚁族"，是对"大学毕业生低收入聚居群体"的典型概括，被称为继农民、农民工、下岗工人之后出现在中国的又一群体。你如何看待"蚁族"问题？

【解题指导】此类问题，类似于申论，可以参照申论的基本解答思路，也符合认识事物的基本思路，即提出问题—分析问题—解决问题，当然三个层面可以根据具体情况有所侧重。例如上题可以按以下思路作答。这个现象的出现，不是空穴来风，而是有一定的原因的。我们应该辩证地分析，慎重地对待。大学毕业生宁愿"蜗居"于经济发达的大城市，甘当"蚁族"，也不愿去中西部地区和农村就业，在这种选择的背后，有一种"剪刀差"不容忽视：中西部地区和农村需要人才，却难以吸引大学毕业生。与之相对的是，过多的大学毕业生集中于发达地区的大城市，造成劳动力的相对过剩。这就形成了鲜明的对照，一面是欠发达地区和农村的就业"洼地"，另一面却是发达地区和大城市的就业"井喷"。这种就业"剪刀差"，其实源于另外两种"剪刀差"——地区间的"剪刀差"和工农间的"剪刀差"。地区间经济发展不平衡，使得大学毕业生大量流向经济发达的大城市；工农间的"剪刀差"则形成了两个局面：其一，几千万农民工涌向城市，与大学毕业生抢饭碗；其二，农村基本上处于一种就业真空地带，很难为大学毕业生提供就业机会。对于"蚁族"聚居区，政府和社区应当负担起更多的责任。一是改善他们的居住环境，同时避免增加他们的生活成本。二是完善社会公共服务，增加文化和体育等活动设施，营造良好的社会治安环境。三是有关部门可为"蚁族"提供切合实际的就业培训，提供心理辅导等。政府还应加大扶持中小企业和非公企业发展的力度，鼓励青年人创业，这是解决他们就业问题的主要出路。

【例19-4】检察院开通监督电话，网站访问率很高，电话被打爆，谈谈你的看法？

【解题指导】网站访问率高和电话被打爆充分说明了群众对这项措施的支持，但从另一个层面也充分说明了现实生活中缺乏制度化的渠道来保证群众的监督权利。对此，我们应该深刻反思并积极采取措施保障群众的监督权。第一，进一步完善网站建设和监督电话。如完善网站建设，开通多个监督电话，建立24小时免费监督热线，实行电话和网站举报的保密措施。第二，拓宽群众监督渠道，建立多元化的监督格局，充分保障群众的监督权利。第三，检察院在工作中要注意创新工作思路和方式方法，建立与时俱进、多元化的监督渠道，深入群众，依靠群众，充分发挥法律监督职能，维护群众利益。

2. 情景模拟面试

（1）情景模拟面试的含义和特点。情景模拟面试就是通过设计一个或几个事件发生的虚拟环境，来测试应试者在角色扮演中解决和处理各种矛盾和问题能力的面试。考官通过事件发生情况的模拟考查应试者的表现并发现应试者适应所需职位的能力潜质。

情景模拟面试在目前的公务员面试中经常被使用，是由于这种面试形式体现了其他面试所不同的特点：

1）针对性。情景模拟面试的试题一般都与应试者所应聘的职位有着密切的联系，包括工作环境、工作手段和工作效果，是应聘机关真实工作的"翻版"，能反映应试者的实际水平和工作能力潜质，所以有很强的针对性。

2）主观性。问答的面试形式，并不能测验应试者处理和解决问题的实际能力，因为没有现场感觉，而情景模拟面试可以做到这一点。面试中，让应试者当场解决问题，或者直接处理发生的意外事件，可以把所学知识转化为实际能力。所以，情景模拟面试，具有一般面试不具有的直观性。

3）主题性。情景模拟有一个确定的主题，突出应试者把握给出关键环节的能力，这种主题或是接待来访、汇报工作、编制计划、账目整理等方面的模拟，主题鲜明，有利于测验应试者与职位的对应关系。

4）开放性。情景模拟的场景是一个开放空间。应试者可自由发挥，不受限制，考查应试者的想象能力和思维的广度，这种开放性是只有通过模拟才能够实现的。

5）可信性。由于模拟测试接近实际，考查的重点是应试者分析和解决实际工作问题的能力，加之这种方式又便于观察了解应试者是否具备拟任岗位职务的素质，因此普遍反映模拟测试比笔试和其他面试形式更具有可信性。例如某市广播电视局在招聘编辑、记者时，组织应试者参观了某市无线电厂生产车间，请厂长介绍了该厂搞活企业经营、狠抓产品质量、改进政治思想工作等情况，并以记者招待会的形式，由厂长解答了应试者提出的各种问题。随后让应试者根据各自的"采访记录"分别撰写新闻综述和工作通讯各一篇。毫无疑问，通过这种测试观察了解应试者是否具备编辑、记者的基本素质，更为可靠。

（2）情景模拟面试试题的常见题型。情景模拟面试的对象是国家机关的一般工作人员，职位不同，设定的模拟情景也就不同，考官通过不同的模拟情景对应试者进行观察，分析应试者的水平和能力。这类试题通常包括以下几种题型：

1）机关通用文件处理的模拟。这一项目可作为对招考对象的通用情景模拟手段。它以机关的日常文件处理为依据，编制若干个（15~20个）待处理文件，让被测者以特定的身份对文件进行处理，这些待定文件应是机关干部经常要处理的会议通知、请示或批复、群众来信、电话记录和备忘录等，要求被测者在2~3小时内处理完毕。

2）工作实践的模拟。即通过让应试者模拟某一环境的工作实际，观察应试者解决问题的能力，包括给定特殊情况下的调查研究行为的模拟；实施决策过程的模拟、解决突出矛盾问题过程的模拟等。这种类型的试题大多反映应试者对社会热点的关注、对解决问题一般方法的思考、协调和沟通技巧的运用等。

3）角色的模拟。这类题目是要应试者承担一定的角色，如某一单位的领导或主管，与考官扮演的下属进行符合实际的表演，表达自己的见解和观点，对关系大局问题的思考和处理，可测试出应试者的领导能力和沟通能力。

4）技能表现的模拟。这种类型的试题侧重于对所学知识的运用和理论与实践的结合，如秘书的速记、打字速度，会计的做账、分析，一段专业知识文章的评析，计算机的操作等。

5）案例分析题。针对出现的案例，测试应试者发现和分析解决问题的能力，测试应试者的概括归纳能力、语言表达能力等。重点观察解决问题的思路和程序等实际的水平。

文件筐测验，通常又叫公文处理测验，是面试评价最常用和最核心的技术之一。文件筐测验是情景模拟测试的一项通常用于管理人员的选拔，考查授权、计划、组织、控制和判断等能力素质的测评方式。一般做法是让考生在限定时间（通常为1~3小时）内处理事务记录、函电、报告、声明、请示及有关材料等文件，内容涉及人事、资金、财务、工作程序等方面。一般只给日历、背景介绍、测验提示和纸笔，考生在没有旁人协助的情况下回复函电，拟写指示，作出决定，以及安排会议。评分除了看书面结果外，还要求考生对其问题处理方式作出解释，根据其思维过程予以评分。文件筐测验具有考查内容范围广、效率高的特点，因而非常受欢迎。

3. 无领导化小组讨论

（1）无领导化小组讨论的含义和特点。领导化小组讨论是采用模拟的环境对应试者实施集体面试的一种方法。应试者通常是一组人员而不是一个人，给出的问题具有从不同角度可以得出不同结论的试题，问题能引起成员之间的激烈讨论和争辩，侧重考查在讨论小组中每一个应试者的组织协调能力、相互辩论的能力、说服别人的能力、交际沟通的技巧、体态语的表现和口头的表达能力等。由此比较成员之间的差别，测试出符合职位需求条件的应试者。

（2）无领导化小组讨论实施的程序如下：做好分组工作，一般6~8人为一组；设计考场座次，一般采用圆桌会议的形式，考官在考场的四周；工作人员为应试者提供记录提纲或言论的空白纸使用；考官向应试者宣布纪律要求，并宣布讨论试题；应试者用5~10分钟准备，构思发言提纲；开始，按照顺序由应试者阐述观点并进行自由讨论；讨论时间一般为40~60分钟，考官根据测评要点打分；讨论结束，收回提纲、综合计分单，应试者退场；去掉最高分、最低分，计算出应试者的实际得分，由主考官签字。

（3）无领导化小组讨论的测评要素。

1）综合能力要素部分。举止仪表：考生的体格外貌、穿着举止、精神状态；言语表达：考生言语表达的流畅性、清晰性、组织性、逻辑性和说服性；综合分析能力：能否对所提出的问题抓住本质、要点，充分、全面、透彻而有条理地加以分析；人际协调能力：人际交往方面的倾向与技巧，善于处理复杂人际关系，调和各种冲突；动机与岗位匹配性：对职位的选择是否源于对事业的追求，是否有奋斗目标，积极努力，兢兢业业，尽职尽责；计划、组织、协调能力：能清楚设定完成工作所需步骤，并对工作的实施进行合理安排，妥当协调工作中所需要的各方面的支持；应变能力：在实际情景中，解决突发性事件的能力，能快速、妥当地解决棘手问题；情绪稳定性：情绪的自我控制能力，语调、语速的控制，言辞的遣措等是否有理智和节制，反映耐心、韧性，以及对压力、挫折、批评的承受能力。

2）专业知识和技能要素部分。专业性知识水平和培训经验：考生的教育背景和学历水平，以及曾参加过的进修、培训的时间和水平；专业应用水平和操作技能：如对高专业化仪器的功能和使用的了解和掌握程度，或对相关专业项目的程序设计、组织和监控等方面的经验和技术熟练度；一般性技术能力水平：如计算机应用水平、驾驶水平等；外语水平要求所掌握的外语语种和数量，在听、说、读、写方面可达到熟练水平，已获得的有关等级证书。

· 经典情景模拟面试试题 ·

重庆市对公务员的道德严格要求，实行一票否决制，你怎么看？

【讨论】（1）您是支持还是反对公务员道德一票否决制，为什么？

（2）从案例中，您得到什么样的启示？

请同学们选出记录员一名后进行小组自由讨论（25分钟）；双方在规定时间内得到讨论结果，双方各自选派一位代表陈述讨论的结果并说明理由（时间控制在5分钟）。

【注意】讨论时可以进行简要的记录并选择使用房间内可以利用的设备和资源。主持人将通知你何时开始和结束讨论。

4. 答辩与演讲

（1）答辩面试。答辩面试就是根据所需职位的要求，采取抽签的方式对应试者进行面试以作出录用评判的过程。应试者事先很难预测试题的内容，一般给出几分钟的准备时间，然后按照试题内容进行作答。试题的内容一般为2~3道题，回答的时间则为15分钟左右，考官一般为1~3个。考官主要根据应试者的回答评判，再提出或追问其他问题、根据拟定的参考答案确定，最后综合，作为面试者的最终成绩。答辩的面试过程，操作简单，客观公正，对于侧重业务知识的职位，采用这种方式不仅可以选拔出合适的应试者，而且比较容易掌握知识的多少和优劣。但是，这种面试的方式也存在着一定的不足，如测验的知识面过窄，考官与应试者之间不能交流互动，面试过程机械，容易导致某些应试者以死记硬背来取得高分，使面试的偶然性因素增加。答辩面试的应对策略主要有：

1）正确理解题意。拿到试题，应仔细看清试题的意思，尤其是对把握不清的试题，更应认真审题，把试题的内容与所学的专业知识找到结合点，使回答问题建立在充分的理论基础上。

2）列出解答提纲必不可少。有的应试者认为，答辩这种面试准备的时间太少，按照题意的字面理解去答就可以。实际上，越是时间少，越需要列出提纲，以保证回答的条理性和有序性。

3）坚持实事求是。对于给出的试题内容，回答出的内容要有理有据，对于自己不知道或没有接触的问题，应客观回答不清楚，不要不懂装懂，那样留给考官的印象反而更糟。

4）句子通顺，观点鲜明，前后衔接无痕迹，使用一些数字开头作为主旨句，表现整个回答的层次性。

（2）演讲面试。演讲是人们为了表现自我以讲话为主要形式的演说。在公务员的面试过程中，采用演讲的形式作为录用的依据在某些部门广泛存在。与通常的演讲不同，面试中的演讲有明确的主题即所需职位的知识、经验和能力，必须通过演讲充分展示应试者的才华和能力，而且包含理性成分。演讲面试要想取得成功，应注意以下几个方面：

1）演讲要有真情实感。面试的演讲不是阐述个人感情的表达，一定要了解职位的性质和所需的资格要求，把自己对职位的认识和自己的业务知识明白清楚地表达出来，表现自己对这个职位的渴求心理，重点阐述自己适合这个岗位的优势和长处。但是，千万不要自我吹嘘、自我标榜、抬高自己、贬低别人，这样容易导致考官对你的不好印象。

2）演讲要有充分的准备。由于面试的演讲包含的内容复杂，信息量大，要求高，应试者必须在面试前对自己报考的岗位有一个比较清晰的了解，做好充分的准备，包括查阅岗位的职能、弄清岗位上下级关系、需要的能力和条件；演讲的内容也要充分准备，包括演讲的题目、演讲的层次、演讲的时间、突出的主题、使用的手势、关键的语句等必须熟记心中，这样演讲才能从容、镇静。演讲时尽量不要使用演讲稿，可以把关键的观点和句子以纸条的形式作为备用。

3）演讲要注意节奏。演讲节奏是应试者控制现场的一种自制力，面对考官，应试者要按照自己的思路来进行，避免外界或他人的干扰。保持节奏就是语速要适中，不能过快或过慢，语音要清晰，不能含糊不清，语句要流畅，层次要分明，使整个演讲按照事先的准备有条不紊地进行，这样就达到了目的。

4）避免演讲的不良口头禅。在演讲前，应进行有目的的准备、训练，避免使用过多的口头禅，衔接不上的可以停顿一下，使用口头禅容易给人留下厌烦的情绪。

5）注意使用体态语。演讲带有一定的表演成分，而体态语的使用有助于加深考官对你的印象，包括手势、表情、眼神、站姿等，这些非语言因素发挥着语言难以起到的作用。

二、公务员面试试题

（一）公务员面试试题编制

公务员面试试题的编制并非某一考官的主观臆断，而是要遵循一个严格的程序，有着科学规范的步骤。唯有如此，才能体现公务员面试的权威性、公信力和有效性。具体来说，公务员面试试题编制主要包括以下几个环节：

1. 职位分析

如上文所言，公务员面试的目的在于从职位需求出发，通过对考生素质的有效测评，从众多已通过笔试的人员中选拔出德才兼备的高素质人才。职位分析的依据是国家公务员的职位说明书，内容主要包括职位名称、职位代码、工作性质、工作概述、工作标准、所需资格和升迁方向七个层面。职位分析就是根据职位的所需资格进行分析，把与职位相关的能力和业务知识明确化，选拔适合这一职位的应试人员。

2. 制定试题编制计划

制定试题编制计划，就是对整个试题的编制工作做整体的考虑构思，确定与面试有关的基本内容，使整个面试按照程序实施。试题编制计划的好坏，直接关系整个面试能否顺利进行，至关重要。试题编制计划包括以下几项内容：

（1）测评目的。明确为何测评及测评结果的用途。

（2）测评项目。明确对哪些素质项目进行测评以及测评结果的质量要求。

（3）测评对象。对应试者的总体情况，如学历、专业、工作经历等的构成有所了解，做到心中有数。

（4）测评模式。明确是采用哪种操作模式，是采用结构化面试还是心理测试，是采用一种形式还是几种形式，具体确定后，才能考虑拟题。

（5）题型。明确采用哪些试题题型。

（6）取材范围。明确选用哪些素材。

（7）拟题工作的数量与质量要求。

（8）工作程序与工作进度。

制定试题编制计划，重点是确定测评项目，进而确定面试试题的选择范围，以使试题的编制简便可行，提高有效性。试题的编制不可能像大海捞针那样漫无目的，应在有限的范围内进行，这是由多种因素限制的结果。

3. 编制题卡

为了面试有序有效进行，适应考官临场选择、组合试题的需要，一般需提前编制好《面试题卡》或《试题本》。《面试题卡》应包括下列几项内容：

（1）试题。就是题面，包括"给定条件"和"作答要求"两部分。

（2）答案。面试题的答案，情况比较复杂。有的有唯一正确答案，如知识测验；有的没有统一答案，但有"可接受答案""允许答案"；有的是既没有统一答案，也没有"可接受答案""允许答案"，只需应试者做出答案就行。题卡中，要针对这些情况分别说明答案的类型，如正确答案、参考答案、答案要点、需统一的答案等。

（3）用途。就是说明该试题的测评意图。

（4）标准。根据答案要点，提出考官评价的操作性指标及水平刻度，以便考官进行结果评定或打分等。

（5）使用方法。就是对各种注意事项的说明或注解。

4. 测试分析

试题编制完毕，编制试题小组应该对试题的科学性进行评估，包括试题的可行性、难度大小、所需时间等，以保证试题的质量。为此，应事先选择一些特殊应试者进行测评，通过模拟和演练查找试题可能存在的问题。

5. 试题组合

面试试题经过试题分析后即可选定为面试的内容，但是结构化面试试题，需要事先根据测评项目、测评时间、测评模式等进行组合，形成《试题本》。面试考场上，在基本试题的基础上，考官应该对应试者的作答提出关联性、展开性试题，以测试出应试者的真正水平。

（二）公务员面试试题的主要类型

面试问题一般以开放性问题为主，以便给应考者留有很多可以发挥的空间，偶尔也有一些封闭式的问题，如"是否"类问题，但这类问题由于考查不了应考者的有关素质，所以在公务员面试实践中比较少见。按面试题目设计的功能和题目性质来分，常见的面试试题有以下一些类型：

1. 背景性问题

通常是有关考查应考者背景的问题。在面试开始时，往往用3~5分钟时间来了解应考者的工作生活方面的基本情况、教育背景和工作经历。此类问题主要有三个方面的作用：一是让应考者放松、自然地进入面试情境，形成融洽交流的面试气氛；二是验证和澄清简历上的有关个人信息；三是为后续的面试提问提供引导，便于深入面试。比如：

（1）请用3分钟时间简单介绍一下你自己。

（2）你对自己将来要达到的事业目标有什么设想？请你简单谈一谈。

对于此类问题，理想的应考者应在短短的几分钟内既尽可能多地展现自己的优势，又做到简明扼要，重点突出。

2. 知识性问题

知识性问题主要是考查应考者对所要从事的工作所必需的一般和专业知识的了解和掌握。知识性问题包括一般性知识和专业性知识。一般性知识是指从事该工作的人都应具有的一些常识，例如，一个财会人员应了解一些必要的财务制度，一个人事经理应了解必要的劳动人事制度和法规。专业性知识指专业领域的专门知识，例如对于司法系统或税务系统招录公务员面试试题的设计中应注意考查有关司法或税收方面的专业知识。

对于此类问题的回答并没有什么窍门，只有靠应考者自己平时的积累所形成的扎实的基本功。

3. 智能性问题

智能性问题主要是考查应考者对一些事物和现象的理解和分析判断能力，通常会选择一些较复杂的社会热点问题，考查应考者的综合分析能力。这类问题一般不是要应考者发表专业性的观点，也不是对观点本身正确与否作出评价，而主要是看应考者是否能言之成理。比如：

（1）北京市现有数万下岗职工，他们的再就业是一个很大的难题。然而，每年却有上百万外地人在北京打工，挣走了上百亿元的人民币。请分析一下造成下岗职工再就业难的原因，并简单谈谈你认为合适的解决办法。

（2）目前社会上"献爱心，捐助危重病人"的活动很多，你是怎样看待这个问题的？

就第二个问题来说，高水平的应考者不仅要谈到"爱心、互助"的意义，而且能进一步提出我国医疗制度的现状及改革、发展方向，这样才说明应考者考虑问题的能力比较强，既全面又细致深入。

4. 意愿性问题

意愿性问题一般考查应考者的求职动机与拟任职位的匹配性，内容会涉及应考者的价值取向和生活态度等多个方面。比如：

（1）根据专业和能力情况看，你可选择的职业范围很广，为什么选择国家机关而且特别选择了我部门呢？

（2）你为何想离开原工作单位？又为什么报考现在的岗位？这次报考倘若未能如愿，你将有何打算？

就第一个问题来说，考官可就事业追求和现实生活需要两方面对应考者加以追问，尽可能全面了解应考者对事业和生活方面的真实要求。应考者只需实事求是地将自己的想法表达出来即可。

5.情境性问题

情境性问题是假设一种情境，考查应考者的反应。此类试题是建立在这样的心理学知识基础上的，即一个人说他会做什么，与他在类似的情境中将会做什么是有联系的。此类试题考查应考者的应变能力，计划、组织、协调能力，情绪稳定性等方面的能力和个性特征。比如：

（1）假设这样一个情况，本来，你的工作负担已经很重了，可上级却又给你安排了另一项任务。你觉得已没有精力再承担更多的工作，但又不想与领导发生冲突，你会怎样对待这个问题？

（2）某部机关新录用了一批公务员，假如领导要你组织他们去某个基层单位参观，你准备如何做好这项工作？

对于此类试题，应考者首先要理解自己的角色，把自己放到情境中去，然后提出比较全面的行为对策。

6.行为性问题

行为性问题关注的是应考者过去的行为，问的是应考者实际上做了些什么、怎么做的、有什么结果，此类试题可考查人际交往能力、组织协调能力、解决实际问题的能力等。比如：

（1）在你的工作经历中可能出现过这样的情况，你所在的组织与另一兄弟组织之间产生了矛盾或冲突，要由你来参与解决，请你举例谈谈具体情况。

追问1：你当时遇到了什么问题？

追问2：你的任务是什么？

追问3：你采取了哪些措施？

追问4：最终的结果如何？

（2）生活、工作中需要与各种各样的人交往，请你回忆一下，你遇到的最难打交道的一个人或几个人。为了把事情办成，你做了哪些努力？结果如何？

对于此类问题，应考者最重要的是要有实事求是的态度，如实回答自己以前经历过的相关事件，不要过分夸大甚至编造事件，否则对用人单位是不负责的，对自己也不利。

7.压力性问题

这种问题通常是故意给应考者施加一定的压力，看看其在压力情境下的反应，以此考查应考者的应变能力与忍耐性。此类问题可能会触及应考者的"痛处"。比如：

（1）据我们了解你在三年内换了四个单位，有什么证据可以证明你能在我们单位好好干呢？

（2）你的领导让你送一份急件给某单位，第二天却发现送错了单位，可领导不但不承担错误，还生气地指责你马虎大意。此时，你会怎样做？

对于此类问题，应考者应有快速反应能力，提出两全其美的措施。

8.连串性问题

连串性问题一般也是为了考查应考者承受压力的能力，包括在有压力的情境中的思维逻辑性和条理性等，但也可以用于考查被试者的注意力、瞬时记忆力、情绪稳定性、分析判断力、综合概括能力等。比如：

（1）你的外语和专业知识水平都很高，为何不去外企？公务员现在工资并不高，而且又已取消了实物分房，你能忍受这些条件吗？如果工作后发现自己的作用不能正常发挥怎么办？

（2）我想问三个问题：第一，你为什么想到我们单位来？第二，到我们单位后有何打算？第三，你报到工作几天后，发现实际情况与你原来想象的不一致时你怎么办？

对于此类问题，应考者应该有思想准备，特别是对自己的选择究竟是怎么考虑的，要如实反映，不要说大话、空话，要从自己的价值观和志向方面对自己进行剖析。

三、公务员面试的发展趋势

在我国，通过面试的方法甄选人员，古已有之，源远流长。孔子"弟子三千"，多属慕名而来，拜孔子为师。孔子虽一贯坚持"有教无类"的思想，但犹恐失人，故对远道而来的学子们亦要"面试"一番，再决定取舍。例如，宰予"利口辩辞"，孔子高兴收下；澹台子羽，孔子见其状貌甚恶，以为材薄，虽收留门下，但让其"退而修行，行不由径"，即把他列为"旁听"弟子。后来，子羽在楚国办学成绩很大，名扬诸侯，孔子自我检讨说："吾以辞取人，失之宰予，以表取人，失之子羽。"汉代刘劭对面试颇有研究。刘劭认为，面试时间可长可短，若只想了解某一方面的素质情况，则一个早晨的时间就足够了，若要详细地测评各方面的内在素质，则需要三天的时间。刘劭告诫人们，面试也有不足之处。如果不去深入交谈，不本着实事求是的态度去辨析对方之言，则就会生疑误判。他说："不欲知人则言无不疑，是故以深说浅，益深益异。异则相反，反则相非。是故多陈处直，则以为见美。静听不言，则以为虚空。抗为高谈，则以为不逊。逊让不尽，则以为浅陋。言称一善，则以为不薄。历发众奇，则以为多端。先意而言，则以为分美。因失难之，则以为不喻。说以对反，则以为较己。博以异杂，则以为无要。"刘劭还认为，面谈双方一旦谈论到对方的兴奋之处，就会高兴起来，高兴之余，就难免有"亲爱之情，称举之誉"了。一代名相诸葛亮对面试也有研究。对于面谈中的言谈与观察，他提出了一套曲折变幻颇有哲理的系统方法："问之以是非而观其志；穷之以词而观其变；咨之以谋而观其识；告之以难而观其勇。"之后，面试以"策问"的特殊形式，普遍运用于科举取士中。

英、法、美、日等国的公务员录用考试均有面试。从 1931 年起，英国文官录用考试中就加入了面试这一项，1937 年，面试分数占全部考试分数的 1/3。现在，日本的公务员录用考试有 14 种，几乎每种考试中都有面试这一项，面试的具体方式有三种，即个别面谈、集体面谈、集体讨论。

中共十一届三中全会以后，我国逐步进行组织人事制度的改革。1981 年 7 月，国家人事部下发了《关于下达部分海关新增干部指标的通知》，规定对新增干部的录用除笔试外，要进行面试。面试由此进入干部的录用考试中。

1988 年 3 月，中央组织部、劳动人事部发出了《关于政治、税务、工商行政部门和银行、保险系统招收干部实行统一考试的通知》，规定：考试后，"由人事部门从高分到低分向用人单位推荐，经用人单位进行政审、体检和必要的考核（含面试）合格后，确定录用或聘用人员名单报批"。1988 年上海、江苏、福建等多个省市的招工考试均采用了面试形式，且面试突破了单一的面谈问答形式，出现了演讲、模拟操作等相结合的形式，面试程序日趋规范。

1989年1月，中组部、人事部联合颁发了《关于国家行政机关补充工作人员实行考试办法的通知》，规定考试的基本方式为笔试与面试。1994年，国家人事部要求全国各地、国家各部委公务员的录用与招聘，按统一的程序与标准进行面试。《国家公务员录用暂行规定》对面试的有关内容做出了明确规定。

从近些年来的面试实践来看，我国公务员面试呈现出以下几个发展趋势：

其一，程序的结构化。以前，对面试的过程缺乏有效把握，面试的随意性大，面试效果也得不到有效保证，目前许多面试的操作过程正在逐步规范。从主考官角度，面试的起始阶段、核心阶段、收尾阶段要问些什么、要注意些什么，事先一般都有一个具体的方案，提高了面试过程和面试结果的可控性。

其二，内容的全面化。目前，面试的测评内容已不仅限于仪表举止、口头表述、知识面等，已发展到对思维能力、反应能力、心理成熟度、求职动机、进取精神、身体素质等全方位的测评。面试由对一般素质的测评发展到主要以拟录用职位要求为依据，包括一般素质与特殊素质在内的综合测评。

其三，形式的丰富化。目前，面试早已突破那种两个人面对面一问一答的模式，呈现出丰富多彩的形式。从单独面试到集体面试，从一次性面试到分阶段面试，从非结构化面试到结构化面试，从常规面试到引入演讲、角色扮演、案例分析、无领导小组讨论等形式的情景面试。

其四，面试考官的内行化。以前的面试，主要由组织人事部门的工作人员专门主持，后来由组织人事部门、具体用人部门和人事测评专家共同组成面试考评小组进行面试。现在，许多单位会在面试前对面试考官进行集中培训，面试考官的素质有了很大提高。"一流的伯乐选一流的马"，面试考官的素质对于提高面试的有效性、保证面试的质量起着极为关键的作用。

其五，提问的弹性化。以前，许多面试基本等同于口试，主考官提问的问题一般都事先拟定好，应试者只需抽取其中一道或几道回答即可，主考官不再根据问题回答情况提出新问题，主考官评定成绩仅依据事先拟定的具体标准答案看回答内容的正确与否来评分。实际上，这只不过是化笔试为简单的口述形式而已。现在则不同，面试中主考官提出的问题虽源于事先拟定的思路，但却是适应面试过程的需要而自然提出的，也就是说后一个问题与前一个问题是自然衔接的，问题是围绕测评的情景与测评的目的而随机出现的。最后的评分不是仅依据回答内容的正确与否，还包括总体的行为表现及整个素质状况的评定，充分体现了因人施测与发挥主考官主观能动性的特点。

其六，面试结果的标准化。以前，许多面试的评判方式与评判结果没有具体要求，五花八门，可比性差。近年来，面试结果的处理方式逐渐标准化、规范化，基本上都有具体的表格、等级标度与打分标准等。

第二十章

公务员面试策略与技巧

一、公务员面试策略

（一）职位调研

公务员面试的目的在于从职位需求出发，通过对考生素质的有效测评，从众多已通过笔试的人员中选拔出德才兼备的高素质人才。因此，根据公务员面试职位的导向性，应试人员应该在面试前着重把握应聘单位的性质、主要功能、组织结构和规模，应聘单位的人员结构如年龄结构、专业结构以及人际关系状况等，岗位相关主管的个人情况，应聘单位的历史沿革以及未来可能的发展和变化等。应试人员在对单位有了基本的了解后，还要更多地了解应聘岗位的具体情况，如工作性质、基本的责任和权力、任职的专业要求（知识素质结构、能力素质结构、心理素质结构和综合素质结构等）。

对职位信息理解得越深刻，在实际的面试中，就越有可能给考官留下细心、专业的印象，从而使考官觉得你更有可能是该岗位的理想人选。

（二）知识储备

俗话说"巧妇难为无米之炊"，考生的人生阅历、知识积累、受教育程度、兴趣爱好等与面试的成败有着密切的联系。许多考生觉得面试最大的困难在于没有思路，加之紧张更是无话可说，或者所说的话词不达意，应试人员可以从以下两个方面去准备：

1. 长期准备

"处处留心皆学问"，应试人员平时要做个有心人，广泛地阅读、收集、积累材料，不仅要掌握古今中外的人文科学、时事政治，还要加强自身在思想、道德、情感等方面的修养。这是一个长期的、持之以恒的工作，比较适合刚开始着手复习的考生。

2. 短期准备

首先，应试人员可找一些近几年的真题进行练习，在练习的过程中熟悉题型及答题思路。其次，在短时间内应试人员要尽可能多地收集一些相关资料，尤其要关注一些国内国际的重要事件，并对其进行梳理，对当今国内外发生的重大经济建设、民生问题、突发事件等重要事件达到熟知的程度。最后，就是记忆。应试人员每天都应该用一定的时间来记忆这些事件的要点，以及其他的一些名言警句、时文政评等，注重培养自己语言表达能力和逻辑思维能力，最终达到运用自己的语言流畅表达的程度。

（三）能力锻炼

一个人所具备的能力类型以及各类能力的有机组合就是他的能力结构。能力的类型多种多样，至少包括记忆能力、理解能力、分析能力、综合能力、口头表达能力、文字表达能力、推理能力、机械工作能力、环境适应能力、反应能力与应变能力、人际关系能力、组织管理能力、想象能力、创新能力、判断能力等。

1. 思维

公务员面试的自身特殊性使得其更加关注对思维能力和语言能力的考核。

公务员面试要求考生具有较强的临场表现能力，临场性要求考生必须具有较强的快速思维能力。快速思维即快速思考、快速组织语言，实际上就是一个快速创作、构建提纲的过程。因此，在公务员面试过程中，应试人员尤其要掌握发散思维和整合思维的运用。

（1）发散思维。应试人员看到题目后，在准备的过程中可充分发挥发散思维能力，思考一切与题目相关的因素，并把你想到的所有因素全部列到题本上，尽量做到全面、深刻而又独具匠心。应试人员可以从以下几个方面进行思考：合理方面的、不合理方面的、主观方面的、客观方面的、有利的、有弊的等都要考虑进去。

（2）整合思维。应试人员在充分运用发散思维之后，可运用整合思维的方法对列出的相关因素进行快速整合，在整合思维的过程中建议应试人员用合并同类项的方法，条理清晰地把各个要点分层次梳理出来，最后归纳出几个要点。

2. 语言

面试中，除了很少的动手操作题型外，大部分的考题是需要我们通过语言表达来展现自己的能力和个性特征的，因此，语言准备也就成为了面试准备的一个非常重要的组成部分。应试人员在大脑中有了清晰的提纲之后，就要想办法把这些知识条理清楚地表达出来，在表达的过程中，语言表达能力就显得很重要了，应试人员要尽量做到言之有理、言之有物、言之有序。公务员面试人员应做到以下几点：

（1）声音洪亮，先声夺人。注重开头和结尾。最好在谦虚严谨的基础上达到引人入胜的目的，也就是你的开场应该要有一定的吸引力。

（2）注重内容，言之有物。考生可通过举例子、列数据、作对比等方式，通过列举一些众所周知的事情来阐述自身的观点。应试人员既可以从大的方面来思考问题，也可以把话题变得小而贴近生活，需要注意的是，面试人员在回答问题时尽量避免说空话、套话，争取做到严肃而不失幽默，深刻又有道理。

（3）注重语言表达形式。应试人员在面试时所使用的语言可介于书面语和口语之间。建议考生在表述的过程中适当地使用比喻、排比、引用、反复等修辞手法，同时注意过渡词、句的使用，以加强语言的条理性和连贯性。

（4）注意表达的语气和普通话的使用。应试人员在考场上绝对不要出现因为发音不准而影响与考官交流的情况。另外，在表达的过程中需要考生注意的是要把握好语调的抑扬顿挫和语气的轻重缓急。

（四）心理调节

在面试中将自己的优势完全展现出来、是每一位面试者的梦想。但在面试的特定环境中，不少应试者却由于巨大的心理压力，而表现得不尽如人意，甚至在面试开始前，就已经陷入自我混乱的状态中，大大影响临场表现。因此，面试前进行良好的心理准备就成为一道不可或缺的程序。但应注意，心理准备要有一个度的把握，否则，就会陷入苛求完美的泥潭中。

心理学家研究指出，一个人的缺点是越抹越黑，一个人的优点是越擦越亮。苛求完美就是不断地去克服自己的缺点。金无足赤，人无完人，每个人都会有缺点，应试人员的竞争对手也同样存在各种缺点或不足。对于缺点和不足，有清醒的认识，这没有错，否则就是掩耳盗铃；但不要总是把缺点放在最显要的位置上，毕竟人是靠自己的长处和优点来获得工作并取得成就的。

不苛求完美，就意味着改正能够改正的，暂时忽略或搁置不能够纠正的，然后专心致志于自己能够做得好的方面。一个人如果有太强的得失心，就会想要表现自己，甚至经常期望有超出自己平常水平的表现；想掩饰，把自己的缺点都掩饰起来，只在人前展现一个光彩照人的形象。其反映在考试上就是怀疑会不会有人舞弊，会不会有人不公正；害怕自己不能通过考试，就没有大好前程，在人前抬不起头。把考试看得太重，不仅不会帮助自己，反而会阻碍自己水平的发挥。

因此，对于面试，要给予足够的重视，但又不能太过于重视。如果重视到吃不下饭、睡不着觉的地步，那就错了。要时时保有一颗平常心，这样才能表现出最好的自己。

自信心是我们做好事情的一个重要因素，对于应试者顺利通过面试发挥着重要的作用，因此必须重视自信心的建立和保有。自信心不是凭空而来的，而是建立在对自己准确认识和评价的基础之上的，是对自己做好某件事或某项工作的把握，要想在面试中展现出充分的自信，就要注意不要把面试考官和其他应试者都想象成自己的敌人，认为所有的人都在攻击自己，而要把考官想象成自己的领导，把其他应试者想象成自己的同事。这样就会获得一种轻松的心理预期，在积极和富有建设性的场景中，应试者也就能够更好地展现自己。

总之，在面试前，应试者一定要放下焦虑和不安，在相信自己能够顺利过关的放松心态下，循序渐进地做好各项准备工作。

（五）举止礼仪

1. 举止

举止是一种不说话的"语言"，能在很大程度上反映一个人的素质、受教育的程度及能够被别人信任的程度。在社会交往中，一个人的行为既体现他的道德修养、文化水平，又能表现出他与别人交往是否有诚意，关系到一个人形象的塑造。公务员面试中需要重点掌握的举止是"握手"。

握手是陌生人之间第一次身体的接触，虽然只有几秒钟的时间，但却非常关键，它立刻就会使对方形成对你的基本认识，并决定了对你的喜欢程度。通常，性格热情的人会有力地握住对方的手，并摇动以表示他对你的好感；而性格冷淡甚至冷酷的人伸出的手则会给人冰冷和僵硬的感觉。因此，要建立自己的良好形象，懂得如何握手是很重要的。通常是地位较高的人或女士先伸出手，如果他们没有伸出手，你应该等待。若是对方主动伸出手来，你一定要及时握住，以免对方尴尬。握手时，不能低头，而要与对方目光接触，以显示你对对方的重视和兴趣，这也可以表现出你的自信和坦然。握手要有一定的力度，这可以显示你坚定、有力的性格和热情的态度，但不要力量太大、时间太久。

除了"握手"这一行为外，应试人员还需注意以下"举止"细节：当与女士同行时，遇到门，应为女士打开门请其先行；谈话结束后，应将坐过的椅子放回原地。行为反映着你的品质，影响着别人对你的评价，所以，注意自己的一言一行，是形象塑造一项重要的内容。

　　某市有一次招考公务员，在面试考场设置了这样一个情景：在每个考生推门进屋前，故意把几片废纸撒在门口，屋角放一个废纸篓，然后观察每个考生进门后的反应。结果发现，有的考生昂首阔步一直走到应试席前，根本没有注意到地上的废纸；有的考生走过去才发现，但瞟了一眼又继续向前走；有的考生一进门就发现了，但犹豫了半天也没把废纸捡起来，有的犹豫了一阵儿后把废纸捡起来扔进了废纸篓；有的考生发现地上的纸片后毫不犹豫地捡起来放进了废纸篓等。

　　考官因为每个人不同的反应，给每个人下了不同的结论。其中一名应试人员发现纸片后毫不犹豫地将其捡起来扔进了废纸篓，其被判定为：工作认真细致，办事果断，个人修养好等。最终，该考生获得了最高的评价在众多的竞争者中脱颖而出。

2. 留发与蓄须

　　在面试之前，应试者应理发、剃须。若非民族习惯或从事文艺等方面的工作，不理发、不剃须就去面试，是很不礼貌的。在现代生活中，短发是青年人的最佳选择，它适合快节奏的生活，又能体现青年人朝气蓬勃的精神面貌。男士的风度不在于留多么长的头发，而在于自身的修养。此外，头发的整洁度和发型的选择也至关重要。男士的发型要与脸型般配。下巴丰满的人可以把鬓发朝上梳一些，而下巴较方的人可以留1~3厘米的鬓发。女性发型的要求则更为宽松一些，可以保留自己的特色，但不宜过短或过长，过短的头发会给人一种"假小子"的感觉，没有女性特点；过长的披肩发给人一种浪漫浮华的印象，不过近几年披肩发已被大多数人认可，但在面试中最好要整束一下，不能长发飘飘，随风飞舞。

　　参加面试之前修剪胡须，要仔细小心，不要把脸上划得一道一道的，损害了自己的尊容。同时，有些青年男士追求新奇的发型是无可非议的，可要是留着西方式发型，蓄着胡须去参加公务员面试的话，应当三思而行了。

3. 男士的衣着

　　面试是一种正式的场合，男士的衣着不能过于随便，一般不要选择运动服、沙滩装或牛仔服、夹克衫之类的休闲服装。西装在国内已经普遍流行，被认作是男人的脸面，是公认的办公服装，所以着西装面试已成为惯例，但也要因人、因时、因地而异，如果你很不习惯穿西装也不必勉强，否则可能会出洋相，适得其反；天气太热或太冷也不要穿西装；当地的大多数人都不喜欢西装时也不要逆潮流而动。男士的衣着应整洁、合体、大方，不要求华丽、鲜艳、五彩缤纷。面试场合中男士的衣着不应有过多颜色变化，大致以不超过3色为首要原则。在面试场合穿西装要强调得体，皱巴巴的劣质西装无论如何也不会有助于面试成功。穿西装最好精心选择衬衫和领带。衬衫最能体现人的风度，白色衬衫将使男士精神焕发，而穿大花格子衬衫在面试场合是不合适的。领带最好是丝质的，并要注意与西装的颜色协调。穿西装套服最好配上西服背心，因为让别人看到自己衬衫和裤子的连接处是不应该的。有时不穿西装套服也可以，但西装上衣和西裤的颜色最好一致，既不要看上去"头重脚轻"，也不要上下身的颜色不搭配。

　　有人认为穿着讲究是女人的事，而男子汉只要有事业心，就可以不必顾及其他。其实不然，得体的衣着不但会有助于显现男士的气质与风度，而且会帮助他在事业上取得成功。

4. 女士的衣着

　　女士在衣着上选择的余地是极为广阔的，除了女性特有的服装外，许多适合男性穿的服装女性同样可以穿，例如西装、夹克衫、牛仔装、衬衫、长裤等。但是女士的衣着中最能展现女性魅力的服装是裙子，一条恰到好处的裙子能够最充分地增加女性的美感和飘逸的风采。在面试的场合中，女士穿着的裙子应及膝，普通的长裙即可，但最好是西装套裙。超短裙、无袖式或背带连衣裙、睡裙只适用于家庭或度假，如果穿到面试场合中是失礼的。选择裙子要注意其厚薄、色彩与质地。在面试场合中穿的裙子色彩不要过于鲜艳，质地要好一些，绝不能近于透明而使内衣一目了然或若隐若现。领边、肩头和袖口等处也要注意，不能使内衣外现。如果天气太冷，则不要"美丽冻人"，自找苦吃。女士的着装首先要干净、整洁、合身，其次要考虑突出个性，并且要符合应聘职位的性质。为求惊世骇俗而穿上奇装异服去应聘，或者力图凭衣着取胜，都是不切实际的想法。应聘之前，最好先试穿一下服装，以舒适合体为宜。国外关于穿戴有所谓的"TPO原则"，T代表时间，P代表地点，O代表目的。即要求穿戴必须与时间、地点、目的相适应。

5. 不要忽视帽子、鞋子、袜子

戴帽子要注意其式样、颜色与自己的装束、年龄、工作相协调，并要按自己的脸型来选择。脸圆的人适合戴宽边的帽子，脸窄的人适合戴窄边的帽子。一般而言，男士戴的帽子颜色应稍微深一些，暗一些。不论男帽女帽，戴法都很有讲究。把帽子戴得端端正正，使人显得正派；将帽子稍微戴得歪斜一点，帽檐向下压，显得很俊俏；把帽子拉得很低，使人显得忧郁；而把帽子扣在后脑勺上，看起来便有点呆头呆脑了。鞋袜的选择也要注意与整体装束相搭配，其颜色至少应当与皮带、表带相协调。这样才能体现穿着的整体美。在面试场合，男士适宜穿黑色或深啡色皮鞋。黑色的皮鞋可与黑色、灰色、藏青色西装相配，深咖啡色的皮鞋可与咖啡色西装相配。至于白色与灰色皮鞋，只适合于游乐时穿，不适用于面试场合。男士穿皮鞋不管其新旧，保持清洁是第一位的。参加面试前，一定要擦皮鞋，这是对主考官的尊重。一般而言，裤管太长太短都不好，站起来，裤脚前面能碰到鞋面，后面能垂直遮住鞋即可。穿中山装、夹克衫等可以穿皮鞋也可以穿布鞋。但穿西装一定要穿皮鞋，旅游鞋、布鞋、运动鞋、凉鞋是不允许的。此外，男子一般还不宜穿鞋跟高并且钉掌的皮鞋。女士在面试场合除了凉鞋、拖鞋、皮靴外，其他鞋子一般都可以穿。高跟鞋是很多女士都爱穿的，但不要穿鞋跟太高的高跟鞋，否则会使自己走起路来东插西晃，步履不稳。男士穿袜子要注意长度、颜色和质地。长度要高及小腿上部，太短的袜子穿起来松松垮垮，坐下来稍不留意就会露出皮肉，是有失体统的。袜子的颜色以单一色调为佳，穿彩条、带图案的袜子不太合适。男袜不要太薄或太厚，以棉线袜最好。尼龙袜看起来土里土气，并且会发出怪味，最不宜穿。女士穿裙子应当配长筒丝袜或连裤袜，颜色以肉色、黑色最常用。修长的腿穿透明丝袜最合适，腿细的可穿浅色丝袜，腿较粗可穿深色的袜子。太厚的袜子最好别穿。不论女士的腿部多么动人，都不要穿挑丝、有洞或用线自己补过的袜子。女士的袜子一定要大小相宜，不要走不了几步就往下掉，或者显得一高一低。若确实存在这样的问题，也不要当众整理自己的袜子。

6. 不要忽视服装的配件

服装的配件在人的整体装束中至关重要。配件用得好，好似画龙点睛，可使你更加潇洒飘逸。配件用得不好，就好比画蛇添足，反而会破坏你的形象。因此在面试场合中，对服装的配件应当给予必要的重视。

7. 注意首饰和化妆的礼节

首饰的佩戴有一套规矩，它是一种无声的语言，既向他人暗示了某种含义，又显示了佩戴者的嗜好和修养。戒指通常应当戴在左手上，这大概是因为它较少用于劳作，所以不会碰坏戒指。拇指是不戴戒指的；把戒指戴在食指上，表示无偶而求爱；戴在中指上，表示正处在恋爱之中；戴在无名指上，表示已订婚或结婚；而把戒指戴在小手指上，则暗示自己是一位独身者。一般情况下，一只手上只戴一枚戒指，戴两枚或两枚以上的戒指是不适宜的。参加面试，佩戴的戒指以古典式样为好，太时髦了反倒不好。佩戴手镯和手链的讲究差不多。如果在左臂或左右两臂同时佩戴，表明佩戴者已经结婚；如果仅在右臂佩戴，则表明佩戴者是自由而不受约束的。一只手上不能够同时戴两只或两只以上的手链，因为它们相互碰撞发出的声响并不好听。手部不太漂亮的人要知道，手上的东西太多反倒容易暴露自己的短处，那些注意你手上首饰的人不可能不同时注意你的手。

项链的佩戴因人而异。脖子长的人可选择粗且短的项链；脖子粗短的人可选择细长的项链，或者什么也不戴，这样才有利于弥补自己的缺陷。选配项链上的挂件，要注意以其展示自己的性格。富于幻想者，可选配星形挂件；活泼好动者，可选配三角形挂件；成熟稳重者，可选配椭圆形挂件；追求事业者，可选配方形挂件。佩戴耳环要使之同脸型相配合。脸圆的人不要选用又大又圆的耳环，而应选用链式耳环或耳坠。脸方的人不要选用过于宽大的耳环，而应选用小耳环或耳坠。脸长的人不要选用长且下垂的耳环，而应选用宽宽大大的耳环。在一切正式场合下，都应当避免佩戴发光、发亮、发声的耳环。胸饰的花色品种很多，选用时要兼顾年龄、装束、场合等因素，只要使人看起来不刺眼就行了。

总而言之，佩戴首饰必须坚持以下几项原则：第一，应当遵从有关传统和习惯，在面试场合中最好不要靠佩戴的首饰去标新立异。第二，不要使用粗制滥造之物，在面试场合中不戴首饰是可以的，戴就要戴质地、做工俱佳的。第三，佩戴首饰要注意场合，面试时最好不戴或少戴首饰。准确地说，只有在交际应酬时佩戴首饰才最合适。第四，佩戴首饰必须考虑性别差异。在一般场合里，女士们可以样样首饰都戴一戴，而男士佩戴较多的只有结婚戒指一种。场合越正规，男士戴的首饰就应当越少。

化妆是一门既复杂又有趣的艺术，恰到好处的装扮，可以充分展示自己容貌的优点。容光焕发、神采奕奕地参加面试，无疑会赢得主考官的好感，但绝不能浓妆艳抹。男士一般不必化妆，即使需要化妆也要轻描淡写，不能让人觉得你想"男扮女装"。

二、公务员面试技巧

（一）礼貌对待考务人员

应试者前来参加面试，大都忐忑不安：一方面，对考场和考官有一种莫名其妙的怯意；另一方面，对自己考试能否过关表示担心。因此，有经验的考官会安排一些考务工作人员负责接待应试者，并引导应试者进入考场。一般情况下，考务工作人员会热情、自然地和应试者寒暄几句，对应试者前来参加面试表示欢迎，把应试者引见给考官，并向应试者介绍各位考官的姓名、职务等情况。对考务人员的热情服务，应试者应给予积极的回应，表示诚挚的感谢。这样不仅会博得考务人员的好感，也会给考官留下细心周到、尊重别人劳动、平等待人的良好印象。

（二）构建和谐的面试氛围

建立和谐友好的面试气氛对主试和被试双方都有利。在和谐友好的气氛下，应试人员会对主考官产生一种信任感和亲切感，从而愿意开诚布公，说出自己的真实想法，发挥出正常的水平。被试能发挥正常的水平，主试能获取真实的信息，当然是两全其美的事，是双方都希望发生的，但这需要双方的共同努力。一般说来，在正式提问开始之前，有经验的考官会积极主动地去创造一个和谐友好的气氛，以消除应试者的紧张或警戒心理。当考务工作人员将应试者引入考场并介绍姓名后，考官中的主试人应与应试人握手表示欢迎，然后请应试人入座，开始面试。在没有考务工作人员引见的情况下，应试人员进入考场之前应轻轻叩门，得到考官应允后方可入室。入室后，背对考官，将房门轻轻带上，然后缓慢转向面对考官，有礼貌地同面试人打招呼。在未获得邀请时，切勿自行坐下，在主考官叫你坐下时，应即口说"谢谢"。坐下时要放松自己，但要坐得挺直，切勿弯腰弓背，双腿不要交叉和叠膝，小腿不要摇摆，双腿最好自然并拢或稍微分开。女士特别要注意，坐下后不要把腿向前伸直，也不要大大地叉开。应试者要绝对避免伸懒腰、打呵欠、双手抱在脑后、莫名其妙地跺脚等，已经安排好的应试者的座位，切记不要随意挪动。随身携带的皮包、物品等或平时压在或放在桌子上的东西应拿在手中，或放在膝盖上面。双手保持安静，不要搓弄衣服、纸片、笔或其他分散注意力的物品。

（三）配合考官顺利进行引入阶段

引入阶段主要是围绕应聘者的基本情况提出问题，逐步引出面试正题。无论哪种面试，都应有引入阶段。在引入阶段，考官的提问一般很自然、亲切、渐进，像闲聊漫谈一样，考官这样做的目的，一是消除或缓解应试人的紧张和焦虑情绪，二是引出面试的主题。

当考官看见应试者一进考场便频频地向他点头，然后拘谨地坐在应试席位上，不停地搓动双手，或满脸涨得通红，鼻尖冒汗等，一般不会立即开始面试的正题。聪明的考官肯定会发现这个应试者十分紧张，内心十分焦虑，惴惴不安。这时，考官会找一些比较轻松的话题让应试人平静一下。诸如："是骑自行车来的吗？""我们办公楼不难找吧？""请坐，你是怎么来的？家远吗？""到这里来工作有什么困难吗？"等。

对于考官提出的这类引导性的问题，考生最好随口应答，无所拘束，表现出对考官的好感和信任，但要注意用敬语如"您""请"等，切不可将同学或同事之间使用的语言用于回答考官的问题。此外，面部表情要自然，谦恭和气。应试人员的眼睛应看着问话的考官，但不要盯着看，应不时看看旁边的考官。目光注视答话者是尊重对方的表现，同时也表现出你的自信。以眼瞟人、漫不经心、无缘无故皱眉或毫无表情都会使人反感。

（四）机智敏捷应付意外情况

"阵而后战，兵法之常；运用之妙，存乎一心。"应试者必须注意培养自己的应变力和创造力，不要被一些固定的思维方式、行为方式捆住手脚。

虽然面试有其内在的一般原理和规律性，有其一定的程序和方法，但并不是每个考官都了解这些规律、程序和方法，也并不是每个考官都遵从这些规律、程序和方法。因此，应试者头脑里对面试也不能有一个固定不变的认知框架，而是要随机应变，具体问题具体分析。

例如，突然进到陌生的环境中，难免会产生不适应，大脑可能会突然一片空白，遇到这样的情况要深呼吸，冷静，放松大脑，给自己进行积极的心理暗示，同时可以放慢语速，方便自己在表达的同时可以尽快地调整，不影响后续的发挥。只要我们平时一直在练习，具备一定的分析能力，就能够谈出自己的看法，长久以来的知识储备和练习能够帮助我们静下心来分析题干，克服紧张的情绪，战胜自我。

（五）调动心智重点攻坚

对于考生而言，从进入考场的那一瞬间开始，言谈举止、一举一动都尽收考官眼底了。在这种情况下很多考生会紧张，会不知所措，就表现得非常不自信。这种状态下就算尽力回答完了所有的题目，成绩也不会高，这也是为什么很多考生能力很强却总是通不过面试的原因。因此，建议参加面试的考生们，一定要学会调动心智，树立一种阳光自信的心态。自信并不仅靠考官的提问来展现，外形、语言、姿势等都可以体现出自信。自信不仅是一种内在的气质，也是其他气质存在和表现的依据和支柱。要真正赢得考官的青睐、重视以及信任，就必须用自信心来打动考官，否则，纵然才华横溢、志向高远，也只能被无情淘汰。

面试的题型多种多样，考生们需要找出自己不擅长的题型，合理分配时间，重点练习、多加积累、攻克自己的弱点，这样才能有底气在面试中立于不败之地。

（六）树立对方意识

在面试中，面试者始终处于被动地位，考官始终处于主动地位。正因如此，面试者要注意树立对方意识。

首先，要尊重对方，对考官要有礼貌，尤其是考官提出一些难以回答的问题时，面试者脸上不要露出难看的表情，甚至抱怨考官，如果这样，考官会认为你没有修养或缺乏修养。当然，尊重对方并不是要一味地逢迎对方，看对方的脸色行事，对考官的尊重是指人格上的尊重。其次，每个人都容易犯本位主义的毛病，一切以自己为中心去思考和解决问题，缺乏同理心和换位思考意识，这很大程度上会给考官留下不好的印象。因此，应试人员在答题中不要一味地"我"字当头："我"的能力、"我"的水平、"我"的学识、"我"的文凭、"我"的抱负、"我"的要求等。"我"字太多，会给主考官一种目中无人的感觉。因此，要尽量减少使用"我"字，要尽可能地把对方单位摆进去。"贵单位向来重视人才，这一点大家都是清楚的，这次这么多人来报考就说明了这一点"，这种语言既得体，又确立了强烈的对方意识，是受考官欣赏的。再次，考官提问后，考生再回答，不要没有提问，就先谈开了，考官只能等你停下来才提问，既耽误了时间，同时也会给考官带来不愉快。最后，答题结束后，千万不要忘记向考官道声"谢谢"和"再见"。

（七）控制情绪，淡化成败

有些面试者尽管在面试前已做好了充分的心理准备，但是一进面试室，就紧张起来；有些面试者答题"卡壳"时，心情也立刻紧张起来。怎样解决这两种情况下出现的紧张情绪呢？我们要分析紧张的原因，这种紧张是由面试者的卑怯心理和求胜心理造成的。因此，面试者进入面试室，应该丢掉"自愧不如人"的想法，确立"大家都差不多，我的水平与其他人也一样"的意识，有了这种意识，紧张的情绪就会减少一大半，随着答题进入角色，紧张情绪就有可能完全消失。对于答题"卡壳"而紧张的问题，如果抱着"能取胜则取胜，不能胜也无妨"的态度，紧张的情绪就会即刻消失，恢复正常的答题状态，有可能出现"柳暗花明又一村"的境界。所以，面试者在答题中一定要注意控制自己的心理情绪。

面试者对于成败，首先在思想上应淡化，要有一种对成功不惊喜、对失败不沮丧的心态。如果在面试中有这样的心态，那么就可应付各种局面，即使在面试中遇到了意想不到的情况，情绪也不会出现较大的波动。如果只想到成功，不设想失败，那么在面试中一遇到意外情况，就会惊慌失措，情绪低落。例如，一位面试者在面试前自认为各方面都比其他面试者优越，因此认为一定能取得成功。谁知主考官给他提了一个他未想到的问题，顿时，他像失了魂似的，情绪十分低落，导致他后来对能够回答的问题也无法回答了。如果这位面试者淡化了面试的成败意识，显然就不可能出现这种情况了，仍然是有获胜的可能的。

第二十一章

公务员面试实战训练

一、公务员面试经典习题及参考答案

（一）经典例题

1. 在完成某项工作时，你认为领导要求的方式不是最好的，自己还有更好的方法，你应该怎么做？

2. 如果通过这次面试我们单位录用了你，但工作一段时间却发现你根本不适合这个职位，你怎么办？

3. 你正在主持一个会议，意见对立的双方由争辩发展到恶语相向，你怎么办？

4. 齐白石说："学我者生，似我者死"，谈谈你对这句话的看法。

5. 如果你的工作出现失误，给本单位造成经济损失，你认为该怎么办？

6. 如果你有一位固执武断的领导，你会经常提合理化建议吗？

7. 如果你在这次考试中没有被录用，你怎么打算？

8. 你怎样看待现在大学生就业难的问题？

9. 请谈谈你对父母或其他亲人的评价。

10. "成功就是把失败的机会和次数升到最高"，IBM总裁这么说，你怎么看？

11. 现在很多用人单位在招聘时，面对应届毕业生，要求"有经验的"，而对有经验的又说"要35岁以下的"，你怎么看？

12. 深圳有一家公司专门替人找寻失物或亲人，收取一定的费用，有人说"做好事不能收费"，你怎么看？

13. 你认为自己在生活习惯上有哪些缺点，你准备如何改正？

14. 医生和病人亲属常常对病人隐瞒病情，你如何看待？

15. 天安门广场有40万个口香糖痕迹，如果作为广场管理人员你准备向上级提出哪些建议？

16. 恩格斯说："一些小事可以看出一个人的优良品质。"结合公务员的工作特点谈谈体会。

17. 用以下词编一故事，要求这些词在故事中照顺序出现：信息、友谊、金融、风暴、中草药。

18. 给出五个词"公布、培养、流露、存储、把握"编一个小故事，用上所有的词，顺序可打乱。

19. 请用"公务员、作风、群众、满意"四个字编一个故事，可打乱次序。

20. 你认为你自己有哪些优点，你认为你比较适合做哪些工作？

21. 假如领导派你和一个有矛盾的同志一起出差，你如何处理？

22. 假如你是一位乡镇党委秘书,让你组织一次会议,你如何进行?

23. 你是新上任的副镇长,根据镇政府的决议给下属安排工作,在会上有几个下属提出理由不能执行,使你很难堪,你该怎么办?

24. 你作为领导干部在工作中碰到上级的某一批示精神与本地实际情况不一致、发生矛盾时,你将如何处理?

25. 古人云"疑人不用,用人不疑",你在使用下属干部时,是否采用"用人不疑"的观点?

26. 人生就是一本书,有前言,有目录,有内容,有后记。请问你拿到一本书,你将书翻开后,你觉得哪个重要,并谈谈有什么启示?

27. 作为副职,在和主要领导研究问题时,你认为自己的意见正确,提出后却不被采纳,面对这种情况,你如何处理?

28. 为什么有的单位能"三个臭皮匠赛过一个诸葛亮",而有的单位则是"三个和尚没水喝"。对待后一种情况,如果你去上任,该怎样处理?

29. 当前对有些单位实施的"末位淘汰制",有不同争议,你怎么看待这种用人措施?

30. 如果你遇到了挫折你将怎么办?

31. 你最喜欢的一本书是哪本?

32. 再穷不能穷教育,再苦不能苦孩子,请谈谈你的体会。

33. "谁在背后不议人,谁人背后无人议",对此你是怎么理解的?

34. 史书里有一句话:察察不明。意思是说,不要自以为聪明,以为别人都不如自己,对此你的看法?

35. 古人云:公生明,廉生威。请结合实际谈谈你的看法。

36. 四幅漫画,第一幅是鹊桥,第二幅是赵州桥,第三幅是卢沟桥,第四幅是港珠澳大桥,发表看法。

37. 俗话说:"大丈夫一言既出,驷马难追"。你是怎么理解的?

38. 有人说"成功是对人有益的",也有人说"失败是对人有益的",请你谈谈对此的看法?

39. 有的城市旧城改造,把一种文化底蕴都改没了,你有何感想?

40. 有人说,逆境时应该积极向上,你怎么看?

41. 现在网络日渐发达,但是也存在着很多问题,比如网络信息的泄露,网络平台为谋取利益私自将用户信息卖到其他机构,你如何看待这一问题?

42. 都说同事关系很难相处?你如何看待?如你被录用你如何和同事相处?

43. 你有一个很好的工作设想,你经过实际调查认为这个设想既科学又可行,但你的领导和同事们很固执,你采取什么办法说服他们与你合作?

44. 对自己将来要达到的事业目标有什么设想?为此你做过哪些准备?已具备了哪些条件,或者已取得了什么成绩呢?

45. 根据专业和能力情况看,你可选择的职业范围很广,为什么选择国家机关而且特别选择了我单位呢?

46. 请讲一件你在生活或学习中做得成功的一件事,当时是什么情况?你是怎么做的?有何体会?

47. 在工作或学习过程中,你可能会遇到这种情况:你与一位同事(或同学)需共同完成一项任务，出于某种原因他有些情绪，表现出工作积极性不高。你是怎样对待这种情况的呢？请举个例子，好吗？

48. 在你的工作经历中可能出现过这样的情况：你所在的组织（如单位、科室、班级、工作组等）与另一兄弟组织之间产生了矛盾或冲突，要由你来解决。你将如何处置？

49. 你的司长让你将一份急件送给中宣部，第二天却发现送错了单位，他不仅不承担责任，还生气地批评你马虎大意，没按要求将材料送给文化部。这时，你要怎样表白自己，而又不影响工作，不加剧你与领导的矛盾？

50. 假设你手头上有好几项工作没有完成，可是上级又给你安排了一项任务。你感到自己完成这项工作有困难。你如何处理这个矛盾？

51. 这次报考，你的笔试成绩一般，面试情况也不突出，你觉得我们会录用你吗？

52. 单位奖励优秀员工外出旅游，由你负责组织，但是在景点吃饭结账时，你忽然发现钱包不慎遗失。此时，你会怎么办？

53. 对 B 市提倡全民阅读，设置流动书站的做法，你怎么看？

54. 地铁站内两个在流动书站借书的群众起了争执，引起围观和拥堵，你是地铁工作人员怎么办？

55. 你对"不在其位，不谋其政"有何看法？

56. 地铁站长向你抱怨看书人多逗留时间长，有安全隐患，你是流动书站管理人员，你怎么办？

57. 2017 年，刘某接触到网络直播，尝试把自己录制的小视频发布到直播软件上，其直播内容主要是农村日常生活的场景，包括犁田插秧、捉黄鳝、嫁接荔枝、做竹筒饭、给父亲过生日等。如今，他的粉丝量已突破 20 万。刘某说，他在直播时不会化妆，也不会刻意搭配衣服，展现的就是自己的日常生活，他希望通过自己的镜头向大家展现真实的农村和农民生活。诸如此类的农民"网红"正在悄然兴起……随着互联网在农村的深度渗透，出现了一批农民"网红"，他们通过直播展现乡村生活、山林秀美、土特产制作等，给大家带来全新的视听体验。对此，请谈谈你的看法。

58. 最近，微博网友"廖师傅廖师傅"自述了被大数据"杀熟"的经历。据了解，他经常通过某旅行服务网站订某个特定酒店的房间，长年价格在 380 元到 400 元左右。偶然一次，通过前台他了解到，淡季的价格在 300 元上下。他用朋友的账号查询后发现，果然是 300 元；但用自己的账号去查，还是 380 元。近期《人民日报》再次曝出互联网公司利用大数据进行"精准识别"用户，针对"优质客户"提高定价。大数据越来越为人所熟悉，也越来越方便了人们的生活。通过之前自己买东西的喜好推荐适合的物品等。但是，最近媒体频繁曝光一些互联网企业通过大数据杀熟。对此，你怎么看？

59. 孔子曰：不教而罚（诛）谓之虐。你是如何理解的？

60. 激情燃烧的岁月，人们能想到的是江姐和雷锋，改革开放的岁月想到的是女排和航天，现在新时代，我们能想到的是什么？你有什么感想？

61. 你为何要报考公务员？

62. 能谈谈你的优点和缺点吗？

63. 一个歌星个人演唱会一个晚上就有好几万元收入，相当于一个普通工人 30 年的收入，你怎么看这个问题？

64. 垃圾分类，某地垃圾分类设置了志愿者，但是很多人还是不听劝，不进行垃圾分类，请问你有什么办法？

65. 改革开放以来，民办学校如雨后春笋般涌现，你对此有何看法？

66. 你对人们追求时尚有何看法？

67. 你升职了，一个老同志过来先恭喜你，然后说他自己老了，说他没有用了，每天只是打杂忙忙碌碌，问你怎么劝他？

68. 现在地名小区名用洋名，崇洋媚外，现在要整治，问应当如何整治？

69. 你由原单位转到现在的单位，但是以前的单位有一个重点工作，你没有完成。然后你是一直在对接这个事情的，那你来到现在的单位以后，也接受了新的工作，你该怎么办？

70. 你对反腐败的问题怎么看？

71. 现在社会出现一种现象，大城市人才过多，而中小城市特别是偏远山区却人才缺乏，你认为形成这种现象的原因是什么？

72. 公务员只要廉洁性就够了吗？为什么？

73. 如果你做的一项工作受到上级领导的表扬，但你主管领导却说是他做的，你该怎么办？

74. 谈谈你对跳槽的看法？

75. 市里准备在元旦期间举行市直机关篮球比赛，从现在起直到比赛开始，由你主抓我局球队组建和训练工作。你具体应当怎么做？

76. 你对"道高一尺，魔高一丈"有什么看法？

77. 请谈谈你对加班的看法？

78. 风可以吹走一片无助的纸片，却吹不走一只会飞的蝴蝶。请问你对这个故事有什么启示？

79. "沉默是金"被世人视为人际交往黄金法则，你的看法呢？

80. 近日，有记者在某市调查时发现，政府扶贫工作中为了应付检查，在进行危房改造时，在村民土房外面包层砖，让农民苦不堪言，对此，你怎么看？

81. 当前青少年犯罪呈上升趋势，在社会上引起了很大关注，你如何看待这一现象？

82. 有人说，求发展要有"功成不必在我"的境界，也有人说求发展要有"功成必定有我"的担当。对此，请谈谈你的理解。

83. 学校里突然暴发流感，作为一名学校领导人，你会采取哪些措施？要注意到哪些问题？

84. 工作中你难以和同事、上司相处，你该怎么办？

85. 中国留学生在美国遭遇枪击，国内媒体在报道时突出了"宝马车"等字眼，引发群众对"官二代""富二代"的抨击，使得本次事件在网上赢得一片叫好声，对此你怎么看？

86. 假设你在某单位工作，成绩比较突出，得到领导的肯定。但同时你发现同事们越来越孤立你，你怎么看这个问题？你准备怎么办？

87. 经过这次面试，我们认为你不适合当公务员，决定不录用你，你自己认为有哪些原因？

88. 你得到提拔后，a同事对你十分热情，言听计从；b同事反应冷漠，不言不语；c同事冷言冷语。你如何处理与这三人的关系？

89. 你觉得现在公务员素质怎么样？请谈谈你的看法。

90. 你手头上有许多重要的工作，你的领导又交给你一件任务，而你没有多余的时间，你如何处理这件事情？

91. 你在领导和被领导之中喜欢哪一种？

92. 你在与客户接触的过程中，客户向你提出了一个你回答不了的技术问题，你当时又无法与其他人联系，你怎么办？

93. 社会保障体系的建立对社会将有什么好处？请谈谈你的看法。

94. 单位要装修，科长同意了你的方案，装修完成后你在打扫卫生时副局长经过，对此装修结果不满意，并要求照他说的整改，三天之内完成，科长在外出差，可以电话联系，这时你该怎么办？

95. 一个伟大的建筑师成功的秘诀有三句话：①用半年的时间调研，三年的时间完成；②保留原住居民，不单纯追求商业利益；③不做假古董。这三句话对你的公务员工作有何启示？

96. 现有10套三居室、20套两居室的住房，有100人要求参加分房。作为负责人，你怎样把房子分得公平合理？

97. 发生车祸，车撞上护栏，护栏出现纸屑泡沫，对此媒体大肆报道，群众围观，网友向市长信箱发邮件，市长让你处理，你该如何处理？

98. 有人把党群关系说成是"鱼水之情"，请你结合社会上的一些现象，谈谈你的看法和见解。

99. 一份机密文件不见了，你准备向领导报告，可第二天它又出现在你的抽屉里。如何处理这件事？

100. "求名心切必作伪，求利心重必趋邪"，联系谈谈公务员。

101. 如果你担任副处长，与处长发生矛盾，这时候有人向你建议，要你向领导反映处长的专横作风，你会如何处理这件事情？

102. 你的工作技术性很强，而你的主管领导对技术操作不熟悉，经常叫你做这做那，让你无可适从，你该怎么办？

103. 政府欲向社会购买社会福利提供给社会，李奶奶被政府安排在一个养老院，但是养老院设施陈旧，服务不到位，李奶奶写信给政府反映问题，领导让你来处理这个事，你怎么处理？

104. 某建筑单位在施工场地未摆设提醒标志，一司机不慎落入，向施工单位反映，单位推诿，司机又向有关部门反映，你接听电话，你该如何应对？

105. 假如你见义勇为做了好事，而家人和亲人并不理解，你怎么办？

106. 几年前李大爷想在树上建个10平方米的房子，在建之前，向有关部门提出申请，该部门回应说没有相关规定，后来房子建好了，最近有网友拍摄了照片放在网上，并称其违反相关规定，有关部门就此召开会议，你是与会者之一，会提出哪些建议？

107. 假如有两个职工正在吵架，而且吵得非常激烈，再继续下去，就会大动干戈，甚至有可能伤害身体或者闹出人命，你作为单位负责人怎样处理这个问题？

108. 假如在实行政务公开中，收到一些企业的投诉，称公开的项目不全，一些新的政策规定也没有及时公开，剥夺了群众的知情权，领导要你负责处理此事，你如何向群众解释？

109. 假设单位举行竞争上岗，你的同事找你拉选票，你会怎么做？

110. 当你正在电话中向下属单位态度很不冷静的同志解释政策时，领导过来要同你谈话，你怎么办？

111. 一次你的朋友病了，你买了礼物去看他，在楼道里碰见你单位领导的爱人，她以为你是来她家的，顺手接过礼物，并说谢谢，你如何说明你的真实来意并不使对方尴尬？

112. 你对社会上"牛皮癣"现象的理解？

113. 性格决定成败。对此谈谈你的看法。

114. 有人说，人生如流水，你如何看待这个问题？

115. 有人说一头狮子率领的绵羊胜过一只绵羊率领的狮子，这个问题你是如何看的？

116. 有人说，善意的谎言是对的，你如何看？

117. 在公路上发生了一起交通事故，肇事双方将车移到公路旁自行解决，你怎样看待这个问题？

118. 你的一个同事，人很有才能，但是比较利己，你将如何与他相处？

119. 你的一个朋友向你借了一万元钱，你是否让他打借条，为什么？如果这种情况反过来，你会怎么做？

120. 假如你在工作中犯了错误，你的直接领导为了不影响单位评优想对你们的上级领导隐瞒你的错误，你怎么办？

121. 在你熟悉的人中，你最崇拜的一个人是谁？

122. 现在大学生毕业后，有的做保姆，有的擦皮鞋，这与人们期望中的大学生是社会精英人才有着很大的差别。请问如何看待这一问题。

123. 请就"以人为本"作一个两分钟的即时演讲。

124. 近年来，研究生人数不断增加，以至于一个教授要带几个、十几个研究生。你认为如何解决这个问题？

125. 某大学生毕业前联系了一单位，该单位要求他立即上班，参加岗前培训。但该学生还有部分学时没有修完，学校要求他去上课。请问他如何解决这一矛盾？

126. 说出三个你最感激的人，为什么？

127. 有许多人在福州鼓山晨练，人流过大影响自然环境。出于保护环境的目的，有人提议设卡收费以调控人流，你怎么看？

128. 如果有一家企业给你的工作条件和工资待遇都很高，你会不会还选择公务员，为什么？

129. 对"一"你能联想到什么？

130. 假设你被录用后不久，在办公室接到上级机关的电话，通知你单位派人参加一个重要会议。那么，在电话中你应问清哪些事项？

131. 请用"小草、漫画、新鲜、等待、迷人"组成一段话。

132. 大学四年中，你擅长的课程是哪些？不擅长的科目是哪些？

133. 现在全国上下正在建设新农村，农村缺乏的就是人才，你为什么不回农村家乡谋职？

134. 刚进政府机关，有时需要你做些端茶倒水的事，你将怎么办？

135. 你同本单位的李部长好像关系挺好，你怎么看？你觉得这会影响到你的录取过程及以后你的发展吗？

136. 有人检举你在这次考试中作弊，你有什么说的吗？

137. 领导交给你一项任务，但需要同事的协助，同事非但不协助还从中作梗，你会怎么办？

138. 宪法规定"检察院接受人大监督"，在一次侦察过程中，有一名人大代表亮明身份，要求看你的侦察记录，你怎么处理？

139. 你组织单位人去旅游，要求必须在两点以前回来，否则会误火车。但是有几个人两点还没有到，你怎么办？

140. 你对"不在其位，不谋其政"有何看法？

141. 你对人们追求时尚有何看法？

142. 请将以下五个词编成一个故事（词不用按顺序）：网络、西部、河流、窗户、阻挠。

143. 谈谈你的个人简历和家庭情况。

144. 如果你的同事工作能力不如你，而先被提升，你怎样看待？

145. 如果你新到一个科室，发现情况很糟，工作不利，同事们关系很差，你会做哪些努力来改变这种状况？

146. 如果进入新的岗位，现阶段你的目标和今后一个时期的目标是什么？

147. 在工作中你的同事不如你，你的工作很出色，而他找出了你的缺点向领导汇报。你将怎么做？

148. 你和一个同学同入一个部门，做出的成绩相同。几年后他升迁了，你没动，你如何想？

149. 小张在某广告公司工作，他花了很多时间提出了一个很有市场潜力的计划，交给直接领导，但是未被重视，小张就把计划直接给了公司总裁。你怎么看小张的这种行为？

150. 请谈谈你对消除城镇居民贫困现象的看法。

151. 在拆迁工作中会遇到某些群众的抵触情绪，但是又必须按时完成，那你怎样看待这一问题？

152. 谈谈怎样建设节约型社会。

153. 广东在全国的 GDP 单位能耗最低，请你分析其中的原因。

154. 北大校门外一家服装店打了个广告，博士生六折，研究生七折，本科生八折，大专生不打折，谈谈你的看法。

155. 目前，我国广电总局发文，规定各级电视台不得在黄金时段播放有关色情、暴力、凶杀等题材的影视剧，你怎么看待这个问题。

156. 你所报考的职位已经不需要人了，我们准备把你转到其他部门去，你是怎么想的？

157. 如果你的领导不支持你的工作，你怎么办？

158. 从"早上我进入科室"到"于是我拿起了笔，把今天发生的一切记了下来"，组成一段话。

159. 如果你被录用，单位派你到一下属单位蹲点，而下属单位的工作人员对你并不支持，甚至有人对你进行刁难，在这种情况下，你怎样开展工作？

160. 为庆祝北京申奥成功，南京有一位 6 岁的小女孩，在北京申奥成功后将圆周率的值背到 2008 位。请问，你对此有何想法？

161. 串词：角色、电压、举行、陷阱、动物。

162. 面对世界地图，你会想到什么？

163. 当你的工作尚未完成，但已到了下班时间，你的朋友急于等你去聚会，你怎么办？

164. 现在，一些地方算命、看风水、巫术等封建沉渣泛滥，你认为政府相关部门应该怎样处理这个问题？

（二）参考答案或答题思路

1.（1）原则上我会尊重和服从领导的工作安排，同时私底下找机会以请教的口吻，婉转地表达自己的想法，看看领导是否能改变想法。

（2）如果领导没有采纳我的建议，我也同样会按领导的要求认真地去完成这项工作。

（3）还有一种情况，假如领导要求的方式违背原则，我会坚决提出反对意见；如领导仍固执己见，我会毫不犹豫地再向上级领导反映。

2. 一段时间发现工作不适合我，有两种情况：

（1）如果我确实热爱这个职业，那我就会不断学习，虚心向领导和同事学习业务知识和处事经验，了解这个职业的精神内涵和职业要求，力争减少差距。

（2）如果我觉得这个职业可有可无，那我会换个职业，去发现适合我的、我热爱的职业，那样我的发展前途也会大点，对单位和个人都有好处。

3. 作为会议的主持人，我会把双方争论的据点、争论的问题记录下来，然后先建议大家安静，或干脆休会半小时，等大家能平心静气坐下来后，我会再次阐述本次会议的目的，即让大家心平气和地商量某一问题，提出解决办法，而不是争论。等局面被控制后，我再要求双方各派一名代表将自己方的意见、观点、计划总结阐述出来，大家举手表决，少数人服从多数人的意见，把最后的结果写进会议记录中备查。

4. 5.

6.（1）在一般情况下，领导和同事是不能选择的，每个人有每个人的个性和脾气，要学会适应和相处。

（2）领导脾气直也好，固执也好，只要是为公，为工作，应该尊重和原谅他，并且按他的安排去做。

（3）适当的时候，可以用谈心、汇报思想等方式委婉地提出自己的看法，但点到为止。

（4）在有合理化的建议时，照提不误。因为那是对自己和工作负责。

7. 现在的社会是一个竞争的社会，从这次面试中也可看出这一点，有竞争就必然有优劣，有成功必定就有失败。如果这次失败了，我会从以下几个方面来正确看待这次失败。

（1）面对这次失败不气馁，接受已经失去了这次机会的现实，从意志和精神上体现出对这次失败的抵抗力。要有自信，相信自己以后经过努力一定能行，能够超越自我。

（2）认真总结、思考剖析这次面试，从自身的角度找差距。正确认识自己，实事求是地评价自己，辩证地看待自己的长短得失，做一个明白人。

（3）走出阴影，克服这一次失败带给自己的心理压力，时刻牢记自己弱点，加强学习，提高自身素质。

（4）认真工作，回到原单位岗位上后，实实在在、踏踏实实地工作，三十六行，行行出状元，争取在本岗位上做出一定的成绩。

（5）再接再厉，成为国家公务员一直是我的梦想，以后如果有机会我仍然会再次参与竞争。

8. 　9. 　10. 　11. 　12.

13.（1）客观地指出自己在生活习惯上的缺点，但此缺点应不妨碍你所报考的职位。

（2）对自己的缺点进行客观的评价。

（3）针对自己的缺点及与所报考职位的关联提出具体的改正措施。

14. 我认为应视具体情况而定。大多数患者在得知自己身患绝症后都会陷入绝望，甚至会拒绝继续接受治疗。因此，对患者适当隐瞒病情有利于其配合治疗。但是如果患者已经有所察觉并坚持询问病情，医生就应该尊重患者的知情权，以委婉的方式告诉其病情，同时多加开导，帮助其渡过心理难关。

15. 及时向领导汇报，并提出一些合理化建议。

（1）安排值班人员，对随地吐口香糖的民众进行教育，提高其环保意识。

（2）对一些屡教不改或情节恶劣者采取一些惩罚措施，如让其清除广场上 50 个口香糖痕迹，令其切身体会一下清除口香糖痕迹有多难，或者提高罚款金额，让其懂得尊重他人的劳动成果。

（3）在罚款或惩罚的基础上，对其进行思想教育。

（4）大力宣传环保的重要性，提高全民的环保意识。

16. 　　　　17.

18. 公务员录用名单终于公布了，看到自己榜上无名，小李不觉流露出失望的神情，但他并没有放弃，因为他知道只要继续努力、把握机会，胜利终会来到。小李为自己制定了学习计划，从现在起积极准备、存储广泛的知识，培养分析问题的能力，争取在公务员考试中取得成功。

19. 小李是一名公务员，由于工作性质的关系，他经常要与退休工人打交道。小李工作积极、乐于助人，深受退休工人们的欢迎，经常有老人夸他态度好、作风端正。面对表扬，小李每次总是谦虚地说："我们是人民的公务员，我们的工作就是要让群众满意。"

20.

21. 在日常生活中，由于每个人的观点和立场，看待和分析问题的方法不同，矛盾是不可避免的。假如我和一个和我有矛盾的同志一起出差，我想首先应该开诚布公。因为有矛盾，就把许多东西隐藏起来，这只会加深误会，假如坦诚相见，以一种客观，不带个人情绪的态度看问题，你会发现你原先认可的观点并不完全正确，你先前反对的看法和观点可能只是一个事物的另一侧面，你们原来在许多方面可以互相补充，互相完善。我个人认为在处理矛盾问题上要有一种宽容的态度，心胸狭隘是化解矛盾的大敌，而一个心胸狭隘的人是绝不可能成就一番大事业的。

22. 假如我是一位乡镇党委秘书，由我组织会议，我会分三个阶段进行：第一个是会前准备阶段，这个阶段主要是吃透会议精神，确定会议举行地点，明确会议开始和持续时间，通知需要参加会议的人员，准备好会议上需要分发的文字材料；第二个是会议举行阶段，在这个阶段我主要是围绕会议的精神，调动大家的积极性，使大家对问题充分发挥自己的意见，群策群力，充分理解会议的精神和目的，把各种错误的理解消灭在萌芽阶段；第三个是会后的监督和落实阶段，会议的召开有特定的目的，但绝不是为了开会而开会，会议过后的行动才是会议的目的。所以，必须对会议过后是否采取措施、措施是否得力进行监督，没有达到要求的应督促其落实。

23. 正确的做法是虚心听取群众的不同意见，认真调查和了解各方面的情况。如所提问题确实有道理，可暂不实行，切忌强调面子，一时冲动，一棍子打死，这是正确对待群众意见的大问题。

24.（1）对上级批示精神要认真学习研究，领会实质，把好政策关。

（2）树立全局观念，部署工作服从大局，同党中央保持一致，做到令行禁止。

（3）如发现上级批示中确有不符合本地、本部门实际情况的问题，可向上级领导机关提出改进建议和实施意见。

25. 评析这个问题，不应简单地肯定或否定。对古人格言要做辩证分析，此句有其可用的一面，也有弊端。

（1）"用人不疑"体现了在考查、分析、判断之后对人充分信任、大胆使用的气魄和风格，可感化、激励被用者，促其产生"士为知己者死"的精神状态。但用人完全"不疑"也不可取，因为所用之人的成长是受各种因素影响、不断发生变化的。

（2）"不疑"论会把事物看死，容易以偏概全、以优掩劣，产生放任现象，忽略使用、培养、教育、考查、监督的措施，使被用人发生变化，所以正确用人的"疑"与"不疑"是辩证的，不应绝对化。

26.

27. 在思考时，应明确以下思路：一是处以公心，冷静对待；二是再全面分析自己意见的正确性和可行性；三是如确认自己的意见切实可行，则可以向主要领导进一步反映陈述；四是经过反映陈述，仍得不到赞同和支持，可保留意见，若属重大问题可向上级反映。回答时，一步一步将自己的观点逐层展开，使之环环相扣，从而增加答问陈述的逻辑性。

28. 听题后可首先简要总结前单位"赛过诸葛亮"的经验，再按新形势的要求思考后单位的解决办法。比如：寻找根源，激发合力；合理用人，各尽其能；明确职责，按制奖惩；定编定岗，引进竞争机制。这样回答可与当前形势紧密结合，体现出新意。

29."末位淘汰制"是引入竞争机制的过渡性措施，可以试行，但要因情况而异，不能一刀切。对于规模较大、人数较多的单位，在实施竞争机制前引入末位淘汰制，未尝不可。如果在规模小人数少的单位实行，效果就不一定好，因为有些单位人数不多，几乎所有人员都很努力，成绩也都不错，甚至难分上下，如果实行末位淘汰制就会造成人心惶惶、人际关系紧张的不利局面。

30. 事业有成、一帆风顺是许多人的美好想法，然而事实上很难做到一帆风顺。也就是说，人的一生不可能是一帆风顺的，遇到一些挫折是很正常的，我觉得面对挫折要做到以下几点：第一，要敢于面对，从哪里跌倒就从哪里爬起来，不要惧怕困难，要敢于向困难挑战；第二，要认真分析失败的原因，寻根究源，在挫折中掌握教训，为下一次奋起提供经验；第三，在平时的工作生活中要加强学习，必要时可以向自己的亲人朋友寻求帮助，群策群力渡过难关。

31. [QR code]　　　　32. [QR code]

33.（1）这是一个客观存在的事实，每个人都得面对及正视它。

（2）每个人应首先约束自己，不在背后议论别人，特别是别人的缺点和隐私，这是不道德的，它不利于大家的相处。

（3）别人对自己的议论，如果无大碍的，抱以"有则改，无则勉"的态度，不用一味追究，如若涉及重大问题，应当在适应的场合予以指出。

（4）一个单位如果背后议论的现象严重，则应讲明利弊，以正风气。

34. 三人行，必有我师，别人必有长处，只要是自己不知道而别人知道的，就可以向他学习，不可自以为是，否则就没有进步的机会了。

35. 为官应出自公心，这样才能公正地处理。若自身廉洁，则能在同事和下属中确立威望，树立威信。这是对干部的要求，也是为官者成功的准则。所以，我们讲求公开、公正、公平，要求为官者出于公心、实实在在地为百姓办事，同时杜绝腐败、维护形象。出于公，才能认准方向；只有廉，才能抗拒腐蚀。

36.（1）鹊桥是"传说的桥"，为让牛郎织女相会，喜鹊每年农历七月初七齐聚银河搭起一座桥。牛郎织女情路曲折，鹊桥是上苍给他们的怜悯，也给所有遗憾的情感留下希望，这是中式的浪漫。这座最美之桥鹊桥，是对古代爱情故事的向往与追求，古有诸多诗词对其进行描述，有歌颂美好爱情故事的：两情若是久长时，又岂在朝朝暮暮。也有文学著作对其进行记录，告诫我们铭记历史。

（2）赵州桥是"古代的桥"，工艺精湛，是国人的创举；历史悠久，是先人留给我们的宝贵遗产。是匠心精神的体现，经历了不同朝代的翻修和重建，仍然保存完好。既是古代智慧的结晶，也告诫我们，要保护中华民族的传统文化。要让这一文化得以传承和弘扬。

（3）卢沟桥是"神圣之桥"。作为神圣的中国人民抗日战争爆发地点，它是那段历史的直接见证者，见证了中华民族刻骨铭心、不屈不挠的战斗，是当代爱国主义的教育基地。最铭记之卢沟桥，卢沟晓月正是让缅怀、认识卢沟桥的历史作用，勿忘国耻，告诫我们要树立荣辱心，也响应新时代的爱国精神。

（4）港珠澳大桥是"当下的桥"，勾连了香港、珠海、澳门三地，拉近了三地市民间的距离，更是展示了中国走向复兴路的信心和决心。最了不起的港珠澳大桥，港珠澳大桥从设计完工到通车，是国家重要工程，国之重器，逢山开路，遇水造桥，体现了奋斗精神，也是我国创新和综合国力的体现。体现了我国综合国力、自主创新能力。大桥竣工于改革开放四十周年之际，这是一座献礼桥、圆梦桥、同心桥、自信桥、复兴桥。最后，这些桥，无时无刻不在告诉我们，眼中有桥，心中有国。

37. 本题主要涉及诚信问题，应说明在坚持原则的前提下，公务员要怎么做。

38.（1）成功是对努力的一种回报、一种肯定，能使人们认识到自身的价值，对自身是一种激励，能激发人们继续创新、学习。

（2）失败对人是有益的，俗话说失败乃成功之母，它给予人更多的是经验，能激发人不屈的斗志。

（3）作为一名公务员，应用正确的心态去处理成功与失败，做到成不骄，败不馁！

39.（1）随着社会的发展，旧城的改造是必然的。但改造不是重建，所以在考虑适应时代要求的同时，也得考虑城市本身的历史和文化背景。保留传统，体现现代。

（2）每个城市有每个城市的特色，它同样是"我个性故我存在"的，所以不能为了追求热点而千城一面，更不能让世俗的、喧闹的东西破坏其本身的美好。如果把人文的东西全改没了，那这个城市就没有了特色，就割断了历史。

40.

41. 网络的快速发展，便捷了生活，然而随之而来的问题也不断涌现，我们必须正视问题，解决好这些问题，才能更好地利用网络。

随着时代的发展，网络的兴起到日渐发达，网络给人们的生活和工作带来了很多的便利，如实现了很多之前在线下不能完成的心愿。然而，不断地发展也带来了很多问题，如网络信息的泄露，不法分子利用网络谋取利益，打乱了人们的生活秩序，甚至威胁到了很多人的财产和生命，网络信息真假难辨，谣言四起，破坏了网络的清朗空间，长此以往不仅会给网络环境造成影响，也可能会影响国家的安全。

因此，我们要正确看待网络的利与弊，首先，网民应该树立安全意识，文明的上网意识，做到不传谣，不造谣，不轻信，遇到问题能够用法律的武器来维护自身的权益。其次，应该加强监管，不断完善相关制度，对一些利用网络谋取利益的不法分子要加大惩罚力度。再次，完善相关法律法规，做到有法可依。最后，强化监督举报，开拓多种渠道，形成监督的合力。

42.

43.（1）如果产生这种情况我会感到很遗憾，但要一片公心，不能心存怨恨觉得领导和同事有其他方面的原因。

（2）认真论证自己方案的可行性，保证在实施过程中不会出现不良的后果。

（3）和领导、同事们沟通，问清楚是什么原因不同意你的方案，并虚心听取他们的意见。

（4）如果方案没有问题，那么根据不同的原因进行说服工作，统一思想。如果涉及荣誉问题，可以将想法公开当作大家集体讨论的结晶。

44. 考生应对自己的未来有明确的设想，做出的准备全面、充分，表达清晰、流畅，动机与岗位匹配。

45. 考生应意向清楚，态度诚实，有较强的事业追求，又不回避生活需要，求职动机与职位条件一致。

46. 所讲的事情确实做得漂亮，显示出较强的计划组织和协调能力。别人的评价高，自己的评价也中肯、客观。对其中不足之处能正确对待。

47. 回答应表明考生具备主动合作的意识，善于与他人沟通，能采取有效措施，通过对他人的理解和支持来促进工作。

48. 答案应反映考生能够洞察问题并协调各种关系，考虑问题全面，能抓住关键，措施得力，且能条理清楚地表达。

49. 答案应突出考生情绪稳定，思维敏捷，考虑问题周到。如：当时不做解释，只抓紧时间补救，以后选择较轻松场合，再做适当解释。

50. 答案应突出考生能够很好地与人沟通，有很好的交往方法和技巧；能够在尊重他人的前提下恰当地表达自己的意见。如：能用适当方法让领导了解到自己现有任务已很重，并能向领导提出完成该任务的可行建议。

51. 情绪稳定，思维敏捷、自信，对自己有正确的评价，并设法得体地突出自己的优势，变被动为主动。

52. 首先稳定住自己的状态，回忆是不是自己不小心落在什么地方了，如果想起来及时回去找寻。如果真的丢失了钱包，看看自己的手机是否还在，可以选择用微信或者支付宝的形式结账。如果手机也在钱包里的话，那么我会先和同事说清楚，希望同事能够先垫付饭钱，在我回家之后再还给他。最后我会去警局立案，把相关的证件和银行卡挂失，查询景点的监控器看是否是遭到偷窃。以及会去电台和报社登记，希望如果有好心人捡到我的钱包的话可以返还。

53.

54. （1）立刻通知站内其他人员过来一起维持现场秩序，疏通围观群众，保证地铁站的正常流通。

（2）劝导发生争执的市民，分别向他们了解情况，两位市民都是为了看书，可能借书排队出现了插队情况，则劝导他们相互理解等；如果是因为看中的是同一本书，咨询流动书站人员有没有备用书籍等。

（3）为了防止再次发生流动书站围堵的情况，与流动书站人员商讨解决措施，比如改变借书方式，用网络方式进行借书、多设置几套备用书籍等。

作为地铁工作人员，重点工作是保证地铁的畅通，确保不要发生安全事件，现在因流动书站两人借书争执而导致的群众围堵的情况，我一定要尽快疏通群众，恢复地铁正常流通，所以我会从以下几个方面着手处理问题：

（1）立刻联系站内其他同事，用喇叭让围观群众不要堵住交通，并指引他们往疏通道路上散开，并拉设隔离线，阻止其他群众往这边挤。

（2）同事一起拉开争执的人员，分别向他们了解具体情况，如果是因为排队问题产生了争执，则对正常排队的人表示理解，但是也希望他能够原谅插队者，因为他可能有急事需要处理，对于插队的人希望他可以改正，毕竟会耽误他人的时间，如果实在有急事，也要先取得别人的理解；如果是因为同时看上一本书产生的争执，则询问流动书站的工作人员，是否有备用书籍，能够同时满足两个人的要求。

（3）为了避免此类事情的再次发生，向领导建议要隔离开流动书站和过往人群，拉设隔离线或者调整，建议流动书站人员改善借书方式等。

地铁站人流量较大，稍不注意就容易发生安全事故，所以遇到群众争执拥堵的情况，一定要快速反映，及时解决，并且做好紧急预案，避免事情再次发生。

55.

56.（1）看书人逗留时间长，可能造成地铁站拥堵，不仅影响地铁正常流通，还有可能出现踩踏等安全事件，所以要及时解决这个问题。

（2）逗留时间长，可能是因为市民对流动书站的借书流程不了解，所以要对借书流程进行宣传和告知，引导他们将感兴趣的书借回家看。

（3）逗留时间长可能是流动书站的空间设置不合理，所以可以考虑将书站搬到不会堵住流通的地方，并单独设置读书区域，与人群进行隔离等。

作为流动书站的管理人员，本来是为了方便群众可以随时看书，但如果造成了地铁站拥堵而引发安全事故，反而会影响社会对于流动书站的看法，影响文明城市的建设，所以我会从以下几个方面着手解决：

（1）看书人员逗留时间较长，可能是因为他们不了解流动书站的书是可以借走的，所以可以安排专门的人引导群众借书，避免逗留时间长。

（2）之所以会造成人员的拥堵，可能是因为流动书站的内部空间安排不合理，所以可以适当地调整书站的布局，让更多人可以在书店内看书。

（3）造成人员拥堵还有可能是因为流动书站的位置设置不合适，正好为人流量大，会造成拥堵的地方，所以可以和地铁站长商量，选择其他位置，并且将流动书站与人流分隔开，避免堵塞要坐地铁的群众正常乘坐地铁。

在进行了调整之后，再次调查书站的人员和拥堵情况，如果得到了改善，可以将注意点共享到流动书站群中，让其他成员可以借鉴，如果效果不佳，再次进行调整，直至问题解决。

57. 在互联网普及程度较高的今天，网络直播发展已进入白热化阶段，"网红"被许多人视为"一种喧嚣的泡沫"。然而，一批农民"网红"的兴起成了直播内容良莠不齐的直播界中的一股清流，值得我们点赞。这些农民网红通过直播展现乡村生活、山林秀美、土特产制作等，打开了一扇亲近农民、了解农村的窗口，满足了部分人的好奇心理，搭建了一座城乡互动、文化沟通的桥梁；同时，运用互联网、大数据和云计算等技术手段，将原生态的美丽乡村风貌展现给观众，还能唤醒许多人隐藏在内心深处的乡愁，勾起人们对乡村美好生活的向往，从而带动乡村旅游的发展；而且，以往农村许多"藏在深山无人识"的土货都搭上了互联网的快车，走向更加广阔的市场，使农村生产和农业市场焕发出新的光彩。

他们之所以"火"，拼的不是颜值，而是真实美好的乡村风貌以及品质上乘的产品。"网红经济"扎根农村沃土，成为新时代的别样风景，为乡村振兴催生新动力。这些农民"网红"的出现，不仅红了他们自己，更红了"三农"！当然，为了更好地引导农民"网红"发展，助力乡村振兴战略的实施，我认为还可以从以下几个方面加强：

第一，完善法律法规，是规范网络直播的保障。在网络直播井喷式发展的同时，直播乱象层出不穷，有关部门需不断完善《互联网直播服务管理规定》《关于加强国家网络安全标准化工作的若干意见》等多个涉及移动直播业务的管理法规和文件，建立失信主播"黑名单"制度，以此引导农民"网红"正向发展。

第二，强化平台责任，是杜绝非法直播的基础。规范网络直播，光靠政府监管显然不够，作为规则的最直接执行者，直播平台应承担起社会责任，加强对直播内容的审查。当然，也要因势利导，以自信的文化态度，在对其进行监管的同时鼓励创新。

第三，打好脱贫攻坚战，是推进农民"网红"发展的动能。绝大多数农民"网红"都是运用移动互联网等手段将乡村风貌展现给观众，由此创造一系列价值。因此，只有在各方共同努力之下，打好脱贫攻坚战，建设美丽农村，才能使镜头之下的乡村更加美好，更加令人喜爱，由此实现良性的循环，促进乡村振兴。

58.

59. 无论对于一个群体还是一个人，都必须先加以引导和规范，使其分清是非、曲直、对错、善恶，然后再立规矩，对非的、曲的、错的、恶的加以处罚。以上两种方式，应以前者为主，若本末倒置，那是对人施虐。在现实生活中也一样，我们也应以教育为主，辅以适当的处罚，从自觉和强化的角度来规范人的行为，维护社会治安，弘扬社会风气。如对现存的一些道德问题、腐败问题等，都应先从教育入手，对屡教不改者，再以法律制裁。

60.（1）现在社会日异月殊，不同的时代有不同的楷模，有不同的精神，不同的科技产品。新时代的今天，此时此刻，我想到了很多词能够代表这个时代的美好——人工智能、5G时代、石墨烯材料、无人驾驶……这些无一不体现着时代的发展和进步，科技和生活的关系越来越亲密甚至融为一体。企业利用它创造了"互联网＋"；政府利用它提高了办事效率；就个人而言，这些更是渗入到日常交通、办公、娱乐等各个角落。在这一背景下，我对人工智能的生活更为期待，对5G的网络科技充满了热情。

（2）但科技进步的同时，我也想到了电信诈骗、网络暴力、成功焦虑……网络是把双刃剑，里面滋生着道德犯罪的土壤，各种诈骗方式相伴相生，造成的悲剧日复一日地推送在各个App的头条上；压力大的人们惧于日常的规章制度的束缚，因此在互联网的背后随意地发挥着键盘的功效，各种低俗的人身攻击不断；同时，在这个时代，人们对成功有一种迫切的渴望，而忽略了脚踏实地的耕耘。

（3）最后我想到了不忘初心，方得始终。新时代的发展利弊相辅，对我个人而言，我渴望看见科技进步给社会带来益处，但也希望这些不完美逐渐得到改善。我认为作为社会的一颗"螺丝钉"，我需要戒骄戒躁，做好自己该做的事情。在自己平凡的岗位上坚守，发光发热。无论科技如何发展，我们始终要坚持最初的本心。

61.

62. 这个问题主要考查考生对自己的认识以及能否全面、客观地评价自己，从这个问题的回答上考官还能看出考生是否自信。

63.（1）在成为歌星的道路上可以说充满了竞争，要想脱颖而出可以说很不容易，这是其一。其二很多歌星的艺术生命是很短暂的，他们一旦退出这一行，就失去可以谋生的手段，所以他们的收入中还包括保障以后生活的收入。

（2）在现今市场经济下，歌星开演唱会是一个商业行为，它必然要遵循市场经济规律。他的收入不是政府给的，而是主办方根据预期获利的多少计算出来的，从这个意义上说是理性的。

（3）但是不可否认的是，与普通人民的收入相比，他们的收入已经高到一个无法想象的地步。这与我国共同富裕的国策是不相符合的，政府应该通过一系列宏观手段合理规范类似收入并且严格打击非法收入、偷税漏税，使其收入保持在一个合理的水平。

64. 习近平总书记在近日对垃圾分类工作作出重要指示，实行垃圾分类，关系广大人民群众生活环境，关系节约使用资源，也是社会文明水平的一个重要体现。应培养垃圾分类的好习惯，为改善生活环境作努力，为绿色发展可持续发展作贡献。对于题目中出现的垃圾分类设置志愿者，但依然有很多人不自觉进行垃圾分类的情况，具体我有以下几点可行办法。

（1）深入开展调查研究，通过在当地入社区采取实地观察、问卷调查、访谈等方法，了解社区居民对于垃圾分类的认识以及在平日垃圾分类过程中存在的堵点、难点问题，比如对于干、湿垃圾的区别分类上是否存在错误认知或困难等。通过社区工作者以及垃圾分类志愿者了解小区在实施垃圾分类宣传教育及管理工作中存在的一些短板。通过调查了解在垃圾分类实际实施中存在的问题，从而有的放矢、因地制宜地展开工作。

（2）垃圾分类从我做起，宣传教育在垃圾分类推行中是工作重点。垃圾分类宣传工作应该常态化，形成长效的宣传机制。另外，宣传方式应该多种多样，线上线下双管齐下，线上依托网络新闻以及新媒体等，借助三微一端，主动占领思想教育高地，线下依托当地环保部门、社区工作者以及志愿者展开宣传，比如摆宣传台、发宣传单、入户走访宣传以及现场示范教学垃圾分类方法以及如何区分垃圾种类等。另外，志愿者更要以身作则、率先垂范，对于不自觉进行垃圾分类的居民要对垃圾进行"打捞"，当着居民的面重新分类垃圾，让没做好分类的居民自我反省，也让大家看到志愿者身上的"先锋模范"精神。

（3）从垃圾分类志愿者队伍组织以及工作上来看。志愿者工作的参与不仅要依靠党员发挥带头先锋作用，在居民区组建志愿者团队时更需要技巧，要扣住居民的需求点，更要重视居民自身价值的体现，让公众主动参与其中。比如，在志愿者团队中主动发挥家庭主妇的优势，可以用厨余垃圾发酵制作酵素、手工皂，自制手编菜篮子代替塑料袋，在家中用垃圾发酵制肥，种植"一平方米菜园"等，从而让居民认识到参与社区志愿活动不是为了奖品、补贴，而是为了获得他人的认可和尊重。

（4）在政府制度允许、资金保障充足的前提下，在社区投用新型垃圾分类回收智能设备，而且通过倒垃圾还有现金返，还能赚钱。这种新型垃圾分类回收智能设备能够通过扫描二维码下载 App、输入个人手机号码，在接收分类的垃圾后，对垃圾种类进行鉴别、称重，并结合市场可回收垃圾的回收价格，通过 App 折现金的方式从而有效吸引居民主动参与垃圾分类。新设备在使用推广过程中，应安排志愿者或相关工作人员现场指导居民使用。

简单结尾示例：垃圾分类是惠及民生的一项重大工程，垃圾分类中政府要加强引导、因地制宜、持续推进，把工作做细做实，持之以恒抓下去。要开展广泛的教育引导工作，让广大人民群众认识到实行垃圾分类的重要性和必要性，通过有效的督促引导，让更多人行动起来，培养垃圾分类的好习惯，全社会人人动手，一起来为改善生活环境作努力，一起来为绿色发展、可持续发展作贡献。

65.（1）随着体制改革的深入，民办学校的兴起应该说是件好事。一是办教育是全民的事，不能由政府一家独办，民办学校的兴起体现了全民对教育的重视，适当解决了办教育经费高的问题。二是民办学校的兴起势必促进教育模式和管理方法的变革，增强各级各类学校间的竞争，提高整体的教育水平。

（2）当然，办民办学校要具备一定的条件和设施，开办者要对受教育者负责。在支持、扶植民办学校的同时，政府对其要严格审批、加强指导、加强监督。

66. 时尚的产生是社会发展的必然，那么追求时尚也应该是一种必然。现代人生活条件好了，视野宽了，追求时尚也就成了正常现象。但时尚有好坏之分，所以在追随的过程中要有分辨能力，不能盲目。作为年轻人应该追求一些对自身提高或对工作、事业有帮助的时尚行为，比如学英语、学计算机等。同时，追求时尚不能脱离客观现实，更不能脱离自身所处的环境（包括身份及经济条件的现实）。

67.

68. 开头示例：如今全国各地的地名小区名使用洋名，存在刻意夸大、崇洋媚外的文化错误倾向，从 2014 年 7 月 1 日起，为期四年的第二次全国地名普查在全国各地陆续展开。之后全国部分省份围绕"大、洋、怪、重"等地名乱象展开整治，其背后反映出国家正积极贯彻提出的"望得见山、看得见水、记得住乡愁"的要求，进一步做好文化建设工作，坚定文化自信的决心。习近平总书记指出，坚定文化自信，是事关国运兴衰、事关文化安全、事关民族精神独立性的大问题，文化是一个国家、一个民族的灵魂。根据题目中所言，针对整治地名小区名使用洋名的问题，全国各地已经积极开展乱象整治活动，但其中也暴露出一些问题，譬如民众对公权力滥用的质疑以及整治可能存在"一刀切""矫枉过正"的问题等。因此我认为应充分吸取教训，可以下办法去做好整治活动。

（1）划定整顿范围，先进行整顿试点，再全面推广整顿，防止出现"一刀切"问题，并成立专项整治小组。比如在全省选择个别地市，听取地市意见，上传下达，积极寻求地市对于整顿工作的配合。成立专项整治领导小组，设立专项整治领导小组办公室，一般由省民政厅、市民政局牵头，受理和发送整治通知、明确整治台账（包括整改事项、具体整改措施、整改时限、进展情况等），从而按部就班地开展整治活动。

（2）无调查没有发言权。事先开展地名普查工作，通过积极调查，听取民众声音后，将不规范的地名清单予以公示，要吸取其他省整治工作中存在的失误，在清单公示后，应第一时间公布被列为不规范地名小区名的依据、清单确定流程，并规定公示时间（一般为10天），对公示名单有异议的，可向专项整治领导小组办公室反映情况。保证工作客观公正的同时也应有一定的灵活性，明确整顿工作原则与整顿目的，即有问题的、反映大的、非改不可的，就逐步清理，意见不一致的可以暂缓。整顿的目的就是告知开发商及相关部门今后取名要引起重视，不要取不规范的地名，以及职能部门要认真审核。

（3）把握好整顿的"尺度"。要更名不是搞"一刀切"，更名不能"矫枉过正"，要注意整治是为了惠民利民，而不是给民众带来不便。在整治工作中，要注意一些洋名、所谓的怪名的确是历史遗留的痕迹，比如安徽芜湖的"雨耕山""天主堂"等名称，这种情况就应该保留，要尊重历史传统。另外，整治工作中一般不涉及居民身份证、户口簿、产权证等证照及门牌等的变更；如有特殊情况，市、区各相关部门将遵循"依法依规、便民利民、积极稳妥"的原则审慎处理，防止造成民众生活的不便。

（4）关注后期，整治末尾的更名工作要听取民众声音，可以采取公议公开，有必要以开展听证会的方式，邀请群众、各行业各部门代表出席听证会，相关媒体进行跟踪采访，从而推进决议结果公开。

69.

70. 腐败问题是一个政治性的问题，党风正则民风淳，腐败堕落，必然背离党的宗旨，为人民服务也就成了一句空话，腐败分子也必将被人民群众所唾弃。所以反腐败是必然的。如果腐败问题得不到根本的解决，我国在社会主义现代化建设的道路上，必将遭受严重的挫折，甚至是亡党亡国！

71. 关键在于经济发展。由于经济本身的差异，使经济发达的地方对人才的诱惑力增强，那里发展环境优越，前途好，机会多，实现自身价值比较容易。

72. 公务员仅有廉洁性是不够的，公务员还必须有奉公守法的作风和献身人民的精神。

（1）因为廉洁仅仅是指不贪污，是最起码的道德和纪律问题，光做到这一点离成为一名优秀公务员还差很远。

（2）所谓奉公守法，就是一切按照国家的政策法令办事，不徇私情。因为公务员是履行国家公务的人员，他代表国家从事社会公共事务管理，必须公正无私，一切以国家的政策法令为准绳，国家和人民的利益高于一切。

（3）所谓献身人民，则是对一名公务员最基本的要求。公务员是人民的公务员、是人民的公仆，正所谓取之于民，用之于民，你的一切权力既然是人民所给予的，也就应当服务于人民，把自己的一切奉献给人民。

73. 我不会找那位上级领导说明这件事，我会主动找我的主管领导来沟通，因为沟通是解决人际关系的最好办法，但结果会有两种：第一，我的主管领导认识到自己的错误，我想我会原谅他；第二，他认识不到自己的错误，那我会毫不犹豫地找我的上级领导反映此事，因为他这样做会造成负面影响，对今后的工作不利。

74.（1）正常的跳槽能促进人才合理流动，应该支持。

（2）频繁的跳槽对单位和个人都不利，应该反对。

75.（1）挑选有打篮球的基础及身体素质较好的人员，组成一支篮球队伍。

（2）召集这些人员开会，并根据每个人的运动特点进行比赛位置安排，和大家讨论固定的训练时间。

（3）联系学校的体育老师或者篮球专业运动员、教练，让他们来给予训练指导。

（4）训练开始后，注意具体的人员发挥情况，然后进行必要的位置调整。

（5）训练要总结经验，向领导和有关部门汇报情况。

76.

77. 加班作为特殊情况下完成工作的非常规工作方法，国家在劳动法中做了相应的规定，但具体问题要具体分析，我认为可以从以下几个方面看待加班问题：第一，由于个人的原因，本来应该在上班时间内完成的工作没有完成，那么加班责无旁贷。单位由于一些特殊的原因要临时加班的，可以进行加班，不过要和职工说清楚。第二，要分清行业的特点，有的行业由于一些特殊原因必须采取加班这种方式，比如道路施工单位，为了赶工程进度，职工们必须做到早出晚归。第三，加班的时间、频率要符合国家劳动法的规定，切实保障职工的身心健康。第四，加班要给予一定的物质补贴，这样才能调动职工的积极性。

78.

79. "沉默是金"这句话有它的时代背景，封建半封建社会是人治的社会，所谓祸从口出，从趋利避祸的角度人们选择了沉默。进入法治社会以后，言者无罪，老百姓可以说。对社会上的坏现象要敢说，发现腐败要敢于检举。另外，行业内和行业间的联系越来越多，需要进行大量的沟通，比如团队的合作需要信任，达成这种信任需要沟通，不能沉默。

80. 提出观点：2019 年是脱贫攻坚工作的巩固之年，是实施"十三五"规划的重要之年，是决胜全面小康社会的关键之年。但现在仍有一些地方政府出现这种形式主义的行为非常令人气愤，应该加大力度进行整顿。

论证观点：随着精准扶贫工作的不断深入开展，我国扶贫工作已然取得了明显成效。受到了世界的瞩目。但是所谓"行百里者半九十"，要真正实现我们的目标，就要坚持不懈，要严阵以待。而这种形式主义的行为不仅浪费了大量的扶贫资源，而且非常严重地影响了政府的公信力，破坏了党群干群关系，蚕食了我们扶贫的良好成效，而最终受损最大的则是我们的贫困户。现在仍有这种问题出现，最根本的还是政府的扶贫干部思想认识不端正，有着错误的扶贫观。当然也与我们的上级监督和民意反馈渠道等问题紧密相连。

落实观点：为了更好地推进扶贫工作，让村民真正过上好日子。首先，必须要统一思想，作为扶贫领域的专家、干部要深知自己身上的重任，明确精准扶贫工作对于整个国家的意义。可以开展培训，下乡走访，改变原有的错误观念。从根本上杜绝形式主义的扶贫。其次，要加强上级监督，不能总是在问题出现后，有媒体曝光才有所行动。扶贫工作到底如何开展，开展的效果如何，村民的反馈怎么样，作为上级部门要进行监督，加大对于不作为、懒作为和形式主义的干部进行追责，从而倒逼干部认真贯彻落实。最后，要畅通村民的反馈渠道。扶贫效果好不好问问老乡就知道。而当无人问津时，如果有能够让村民发言的渠道，扶贫工作中的形式主义也能被扼杀在萌芽之中。因而要建立健全反馈渠道，例如信访、邮件、电话等。扶贫工作只有少些套路，多些实干，上下一条心才能攻坚克难，实现脱贫梦！

81. 青少年是祖国的希望、民族的未来，青少年犯罪上升的状况让人担忧。他们本应该坐在教室里学习，为明天打基础，但由于社会、家庭及个人等方面的原因，他们却进入高墙之中，接受改造，浪费了人生中最宝贵的时期，势必会对以后的人生之路产生影响，希望全社会都高度重视这个问题。我认为，关心爱护青少年可从以下几方面着手：

（1）形成全社会关心爱护青少年的良好氛围。

（2）在学校中有针对性地开展法制教育，增强其道德素质和法律意识，提高青少年的判断力、防御力和自我控制力。

（3）家长要及时和孩子沟通，了解其思想动态，防患于未然。

（4）社会上应多设置有利于青少年身心发展的场所，引导其离开歌舞厅、游戏室、网吧，开展有利于他们发展的活动。

82.

83. 学生的健康与安全问题，是学校担负的一项重要工作内容。学生之事无小事。必须对此事保持高度的重视，妥善处理此事。

首先，将流感情况向上级教育主管部门汇报，并组织流感工作小组，亲自担任组长。联系卫生防疫部门，对学校的各个场所进行消毒。组织学生打流感疫苗。

其次，将患流感严重的同学送到医院进行治疗，并通知学生家长。对患病不严重的同学进行有效隔离，如与家长协商，让传染上流感病毒但不严重的学生在家治疗，以防止流感病毒的进一步扩大。

再次，时刻关注学生疫情变化，实施晨检和晚检制度，一旦发现有异常的学生及时送医院进行治疗。

最后，召开全体教师会议，由学校医院医生宣传当地流感的情况、危害性、传播途径、预防措施、治疗措施等。要求各位班主任散会后做好本班的流感宣传情况。在流感活动期尽量减少集体活动，以免发生集体感染。疫情解除之后，如实向上级主管部门汇报并进行总结。

要注意的问题是：

第一，保持学校学生情绪的稳定，不要造成一种慌乱恐怖的气氛。

第二，防止学校流感的扩大化和严重化，同时做好感染流感同学的治疗工作。

第三，及时向上级领导汇报工作，向外界宣传。

第四，向学生普及流感的具体知识。

84.（1）我会从自身找原因，仔细分析是自己工作做得不好让领导、同事不满意，还是为人处世方面做得不好。如果是这样的话，我会努力改正。

（2）如果我找不到原因，我会找机会跟他们沟通，请他们指出我的不足，明确问题后就及时改正。

（3）作为一个公务员应该时刻以大局为重，即使在一段时间内，领导和同事对我不理解，我也会做好本职工作，虚心向他们学习，我相信，他们会看见我在努力，总有一天会对我微笑的！

85.

86.（1）成绩比较突出，得到领导的肯定是好事情，以后更加努力。

（2）检讨一下自己是不是太专注工作忽略了同事间的交往，加强同事间的交往，培养共同的兴趣爱好。

（3）工作中不包揽别人的工作，伤害别人的自尊心。

（4）不在领导前搬弄是非。

（5）乐于助人。

（6）和领导私人间的接触不能太频繁，以免形成"马屁精"的形象。

87.（1）我认为面试时间太短，不可能对一个人的才能、品格有充分的了解。

（2）我觉得最大的原因可能是我的临场发挥不能得到各位的认可，比如我的确感到有些紧张。无论面试结果如何，这段经历将为我提供一个省查的机会，发现自己的不足。临场经验的不足，反映出我知识储备的不足，希望以后能有机会向各位考官讨教。

（3）我会好好地总结经验教训，加强学习，弥补不足。另外，希望考官能对我进行全面、客观的考查，我一定会努力，使自己尽量适应岗位的要求。

88.（1）我认为，一般情况下人与人的关系是具有连续性的，不可能在我得到提拔后别人对我的态度就发生了天翻地覆的变化。除非两种人，一种是趋炎附势的小人，一种是对我得到提拔不满的人。领导职位只是便于工作的开展才设的，平时大家既是同事，也是朋友。不能摆出一副领导的架势，自己觉得高人一等，跟他们搞好关系是很重要的。

（2）和a同事：不管他是怎么样的人，我都会以平常的态度对待他。

（3）和b同事：他可能是个沉默寡言的人，跟我关系一般，但他对任何人当领导都不关心，只是想干好自己的工作。我会继续以平常的心态来交往，或者在适当的时机用恰当的方法表示一下热情。

（4）不言而喻，c可能在某些方面对我存在看法或者是偏见，我认为可以从别人那里打听一下他对我有什么看法，选择适当的时间进行沟通，找出两人间的问题所在，消除误会。

89.（1）我觉得公务员队伍是一个人才比较集中的地方。我国公务员任用的标准是德才兼备，在实际的任命上也是按照这个标准做的，因此公务员队伍整体的素质较高。

（2）但是，不可否认，某些公务员素质不高，为人民服务的思想淡薄，甚至有人将国家和人民赋予的职权当作谋私的工具。因此，改变工作作风，开展反腐倡廉势在必行。

（3）另外，还有一些公务员还没有从计划体制的"管理型"思维向市场经济的"服务型"思维转变，他们知识结构陈旧、思想保守。公务员队伍应当紧跟时代，与时俱进，解放思想，改变角色，转换职能。因此，有必要举办培训班，对他们进行培训，使他们进一步解放思想，更新知识结构。

（4）公务员队伍是值得自己在其中锻炼的地方。

90.（1）应该相信这是领导一时疏忽，忘记了我手头上已经有许多重要的工作，或者是人手实在少，没办法才交给我的，正确看待，不心存怨言。

（2）如果可能的话，先调整手头上的工作，加快工作进度，看看是否可以挤出时间完成，如果加班可以解决的话，就加加班。

（3）实在不行的话，向领导说明情况，将手头工作的重要性向领导说明，如果手头的工作不急，能第二天做最好。如果不行问领导，这件任务是否急着要办，如是，而且由我来做最合适，那就请领导协调，将我手头上其他的重要工作交由其他人承办。如不是，告诉领导，我要等这些重要工作做完才能着手去做。

91.

92.（1）出现这样的问题我感到很遗憾，这说明我的基本功还不扎实，但我觉得在科技发展知识更新如此迅速的今天，一个人不可能解决所有的问题。

（2）我会跟他说对不起，我不清楚这个问题，我会在迟些时候给你答复。同时我会对他说非常感谢你的问题让我察觉到了自己的不足。

（3）以此为鉴，平时加强业务知识的学习，不断更新自己的知识结构，尽量少出现这种局面。

93.

94. 遇到这种问题，我想首先要做的就是认真检查我在实施方案的过程中是否到位。如果是因为我没有将方案认真严谨地实施而被副局长批评，那么我一定要按照副局长的要求，将方案切实地履行到位。其次，如果我在实施过程中没有偏离方案，而副局长不同意该方案的话，那我就会积极地与副局长解释我和科长的装修方案。因为有可能在实施的过程中并没有完全将这个方案的好处或必要性展现出来，而引起了副局长的误会和不解。因此我需要努力向副局长说明具体情况，以争取他的理解和支持。再次，在向副局长汇报这个方案的时候，如果副局长仍然有自己的看法，那么我应当认真听取他的意见，并且要将这个意见整理好，事后尽快打电话向科长汇报我的工作情况，并要汇报副局长的意见。在科长同意的情况下，我一定尽快整改。最后，如果科长认为副局长的想法不合适，我相信科长会主动和副局长进行沟通和请示，而我作为下属不能直接去和副局长表达科长不同意的说法，在科长和副局长沟通完毕之后，科长一定会给我一些指示，或者我主动打电话给科长，听从科长的安排。因为我认为在工作中，不能进行越级上报，有些事情不能代替领导决策。另外，在装修的过程中我会及时向科长汇报，让科长了解装修进度，在装修结束之后我会让科长进行检查，如果还有做得不好的地方就及时进行修正和完善。

95. 对于这个建筑师的成功秘诀，我得到以下几点启发，在以后的公务员工作中要做到：

第一，用半年的时间调研，告诉我从实际出发，做事要有真凭实据，将调查的结果用在实际的工作中。毛泽东在延安整风运动中就曾经这样说过：没有调查就没有发言权。所以做工作，尤其是作为公务员做工作，很多事情要尊重事实，不能一拍脑袋就做决策，更要注意从实际出发。

第二，用三年的时间完成，告诉我合理分配时间，做事要脚踏实地，不能只求速度不求质量。在公务员的工作中，做事要有时间观念，一旦任务确定，要有恒心。有毅力去完成。做一件好事不难，难的是做一辈子好事。做公务员工作也是一样的。因此我在工作中会时刻提醒自己要坚持，不能知难而退，更不能半途而废。

第三，不以商业为目的，时间长慢慢做，不要仿古，告诉我在工作中要经得起诱惑，耐得住寂寞。不能一味地拜金，在公务员的工作中，我们要时刻记住自己的使命，要记住自己应该为人民群众谋福利，在金钱面前不能丧失原则。另外在公务员工作中也要做到不仿古，也就是要做到创新，在方法上多样化、在途径上广泛化，用创新的思维对待公务员工作中遇到的事情。

第四，"保留原住居民"告诉我在公务员的工作中要做到以人为本。公务员工作环境有个很重要的特点，就是与人民群众接触很多，尤其是基层公务员，而公务员的职责则是为人民服务，对于人民的诉求要在能力范围内及时解决，在解决的过程中要考虑到人民的感受，体现服务型政府的理念。

96. 回答这样的题目，如果拘泥于数字的计算，就会弄巧成拙、出力不讨好。比较好的分法是从分房原则等大处着手。可以从这几方面来回答：一是组织一个三结合的分房领导小组；二是制定分房方案，并交给群众讨论通过；三是如果自己要房，则避嫌不参与分房；

四是调查除新房以外的其他房源，一并参加周转分配。

97.

98.（1）毛泽东同志把党群关系比作鱼水情，十分形象。

（2）我党是工人阶级的先锋队，代表中国最广大人民的根本利益，党的政治理想的实现与群众的参与是分不开的，为人民服务的思想是党在实践中总结出来的，也是群众路线得到实施的手段。我党的群众路线是一切为了群众，一切依靠群众，从群众中来，到群众中去，在革命战争时期，群众起到重要作用，在经济建设的今天，群众的推动作用也不容小觑。

（3）现实中，涌现出许许多多勤政爱民的好干部，为官一任，造福一方，受到人民的爱戴和拥护，鱼水情深，可歌可泣。但也有极个别的干部不是为人民谋利益，而是为个人为一小部分人谋私利，这种行为与我党的群众路线相背离，必将失去民心受到严惩。

（4）应做一个和人民有深厚感情的好干部，建立鱼水情深的党群关系，为我们的事业做出更大的贡献。

99.（1）我认为还是要向领导报告，并向领导检讨自己的过失。机密文件涉及国家或部门机密，因此它的发放和传阅是很严肃的，不相干的人是不能看到的，否则将构成犯罪。

（2）追查资料被何人传阅过，有什么人接触过资料，保证资料内容不被别有用心的人掌握并向领导报告，并请示处理意见。

（3）深刻检讨自己的工作过失，提高对保密工作的认识，严格执行单位的资料归档管理制度，没有相关规定的可以向领导提出建议。

100. 该句话的主要含义是如果过于追逐名利，必然会误入歧途。我认为这句话非常有哲理，尤其对于公务员队伍来讲，可能比较容易受到各种名利的诱惑，所以作为公务员，应该以此话时刻警醒自己。

第一，我想谈一下自己对名利的理解。对待名利，虽然我们常说要淡泊名利，但其实对于名利我们不一定就要彻底划清界限。名和利，其实本身不是坏东西，追求名利是每个人的正常愿望，名就是追求社会的承认，利就是追求个人的生存条件。关键是要正确对待它们。

第二，我们应该认识到，物质上的东西生不带来、死不带去，如果苦苦追索，想得太多，迟早会出问题。对于利来说，目前我们的公务员岗位的收入水平在当今社会中已经完全可以满足正常的生活需求，如果对物质有过度的追逐，自然不能抵抗社会上各种诱惑。对于名来讲，我们应该认识到，作为一名公务员，一名人民的公仆，最关键的是得到群众的认可，名都是群众给的，只有踏踏实实地为群众服务，才能得到人民认可，才能有好口碑、好名声。

第三，相对于个人的名利而言，我认为公务员应该更多地去想一下如何去为群众谋更多利益，应该如何为单位、为政府树立更好的名声和形象。

其实不仅是公务员，作为普通的社会在职人员的我，也应该时刻提醒自己要保持好的心态，少一点名利心，对待群众多一些爱心、耐心、热心。对待工作多一些责任心、上进心、信心。让我的领导对我放心，让群众对我满意。

101. 我是副处长，毫无疑义，应该尊重处长。如果和处长发生了矛盾，我不会接受别人的建议，向领导反映处长的情况。我想，如果这样做的话，不但不会解决与处长的矛盾，相反还有可能激化矛盾。处长知道我向领导告他的状，以后就会处处防范我，这样我自己也会处于孤立的境地，所以我决不会接受别人的这种不能够解决矛盾的建议。要解决与处长的矛盾，我会主动找处长沟通，首先主动地检查自己的不足，并诚恳地接受处长的批评。我想我这种诚恳的态度是一定会感化处长的，处长也一定会检查自己的问题，这样我们就能相互谅解，矛盾毫无疑问也就解决了。

102.（1）尽量服从安排。我想，领导尽管对技术操作不是很熟悉，但是他知道具体的工作计划安排，所以才会给我下任务。

（2）如果确实感到不妥，我会和主管领导沟通，详细地和领导就工作技术操作方面展开讨论交流。我想通过交流，不熟悉技术操作的领导也会慢慢地对这方面有所了解，这样就有利于下一步工作的开展了。

103.第一，我会第一时间与李奶奶及其家人取得联系，并做进一步的交流，在安抚他们不满情绪的同时，让他们得知上级领导对他们反映的情况非常重视，一定会妥善解决，请他们不要担心着急。并向他们询问更详细的情况，并做好笔录。

第二，我会根据李奶奶及其家人提供的情况立刻展开全面细致的调查工作。对政府关于养老院管理的政策文件进行查阅，通过走访和实地调查的形式对养老院的硬件设施及服务水平做相应的了解。在此过程中也要和其他的一些相关工作人员做好协调配合，确保得到尽可能翔实的情况。

第三，调查过后，对搜集来的情况进一步核实和分析。对于调查过程中发现的问题，如果我的权限可以解决问题，我会立刻开展工作解决问题，比如与养老院沟通，建议完善养老院的服务规定，对不称职的服务人员的处理等。如果问题在我的职权范围之内无法解决，我会根据我们的政策规定给出相应的解决建议。同时，我会将调查结果和解决建议尽快地汇报于上级领导，并协助领导作出相应安排。

事情处理完之后，也要立即对李奶奶及家人做好回复工作。在今后的工作过程中，继续关注我们养老院的相关工作，也确保能够给老年人提供一份安心快乐的晚年生活。

104.

105.（1）我坚持认为见义勇为是件好事，面对坏事坏人，每个公民都应该挺身而出保护国家和集体的财产和利益。如果每个人都选择不闻不问，那么坏人和犯罪分子就会更加嚣张，这次他们伤害的是别人的利益，下次伤害的可能就是我或者我家人和朋友。

（2）能够取得家人的理解和支持是十分重要的。我会和我的家人或朋友讲道理进行沟通，我想他们不理解我是因为担心和爱护我，怕我因为见义勇为受到伤害。我会安慰他们，告诉他们我会保护好自己，同时告诉他们见义勇为是好事，罪恶是敌不过正义的。如果他们还是不理解的话，我想我仍然会坚持见义勇为，我相信时间会让他们理解和支持我的。

106.我作为参会人员，针对题目中出现的情况，会提出以下几个建议：

第一，正面回应网友。网络这一第三媒体的力量不可小觑，因此我们应该通过网络发表相关声明，表示我们已经积极调查此事，并且在最短的时间内公布于众。

第二，联系村民所在村庄，核实网络照片是否属实，以及该村民的详细信息。和村民进行面对面的谈话，村民在建房之前咨询了哪些单位，并了解村民在大树上建房屋的原因所在，例如生活上比较贫困等其他原因。

第三，针对村民在自家大树上建房这件事，查阅相关法律法规、咨询相关法律部门，核实这件事是否违规。并将相关法律条文归纳成文，以便在解决问题时使用。

第四，通过采访村民、村干部等各种方法，了解该村民在大树上建房屋，是否给其他人带来困扰，以及在树上的房屋是否具有安全隐患。

第五，希望电视、网络等媒体做好相关的舆论导向，防止事态进一步扩大。

107. 如果我是这个单位的负责人，会先命令两位职工停止吵架，然后了解情况，弄清楚吵架的原因，分清发生矛盾的主要方面和次要方面，客观公正地分清是非，最后坦诚地劝说，我相信，这个矛盾也就会解决了。

108. "政务公开"是中央提出的一项民心工程，目的就是要群众了解自己的权利，真正做到全心全意为人民服务。题中提到的问题的确存在，但有些政务是基于保密的要求不可能公开，还有些问题因为是第一次操作没通过实践所以没法公开等。我会通过召开一次听证会开诚布公地向群众解释，相信群众一定会谅解的。

109. 既然是竞争上岗，讲究的就是公平、公开、公正，以发现该岗位的合适人才。如果大家不是靠自己的真才实学，而靠拉票来获胜，势必违反正当竞争的宗旨，也有违单位竞争上岗的初衷。因此我会拒绝拉票，并向领导反映情况，以便领导及时采取措施，制止这种不正常的竞争现象，确保竞争上岗的质量。

110. 我首先会请领导在旁边坐一会，然后用尽量短的时间，诚恳地请下属单位的同志先冷静下来，然后与他另外约个时间再谈，并保证在坚持政策的前提下，给他一个圆满的答复。放下电话后，我马上向领导表示歉意，并简单地向领导汇报一下刚才的情况，听听领导的意见。

111. 我会说：你也是刚看完他才回来的吗？那你带我再上去坐坐！我买的这些礼品和你买的一样吗？对他的病有帮助吗？领导近来好吗？明天我也得去看看他！

112. 行为妨碍市容、张贴者缺乏必要的社会公德，相关部门要加强合作、加大对该行为的查处力度。

113.（1）一个人由于具体的成长环境不同，这就导致了每个人的人生观、价值观都不相同。正确的人生观和价值观能有效地指导人们日常工作，并引向成功，而错误的人生观和价值观会起反作用。从这个角度看，性格的确决定命运。

（2）但我们还应认识到事物的发展是内因和外因共同作用的结果。决定成败的因素很多，性格只是其中一个因素。每个人的性格在具体的环境中也是会有所改变的。同时在生活中还存在很多机遇和挑战，并不是说只要你树立正确的人生观和价值观，就一定能走向成功。成功与否还要受到客观因素的制约。

（3）所以在以后的生活工作中，我们要养成良好的性格，树立正确的人生观、价值观，发挥主观能动性，认识规律，利用规律，创造条件，内外因相结合，这样我们一定会走向成功。

114. 两层意思：一层是时间如流水一去不复返，我们要珍惜时间，从现在做起、从身边做起；一层是人生短暂，我们要在有限的时间里尽己所能实现自身价值，为社会做出自己的贡献。

115. 可以谈谈行政领导在行政行为中的领导作用。

116. 这个问题不能一概而论，其虽然动机是善意的，但是后果如何呢？如果反而造成了更大的伤害，那么就得不偿失了。如果某个人意志力很强，能够接受突如其来的打击，并且不喜欢别人骗他，那么善意的谎言便毫无意义，甚至可能造成误会。但是善意的谎言在一般情况下是有益的，它可以减少不必要的痛苦，起到积极的作用。

117.（1）交通事故自己解决的好处是能避免事故带来的交通阻塞，提高交通警察的工作效率（不必为一些小摩擦频繁出动）。所以自己解决小型的交通事故是有好处的。

（2）但自己解决交通事故也存在很大的问题，如谁是违章一方、金额赔偿问题，将会很难确定，过后更是无从追究。

（3）政府应该提出一个方案，划定自己解决还是交警处理的一个界限，这样可以迅速解决道路阻塞问题和有效提高交警的工作效率。

118. 如果我的同事中有这样的人，我觉得不应该因为他比较利己就不与之相处，还是应该和他处理好同事之间的关系。我会做到以下几点：

（1）向他学习好的一面，他很有才能，这是值得学习的，不断提高自己的业务水平和自身素质。

（2）与其坦诚相处，如果他利己有违原则、纪律，要大胆提出来。

（3）最好是能以大公无私的精神影响他，使他也认识到公务员不能太利己。

119. 如果我的朋友向我借1万元钱，我会让他打借条的。原因有二：第一，俗话说亲兄弟明算账，朋友之间也应该这样，况且我觉得打借条并不会影响我们之间的友谊；第二，1万元钱对我来说也不是一个小数目。为了避免以后产生不必要的麻烦，我觉得打借条还是有必要的。如果是我借钱，我也会打借条给他的，即使他没有让我打借条。

120. 我觉得这要具体问题具体分析，看领导这样做是否会影响这次评优的公平性。如果这样做会影响这次评优的公平性，我会向上级领导反映情况。虽然我知道自己这样做有可能受到直接领导以及上级领导的批评，但已经犯了错误，如果我再知错不报，那就是错上加错。

如果这样并不会影响这次评优的公平性，我并不反对领导这样做。自己单位能评优，也是我的愿望，但我事后会向领导认真检讨自己所犯的错误。

121.

122.（1）承认大学生毕业后从事保姆、擦皮鞋、卖猪肉等各种服务性工作的现象的确存在，说明了大学生就业的多样性。

（2）说明面对社会现实，大学生的就业观念发生了很大的变化，体现了先就业再择业的观念。分析为什么会发生变化，主要原因是就业形势严峻。

（3）人们对大学生的认识还很传统，需要与时俱进。大学生不但能做精英型的工作，普通的工作如做保姆、擦皮鞋也能做。人们应该改变那种传统而又过时的观念。

（4）说明大学生做保姆和擦皮鞋并不值得弘扬和倡导，如果有机会能够将大学四年所学知识学以致用，回报社会那才是最好的。

123. 考查在特定背景下，考生的应变能力和口头表达能力。

124. 研究生教育并非大众教育，而是精英教育。研究生人数过多，在教育资源尤其是优秀资源相对有限甚至稀缺的情况下很容易导致研究生教育质量的下滑。当然，适应经济发展和社会进步的要求，研究生人数的增加是必然的，但必须始终保持"供给平衡"。

125. 处理该问题的关键是协调好三者之间的关系，可以通过协调沟通等方式。当然，实在无法协调，则应正确处理长远利益和目前利益之间的关系。

126. 言之有理即可。

127. 设卡收费不能最终解决问题且也不符合法律要求。关键在于控制好晨练人员数量，也可通过相关措施提高环境容量。

128. 言之有理即可。但应适当表现自身观点，不可忽视社会生活的现实性，否则容易让人怀疑其真实性。

129. 道路、直线、地平线等。

130. 具体地说，要问清楚来电话人的姓名、单位、电话号码，会议的内容、时间、地点，参加会议的人员、工作任务，是否带材料等。简单地说，回答问题要全面、具体、清楚。

131. 春天到了，小草偷偷地从地里钻出来，新鲜的泥土气息让人沉醉。一切都是那么生机盎然，一切都是那么迷人。我内心在等待漫画故事里王子的出现。

132. 从高中到大学，我对涉及数学方面的课程都很感兴趣，故学得也比较好。从某种意义上来讲，我希望政府机关管理工作像数学那样，处处都能够得出明确的、唯一的结论。

我不擅长的学科是人文科学，但有些"悟性"——世界上的事物不是仅依靠数学式的思维就能够分析和处理的。所以，我现在开始有意识地接受这方面的知识和训练，我选修了社会学，并开始读一些有关哲学方面的书籍，当然这还只是入门。

133. 我所学的专业在家乡所在地恐怕用不上，再加上父母身体都很好，无须过多地考虑照顾他们的问题。父亲不止一次地说：年轻时要自己去奋斗，寻找你所热爱的工作和事业。这对于我确实是一个鼓励，而在政府机关里，我找到了自己所热爱的事业。

我认为，找到一份符合自己愿望的工作，对自己的一生有很大影响，这比故乡的"地利"更为重要。

134. 我有思想准备，会很高兴地做这些工作。这些事情由女性来做，效果可能会更好一些。除此之外，日常业务以外的任何事情，只要有助于单位工作的顺利进行，我都会主动去做，这一点请不要担心。

这些都是很简单的事情，我当然会主动去做。不过，如果贵单位对我的期望仅此而已的话，那就令我感到太遗憾了。我想这应该只是我工作内容的一小部分吧。

135. 不会影响到我的录取过程。是的，李部长是我父亲大学时的同学，经常与父亲交往，我从小就受到他的照顾，他对我的影响很深。这次应考贵单位，就是根据他的意见。他经常谈起贵单位的管理、工作条件和工作氛围，使我对贵单位产生了很大兴趣，如果能够被贵单位录用，我将感到非常幸运。李部长的为人是值得肯定的，我来应考是凭自身的真正实力的。

136. 第一，表明自己没有也决不会作弊；第二，可以提供方法进行检验；第三，可以直接进行面对面的交流。

137. 我将跟同事进行交流，将不利于完成任务的因素排除。如果不行，又会影响到任务的完成，则会向领导反映。当然，如果不会影响任务完成，则应该暂时搁置矛盾，先把工作完成。但最终我一定会将内外因相结合妥善解决两者之间的矛盾。

138. 宪法规定"检察院接受人大监督"，因此，作为一名检察人员，应当自觉接受人大代表的监督。但是这应该具体问题具体分析，如果正在侦查的事件涉及国家利益、社会集体及他人利益，或者与该人大代表有利益关系，其应回避的，则可婉言拒绝，可以告知其通过正式组织程序获得。

139. 先联系到尚未到的同事，判断其及时返回的可能性。如不能及时返回，则应权衡利益轻重做出适当决策，并将决定报告组织。当然，也应立足未来，减少类似事件发生的可能性。

140. 言之有理即可。

141. 言之有理即可。

142. 言之有理即可。

143. 言之有理即可。

144. 公务员的考核与提拔要从德能勤绩几方面来综合考察。三人行，必有我师。我的同事能力不如我，而其他方面一定有超过我的地方，或许品行更高尚，或许工作更勤奋，或许业绩更突出。所以他的提升不足为怪，我应该向他学习，找出自身差距，积极改进工作。我们要正确看待，而不能自暴自弃，怨天尤人。更不能把情绪带入工作，影响工作。

白居易有一句诗说："试玉要烧三日满，辨才须待七年期。"在今后长期的工作中，孰优孰劣，一定会自见分晓。

145.（1）自己要起表率作用，勤奋工作，和科室的同志们搞好关系，带动其他人工作的积极性。

（2）适当地组织一些活动，劳逸结合。一方面，有利于团结同志，在活动中增进大家的感情；另一方面，适当地调整休息时间，也有利于更好地工作。

（3）向领导提出建议，把个人工作目标的实现与年度考核挂钩，通过物质、精神奖励提高大家工作的积极性。

146.（1）不能空谈目标，目标必须要和一定的现实环境和自身素质能力结合起来，根据主观、客观和内在、外在条件来制定合理的计划和目标。

（2）奋斗目标要将个人价值与社会价值紧密结合起来，将社会对个人的满足和个人对社会的贡献紧密结合起来，这样才能真正实现人生的价值，实现自我的目标。

（3）具体来讲，如能有幸进入财税部门工作，作为年轻人，我认为首先要虚心学习，要向老同志学，向书本学，向实践学，不断丰富、提高自我的政治素质和业务能力。在此基础上，近期能达到尽快适应工作、投入工作、创造成绩的目标；远期则达到在工作中有所突破、有所创新、不断提高工作水平的目标。

147.（1）找机会与他沟通，谢谢他帮我找到了缺点，让我可以更加全面地认识自己。

（2）工作中积极改正缺点，更加精益求精。同时，主动帮助他提高工作水平，大家相互学习、共同提高。

148. 一方面，认真向他学习、向同事请教，找出自己的不足，积极改正；另一方面，要经常与领导和同事沟通，学会正常的人际交往，同时适时地表现自己，展现自己的才能。

149. 小张的这种行为不妥当。虽然直接领导没有重视这份很有市场潜力的计划，小张也不应该直接把计划交给公司总裁，因为按规定，计划只能逐级上报，否则就是越级，是对直接领导的不尊重。小张认为该计划很有市场潜力，可能他的直接领导站在别的立场认为该计划不妥故未采纳，或时机不成熟暂未采纳。因此，小张应该及时与他的直接领导沟通、仔细探讨，如果直接领导故意刁难而把这份很有市场潜力的计划束之高阁，小张再把计划交给再上一级领导或总裁也不迟。

150.

151.（1）吃透上级关于拆迁文件的精神，把好政策关。

（2）向群众宣传拆迁的重大意义，做好群众的思想工作，相信大多数群众都是通情达理的。

（3）满足群众的合理要求，比如拆迁补偿等。

（4）抽调警力，对极个别无理取闹者坚决打击，甚至可以上升到司法程序（尽量避免使用该方法）。

（5）做好拆迁群众的安置工作。

152.（1）加大资源节约的宣传力度，使基本国策深入人心。

（2）加强资源节约的科学研究、提高环境保护的科技含量、开发利用新型能源。

（3）加大资源节约的资金投入和重点行业的治理。

（4）加大执法力度、查处违法案件，实行审批、准入制度。

（5）实行问现制，把资源节约控制完成指标列入领导干部政绩考核范围。

153.（1）各级政府及行业职能主管部门重视，意义宣传、措施布置到位。

（2）建立 GDP 单位能耗控制责任制，把 GDP 单位能耗指标列入各级领导干部或企事业单位领导政绩考核范围。

（3）加大节能科技研究和科研经费的投入力度，并在部分行业大力推广和使用新的节能技术。

（4）对消耗高、污染重、技术落后的工艺和产品实施强制性淘汰制度。

154.（1）在市场经济条件下，商家为提高效益，策划广告，抓住买点，吸引消费者眼球，这无可厚非，但是广告的内容必须合法、真实、守信，同时不应违背公正、公理、公俗原则。

（2）这则广告，它抓住了"尊重知识，尊重人才"的买点，表明了商家的经营理念和尊重人才的意识，这是对人才的一种激励。但按学历层次的高低给予不同的折扣，一是违背了市场经济的公平原则，按此逻辑不知中专以下学历者是否还有资格到此商店消费，二是违背了法律精神，消费者手中的人民币，无论身份都具有同等价值，公民的财产受法律保护。

（3）商家发布这则广告的初衷也许是善意的商业炒作，但如果只是想表达尊重知识这种善意，完全可以通过捐赠希望工程来实现。另外，有关职能部门也要加强对广告的监督管理。

155.（1）现阶段，刑事案件有凶残化、智能化、集团化发展的趋势，而媒体的宣传导向无疑是案件的催化剂，广电总局发文可推动广电事业健康发展。

（2）媒体不能靠限制播放时段来解决犯罪导向问题，而是应该制作出更加文明、健康，又能吸引观众眼球的节目，引导大众舆论健康发展。

（3）要解决暴力色情案件增加的问题，光靠舆论导向是远远不够的，还需要加强社会治安综合治理工作，动员全社会的力量以从根本上解决危害社会的问题。

156. 服从领导的安排，无论在哪个岗位工作，只要能尽可能多地为人民服务就可以。

全心全意为人民服务，是我们党始终如一的宗旨，也是实现自我价值的途径。所以无论领导把我安排在哪个岗位工作，我都会尽职尽责地完成。

157.（1）冷静对待，认真分析，首先从自身找原因。

（2）调查研究，了解领导为什么对自己的工作不支持。

（3）选择恰当时机，找领导进行沟通，交流思想，听听他对自己的意见。

（4）认真对待领导的意见，有则改之，无则加勉。

158. 今天是我正式被录用为国家公务员的第一天，早上我进入科室，单位的同事对我很热情，领导对我也非常关心，科里的老同志热心地教了我很多业务方面的知识和为人处世的道理，我感觉自己正在融入一个团结友爱的大家庭中。忙碌的一天就要结束了，今天发生的一切让我产生了一种写作的冲动，于是我拿起了笔，把今天发生的一切都记了下来。

159.（1）任何事都不可能一帆风顺，挫折是难免的，不能因此而颓废低迷。

（2）冷静地考虑原因及应对的方法，向应配合的人说明该事的紧急性和重要性，讲明完成这一任务得到你的配合是非常关键的，并适时说明若不这样将要承担怎样的责任。

（3）必要的时候可向领导汇报自己的情况及应对方法，以取得领导的支持与指点。

160. 这个问题我想从两个方面来分析。第一，是好的一面，说明这个女孩的记忆力超人，社会也比较关注香港的回归，显示了大家的爱国之心。第二，负面的影响。我记得小学时曾学过一篇古文，名叫《伤仲永》。仲永在五岁时就能做出很好的诗，他的父亲经常炫耀儿子的聪明才智，天天带着他应酬，不注重让他学习更多的知识，其才能就被荒废了。所以这个小女孩的家长要引以为戒，一方面，小孩子的心理远未成熟，任何赞扬和批评都可能变成锋利的刀片，媒体不要过度报道，而家长要注意对孩子加以教育引导和保护；另一方面，家长不可因望女成凤心切，拔苗助长，应针对孩子的特殊能力循序渐进地培养，相信终有一日孩子可成才。最后，我真心希望这个聪明的孩子能够健康成长，而不被大人们的急功近利所摧残。

161.

162.（1）我首先会想到我们伟大的祖国——中国。中国是个有五千年历史的文明古国，是世界四大文明古国之一。

（2）世界由七大洲、四大洋组成，各种肤色的人民住在同一个地球村，大家应该平等互利，友好相处。

（3）现在这个世界面临着很多问题，比如能源问题、环保问题、南北差距问题等，这些还都需要世界各国求同存异，这样我们才能建设一个更加美好的世界。

163. 我一定完成工作任务后才下班，然后向我的朋友说明情况，我的朋友一定会理解的。

164. 算命、看风水、巫术等都是封建迷信，是反科学的，如果任其泛滥，就会使人们愚昧落后，误入歧途，给社会带来不稳定的因素，所以，必须解决这个问题。我认为，政府相关部门应该采取如下措施解决这个问题：首先，对群众加强思想政治教育和科普教育，使群众明白算命术、风水、巫术的本质。群众一旦认清了这些现象，就会放弃封建迷信行为，封建迷信的影响范围就会大大缩小。其次，大力开展宣传活动，使群众明白封建迷信的危害性。最后,加大打击的力度。凡从事封建迷信活动对他人的生命、财产、健康造成危害的,相关部门要依法从重处理。

二、公务员面试真题演练

(一)2019年北京公务员面试真题及解析

某小区作为老旧的居民住宅区,目前普遍存在设备老旧等问题。原有的供水管道老旧,无法承受二次加压带来的压力。水务局工作人员小周近日对某小区的二次改水工作进行了实地调研,小区物业负责人王月平说道:"大家都不太配合,低层住户说二次供水用着不方便、不安全,高层住户说楼层太高二次供水根本就用不上。"居民甲说:"二次供水的水质不好,我感觉用着不安全。"居民乙说:"二次供水也太贵了吧,这种循环用水能便宜点吗? 它应该有价格优势的。"居民丙说:"这二次用水出了事该找谁? 物业还是自来水公司啊?"二次供水尽管在实行过程中屡受挫折,但是不可否认它具有以下优点:第一,水质水压会得到明显改善,杜绝了二次污染;第二,用户将得到切切实实的实惠,供水公司统一负责,进一步保障了用户的权益;第三,有利于进一步实现节能减排。

【问题1】对于某小区改造中出现的现象,你怎么看?

【参考答案】我认为对于某小区在供水改造项目推行过程受阻的现象我们需要客观理性地看待。之所以会出现这一现象说明有的群众不理解我们的工作,不明白二次供水改造工作的重要性与必要性,自然他们的配合度也就不高。但是这件事也更深层次地说明了,我们开展工作时前期的宣传普及等准备性工作没有做到位,没有让群众深刻认识到二次供水的优点,没有让他们意识到更换老旧的供水管道来保障二次供水的顺利进行是一件利大于弊的事。要想让群众消除抵触情绪,支持我们的工作,积极对二次供水设施进行维修或更换,需要我们在启动二次供水改造项目之前,先深入社区居民中做好二次供水改造工程重要性与必要性的宣传教育工作。我们要让小区居民意识到,二次供水具有以下优点:一是减少水质污染,进一步保障水源卫生状况;二是用户权益得以进一步保障,责任主体更加明确;三是自来水损耗减少,水资源进一步优化配置;四是后期服务管理更加规范优化,将形成完备规范的长效管理体制。然后,进一步让群众明白二次供水改造工程虽然当下来看比较麻烦,可能需要更换水表、更换入户管道,或需要他们出一部分钱,但是这些管道设备换新后非人为破坏将有长达几十年使用期限,总的来说还是十分经济划算的。我相信通过我们前期耐心的宣传教育与常识普及工作,某小区的群众一定能够从思想上有所改观,一定会支持我们的工作,配合我们做好二次供水工程的改造事宜。

【问题2】领导认为应该举办二次供水改造工程的情况说明会,你打算怎么组织?

【参考答案】假如由我来组织这次关于二次供水改造项目的情况说明会,我将会采取以下措施:

首先,根据本次情况说明会的主题,制定详细的会议筹备工作方案。工作方案中需要明确以下主要内容：本次情况说明会的时间与地点、出席的领导与嘉宾、会议的流程与主要内容等。本次情况说明会主要目的是向老旧住宅区的居民说明二次供水改造工程的意义、必要性以及改造工作的具体内容。会议暂定时间是周六上午，地点为小区中心广场，出席会议的领导与嘉宾有水务局领导、水务局负责本次改造工作的项目负责人、小区物业负责人与员工、业主代表与小区居民等。情况说明会主要有两个环节，分别是领导与嘉宾讲解说明环节、居民提问与建言环节。本次情况说明会具体向群众传达以下主要内容：二次供水改造的必要性与意义、改造工作的主要步骤与工期长短、改造期间居民生活用水的解决办法、改造费用明细与改造后的维护与管理等。然后，我会将本筹备方案上交领导审阅，听取领导的意见与建议，并加以修改完善。

其次，根据工作方案有序进行会议筹备，如期开展情况说明会。我会在说明会召开前两周在小区宣传栏、小区广场、小区门口等明显位置张贴召开本次情况说明会的通知，欢迎小区居民踊跃参加、积极提出意见与建议。我会和本单位其他工作人员提前一天布置好情况说明会的会场，如摆放好桌椅、调试好多媒体设备与话筒等。在会议进行过程中，我会请大家有序发言，我会根据现场情况随时做好应急应变工作，保障本次情况说明会顺利进行。

最后，说明会结束后我会总结本次情况说明会，对本次会议组织工作中的不足与问题进行反思，争取下次举办类似活动时能够更加得心应手。

【问题3】你会如何劝说物业负责人王大姐继续好好工作？

【参考答案】如果我来劝说社区负责人王大姐，我会从以下几方面劝说：

首先，我会劝王大姐不要灰心丧气，正确看待工作中遇到的困难与挫折。我会向王大姐说明，咱们这个小区是个老小区，很多业主的年龄也比较大，思想观念相对来说比较保守，接受新生事物的速度赶不上年轻人快，因此，我们开展群众工作就更要有耐心和毅力。面对群众的不理解、不支持，我们不能轻言放弃，我们要更加努力地向群众做好解释说明、宣传教育等工作，同时还要尝试转变工作方式方法，学会变通，不能认死理，我们要根据不同群众的不同特点有针对性地做好入门入户的宣传说服工作。

其次，我会与王大姐一起分析小区很多居民不配合二次供水设施改造项目的主要原因，并提出有针对性的解决对策。有些居民不配合可能是由于认识上的不足，如认为二次供水不安全或楼层高用不上。对于这种情况，我们需要通过多媒体视频、图文并茂等方式以通俗易懂的语言向他们说明二次供水的主要原理、工作流程与现实意义，进而赢得群众的理解与支持。有的居民不配合是担心入户管道会破坏室内装修，对于这样的群众我们要向他们说明入股管道安装的位置和钻孔的大小，说明并不会影响室内装修与布置。还有的群众不配合是家里人白天都上班，没有时间施工，对于这种情况，我们可以在他们方便的时间，如周末或工作日下班后，为他们提供上门服务。

最后，我会鼓励王大姐，相信她有能力做好群众工作。我会向王大姐说明，这项工作难度本来就比较大，她遇到困难与问题是正常的，不能因为这一次工作受到挫折就打退堂鼓，我相信她热心踏实、果敢坚毅的优秀品质一定能够做好群众工作，也能成为一名优秀的社区负责人。

（二）2018年河北省面试真题及解析

有人认为，一个人没有成就的话就没有朋友，成就过于卓著的话又会失去朋友。对此，你怎么看？

【审题关键】 关键点"你怎么看"。本题的题干内容比较简短，但是简短的一句话却有深意。这句话主要说明了一个人在没有成就和成就过于卓著两种情况下朋友的问题。考生在答题时，要注意综合分析这两种情况，总结出自己的观点，如树立正确的交友观等，让考官眼前一亮。

【参考答案】 每个人都需要有自己的朋友，但如果自身不够优秀就不会得到其他人的认可，但如果十分优秀却又容易"高处不胜寒"从而失去朋友。诚然，我们通过努力变得优秀取得卓越的成就是没错的，而成为优秀的人也并不意味着一定没有朋友，其实，如何树立正确的交友观就显得尤为重要。

一个人不够成功的时候缺少朋友，表面上看是因为自己没有成就所以没有人愿意与之交往，实际上往往是因为自己本身学识水平不够，缺少明确、先进的思维，眼界不够开阔，自己的意识形态和知识内涵还不够成熟完善。而在一个人有所成就时，也会出现交友障碍的情况，其实这隐含着一些其他问题：第一，很多人在取得成就后，心胸狭隘、目中无人，听不进去其他人的意见，对待朋友的时候不再像以前一样包容和善，在潜意识中不再十分尊重自己以前的朋友。第二，在择友的范围上也缺乏调整，没有因为环境、际遇的变化而选择与自己合拍的交际对象。所以，一个人有没有朋友并不与他的成就直接挂钩，关键在于能不能意识到这些问题并找到解决的方法。

（三）2017年河南省公务员面试真题及解析

1. 某游乐场开设VIP服务，购买此服务的游客可以享受某些特权，比如随到随玩、不用排队等，有些人认为没问题，有些人认为这样不对。你怎么看这个问题？

【测评要素】 综合分析能力

【评分要点】 ①能够客观、全面看待游乐场开设VIP服务；②能够充分认识到开设VIP服务带来的正面影响；③要能够认识这种服务的改进是优化服务的一种体现；④要关注反对群众的根本诉求；⑤面对群众的不同认知，要能够给出切实可行的解决问题的方法来优化服务，让这种服务发挥它应有的作用。

【参考解析】 大家都知道飞机、高铁有商务舱，银行也有VIP叫号系统，医院也有特护病房。作为游乐场有义务也有责任为来游玩的游客提供安全、有序、便利的服务，该游乐场开设的VIP服务，也是对优化服务、创新服务的一种尝试和探索，但是购买此服务的游客可以享受随到随玩、不用排队等特权，在群众中引起了强烈的反响，这应该引起我们的关注和思考：第一，VIP服务的开设是时下市场发展的必然结果，是市场竞争环境下优化服务的一种体现，同时也迎合了一部分消费者的需求，节约了游玩时间。第二，简化大型旅游团队，比如旅游团的办理购票，游玩相关游乐设施的流程和时间，提高游乐场接待大型旅游团队的能力，提高市场竞争力。但是随到随玩，不用排队可能会让其他没有购买相应服务的游客感觉到不公平，甚至牺牲了普通游客的相关权益，这才是引起群众反感的主要原因。作为游乐园，在提供不同层次的服务时，不仅要让消费者能够清晰地了解相关服务，还要让消费者有自主选择权，同时更应该关注大多数游客的游玩体验，对于排队难的根本原因要关注和解决。

要让 VIP 服务发挥应有的效果，成为名副其实的便民、利民的服务方式，同时让普通游客也享受到应有的服务质量，需要多管齐下，从以下几个方面来优化服务：

第一，将游乐场提供的不同层次服务，不同价格及其所对应的权利、义务等通过在游乐场售票窗口张贴解读公告和在游乐场的官网上详细解读相关服务细则的方式，明确展示给消费者，由消费者比较后自行选择。

第二，加强基础服务设施的建设力度，减少游客的排队时间，比如说可以学习借鉴当前医院、银行开通的"网上叫号"服务，让游客能够在各项目游玩之前通过手机客户端提前叫号，减少排队时间；也可以在排队等候区适当设置等候椅、遮阳伞等，让大多数游客改善等候体验。

第三，结合已有的技术手段，利用"互联网＋线下"技术：线上通过网站客户端、微信公众号等增设端口对园区不同游乐场实时人数进行统计；线下对各个游乐项目实时参与人数、目前开通的游乐项目等，要有实时的检测和提醒。让有意向参与相关项目游玩的游客提前了解相关情况，合理规划安排自己的出游路线方案。对于一些游客参与人数一直居高不下的项目，可以合理设置每日最多参与人数，开通预约系统，是解决供不应求问题的根本方法。

第四，开设 VIP 服务也不能忽视普通游客的游玩感受和体验，要在继续保证 VIP 服务的同时，合理控制 VIP 游客在游客总人数中的比例，开设不同服务窗口，降低不同游客群体之间的相互干扰，实行平行服务来保证服务的公平、公正。

第五，我们政府的旅游管理部门，作为旅游产业市场监管的主体，需要定期对旅游市场上各个景区、游乐场等场所提供的服务、相关产品的价格等进行抽查、监察、督查，对于不合法、不合规可能扰乱正常市场竞争秩序的做法进行相应的处理，对于不规范的做法要及时整顿、约谈相关企业，甚至叫停，来保证旅游市场的有序发展。

2. 信息化技术发展，基本情况都容易知道，干部下基层调研有人认为兴师动众，没有必要，你怎么看？

【测评要素】综合分析能力

【评分要点】①能够站在政府立场客观、全面看待调研工作下基层；②能够充分认识到随着信息技术的发展给调研工作带来的正面影响；③要能够认识到"实践出真知"，党员干部下基层、走基层是了解社情民意的必由之路；④"兴师动众"也是对于部分干部调研工作和实际工作存在问题的客观评价，善于给出解决问题的对策。

【参考解析】随着信息化技术特别是网络大数据的运用，我们政府了解社情民意的渠道更多也更加便捷，因此有人就认为干部下基层调研没有必要。从政府的角度看，为了更好地做好基层工作、解决群众最关心的问题，我认为调研下基层是不可缺少的；同时也要清醒地认识到：极少数干部在下基层调研的过程中确实存在兴师动众或者走过场的弊病，亟须妥善处理。

信息化技术的迅猛发展，一方面，政府办公无纸化及智能化稳步推进，数据表格等信息系统内部共享且查询方便，足不出户即可了解一些基本情况；另一方面，网络时代加上手机端的强大功能，人人都是自媒体，很多信息通过网络即可掌握。这些无不指向干部不用下基层这一论调，但是我们应该清醒地认识到，没有调查就没有发言权，这是我党一贯的优良作风，只有深入群众，才能真正掌握一手信息，才能真切地感受基层群众的喜怒哀乐，才能真实做到权为民所用、利为民所谋；不过，也要警惕下基层调研中出现的"走过场"——流于形式；"讲排场"——玩花架子。合理利用信息化带来的便捷优势，结合扎实调研获得的真实、准确的数据材料，为新政策的出台及群众关切的民生问题的解决做好坚实的铺垫。有鉴于此，我认为我们政府应该从以下四个方面做出努力，更好地利用基层调研这一工具做好我们的工作：

第一，政府需要进一步明确基层调研的工作职责、要求、调研目标等。权责明晰，注重调研结果考核，保证调研效果，真正获得有用材料。加强调研工作的制度完善，使之流程更加清晰，人员及岗位设置更加合理。

第二，政府在布置调研工作时要做好资源的合理利用。对于一些可以通过内部信息系统或者网络了解的基础情况，如调研地区人口、面积、气候等，可以先期汇总以节省人力物力，避免资源浪费和群众的质疑。

第三，加强调研工作的内部监督和外部监督及问题处理。内部监督主要是通过纪检、监察部门的常规监督和单位内部的绩效考核相结合，保证无失职或渎职的情况发生，确保调研过程中无不当行为的发生。外部监督主要是依靠群众的投诉和反馈，多样化群众表达诉求的渠道并及时回应、通报处理结果。对于调研中出现的官僚之风、形式主义要严厉打击，公开通报，让群众看到我们党和政府的决心。

第四，政府可以借助社会舆论的力量，比如新闻媒体和网络媒体等，广而告之我们党的做事原则和"从群众中来到群众中去"的工作作风，使我们的基层调研工作获得社会的广泛支持，也让我们的调研工作能够更顺利地推进。

（四）2018年江苏省公务员考试面试真题及解析

1. 有人说，人工智能的普及会导致失业问题加重。主要有三个论点：

（1）流水作业的人类劳动力会被人工智能取代；

（2）人工智能有学习能力，在很多工作中会比人类更能适应，因此白领的工作也有被人工智能取代的可能性；

（3）人工智能的技术正在逐步完善，人工智能会比人更聪明，会在更大范围内带来大面积的人员失业。

请对以上三个论点进行反驳。

【参考解析】随着柯洁0∶3败给阿尔法狗，人工智能快速发展所带来的恐惧便开始在社会上蔓延，有人担心会发生科幻作品中的人类灾难，有人则担心自己的工作可能会被人工智能取代。对此，我认为从目前人工智能的发展态势来看，它与人类的关系更多是代劳，而非代替。针对题目中所列的几个主要论点，我的反驳如下：

首先，流水作业是工业革命之后出现的生产形式，它的弊端在于需要大量劳动力的支撑。所以机械自动化，甚至人工智能的普及势必会对劳动力密集型产业带来冲击，让一些传统手工业者面临挑战。但有悖理论的是，现代市场对于纯手工产品的追捧又反过来为人力赋予了特殊的价值，并且一些个别的传统技艺只存在于一些"手艺人"的手里，很难实现机器的复制。从这一点上来看，人所承载的"人文""情感"等附加价值是不可能被人工智能所取代的。人工智能与人之间不是零和博弈，一方提供的是效率，而另一方提供的是价值，可以实现共存共赢。

其次，有人认为人工智能的学习能力会取代白领。对于这个论点本身，还是存疑的。当前全世界人工智能的发展尚处于非常初级的弱人工智能阶段，基本停留在"语音录入""人脸识别""数据分析""人机交互"等基础功能。而所谓的学习和复制能力，属于强人工智能，目前只存在于科幻作品当中，人类还有很长一段路要走。即便实现了技术突破，白领要想完全被替代也是很难的。中国人工智能的布道者李开复认为，符合"五秒钟准则"的工作才有可能被人工智能替代，即从思考到决策，用时在五秒以内。显然，相当一部分白领的工作是不可能在五秒内完成决策的，所以对白领阶层的担忧也是不合理的。

最后，有人认为随着人工智能的完善，它会比人更聪明，会取代更多的人。这本身就自相矛盾，要知道，人工智能的完善不是自发的，而是依靠于人的设计、生产。所以，可以这么说，人永远会走在人工智能的前面，因为前者具有主动性，而后者是前者的产物。耕田的拖拉机刚诞生的时候，那些靠牛犁田谋生的人也会失业，但是又产生了新的工作——拖拉机驾驶员。人工智能本质上不过也是人类的一次技术革新，它同样会催生出大量新的人力需求出来，我们不必对此过度焦虑。

马克思曾说过，劳动是人类的本质属性。佛家也讲究"一日不作，一日不食"的教义。无论科技怎么发展，我们都不会，也不应该失去工作的机会，我们该思考的应该是如何在新的时代背景下，提升自身能力，来应对可能的挑战。当然，我们对人工智能持乐观态度的同时，也必须在一些伦理、道德上有所限制，毕竟科技是把双刃剑，离开了人类的监控和限制，天使或恶魔，也就在一瞬之间。

2. 如今大学生兼职现象普遍。你作为某高校学生辅导员，要给兼职学生开个座谈会。根据以下3个案例，针对学生兼职中应注意的问题，面向学生进行3分钟的讲话。请现场模拟。

（1）学生兼职签订了一份合同并交了2000元押金，完成销售任务押金可以返还。但是之后学生并未推销出去产品，公司不同意退还押金。

（2）一个学生利用课余时间兼职发传单，耽误了学业，期末时有三门不及格。

（3）一名设计专业大学生在装修公司兼职。该学生兼职时不慎从三楼摔落导致受伤。但由于未签订劳务合同故企业拒绝赔偿。

【参考解析】

各位同学大家好！

我是咱们学校法学院的辅导员姚老师，今天把咱们学校目前在外兼职的大学生都集聚在这里开一个简短的座谈会，目的是针对当下大家在外兼职时出现的一些问题跟大家做个交流，也顺便把一直以来大家的一些疑问集中地做个回应。本次会议时间预计为2小时，希望大家在这个座谈会中都能够畅所欲言，这样可以让我们接下来更好地开展兼职工作，更好地应对那些可能会发生的突发情况。

首先，咱们学校是支持大家在外兼职的，因为兼职工作不仅可以挣一些外快，一定程度上减轻大家读书过程中的资金压力，也确实可以搭建起学校和社会之间的桥梁，让大家能够提前适应社会。

但是，不得不说，我们大学生在外兼职的过程中出现了很多问题，有人身安全方面的、有法律纠纷方面的，也有影响学业方面的。比如，上个月艺术学院的一名学生在外兼职就出现了意外，他是在一家装修公司兼职做设计师，出设计图之前需要量房屋尺寸，但就在量房的过程中从三楼摔落，造成了双臂骨折，由于没有和公司签订劳务合同，装修公司拒绝赔偿，这一下就带给他很大的麻烦，家里本就不富裕，高额的医疗费着实让他的父母发了愁，好在最后还是咱们学校一起募捐，才凑够了做手术的医疗费，解决了他的燃眉之急。

还有，我们在校大学生都是比较单纯的年轻人，社会阅历不多，对于法律方面的常识也是了解得不深。即便是我们法学院的学生，应该不能说是不懂法律了吧，但依然很容易在外兼职找工作的时候轻信别人，被有心人所利用。就在上周，我们法学院国际法班的一名同学就遇到了这样的问题，他找了个推销空调的兼职工作，也签订了合同，但是签合同的时候还让交2000元的押金，他虽说当时有疑问，但是看到合同中说完成销售任务押金是可以返还的，于是出于自信就签了合同，但是万万没想到，他一个月后并没有推销出产品，公司也不愿意退还押金。最后还是我们法学院的老师出面以该公司违反《劳动法合同》第九条"用人单位招用劳动者，不得扣押劳动者的居民身份证和其他证件，不得要求劳动者提供担保或者以其他名义向劳动者收取财物"，帮他要回了押金和相应的劳务费。由此看来，一个法学院天天学法律的学生还会出现法律纠纷，掉进社会中有心人的陷阱，就更不用说其他学院的学生了。

当然还有一个，就是在外兼职影响大家学习的问题，我们做过调查，发现期末考试挂科的学生里面有四成都是在外兼职的。所以可见，大家还是没有探索出一个良性的兼职模式，如何兼顾本职学业和兼职之间的关系，我们还需要进一步探讨。

所以，今天的这个座谈会，我们一起来探讨一下这些问题，也会让大家各抒己见提出自己的建议。我先谈一下我的建议吧！首先，大家如果要在外兼职的话，一定要和自己班级辅导员做好报备工作，让老师知道你们的兼职工作在哪里，安不安全，也好帮大家把个关。其次，兼职工作绝对不能耽误本职学业，我们各个院系接下来也会制定相应的出勤规定，希望大家可以遵守，毕竟也是和大家的毕业学分相挂钩的，修不满学分是不予毕业的。最后，至于法律常识方面的问题，我们初步的安排是法学院的老师定期在学校活动中心召开法律讲堂，会讲一些跟大家日常生活和兼职息息相关的法律内容，建议大家可以来听一听，此外，我们也有咱们学校的法律知识传播的微信群，大家感兴趣的也可以加入，在群里随时随地和我们交流法律问题。

好了，那么接下来，我们把时间交给大家，我们就按照座次依次发表自己的看法吧，开始！

3. 高校响应号召对居民开放图书馆，但是由于空间有限，为方便管理，限制进入的人数、借阅的书籍数量等。居民不满，向A部门反映了关于开放时间和借阅范围等一系列的问题。你作为 A 部门工作人员，如何做出回应？

【参考解析】建设书香社会是构建社会主义精神文明的重要组成部分之一，要顺利建设书香社会，在全社会形成"爱读书、常读书、读好书"的社会风气就需要各个社会主体积极参与。现在高校响应号召，对全社会开放图书馆，有助于激发群众阅读兴趣，构建书香社会。但高校由于空间有限，为方便管理而限制人数和借阅数量。作为 A 部门的工作人员，我在接到市民反映的时候，我要秉承客观公正、及时处理的原则来做出回应。

首先，对于市民的反映，我会在最短的时间内给予第一反馈。如果市民是直接来到我们部门反映，那我会请市民坐下好好谈一下他所了解到的情况以及自己的看法。比如，该高校限定的人数和书籍数量具体指的是多少，对于市民来说觉得有什么不好的影响。我会将市民反映的内容如实记录在案。如果市民是通过电话或者网络的形式反映，那么我会在第一时间拨打反馈电话。同样也会详细询问并记录下上述内容。询问并记录清楚相关内容之后，我会给市民初步反馈，对于市民想要有更好的读书途径的诉求我会表示理解，并表示我们会尽快了解具体的情况并在三天之内给予回复，请市民安心等待。

其次，我会联系高校，了解具体情况。我会选择实地走访高校的形式，亲自去高校图书馆查看，和相关高校的图书馆负责人进行深入的交谈，一方面，我要向他们开放图书馆表示谢意，另一方面，也向他们委婉地指出市民反映的问题，并向其了解高校图书馆的空间大小、馆藏书目数量，以及在开放过程中存在的具体困难，例如，市民与在校生之间可能的借阅冲突，大量市民进入可能带来的管理困难，市民借阅信息的完善，借阅和归还流程，是否能保证书籍及时归还，假如书籍在借阅过程中出现破损丢失等情况的补偿措施等。通过实地调查和认真讨论，我会和高校图书馆负责人，讨论出一个更加完善的方案。不仅要保障高校在校生对于图书馆的优先使用权，而且也要完善市民在高校图书馆借阅的基本手续、相关规程等。除了高校图书馆以外，我也会借此次机会整理一下本地区其他可供市民借阅的地点。例如城市公共图书馆、漂流书屋、24 小时开放书店等，对相关信息如地址、联系方式等进行收集整理，形成详细的表格。

最后，给市民正式的回应。一方面，对于反映意见的市民要通过电话或网络的形式直接给予回应，根据之前我们调查的结果，向其说明我们与高校协商之后的基本借阅流程和制度，同时也会感谢市民对于相关工作的支持和理解，欢迎他们继续建言献策。另一方面，我也会以此为契机，向全社会进行广泛宣传。我会在我们的官方网站和官方微博上专门撰文宣传。向其说明我们与高校协商后的基本制度。同时也会将我收集整理到的本地区的一些可供居民借阅的地点和场所等信息进行公示，吸引居民继续关注，增强社会主动阅读风气。

4. 王泽山院士 60 多年来专注于研究火炸药，带领团队发展了火炸药的理论与技术，突破了多项世界性的瓶颈技术，一系列重大发明应用于武器装备和生产实践，为我国火炸药从跟踪仿制到进入创新发展做出了重要贡献，书写了我国火炸药实力进入世界前列的传奇。

初任公务员培训交流中，有王泽山院士坚韧不拔的精神与先进事迹学习交流会。你作为新任公务员代表参会发言，请围绕"执着与坚韧"，做一次初任公务员培训交流的讲话。

【参考解析】

各位领导、各位同事大家好：

作为新任公务员代表参会发言，我感觉非常荣幸，我发言的主题为"执着与坚韧，我们必备的品质"。

对于"执着"与"坚韧"我们都不会陌生。从小我们便受到一系列的教育，告诉我们要执着去追求自己的梦想，不放弃、不动摇。遇到困难时要能够坚韧不拔、不屈不挠，最终才能梦想成真。

而今天听完王泽山院士的事迹和取得的成就之后，我对这两个词又有了更加清晰的认知。

首先，王泽山院士用自己的行动和成就诠释了什么是执着，什么是真正有价值的执着。

王泽山院士已与火药相伴逾"甲子"，这就是一种执着的具体展现。对自己热爱的火药研究执着不懈，对祖国能够在"火药"研究和相关技术上不断取得突破，能够位居世界先列而执着一生。这种执着已经不止于对自己梦想的坚持，更包含着对祖国对人民的责任和使命，这种执着是一种大爱的展现。而我们作为新任公务员，在最初做出报考的选择，很多考虑的是自身小家的因素，自身的职业发展、对社会服务和管理工作的喜爱。但未来我们要像王泽山院士学习，学习他对事业的执着严谨，学习他对祖国的热爱，把自身价值的体现与祖国的发展和人民的需求紧密结合，只有这样我们才能像习近平总书记对青年人五四寄语中所期待的那样：把自己的理想同祖国的前途、把自己的人生同民族的命运紧密联系在一起，扎根人民，奉献国家。

其次，王泽山院士在六十多年的工作经历和取得的成就，告诉我们这些年轻人，坚韧这种品质对于我们来说是必备的。特别是工作中遇到瓶颈时，出现困难时，要能够坚持不懈、展现毅力和韧性。

60多年的科研工作，几千几万次的实验，每个成果的取得和技术的突破，背后都是无数次的挫败和一次次再出发。正是因为对火药事业的热爱，以及坚韧不拔品质的具备让王泽山院士能够最终带领团队一次次在火炸药的理论与技术上获得突破，才能在多项世界性的瓶颈技术上取得突破和创新。这种品质深深地影响着我，对于我们来说，进入公职队伍，面临新环境新工作新要求，难免会碰到挫折、碰到质疑甚至障碍，但我认为只要我们能保持坚韧的品质，像王泽山院士一样能够扎根一线、对工作精益求精，不断提升本领，解决问题，最终一定能够在我们平凡的岗位上获得不平凡的成绩，获得人民的尊重和认可。

总之，王泽山院士的事迹和展现出的精神品质给我们每一位新任公务员上了一堂生动的品德课。他扎根祖国大地在自己的岗位上做学问、育英才，为我们树立了一座学术高峰、一座精神丰碑。我们要以此为榜样，像习主席对青年人所寄托的那样，立鸿浩志、做奋斗者，做到理想坚定，信念执着，不怕困难，勇于开拓。在新时代干出一番事业。

感谢组织给我们这样的一次珍贵的学习机会，以上就是我的发言，是我的学习心得，也是对未来工作的一种承诺，希望得到各位领导的指正和监督，谢谢大家！

（五）2019年山东省公务员考试面试真题及解析

1. 你的领导是雷厉风行的急性子，你是严谨细致的慢性子，你不适应领导的工作方式，你该怎么办？

【试题类别】人际沟通类

【考察要素】人际交往的意识与技巧

【思路点拨】①要正确看待雷厉风行和严谨细致等不同的风格；②要明确下属与领导的相处原则，即尊重服从、协助支持；③重点阐释如何适应领导风格，如调整心态、努力适应、及时沟通、配合到位等。

【解析】由于每个人的脾气秉性不同，教育背景不同，社会阅历不同，每个人风格不同很正常。雷厉风行和严谨细致就是很常见的两种风格，前者做事果断、干净利索，后者做事一丝不苟、精益求精，各有各的优势。

作为一名下属而言，我们的任务就是服从领导、协助领导把工作做好。如果不适应领导的做事风格，难免会在工作中出现一些问题，影响工作的进展，所以要尽快调整自己的状态，争取熟悉并适应领导的风格，同时配合领导把工作做好。为此，我会这样处理：

第一，调整好自己的心态。作为下属没有权利选择领导，而是要积极调整自己适应领导，不能因为和领导风格不同就影响工作状态工作进展，要认识到领导雷厉风行的风格带来的优势，比如做事果断、不拖泥带水，效率会比较高，要求也会比较严格，要做好充足的准备。

第二，努力适应领导的风格。作为下属要充分了解领导的个性特征与领导风格，要尽快适应领导的风格并调整好自己的状态，在工作中与领导形成良性互动。可以通过以往的工作案例以及与同事交流等方式熟悉领导的工作风格、工作思路，严格按照领导的要求，调整自己的步伐，争取完成领导交付的任务。

第三，协助领导把工作做好。虽然领导的风格和我的风格大不相同，但却是很好的互补，虽然领导风格雷厉风行，要求效率，但是并不意味着就不注重工作质量，所以我在严格按照领导要求的同时要把认真细致一丝不苟的作风展现在工作中，同时注意调整改进工作方式方法，这样既能保证效率也能保证质量。

第四，及时做好沟通交流。在工作中要多和领导汇报工作进展、工作想法，遇到困难多和领导进行交流；这样不仅能够进一步了解领导对我工作的指导和领导的工作思路，还能增进领导对我的了解，消除不必要的误会。

我相信只要积极调整自己的状态，适应领导的风格，跟上领导的步伐，就一定能够配合好领导把工作做好。

2.3月22日，习近平总书记在罗马会见意大利众议长菲科时谈到，"我将无我，不负人民"，我愿意做到一个"无我"的状态，为中国的发展奉献自己。请结合实际谈谈对"我将无我，不负人民"的理解。

【考察要素】

【思路点拨】①要正确理解"我将无我，不负人民"的含义：是大公无私、乐于奉献，更是习近平总书记强调的"心中有民、一切为民"。②通过习总书记的这句话进而联系到共产党人的初心与使命，即全心全意为人民服务，这句话鲜明体现了党性和人民性的高度统一，成为新时代中国共产党人精神族谱的最新表达。③各级政府工作人员都应该将"我将无我，不负人民"这句话践行在实际工作中，不辜负党和人民的期望。④联系到每个公民，在社会和谐生活幸福的今天，每个人也应该有奉献精神，将小我融入到国家建设社会发展的大我中，实现人生的升华。

【解析】3月22日，习近平总书记在罗马会见意大利众议长菲科时谈到，我愿意做到一个"无我"的状态，为中国的发展奉献自己。"我将无我，不负人民"八个字底蕴深厚、意涵丰厚，值得深究。

第一，"我将无我，不负人民"彰显了习总书记大公无私、乐于奉献的情怀，更是习总书记强调的"心中有民、一切为民"的理念。治理一个总人口近14亿人的发展中国家难度可想而知，责任非常重、工作非常艰巨，习总书记愿意做到一个"无我"的状态，为中国的发展奉献自己，这是他庄重的承诺，也是他践行的信条。公开资料显示，在过去的2018年，习总书记主持参加了429项内政外交活动，平均每月近36项；他还主持了4场"主场外交"157次外事活动，会见了98个国家126位领导人；他的足迹遍布5大洲13国，行程累计超过11万公里，够绕地球两圈半；他在国内8次考察调研的主题都是"扶贫与创新"，这只是习总书记一年工作的缩影，他真正地将"我将无我，不负人民"这句话融入了他繁忙的工作行程中，也正是这样一位忙碌而高效的"无我"领导人，带领着中国人民努力奔跑，逐梦未来。

第二，"我将无我，不负人民"道出了中国共产党人精神世界的辩证法，提纲挈领地诠释了全心全意为人民服务的根本宗旨，鲜明体现了党性和人民性的高度统一，成为新时代中国共产党人精神族谱的最新表达。人民群众是共产党人最温暖的初心，无论何时我们都不能忘了为何出发、为谁出发。无论是在战火纷飞的革命战争年代，还是在奋斗拼搏的改革开放进程中，中国共产党人正是奉行着"我将无我，不负人民"的信条，才带领着中国人民实现了从站起来、富起来到强起来的历史性飞跃。

第三，"我将无我，不负人民"应该是各级政府工作人员奉行的金科玉律，公职人员要牢记手中的权力来自于人民，要用好权力为人民服务好，不辜负党和人民的期望，要把"群众满意不满意、高兴不高兴、答应不答应"作为衡量政府工作好坏的唯一标准，切实将"以人民为中心的发展理念"贯彻落实到具体工作中。

第四，每一个社会公民，也应该牢记"我将无我，不负人民"所反映出的无私奉献情怀，要认识到我们生活在一个社会和谐生活幸福的今天，是有很多人如各级领导干部、各行业工作人员、武警官兵、边防战士等在无私奉献着，我们不能只接受、只享受不付出，所以我们也应该发扬奉献精神，无论身处何方，都要将小我融入到国家建设社会发展的大我中去，去实现人生的升华。

3. 4×100接力赛中，每棒都很重要，每个人都要发挥好才能给下一个人提供更好的动力，大家努力才能获得整个团队的胜利。请结合实际情况作具体分析。

【试题类别】综合分析故事类

【考察要素】综合分析能力

【思路点拨】①点明4×100接力赛中每个人都有统一的目标，目标能否完成就看接力赛中每个成员的具体表现，只有每个成员都做最好的自己，团队的目标才有可能实现。②通过4×100接力赛的故事让我们认识到，要想取得工作或事业的成功，统一目标、分工明确、配合到位缺一不可。③通过具体工作或事例阐释故事的寓意，如创城、航天事业的发展等，最后可升华到实现中国梦需要一代又一代人的接力奋斗。

【解析】要想跑赢一场4×100的接力赛，需要四个运动员要有统一的明确目标，并按照每个人的实际情况明确好接力的顺序，同时每个人还要尽可能地拼搏，做到最好的自己，给下一个接力者提供更好的动力，唯有如此才能赢得这场接力赛。

接力赛如此，做工作也是如此，统一目标、分工明确、配合到位是成功的法宝。没有统一的目标，队伍就如同无头的苍蝇、如同一盘散沙没有任何战斗力，何谈事业成功，分工不明确，就不能充分发挥每个成员最大的能力，这就是浪费人才资源；如果成员彼此配合不到位，各自为营，无团队意识，就达不到 1+1>2 的效果；因此，统一目标、分工明确、配合到位三者缺一不可。

就拿中国载人航天工程来说，因为我们有着一个飞天梦，所以载人航天工程研制建设开始全面展开从四次无人飞行试验到杨利伟乘坐神舟五号载人飞船圆满完成了我国首次载人航天飞行，再到航天员费俊龙、聂海胜乘坐神舟六号载人飞船，在太空运行 76 圈，历时 4 天 19 小时 33 分，实现了多人多天飞行；再到神舟七号飞船中的航天员翟志刚、刘伯明分别着中国自主研制的"飞 k 天"舱外航天服和从俄罗斯引进的"海鹰"舱外航天服，成功地实施了出舱活动；再到天官一号目标飞行器与神舟八号已顺利实现首次交会对接；再到神舟十一号飞船与天官二号自动交会对接成功，航天员景海鹏、陈东进入天官二号。正是因为有着统一的飞天梦目标，有着英勇无畏的航天员、轨道设计飞船研发的各类工程师、通信技术的各位专家等全体航天人员的分工明确、全力配合，中国载人航天工程才能取得震撼世界的巨大成就。

无论我们身处什么单位、什么岗位，我们都要牢记我们是单位的一分子，我们有着统一的目标，我们要把自己岗位的工作做好做到极致，配合好其他岗位的同事，我们就一定能够实现我们所设置的目标。

一个单位的工作如此，一个国家的建设也是如此。我们都有着一个同样的梦想，那就是实现中华民族的伟大复兴，如何实现这个伟大的梦想呢？那就需要每个人、每个行业每个年代的人共同努力，拼搏奋斗，伟大中国梦就一定能够在一代又一代人的接力中实现！

（六）2019 年广东省公务员考试面试真题及解析

1. 近段时间，国内影视市场迎来一股翻拍潮，对于经典电视剧翻拍，有人说炒冷饭，你怎么看？

【审题分析】

（1）主题：经典电视剧翻拍

（2）事件：谈看法

（3）任务：综合分析翻拍背后文艺创作原创力缺失现象

（4）身份：无特定角色要求，建议站在政府系统工作人员立场

（5）条件：经典电视剧翻拍背景

【测评要素】 综合分析能力

【题型分类】 政府认知

【评分参考】

（1）阐述经典影视剧作翻拍的背景或本质。

（2）点明近段时间，诸多影视剧翻拍的原因。

（3）辩证分析危害和意义价值。

（4）提出影视剧背后文化发展对策。

【解析】 针对目前经典影视剧不断被剧作公司翻拍的这种现象，背后隐藏的是当下文艺创作原创力匮乏。翻拍经典就是"在前人栽的大树下乘凉"。在我看来，虽然隔段时间进行的经典重现有必要，但是翻拍剧过多会影响电视剧市场的原创活跃度，大家都将重心放在了改编翻拍上，制约了原创剧本的创新能力甚至拖累产业的竞争力和市场繁荣。

当下影视剧缺少原创力，转而翻拍经典，在我看来有以下几方面原因：

第一，影视剧的根本在于剧本，当剧本缺乏原创力的时候，自然也就剩下了"炒冷饭"这唯一的盈利途径，不可否认当前电视剧行业内，缺乏好故事、好剧本，能够像热播的《人民的名义》编剧周梅森一样，静下心来，潜心打磨作品的"匠人"越来越少。

第二，电视剧行业文化责任承担不足，商业气息过于厚重。电视剧作在当下已经不能仅仅着眼于自身商业逐利，更应该承担文化建设重任，因资本市场影响，在流量至上法则的作用下，业界愈发乐于投机取巧。此时，翻拍既保证了剧本来源，又有了宣传噱头，省时省力。但是，缺乏文化敬畏之心和现实人文关怀，如此翻拍产出的作品注定是"炒冷饭"。

第三，从观众角度分析，经典的观众群已经形成，在吸引眼球方面一上来就能先声夺人，可以借助原先的影响力招徕观众，低风险、高收入，自然会被制作者当作一条急功近利的捷径。

如若想要提升影视剧作的原创力，弘扬新时代下文化发展战略，在我看来，政府有关部门，可以做好以下几点：

第一，文化部门应当理解，影视剧作需要平衡商业和文化价值双重价值，故切勿顾此失彼，仅取其一。影视剧作的原创力根源在于"剧作匠人"，应该给予创作者更广阔的创作空间，其次对于新剧作的上线审核应该符合当下主流文化发展。

第二，政府也应该适时引导影视剧行业，在行业内部形成自主原创的氛围。通过行业内部自身建设，为优秀剧作者和优秀作品做出保障。在商业因素不断影响各个行业的当下，影视人对社会文化建设应该有更多承担，不局限于翻拍，而是更追求长远发展，不断为民众提供更多优秀的影视剧作。

第三，政府在社会层面也应加强宣传，引导舆论。在市场调节机制下，对于民众的选择，政府方面不应完全摒弃经典翻拍，但可以为更多的优秀原创影视剧作提供"绿色"审核渠道，并通过更优质的电视平台，弘扬经典原创剧中的优秀文化。借以官方媒体，大力宣传优秀原创影视剧作，让老百姓感受到"文化事业不断发展，优秀作品不断涌现"！

第四，在当下这个火热的时代，好故事、好素材俯首皆是，影视创作不必一门心思翻拍。《人民的名义》《战狼2》等作品的成功有力证明，与其在故纸堆里游荡，不如在现实中徜徉；与其打着致敬经典的旗号赚快钱，不如拿出匠心自创经典。诚然，我们也没必要对翻拍一棒子打死，真正呼吁的是一份诚意。摒弃投机之心，去除讨巧之弊，少些铜臭之气，回归艺术之源，才是文艺创作的应有之道。

2. 对于偏远山区儿童的教育、医疗、社保等的政策，落实的重点？

【审题分析】

（1）主题：偏远山区儿童的教育、医疗、社保

（2）事件：偏远山区儿童的教育、医疗、社保等的政策

（3）任务：提出落实这项制度的重点

（4）身份：政府工作人员

【测评要素】计划组织协调能力、解决问题能力

【解析】政府出台这样的政策是建设阳光型政府的有益举措，能够让偏远山区的儿童享受到应有的教育，医疗，社保等；但是在执行过程中可能会遇到各种问题，比如基层政府人员对政策理解不到位等，所以在落实过程中重点要做好以下方面：

第一，要确定好此次政策落实的范围。对于此次政策是对于偏远山区儿童的教育，医疗、社保等相关政策，政策在制定的时候会制定相关受众对象，如果我们在落实的时候没有确定好应该享受福利的对象，或者政策落实对象出现错误，那么就没办法达到我们要的效果，所以政策在落实前，应该进行仔细研读以及对偏远地区进行调查，了解哪些儿童属于我们落实的主要对象。

第二，确定好本次政策落实过程所需要用到的资金以及物资，本次政策落实是对偏远地区教育、社保以及医疗等方面的落实，可能会需要用到相关资金以及物资，比如：给予儿童的书籍、衣服等。所以在前期我们需要对相关材料进行计划以及准备，以确保更好地完成这一次落实。

第三，做好宣传培训工作，为了让此政策能够更好地落实，要召开全面的培训宣传会议，让各级政府和有关部门都知晓熟悉信息公开的意义，转变僵化、老旧的思想，向阳光型政府转变，并针对政策落实的相关内容进行专门的培训，进行专题讲解。

通过以上三个重点，我相信可以使得这次关于偏远地区儿童教育、社保以及医疗的政策得到很好的落实，也可以提升儿童们的幸福感。

3. 提高的士计价费，怎么开展前期调查？

【审题分析】

（1）事件：的士计价费提高

（2）任务：开展前期调研

（3）身份：前期调研的负责人

【测评要素】规划组织能力

【答题要点】

（1）执行意识：工作的目的和意义

（2）处理方法：工作的具体落实

（3）总结评估：落实反馈，总结完善

【解析】的士计价费上调，既要符合市场需求，又要了解司机和乘客的意见。因此，前期的调研工作非常重要。

首先，我会成立一个专项调查小组。

其次，对不同对象采取不同调研方式，对于司机，采取随机走访形式，了解他们对平时计价费的看法意见，希望提价的幅度等；对于群众和乘客，采取问卷调查方式，通过请教专家设立问卷，组织人员在商场、街头等随机派发问卷，询问不同年龄层群众对于计价费的看法，最高可接受的涨价幅度。还有对行业专家，领导进行咨询，提前约好时间，上门拜访咨询。

得到不同人群对于计价费的意见资料后，将数据进行整理和统计，结合专家意见形成初步的报告，并提出建议提价的幅度、标准，提交给领导。

事后，调查群众、司机对于计价费提高后的满意度和意见，为以后开展此类调研工作提供宝贵经验。

4. 大学生去企业实习，怎么做好协调沟通工作？

【审题分析】

（1）主题：大学生到企业实习

（2）事件：大学生到企业实习

（3）任务：做好大学生到企业实习的协调沟通工作

（4）身份：政府工作人员

【测评要素】沟通能力、协调能力、组织能力

【题型分类】规划题型中的规划事件处理题

【评分参考】

（1）执行意识：认识此次安排大学生到企业实习的意义。

（2）处理方法：

1）了解企业需求。

2）联系学校，发布实习信息。

3）做好岗前培训工作。

4）发挥桥梁作用，协调大学生到企业实习的实力情况。

5）协调企业建立评价体系，作科学评价。

（3）总结评估：总结经验。

【解析】本次组织大学生到企业实习，一方面有利于提升大学生的实践能力，另一方面也有利于为企业输送新鲜的人才，促进企业的发展，因此，我会从以下几方面开展协调沟通工作：

（1）做好前期调研了解工作。通过实地走访与问卷调查等方式与辖区内的企业联系沟通，了解相关企业的人才需求，确定能提供实习机会的企业及其岗位。

（2）做好与学校的沟通工作。与学校的就业指导中心取得联系，在各个高校的网站上以及相关微信公众号平台发布实习信息，并公布报名路径，接受大学生投递简历。

（3）做好简历筛选与岗前培训工作。根据大学生投递的简历情况与企业的需求，进行筛选，并做好岗位匹配工作。完成后，组织参与实习的大学生进行岗前培训，为更好地在企业内开展实习做好充足准备。

（4）做好大学生与企业之间的沟通联系。学生在工作中会遇到很多问题，比如心理问题等，所以在大学生实习中，我会及时跟进，充分发挥桥梁作用，适当安排现场教学，并

经常性检查学生的实际工作情况，及时发现并解决学生遇到的问题。

（5）协调企业建立科学的评价体系，以对实习的大学生作出科学的评价，并将相关结果及时反馈给学生，让其能掌握自身实习中的成果及不足，不断进步。

相信通过以上的沟通协调工作，一定可以顺利推进本次的实习工作。

附　录
国家公务员考试成功经验介绍

经验案例一

中国政法大学刑事司法学院硕士毕业生胡建宇谈经验

经验案例二

东南大学金融系应届硕士毕业生冯健悟谈经验

经验案例三

大连外国语学院韩国语系 05 级韩志鹏谈经验

经验案例四

中国青年政治学院许云程谈经验

山东师范大学文学院研究生王芳谈经验